A Procuração Irrevogável

Centro de Investigação de Direito Privado

A Procuração Irrevogável

2016 · 2ª Edição

Pedro Leitão Pais de Vasconcelos
Doutor em Direito
Professor da Faculdade de Direito da Universidade de Lisboa

A PROCURAÇÃO IRREVOGÁVEL
AUTOR
Pedro Leitão Pais de Vasconcelos
1ª Edição: Maio, 2002
EDITOR
EDIÇÕES ALMEDINA, S.A.
Rua Fernandes Tomás, nºs 76-80
3000-167 Coimbra
Tel.: 239 851 904 · Fax: 239 851 901
www.almedina.net · editora@almedina.net
DESIGN DE CAPA
FBA.
PRÉ-IMPRESSÃO
EDIÇÕES ALMEDINA, S.A.
IMPRESSÃO E ACABAMENTO
DPS - DIGITAL PRINTING SERVICES, LDA
Fevereiro, 2016
DEPÓSITO LEGAL
404501/16

Apesar do cuidado e rigor colocados na elaboração da presente obra, devem os diplomas legais dela constantes ser sempre objeto de confirmação com as publicações oficiais.

Toda a reprodução desta obra, por fotocópia ou outro qualquer processo, sem prévia autorização escrita do Editor, é ilícita e passível de procedimento judicial contra o infrator.

 GRUPOALMEDINA

BIBLIOTECA NACIONAL DE PORTUGAL – CATALOGAÇÃO NA PUBLICAÇÃO

VASCONCELOS, Pedro Leitão Pais de, 1972-

A procuração irrevogável. – 2ª ed. - (Monografias)
ISBN 978-972-40-6437-6

CDU   347

I
Introdução

I. A procuração é o negócio jurídico unilateral[1] cujo efeito consiste em que alguém, o *dominus*, atribui a outrem, o procurador, poderes para que este celebre negócios ou pratique outros atos jurídicos em sua representação e o substitua assim na prática desses atos ou negócios.[2] Os negócios celebrados pelo procurador em representação do *dominus* produzem efeitos diretamente na esfera jurídica deste último.[3] Tipicamente, o procurador, quando exerce os poderes de representação, age não só em nome do *dominus*, mas também no seu exclusivo interesse.[4]

Suscita-se, porém, a questão de saber se é possível recorrer ao tipo negocial da procuração para que o procurador celebre negócios em nome do *dominus*, mas no seu próprio interesse, no interesse de terceiro, ou em combinações destes interesses. Trata-se de figuras cuja admissibilidade deverá ser encontrada e fundada no sistema jurídico vigente. Mas não é apenas a possibilidade de o fazer que suscita problemas. Também as consequên-

---

[1] PAIS DE VASCONCELOS, *Teoria Geral do Direito Civil*, 8ª ed., Almedina, Coimbra, 2015, cit: "*Teoria Geral*", pág. 304.
[2] FERRER CORREIA, *A Procuração na Teoria da Representação Voluntária*, BFD, nº XXIV, 1948, pág. 255 e VIVANTE, *Trattato di Diritto Commerciale*, Vol. I, 4ª ed., 1911, pág. 386.
[3] Neste sentido, no direito francês, GHESTIN – JAMIN – BILLIAU, *Traité de Droit Civil*, 2ª edição, 1994, pág. 639.
[4] HUPKA, *La representación voluntaria en los negocios jurídicos*, (tradução de Sancho Seral), 1ª ed., Librería General de Victoriano Suárez, Madrid, 1930, pág. 151.

cias da outorga de uma procuração que não seja no interesse exclusivo do *dominus* suscita várias questões.

Para estudar este problema, é necessário partir do caso típico da procuração no interesse exclusivo do *dominus* e passar pelos casos intermédios de procurações no interesse comum de *dominus* e procurador, de *dominus* e terceiro, *dominus*, procurador e terceiro, para chegar aos casos extremos de procuração no interesse do procurador e terceiro, de interesse exclusivo do procurador e de interesse exclusivo de terceiro.

Só assim se poderá compreender a evolução de regime que vai desde um pólo da questão – em que se situa a procuração outorgada no interesse exclusivo do *dominus* – ao outro pólo – em que se situa a procuração sem interesse do *dominus*, principalmente no que respeita ao regime de revogabilidade.

A possibilidade de efetuar esta eventual desfuncionalização permitiria usar a procuração como instrumento de garantia, ou de execução de negócios jurídicos, ou outros fins lícitos que esse tipo fosse adequado a satisfazer. As conclusões quanto à natureza da irrevogabilidade têm amplos reflexos na utilidade da procuração com estas funções.

II. No direito português, estão expressamente previstas, no art. 265º do Código Civil, a procuração no interesse exclusivo do *dominus* (nº 2), que é livremente revogável, e a procuração "também no interesse do procurador ou terceiros" (nº 3), que é irrevogável, salvo acordo do interessado ou justa causa.[5]

Este regime jurídico da procuração irrevogável revela proximidade em relação ao da revogabilidade do mandato que, no art. 1170º, distingue também entre o mandato conferido no interesse exclusivo do mandante (nº 1), que pode ser livremente revogado não obstante estipulação em contrário ou renúncia ao direito de revogar, e o mandato conferido "também no interesse do mandatário ou terceiro, que não pode ser revogado pelo mandante sem acordo do interessado, salvo ocorrendo justa causa".

Ainda no que à lei concerne, o Código Comercial, prevê, nos arts. 248º a 265º o mandato dos gerentes, auxiliares e caixeiros, muito próximo da *Prokura* do direito alemão, que é livremente revogável, salvo quando tenha sido outorgado a prazo.

---

[5] PAIS DE VASCONCELOS, *Teoria Geral*, cit., págs. 309 a 312.

INTRODUÇÃO

Salvo alguns casos, a doutrina portuguesa não tem dedicado grande atenção ao tema da procuração irrevogável.

PAIS DE VASCONCELOS[6] dedica-lhe algumas páginas, na perspetiva do seu caráter de negócio atípico e fiduciário, aceita amplamente a sua admissibilidade e constrói-lhe um regime na linha do que lhe é reconhecido pela doutrina alemã: o regime da procuração está causalmente ligado à relação subjacente, da qual pode resultar um interesse exclusivo do procurador, caso em que a revogação pelo *dominus* é ineficaz. Aceita a dualidade de interesses, dividindo-os em primários e secundários, com base nos quais resulta a sua irrevogabilidade.[7]

OLIVEIRA ASCENSÃO, depois de ter defendido o interesse do representado como elemento essencial da representação voluntária,[8] veio a admitir a desfuncionalização da procuração.[9]

CARVALHO FERNANDES[10] não prescinde do interesse do *dominus*, pelo que não aceita a procuração no interesse exclusivo do procurador. Admite, no entanto, a procuração irrevogável, nos restantes casos.

JANUÁRIO GOMES abordou esta matéria, admitindo a irrevogabilidade da procuração e não se opondo à procuração no interesse exclusivo do procurador, embora a considere duvidosa.[11]

IRENE SEIÇA GIRÃO[12] admite a irrevogabilidade da procuração quando exista um interesse do procurador ou de terceiro. Esse interesse deverá encontrar-se na relação subjacente à procuração, de onde resulta o "motivo ou a razão da especial função e finalidade" da procuração.

PEDRO DE ALBUQUERQUE, na sua tese de doutoramento,[13] escrevendo em 2002, dedica-lhe um capítulo, reflexo de alguma mudança positiva em

---

[6] PAIS DE VASCONCELOS, *Contratos Atípicos*, Almedina, Coimbra, 1995, págs. 301 a 311 e *Teoria Geral*, cit. págs. 310 a 312.

[7] PAIS DE VASCONCELOS, *Teoria Geral*, cit. pág. 311 a 312.

[8] OLIVEIRA ASCENSÃO, *Teoria Geral do Direito Civil*, Vol. III, *Acções e Factos Jurídicos*, Lisboa, 1992, págs. 305 a 307.

[9] OLIVEIRA ASCENSÃO, *Direito Civil – Teoria Geral*, Vol. II, *Acções e Factos Jurídicos*, Coimbra, 1999, págs. 245 e 246.

[10] CARVALHO FERNANDES, *Teoria Geral do Direito Civil*, Vol. II, 3ª ed., Universidade Católica, Lisboa, 2001, págs. 202 e 203.

[11] JANUÁRIO GOMES, *Assunção fidejussória de dívida*, Almedina, Coimbra, 2000, pág. 100 (especialmente nota 411).

[12] IRENE DE SEIÇA GIRÃO, *O Mandato de Interesse Comum*, dissertação, Coimbra, 1997, pág. 159.

[13] PEDRO DE ALBUQUERQUE, *A Representação Voluntária em Direito Civil (Ensaio de Reconstrução Dogmática)*, Almedina, Coimbra, 2004, cit: "A Representação Voluntária", págs. 969 a 990, que

relação a esta figura. O Autor procede já a uma análise profunda do tema, defendendo também que a irrevogabilidade depende da relação subjacente à procuração, não carecendo de qualquer cláusula ou declaração expressa.[14] Entende também que a irrevogabilidade da procuração, quando exista, impede efetivamente a sua revogação, ficando o *dominus* impedido de o fazer eficazmente.[15] PEDRO DE ALBUQUERQUE, no entanto, não admite a existência de procurações no interesse exclusivo do procurador ou de terceiro.[16]

A jurisprudência portuguesa atual é unânime na aceitação da diferença entre o mandato e a procuração.[17] No entanto, reconhecendo a diferença, verificam-se casos em que o Tribunal trata as relações que derivam do mandato e da procuração como se não passassem da face interna e externa

---

foi entregue na Faculdade de Direito da Universidade de Lisboa no mesmo mês da primeira edição da presente obra, em maio de 2002. As citações da presente obra que constam em *A Representação Voluntária*, dizem respeito à versão da *Procuração Irrevogável* entregue na Faculdade de Direito da Universidade de Lisboa, para efeito de prestação de provas de Mestrado em Direito, em 2001 e não à versão publicada pela Almedina em 2012.

[14] PEDRO DE ALBUQUERQUE, *A Representação Voluntária*, cit., págs. 976 e 979.

[15] PEDRO DE ALBUQUERQUE, *A Representação Voluntária*, cit., págs. 981 e 982.

[16] PEDRO DE ALBUQUERQUE, *A Representação Voluntária*, cit., págs. 983 a 990. Parece, no entanto, que a noção de interesse e o âmbito da relevância do interesse que o Autor toma em consideração é mais amplo do que o seguido na presente obra, o que conduzirá à aparente diferença de posições, mas que não traduz real diferença na substância das ideias defendidas. Naturalmente que, como aliás afirmamos, o *dominus* terá sempre algum interesse, mesmo na procuração no interesse exclusivo do procurador ou de terceiro. Sucede, no entanto, que esse interesse é irrelevante para as questões que são estudadas nesta obra.

[17] Por todos vejam-se o Acórdão do Supremo Tribunal de Justiça de 5 de março de 1996, processo nº 088276, de que foi relator o Senhor Conselheiro TORRES PAULO, *in* www.dgsi.pt e CJ-STJ, 1996-I-111, o Acórdão do Supremo Tribunal de Justiça de 16 de abril de 1996, processo nº 085928, de que foi relator o Senhor Conselheiro MATOS CANAS, *in* www.dgsi.pt, o Acórdão do Supremo Tribunal de Justiça de 16 de abril de 2009, processo nº 77/07.8TBC-TBCTB.C1.S1, de que foi relatora a Senhora Conselheira MARIA DOS PRAZERES BELEZA, *in* www.dgsi.pt, o Acórdão do Supremo Tribunal de Justiça de 2 de dezembro de 2013, processo nº 468/09.0TBPFR.P1.S1, de que foi relator o Senho Conselheiro AZEVEDO RAMOS, *in* www.dgsi.pt, o Acórdão do Supremo Tribunal de Justiça de 28 de maio de 2015, processo nº 123/06.2TBVS.E1.S1, de que foi relatora a Senhora Conselheira FERNANDA ISABEL PEREIRA, *in* www.dgsi.pt, o Acórdão do Tribunal da Relação de Lisboa de 11 de outubro de 1990, processo nº 0033542, de que foi relator o Senhor Desembargador LOPES PINTO, *in* www.dgsi.pt e CJ, 1990-IV-145 e o Acórdão do Tribunal da Relação do Porto de 1 de fevereiro de 1993, processo nº 9250764, de que foi relator o Senhor Desembargador AZEVEDO RAMOS, *in* CJ, 1993-I-219 e www.dgsi.pt.

da mesma relação jurídica.[18] No que respeita ao problema de saber se o interesse do *dominus* é um elemento essencial da representação e da procuração, os Tribunais têm vindo a decidir que o que é essencial na representação e na procuração, é que seja alheia a posição jurídica sobre a qual age o procurador, mas não o interesse,[19] considerando a procuração irrevogável quando seja no interesse do procurador.[20]

III. No direito alemão, a irrevogabilidade da procuração está expressamente prevista no § 168 BGB que é do seguinte teor: «A extinção da procuração é determinada segundo a relação jurídica subjacente à sua emissão (outorga). A procuração é também revogável durante a subsistência da sua relação subjacente, contanto que desta não resulte o contrário (diferentemente). À declaração de revogação é aplicável o § 167 II.

A doutrina mais recente e mais importante em língua alemã sobre a matéria é liderada por FLUME[21] e LARENZ,[22] cuja construção é, em geral, seguida nos mais importantes comentários ao BGB.[23]

---

[18] Assim sucedeu, por exemplo, no Acórdão do Supremo Tribunal de Justiça de 16 de abril de 1996, processo nº 085928, de que foi relator o Senhor Conselheiro MATOS CANAS, *in* www.dgsi., em que, apesar de se apoiar expressamente nas opiniões de PIRES DE LIMA e ANTUNES VARELA, referindo que "o atual Código Civil, ao contrário do Código de Seabra, distingue de modo claro o contrato de mandato e a procuração", considera depois que a procuração não é mais do que o meio adequado para exercer o mandato, representando apenas a exteriorização desses poderes, que nascem do mandato.

[19] Acórdão do Tribunal da Relação de Lisboa de 11 de outubro de 1990 (CJ, 1990-IV-145).

[20] Entre outros, Acórdão do Supremo Tribunal de Justiça de 13 de fevereiro de 1996, processo nº 88128, de que foi relator o Senhor Conselheiro MARTINS DA COSTA (CJ-STJ, 1996-I-86 e www.dgsi.pt) e Acórdão de 17 de janeiro de 1991, processo nº 218, de que foi relator o Senhor Desembargador MATOS CANAS, in CJ, 1991-I-286.

[21] FLUME, *El negocio jurídico – parte general del Derecho Civil*, Tomo II, 4ª ed., Fundación Cultural del Notariado, Madrid, 1998, §§ 43 a 53, págs. 875 a 1059.

[22] LARENZ / WOLF, *Allgemeiner Teil des deutschen Bürgerlichen Rechts*, 8. Aufl, Beck, München, 1997, §§ 46 a 49, págs. 858 a 943.

[23] STAUDINGER – DILCHER, *Staudingers Kommentar zum Bürgerlichen Gesetzbuch mit Einführungsgesetz und Nebengesetzen, Allgemeiner Teil* – §§ 90-240, 12. neubearbeitete Auflage, Schweitzer, Berlin, 1980; ERMAN – BROX, Handkommentar zum Bürgerlichen Gesetzbuch, Bd. 1, 8. neubearbeitete Auflage, 1989; SCHRAMM, *Münchener Kommentar zum Bürgerlichen Gesetzbuch*, Bd. 1, *Allgemeiner Teil* (§§1-240), 3. Aufl., Beck, München, 1993; STEFFEN, *Das Bürgerliche Gesetzbuch, Kommentar*, Bd. 1 (§§1-240), Gruyter, Berlin, New York, 1982; PALANDT – HEINRICHS, *Palandt Bürgerliches Gesetzbuch*, 56. Aufl., Beck, München, 1997, e SCHULTZE – LASSAULX,, *Bürgerliches Gesetzbuch, Allgemeiner Teil* (§§1-240), Bd. 1, W. Kohlhammer,

Em termos gerais, a irrevogabilidade da procuração é admitida, emergente, quer de estipulação expressa, quer da relação subjacente. Em qualquer dos casos, a procuração irrevogável pode ser revogada por justa causa (*wigtiges Grund*). A doutrina distingue a irrevogabilidade natural e convencional: na primeira, a revogação ilícita é ineficaz e não perturba o mecanismo da representação; na segunda, a revogação é eficaz e faz cessar a representação, mas constitui o seu autor em responsabilidade civil.

Na doutrina de expressão alemã existe ainda consenso sobre a inadmissibilidade da convenção de irrevogabilidade da procuração genérica,[24] da *Prokura*[25] e também na procuração sem relação subjacente (abstrata), figuras específicas do direito alemão.

Em geral, é admitida a irrevogabilidade da procuração de cuja relação subjacente resulte um interesse juridicamente relevante do procurador ou de terceiro, ou pelo menos em que os interesses do procurador e do *dominus* sejam equivalentes.

Segundo FLUME, a procuração irrevogável é uma figura jurídica que evoluiu a partir da procuração revogável e que deve ser hoje considerada uma figura jurídica distinta da procuração revogável. O regime jurídico geral da procuração está construído na perspetiva da prossecução dos interesses do *dominus* e, por isso, é naturalmente revogável. No entanto, o Autor admite que a procuração possa ser utilizada com um fim diverso daquele com que foi originariamente construída na lei e na doutrina, podendo ser usada para prossecução de interesses do representante. Aceita, assim, que a irrevogabilidade é tão natural no caso da procuração no interesse do representante, como é natural a revogabilidade no caso da procuração no interesse do *dominus*. Trata-se, segundo o Autor, da aplicação da mesma figura jurídica formal a duas figuras que, em termos de conteúdo, são totalmente diferentes. Porém, não é suficiente um mero interesse do representante

---

Stuttgard, Berlin, Köln, Mainz, 1978. São ainda relevantes, embora menos desenvolvidas e não inovadoras, as referências que ao assunto são feitas nos manuais de MEDICUS, *Allgemeiner Teil des BGB*, Müller, Heidelberg, 1988, HÜBNER, *Allgemeiner Teil des BGB*, GRuyter, Berlin – New York, 1985, WOLF, *Allgemeiner Teil des BGB*, 3, Heymanns, Köln – Berlin – Bonn – Münchem, 1982, e na monografia de RABEL, *Unwiderruflichkeit der Vollmacht. Generalstatut des Vollmachtrects. Objektivierter Begriff des Wirkungslands*, RabelZ, 1933, pág. 797 e segs..

[24] Esta questão não se coloca no direito português em que não são admissíveis as procurações genéricas.

[25] CANARIS, *Handelsrecht*, Beck, 23. Aufl., München, 2000, págs. 286-287 e HOPT, *Handelsgesetztbuch*, Beck, München, 1987, págs. 149-150.

para fundar a irrevogabilidade da procuração; esse interesse tem de ser tal que dele resulte uma pretensão do procurador contra o *dominus*, uma pretensão de possa ser exercida contra o *dominus*.[26]

Segundo LARENZ, a procuração é irrevogável quando a irrevogabilidade se funde na relação jurídica em que a procuração se baseia, especialmente no caso em que dela resulte para o procurador uma pretensão que deva ser exercida contra o *dominus*.[27]

BROX[28] não se desvia da linha dominante da doutrina, embora considere excepcional o caso da procuração irrevogável no interesse do procurador. HÜBNER[29] também segue a linha geral, mas enfatiza especialmente que a irrevogabilidade apenas deve ser reconhecida quando da relação subjacente resulte para o procurador uma pretensão autónoma contra o *dominus*, dirigida ao cumprimento ou à sua garantia. Recusa o reconhecimento da irrevogabilidade da procuração geral (*Generalvollmacht*), caso em que a procuração se mantém livremente revogável, não obstante a estipulação de irrevogabilidade. Todas as procurações irrevogáveis podem ser revogadas por justa causa. MEDICUS segue a linha geral e acentua a revogabilidade, por justa causa, da procuração irrevogável. A propósito da abstração da procuração, considera-a limitada, porque em seu entendimento não existe na procuração externa, nem na procuração interna que tenha sido comunicada ao terceiro e, além disso, porque a procuração cessa com a extinção da relação subjacente.

IV. Também no direito suíço, REINHART,[30] depois de um estudo amplo e aprofundado da procuração irrevogável, acaba por concluir que se não opõem quaisquer impedimentos à utilização da procuração irrevogável com função de disposição de um direito, uma vez que quem pode dispor de um direito também pode dar procuração para a disposição desse direito. No entanto, o Autor entende que a outorga de uma procuração irrevogável implica a inibição do *dominus* para agir sobre a situação jurídica.[31]

---

[26] FLUME, *El negocio jurídico*, cit., §53.3, pág. 1017.
[27] LARENZ / WOLF, *Allgemeiner Teil*, cit. , § 47.3.52, pág. 913.
[28] BROX, *Allgemeiner Teil des BGB*, 23. Aufl., Heymanns, Köln, Berlin, Bonn, München, 1999, págs. 244 e segs..
[29] HÜBNER, *Allgemeiner Teil*, cit., págs. 494 a 496.
[30] THOMAS REINHART, *Die unwiderrufliche Vollmacht, ihre Stellung in der allgemeinen Rechtslehre und in ausgewählten positiven Rechtsordnungen*, Schultess, Zürich, 1981.
[31] THOMAS REINHART, *Die unwiderrufliche*, cit., págs. 86 e segs..

V. A doutrina italiana não acompanha a doutrina alemã na aberta admissão da irrevogabilidade da procuração. Ao contrário da doutrina alemã, que tem uma linha claramente definida, a doutrina italiana mostra ainda algumas divisões quanto à figura da irrevogabilidade da procuração. A razão para esta situação doutrinária está estreitamente conexa com o regime jurídico legal da representação. O Código Civil italiano exige que a representação seja exercida no interesse do *dominus* – art. 1388º.[32] No entanto, nem toda a doutrina italiana interpreta o preceito do mesmo modo,[33] existindo quem considere que o interesse do *dominus* é um elemento essencial da representação[34] e quem o dispense.[35] Por esta razão a doutrina italiana divide-se entre os autores que entendem que a procuração apenas pode ser no interesse do *dominus*, aqueles que defendem que a procuração pode ser no interesse comum de *dominus* e procurador ou terceiro e, em último lugar, os que admitem a procuração no interesse exclusivo do procurador ou terceiro.

Os autores que consideram que a procuração apenas pode ser no interesse exclusivo do *dominus* apoiam-se na letra do art. 1388º do Código Civil italiano. Alguns entendem que essa disposição impede não só a procuração no interesse exclusivo do procurador ou de terceiro, mas também a procuração no interesse comum de *dominus* e procurador ou terceiro.

---

[32] A mesma ideia fundamental consta também do art. 1387º do Código Civil italiano, no que respeita às fontes do poder de representação, que considera que a representação voluntária é outorgada pelo interessado.

[33] SALOMONI, *La rappresentanza voluntaria*, CEDAM, Padova, 1997, págs. 127 a 129.

[34] D'AVANZO, *Rappresentanza (Diritto Civile)*, Novissimo Digesto Italiano, XIV, UTET, págs. 823 e 824. GERI-BRECCIA-BUSNELLI-NATOLI, *Diritto Civile*, I.2., *Fatti e atti giuridici*, UTET, 1987, pág. 556. GALGANO, *Diritto Privato*, CEDAM, Padova, 1981, pág. 284. NATOLI, *Rappresentanza (diritto privato)*, Enciclopedia del Diritto, Vol. XXXVIII, Giuffrè, Milano, 1958, pág. 467. PAPANTI-PELLETIER, *Rappresentanza e cooperazione rappresentativa*, Giuffrè, Milano, 1984, pág. 81. PUGLIATTI, *Il conflito d'interessi fra principale e rappresentante, Studi sulla Rapprezentanza*, Milano, Giuffrè, 1965, págs. 43 a 83 a 87 e *Idee e spunti sulla rappresentanza, Studi sulla Rapprezentanza*, Milano, Giuffrè, 1965, pág. 216.

[35] BETTI, *Teoria Geral do Negócio Jurídico*, Tomo III, Coimbra Ed., Coimbra, 1970, pág. 209, BIANCA, *Diritto Civile*, 3, *Il contrato*, Giuffrè, Milano, 1990, págs. 97 e 98. D'AVANZO, *Rappresentanza*, cit., apresenta a prossecução do interesse do *dominus* como essencial à representação (págs. 823 e 824) mas de seguida trata da procuração no interesse exclusivo do procurador (pág. 831), razão pela qual admite a representação sem necessidade de prosseguir um interesse do *dominus*. CARIOTA FERRARA, *Il Negozio Giuridico nel Diritto Privato Italiano*, A. Morano, Napoli, pág. 693. LUMINOSO, *Mandato, Commissione, Spedizione*, Giuffrè, Milano, 1984, pág. 24. MIRABELLI, *Dei contratti in generale*, UTET, Torino, 1958, págs. 271 e 273.

Outros autores consideram que o art. 1388º do Código Civil italiano apenas exige a verificação de um interesse do *dominus*, não impedindo que existam ainda outros interesses.[36] Consideram, no entanto, que essa pluralidade de interesses – pelo menos em relação ao procurador – é afastada pelo art. 1394º do Código Civil italiano, por se tratar de uma situação de conflito de interesses.

A posição mais restritiva é de GALGANO, considerando que a prossecução pelo procurador de qualquer interesse para além do que for do *dominus* implica um conflito de interesses,[37] sendo o negócio celebrado anulável. O Autor aplica o art. 1388º e o art. 1394º sem qualquer limitação, inviabilizando a relevância de qualquer outro interesse e, em consequência, considerando que a procuração é sempre livremente revogável pelo *dominus*.[38]

Normalmente este Autor, a posição que admite a procuração no interesse comum funda-se no art. 1388º para exigir a intervenção de um interesse do *dominus*, recorrendo ao regime jurídico do mandato – art. 1723º do Código Civil italiano – para fundar a possibilidade de comunhão de interesses.[39] Quanto ao art. 1394º do Código Civil italiano, considera que um eventual conflito de interesses deverá ser apreciado em concreto, não resultando do simples facto de existir também um interesse do procurador. Mas, neste caso, o interesse do procurador terá geralmente de ser coincidente com o do *dominus*.[40] A existência de um interesse do procurador ou de terceiro em paralelo com o interesse do *dominus* implica a irrevogabilidade da procuração.[41]

A última posição é a mais difícil de sustentar face ao Código Civil italiano, em virtude dos arts. 1388º e 1394º do Código Civil italiano[42] que

---

[36] ZACCARIA, *Rappresentanza*, Riv. Dir. Civ., 1985 (XXXI), nº 6, pág. 630, apoiando-se em BIANCA e em jurisprudência italiana (Cass., 85/3836).

[37] GALGANO, *Diritto Privato*, cit., págs. 287 e 288.

[38] GALGANO, *Diritto Privato*, cit., pág. 287.

[39] GERI-BRECCIA-BUSNELLI-NATOLI, *Diritto Civile*, cit., pág. 556 e NATOLI, *Rappresentanza (diritto privato)*, cit., pág. 467.

[40] GERI-BRECCIA-BUSNELLI-NATOLI, *Diritto Civile*, cit., pág. 556.

[41] GERI-BRECCIA-BUSNELLI-NATOLI, *Diritto Civile*, cit., pág. 563; NATOLI, *Rappresentanza (diritto privato)*, cit., pág. 483, refere-se apenas ao caso de a procuração ter sido outorgada por vários *domini* no interesse comum, em que será irrevogável.

[42] Exceto para os autores que, como MIRABELLI, *Dei contratti*, cit., págs. 271 e 272, consideram que o que carateriza a representação é a alienidade da posição jurídica afetada e não do interesse, defendendo que o art. 1388º do Código Civil italiano se deve interpretar no sentido de o procurador dever agir sobre a posição jurídica do *dominus* e não de acordo com o interesse deste.

normalmente[43] não são ignorados pelos autores que a sustentam.[44] As soluções para evitar a necessidade do interesse do *dominus* variam entre os autores. BETTI, por exemplo, embora admita a procuração no interesse exclusivo do procurador,[45] quando trata da irrevogabilidade já só se refere ao interesse prevalecente deste.[46] Para outros autores, a procuração no interesse exclusivo do procurador mais não é do que um instrumento de transmissão de posições jurídicas, ou resulta de uma transmissão de uma posição jurídica.[47] Em última análise, qualificam o negócio não como uma procuração, mas como um negócio de outro tipo.[48] BIANCA, embora entenda que o art. 1388º do Código Civil italiano determina que o representante exerça os poderes de representação no interesse do *dominus*, independentemente do que resultar da relação subjacente à procuração, considera que a efetiva prossecução do interesse do *dominus* não é um elemento essencial da representação. Trata-se apenas da consagração do princípio segundo o qual os poderes outorgados no interesse de uma pessoa devem ser sempre exercidos de acordo com esse interesse. Assim, há representação mesmo que o representante não prossiga esse interesse.[49] Considera, por isso, que embora a lei preveja a prossecução do interesse do *dominus*, esse não é um elemento essencial da representação,[50] mas antes um elemento típico. Admite, por isso, a figura da procuração no interesse exclusivo do procurador, embora afirme que neste caso se verifica uma cessão da posição jurídica.[51]

---

[43] Embora nem sempre; por exemplo, D'AVANZO, *Rappresentanza*, cit., que num primeiro momento exige o interesse do *dominus*, defende a possibilidade da procuração no interesse exclusivo do procurador, sem indicar por que razão neste caso se pode prescindir do interesse daquele.
[44] BIANCA, *Diritto Civile*, cit., pág. 98.
[45] BETTI, *Teoria Geral*, cit., T. III, pág. 209.
[46] BETTI, *Teoria Geral*, cit., T. III, págs. 243 e 244.
[47] LUMINOSO, *Mandato*, cit., pág. 27, embora sem considerar que a procuração no interesse exclusivo do procurador seja um negócio indireto (nota 42).
[48] CARIOTA FERRARA, *Il Negozio*, cit., pág. 693, considera a procuração no interesse exclusivo do procurador como um negócio indireto, mantendo por isso a qualificação como procuração.
[49] Mesmo no caso de conflito de interesses, uma vez que o negócio celebrado será eficaz, embora anulável – BIANCA, *Diritto Civile*, cit., págs. 98 a 101, 107 e 108.
[50] BIANCA, *Diritto Civile*, cit., pág. 98.
[51] BIANCA, *Diritto Civile*, cit., pág. 108, servindo a procuração como um mero instrumento executivo da transmissão, com fins diversos dos normais.

A irrevogabilidade da procuração é geralmente admitida nos casos de procuração no interesse comum, ou no interesse exclusivo do procurador ou de terceiro.[52]

VI. A procuração, como figura autónoma ou autonomizável, é desconhecida do Código Civil francês, que a integra no mandato, considerando-a como um sinónimo deste.[53] Procuração e mandato são o mesmo, sendo o poder de representação uma simples consequência deste negócio. Segundo o referido diploma, em principio, o mandato é com representação.[54] Os casos de mandato sem representação são admitidos, pela doutrina e jurisprudência, apenas em situações especiais.[55] Por outro lado, em

---

[52] Pelos autores que admitem estas figuras.

[53] PLANIOL – RIPERT – SAVATIER, *Traité Pratique de Droit Civil Français*, Tomo XI, Paris, LGDJ, 1954, pág. 852; referindo-se ao mandato (págs. 851 e 852), consideram que a representação não é caraterística necessária deste negócio, embora a definição apresentada não siga a do Código Civil francês; os autores afirmam que a referência feita pelo diploma à procuração (no art. 1984º) apenas designa o documento através do qual se traduz o mandato. Este uso indiferenciado pelo Código Civil francês (no art. 1984º) da procuração e do mandato, foi determinante não só da confusão entre ambas as figuras na doutrina francesa, mas ainda nos países cujos Códigos Civis seguiram o modelo francês. Segundo PLANIOL – RIPERT – ESMEIN, *Traité Pratique de Droit Civil Français*, Tomo VI, Paris, LGDJ, 1952, págs. 61 e 62, tal situação deveu-se à progressiva evolução da representação, sempre acompanhada do mandato, sem que a lei a diferenciasse, nascendo assim um hábito de a ligar ao mandato.

[54] GHESTIN – JAMIN – BILLIAU, *Traité*, cit., pág. 632.

[55] Casos do *contrat de commission* (figura equivalente ao contrato de comissão), da *déclaration de command* (figura próxima de um mandato sem representação, com a obrigação de o mandatário celebrar um contrato a favor de pessoa a nomear, que será o *dominus*) ou da *convention de prête-nom* (mandato sem representação, usado com a função de criar um testa-de-ferro) – GHESTIN – JAMIN – BILLIAU, *Traité*, cit., págs. 633 a 637 e MALAURIE – AYNÈS, *Cours de Droit Civil*, T. VI, *Les Obligations*, 5ª ed., CUJAS, 1994, págs. 374 e 375. STORK, *Essai sur le mécanisme de la représentation dans les actes juridiques*, LGDJ, Paris, 1982, considera que na *déclaration de command* existe uma forma imperfeita, incompleta, de representação, uma vez que se recorre à técnica da representação, sem que se reúnam todos os requisitos essenciais desta, entendendo que, em última análise, se está perante o funcionamento cumulativo da técnica da representação com a técnica da condição, obtendo-se uma representação eventual (págs. 220 a 226); quanto à *convention de prête-nom* considera que não há necessidade de criar um regime jurídico próprio, uma vez que se trata fundamentalmente de uma simulação, sendo aplicável o regime deste instituto jurídico (págs. 226 a 229); no que respeita ao *contrat de commission*, o Autor considera que o comissário "é um intermediário que age no interesse do comitente sem o representar", entendendo que não se trata sequer de um mandato sem representação (págs. 234 a 238).

geral, a representação voluntária é equiparada e confundida com o mandato, considerando-se que resulta deste.[56] Existem, no entanto, autores que consideram quer a representação, quer a procuração, como figuras ou instrumentos autónomos face ao mandato.[57]

A regra geral, em matéria de revogação do mandato, é constituída pela livre revogabilidade – art. 2004º do Código Civil francês – embora esta regra não seja imperativa,[58] permitindo o mandato irrevogável.[59] O mandato é irrevogável nos casos de existir um interesse, ou uma vantagem,[60] do mandatário[61]

---

[56] MALAURIE – AYNÈS, *Cours*, cit., pág. 374, consideram o mandato como o negócio de onde nasce a representação voluntária.

[57] BOLAND, *De la représentation dans les contrats*, Liège, 1927, págs. 144 a 154, considera que embora o ato através do qual o *dominus* outorga os poderes de representação se encontre, na prática, sempre ligado a um ato através do qual este obriga o agente a exercer a atividade representativa, tal ato não é necessariamente o mandato (podendo ser outro contrato como o contrato de prestação de serviços ou de sociedade) e não é confundível com ele; trata-se de uma clara autonomização da procuração face ao mandato, embora o Autor não identifique o ato de outorga de poderes com a procuração, que resulta, sem espaço para qualquer dúvida, da influência que as teorias alemãs sobre a matéria tiveram no Autor. PLANIOL – RIPERT – ESMEIN, *Traité*, cit., pág. 68, afirmam que a procuração é o ato pelo qual é voluntariamente conferido o poder de representação, embora apenas subsista enquanto o mandato vigorar. STORK, *Essai*, cit., que considera a representação como uma mera técnica de atuação, como um dos mecanismos de realização dos atos jurídicos (pág. 59). O Autor é criticado por GHESTIN – JAMIN – BILLIAU, *Traité*, cit., págs. 619 a 621, que consideram a sua posição redutora, quer por limitar a representação a uma mera técnica, quer por abranger apenas a prática de atos jurídicos, excluindo da representação a prática de atos materiais (que os autores abrangem no mandato e, por isso, na representação, uma vez que o mandatário necessita por vezes de praticar atos materiais no exercício do mandato sem que estes importem uma diferente qualificação do negócio – págs. 623 e 624.

[58] Sendo considerada por PLANIOL – RIPERT – SAVATIER, *Traité*, cit., pág. 936, como mera expressão da vontade típica das partes, podendo ser alterada se a vontade for diversa.

[59] Embora alguns autores não aceitem a figura, caso de BOLAND, *De la représentation*, cit., pág. 161, que chega a afirmar que "a questão de saber se o representado pode renunciar à faculdade de revogar [constitui] um problema sem interesse prático".

[60] Nestes casos, segundo PLANIOL – RIPERT – SAVATIER, *Traité*, cit., pág. 937, a questão não é saber se o mandato é vantajoso para o mandatário, mas se a vantagem é de tal ordem que exige a irrevogabilidade do negócio, resultando normalmente da ligação entre o mandato e outro negócio de onde se retira a irrevogabilidade do mandato.

[61] Especialmente no caso dos agentes comerciais, em que o mandato é no interesse comum em virtude do interesse de ambos – agente e principal – na criação e desenvolvimento da clientela, sendo irrevogável por só assim se obter a estabilidade que permite defender e ampliar a clientela – GHESTIN – JAMIN – BILLIAU, *Traité*, cit., págs. 628 e 629.

ou de terceiro,⁶² e nos casos em que a irrevogabilidade esteja prevista no negócio.⁶³ Os efeitos da irrevogabilidade podem variar, segundo a vontade das partes, desde a responsabilidade civil do *dominus* pelos danos causados ao mandatário, ou terceiro, até à plena eficácia em relação ao *dominus* dos atos praticados pelo mandatário após a revogação.⁶⁴

VII. O Código Civil espanhol não contém qualquer regime jurídico relativo à procuração, limitando-se a reger o contrato de mandato. Apesar desta ausência de regime, a doutrina espanhola distingue ambos os negócios,⁶⁵ recorrendo parcialmente ao regime do mandato para obter o regime da procuração.

A prossecução do interesse do *dominus* é normalmente exigida pelos autores,⁶⁶ embora a fundamentação possa variar. Díez-Picazo⁶⁷ considera que só nos casos em que o representante aja em nome e no interesse do *dominus* é que existe verdadeira representação. No entanto, configura o interesse como referindo-se ao "assunto ou negócio que por meio da representação se gere";⁶⁸ se o assunto ou negócio que se gere for do procurador ou de terceiro não há representação, uma vez que o *dominus* não é titular da situação jurídica, eventualmente por a ter transmitido ao procurador. Carpio integra a prossecução do interesse do *dominus* na perspetiva substancial *contemplatio domini*,⁶⁹ enquanto elemento essencial da representação.

---

⁶² Caso de mandato de administrador de uma empresa da confiança dos credores da mesma – Planiol – Ripert – Savatier, *Traité*, cit., págs. 937 e 938.
⁶³ Caso em que o mandato deverá ter uma duração precisamente determinada e ter como objeto a celebração de um negócio definido – Planiol – Ripert – Savatier, *Traité*, cit., pág. 936, e Witz, *La fiducie en droit privé français*, Économica, Paris, 1981, pág. 77 a 79, defende a invalidade da cláusula de irrevogabilidade caso falte a determinação da duração do mandato, ou no caso de este não se destinar a um único negócio, ou quando haja limites quanto ao objeto.
⁶⁴ Planiol – Ripert – Savatier, *Traité*, cit., pág. 938.
⁶⁵ Albaladejo, *Compendio de Derecho Civil*, 4ª ed., Bosch, Barcelona, 1981, pág. 253. Cossio y Corral – Cossio y Martinez – León Alonso, *Instituciones de Derecho Civil*, T. I, Civitas, 1988, pág. 269 a 272. Puig Peña, *Tratado de Derecho Civil Español*, Tomo I, Vol. II, Ed. Revista de Derecho Privado, Madrid, 1958, págs. 599 e 600.
⁶⁶ Albaladejo, *Compendio*, cit., págs. 136 e 137.
⁶⁷ Díez-Picazo, *La representación*, cit., págs. 51 a 53.
⁶⁸ Díez-Picazo, *La representación*, cit., pág. 52.
⁶⁹ Badenas Carpio, *Apoderamiento y Representación Voluntaria*, Aranzadi, Pamplona, 1998, págs. 82 a 83.

Uma vez que o Código Civil espanhol não prevê o mandato irrevogável, a doutrina tem procurado justificar a admissibilidade quer do mandato irrevogável, quer da procuração irrevogável, através de argumentos dogmáticos. Face à total ausência de regulamentação legal, os fundamentos e o regime da procuração irrevogável são variáveis, embora a figura seja normalmente aceite.[70] DÍEZ-PICAZO admite a procuração irrevogável considerando, no entanto, que se trata de um negócio indireto e não de uma verdadeira procuração.[71] Considera que o problema não é tanto o de saber se a procuração irrevogável é ou não de admitir, mas antes o de saber quais os efeitos da sua irrevogabilidade.[72] Entende que a irrevogabilidade convencional constitui a regra, considerando os casos de irrevogabilidade natural como excecionais.[73] ALBALADEJO,[74] por sua vez, funda a irrevogabilidade da procuração na existência de um interesse do procurador. Neste caso, não se está perante verdadeira representação, uma vez, que em lugar de se confiarem os poderes de representação ao procurador, estes são-lhe entregues. Trata-se de casos em que a outorga dos poderes de representação é usada para cumprir um fim que resulta de um outro negócio. CARPIO admite expressamente a irrevogabilidade da procuração, considerando que esta não resulta diretamente da procuração, mas antes da relação jurídica subjacente a esta. Para que a procuração seja irrevogável é necessário que haja uma relação subjacente que justifique a irrevogabilidade e que a procuração seja o meio escolhido pelas partes para cumprir o negócio que constitui a relação subjacente.[75] Em consequência,

---

[70] COSSIO Y CORRAL – COSSIO Y MARTINEZ – LEÓN ALONSO, *Instituciones* cit., pág. 551 fundando-a no interesse do representante.

[71] DÍEZ-PICAZO, *La representación*, cit., pág. 306. O Autor afirma que deste modo a sua opinião não colide com o que defende a respeito do interesse do *dominus*, mas sem razão, pois está a defender o recurso à procuração com um fim diferente do típico, para obter o efeito típico desta que é a outorga do poder de representação. Segundo o Autor, trata-se de um negócio autorizativo com representação, razão pela qual a procuração é neste caso um negócio indireto. Parece, por isso, que não consegue autonomizar verdadeiramente a procuração do mandato.

[72] DÍEZ-PICAZO, *La representación*, cit., págs. 307-308.

[73] DÍEZ-PICAZO, *La representación*, cit., pág. 310, chega a considerar que face a terceiros que desconhecem a revogação da procuração irrevogável, a regra é a da irrevogabilidade natural. No entanto, conclui que nesses casos a procuração mantém-se em vigor, não devido aos efeitos da irrevogabilidade, mas antes por a revogação não ter sido levada ao conhecimento do terceiro em causa.

[74] ALBALADEJO, *Compendio*, cit., págs. 132 e 133.

[75] BADENAS CARPIO, *Apoderamiento*, cit., págs. 245 a 247.

a irrevogabilidade existe independentemente de um pacto expresso nesse sentido. MARTINEZ DE VELASCO não aceita nenhuma das teorias sobre a irrevogabilidade da procuração.[76] O Autor apoia-se na relação subjacente para fundar a irrevogabilidade da procuração, embora não em razão do interesse, pois considera que não é possível a existência de um interesse sem acordo do titular – que não existe na procuração – e que o Direito Civil não tutela meros interesses. Funda a irrevogabilidade na obrigação de cumprir o pacto de irrevogabilidade que consta da relação subjacente e,[77] em alguns casos em que não existe esse acordo, no abuso de direito.

VIII. A doutrina brasileira sobre a procuração é naturalmente influenciada pelo Código Civil brasileiro, que foi profundamente influenciada pelo Código Civil francês[78] afastando-se do modelo alemão nascido das teorias de JHERING e LABAND. Tal posicionamento resultou na ausência de regime jurídico próprio para a procuração e mesmo para a representação,[79] regulando-se exclusivamente o contrato de mandato e considerando-se a procuração como um mero instrumento do mandato – art. 1288º do Código Civil brasileiro. Em consequência desta solução legal, os regimes jurídicos da procuração e da representação são obtidos através da análise das regras aplicáveis ao contrato de mandato,[80] o que causa algumas confusões entre os regimes.[81] Aliás, parte da doutrina não autonomiza ainda a procuração e a representação voluntária da figura do contrato de mandato, conside-

---

[76] MARTINEZ DE VELASCO, *El poder irrevocable*, Bosh, Barcelona, especialmente págs. 118 a 121.
[77] Embora considere que a revogação é eficaz, podendo o Tribunal extingui-la – MARTINEZ DE VELASCO, *El poder*, cit., pág. 120.
[78] FRANCISCO AMARAL, *Direito Civil Brasileiro – Introdução*, Forense, Rio de Janeiro, 1991, pág. 456, e MARIA AMARAL KROETZ, *A Representação Voluntária no Direito Privado*, Revista dos Tribunais, São Paulo, 1997, pág. 14.
[79] Segundo FRANCISCO AMARAL, *Direito Civil*, cit., pág. 454, a única disposição que admite a representação é o art. 74º do Código Civil brasileiro, embora o faça de uma forma velada, limitando-se a admitir a aquisição de direito por intermédio de outrem. No mesmo sentido, MARIA AMARAL KROETZ, *A Representação*, cit., pág. 35, que expõe detalhadamente as deficiências do Código Civil brasileiro através de uma comparação a par com o Código Civil português (págs. 54 a 60).
[80] MARIA AMARAL KROETZ, *A Representação*, cit., pág. 65.
[81] Mesmo FRANCISCO AMARAL, *Direito Civil*, cit., págs. 478 a 480, e MARIA AMARAL KROETZ, *A Representação*, cit., págs. 65 a 68, que autonomizam a procuração face ao contrato de mandato caem vítimas das dificuldades criadas pelo regime legal do Código Civil brasileiro, ao considerar que o representante está vinculado a deveres que resultam, manifestamente, do contrato de mandato e não da relação de representação propriamente dita.

rando que a representação nasce do mandato,[82] sendo a procuração um instrumento de exteriorização deste negócio jurídico.[83]

Em consequência do modo como o Código Civil brasileiro regula a representação, o regime jurídico da procuração é obtido através da análise do mandato, sendo por essa razão muito próximo deste. No que respeita à relevância do interesse do *dominus*, a doutrina normalmente não aborda o assunto de forma expressa,[84] mas parece orientar-se no sentido da sua dispensa, em razão do regime legal do mandato.[85] Em resultado destas diferenças de posições, a procuração irrevogável não é geralmente admitida enquanto procuração,[86] mas apenas como negócio transmissivo.[87] Considera-se mesmo que se contiver os elementos essenciais do negócio jurídico vale como escritura pública, podendo servir para registar a transmissão.[88]

---

[82] Contra, FRANCISCO AMARAL, *Direito Civil*, cit., págs. 464 e 465, e MARIA AMARAL KROETZ, *A Representação*, cit., págs. 33 a 36, 74 e 75, que seguem a teoria da representação, autonomizando a procuração como o negócio jurídico de onde resulta o poder de representação.

[83] CAIO MÁRIO SILVA PEREIRA, *Instituições de Direito Civil*, Vol. III, 10ª ed., Forense, Rio de Janeiro, 1999, pág. 252; estranhamente, o Autor afirma que o Código Civil português também considera a representação como essencial ao mandato (pág. 252). MARIA HELENA DINIZ, *Curso de Direito Civil Brasileiro*, 3º Vol., 14ª ed., Saraiva, 1999, págs. 300 e 301; SÍLVIO RODRIGUES, *Direito Civil*, Vol. 3, 26ª ed., Saraiva, São Paulo, 1999, pág. 273; WASHINGTON BARROS MONTEIRO, *Curso de Direito Civil*, 5º Vol., *Direito das Obrigações*, 2ª Parte, 31ª ed., Saraiva, 1999, págs. 247 a 249 e 251.

[84] Com a exceção de FRANCISCO AMARAL, *Direito Civil*, cit., págs. 455 a 456 e 468, que não considera o interesse do *dominus* como um pressuposto da representação, embora entenda que geralmente a representação seja no interesse deste.

[85] MARIA HELENA DINIZ, *Curso*, cit., págs. 301 e 302; WASHINGTON BARROS MONTEIRO, *Curso*, cit., págs. 279 e 280, admite a procuração e mandato no interesse exclusivo do procurador, considerando, no entanto, que tal figura "desnatura" o mandato.

[86] SÍLVIO RODRIGUES, *Direito Civil*, cit., pág. 286, admite a procuração irrevogável no interesse exclusivo do procurador, que considera "negócio de diversa natureza do mandato ordinário, que visa atender interesse do mandante".

[87] CAIO MÁRIO SILVA PEREIRA, *Instituições*, cit., pág. 265; FRANCISCO AMARAL, *Direito Civil*, cit., pág. 487; ORLANDO GOMES, *Contratos*, 18ª ed., Forense, Rio de Janeiro, 1999, pág. 355 e 356; WASHINGTON BARROS MONTEIRO, *Curso*, cit., pág. 279, que, embora considerando que a irrevogabilidade convencionada "desnatura" o negócio, não podendo neste caso a procuração "ser entendida como cessão de direito", caso seja em causa própria, já "equivale a venda ou cessão" (o Autor refere-se por vezes indiferentemente à procuração e ao mandato).

[88] CAIO MÁRIO SILVA PEREIRA, *Instituições*, cit., pág. 265; MARIA AMARAL KROETZ, *A Representação*, cit., págs. 109 a 111.

VIII. No direito anglo-saxónico, a figura que mais se aproxima da procuração é a *agency* que pode ser definida como "a relação que existe entre duas pessoas quando uma, chamada de *agent*, que pode afetar a posição jurídica no que respeita a terceiros face a essa relação através da celebração de contrato ou da disposição da propriedade".[89] A *agency* é irrevogável quando o *agent* tenha nela um interesse. A irrevogabilidade da *agency* carece de expressa menção, para além da necessidade de existência de um interesse relevante por parte do procurador (*power coupled with an interest*).[90] A *agency* é irrevogável sempre que "a sua função subjacente consiste em garantir ou proteger algum interesse do *agent*", caso em que só é revogável com o seu acordo.[91]

No Reino Unido os casos de irrevogabilidade da *agency* são referidos como casos concretos, em lugar de serem indicados em termos gerais. No entanto, é de notar que todos os casos de irrevogabilidade da *agency* correspondem a casos em que o *agent* tem nela um determinado interesse.

No direito norte americano, a *agency* foi definida através do segundo *Restatement of Agency* como "a relação fiduciária que resulta da manifestação de consentimento por uma pessoa a outra de que a outra deverá agir por sua conta e sujeita ao seu controlo, e consentimento da outra em assim agir".[92] Para ser verdadeiramente irrevogável, a *agency* deve estar "*coupled with an interest*", o que significa que "o *agent* deve ter um interesse presente na propriedade em que o poder (procuração) deve operar";[93] no entanto, esta figura não é sempre considerada como uma verdadeira *agency*.[94] Nos casos de mera convenção de irrevogabilidade, a *agency* mantém-se revogável, mas o *principal* deve indemnizar o *agent* pela violação do contrato.[95]

---

[89] FRIDMAN, *The Law of Agency*, 4ª edição, Butterworths, London, 1976, pág. 8.
[90] REYNOLDS, *Bowstead on Agency*, 15ª ed., Sweet & Maxwell, London, 1985, págs. 509 a 510.
[91] MARKESINIS – MUNDAY, *An outline of the Law of Agency*, Butterworths, London, 1979, pág. 173.
[92] HAROLD GILL REUSCHLEIN – WILLIAM A. GREGORY, *The Law of Agency and Partnership*, 2ª edição, West Publishing Co., St. Paul, Minnesota, 1990, pág. 4.
[93] HAROLD GILL REUSCHLEIN – WILLIAM A. GREGORY, *The Law of Agency*, cit., pág. 99.
[94] HAROLD GILL REUSCHLEIN – WILLIAM A. GREGORY, *The Law of Agency*, cit., pág. 100.
[95] HAROLD GILL REUSCHLEIN – WILLIAM A. GREGORY, *The Law of Agency*, cit., pág. 98; EDWARD SELL, *Agency*, The Foundation Press, Mineola, New York, 1975, pág. 191.

II
Evolução histórica da procuração

A atual unanimidade no que respeita à admissibilidade da representação no Direito Civil, traduzida no Código Civil, não foi conseguida sem uma lenta e árdua evolução do instituto.[96] Evolução esta que, como em tantos outros institutos de Direito Civil, teve o seu início documentado no Direito Romano. Foi no entanto, difícil a sua vida, sendo que apenas no Séc. XIX se pode identificar uma procuração totalmente autónoma.[97] Continua no presente a evoluir, mas já sem as dificuldades que teve de enfrentar durante mais de dois mil anos.

1. A representação no Direito Romano

A representação é uma figura de grande utilidade nas relações jurídicas, permitindo a solução de dificuldades de várias ordens na vida inter-pessoal. Já em Roma essas dificuldades eram conhecidas, tendo ao longo do tempo influenciado este Direito, obrigando-o a evoluir no sentido da progressiva admissibilidade da representação.

O *ius civile* não admitia, em princípio, a representação.[98]

A celebração de negócios jurídicos apenas podia ser feita na presença das partes. Tal sucedia, por exemplo, na *stipulatio* em que só se o *promissor*

---

[96] Sobre a evolução histórica da procuração, por todos, PEDRO DE ALBUQUERQUE, *A Representação Voluntária*, cit. págs. 43 a 493.
[97] MAX KASER, *Direito Privado Romano*, Gulbenkian, Lisboa, 1999, pág. 88.
[98] PEDRO DE ALBUQUERQUE, *A Representação Voluntária*, cit., pág. 43.

respondesse logo ao *stipulator* é que nasceria um negócio (*stipulatio*).[99] A *stipulatio* devia fazer-se entre presentes, sendo um ato contínuo de modo a formar uma unidade.[100] Esta exigência de imediação era logicamente incompatível com a representação.

Em princípio, a atuação por conta de outrem era em nome próprio. Em virtude deste princípio, "quem quer que atue por outrem ou para outrem – chame-se tutor, curador, síndico, procuração, etc. – realiza um ato cuja eficácia se produz no seu próprio património e na sua esfera jurídica".[101] O agente deveria posteriormente transferir os efeitos para o *dominus negotii*, que tinha *actio* contra o agente. Tratava-se de *actiones* pessoais, pelo que o *dominus negotii* apenas poderia agir contra o agente e não contra o terceiro.[102]

Verifica-se, no entanto, que mesmo no *ius civile* se admitia um caso de aparente representação.[103] Tanto os *filiisfamilias* como os *servi* podiam celebrar negócios jurídicos de aquisição, mas os efeitos destes negócios verificavam-se no património do *paterfamilias*.[104] Trata-se de uma figura muito

---

[99] Sebastião Cruz, *Direito Romano (Ius Romanum)*, Vol. I, *Introdução – Fontes*, 4ª ed. Coimbra, 1984, pág. 303.

[100] D. 45,1,137 pr ("A stipulatio é uma geração de palavras (conceção), com as quais aquele que é interrogado responde àquilo, sobre que foi interrogado, que há-de dar ou há-de fazer") e D. 45,1,1,pr ("O ato do estipulante [o stipulator] e do promitente [o promissor] deve ser contínuo") – as traduções são de Sebastião Cruz, *Direito Romano*, cit., pág. 304, notas 366 e 368.

[101] Díez-Picazo, *La representación*, cit., pág. 26.

[102] Díez-Picazo, *La representación*, cit., pág. 26.

[103] Paulo, Sent., 5, 2, 2; Eduardo Volterra, *Instituciones de Derecho Privado Romano*, Civitas, 1991, pág. 170.

[104] Juan Iglesias, *Instituciones de Derecho Romano*, Vol. II, Barcelona, 1951, pág. 22; Max Kaser, *Direito Privado Romano*, cit., pág. 90. O exemplo da *"stipulatio"* é demonstrativo do sistema do Direito Romano – D. 45,1,1pr – "não pode efectuar-se uma «stipulatio», a não ser que ambos («stipulator» e «promissor») falem: e por isso, nem o mudo (porque não fala) nem o surdo (porque não ouve) nem a criança (menor de 7 anos, porque não compreende, não entende o sentido das palavras, é como se nem falasse nem ouvisse) pode realizar uma «stipulatio»; nem o ausente, pois devem ouvir-se mutuamente («stipulator» e «promissor»). Se, porém, algum destes (isto é, dos ausentes) pretende ser credor («stipulator») que o faça através dum seu escravo presente (no ato da «stipulatio») e adquirirá diretamente para ele (portanto verifica-se uma representação direta) uma «actio ex stipulatio»; igualmente, se algum (destes, dos ausentes), que dê uma ordem nesse sentido, e também a um escravo seu, presente no ato da «stipulatio» ficará obrigado «quod iussu» (em virtude dessa ordem, que é uma autorização responsável, um aval, o «iussum»)" (a tradução é de Sebastião Cruz, *Direito Romano*, cit., pág. 306, a quem pertencem também os comentários entre parênteses).

próxima da atual representação, uma vez que em ambas se verifica o núcleo caraterístico – a produção de efeitos na esfera jurídica de outrem.

A razão desta possibilidade prende-se com a conceção romana da família. Esta era constituída pelo grupo de pessoas sujeitas à autoridade do *paterfamilias*,[105] existindo apenas um património da sua titularidade. Na família, apenas o *paterfamilias* tinha plena capacidade jurídica, uma vez que era o único que não estava sujeito a qualquer autoridade familiar. Os *filiisfamilias*, estando abrangidos pela *patria potestas*, não podem ser titulares de direitos.

O mesmo sucedia com os escravos que, como os *filiisfamilias*,[106] eram apenas "órgãos económicos"[107] do *paterfamilias*, operando como seus instrumentos.

O facto de as situações jurídicas ativas adquiridas por filhos e escravos produzirem efeitos na esfera jurídica do *paterfamilias* pode ser considerado como uma forma embrionária da representação. Embora não seja configurada no *ius civile* como uma verdadeira representação, em virtude das específicas caraterísticas deste, está muito próximo.

O princípio referido não se conseguiu manter intocado face à expansão de Roma e à evolução do comércio, que resultaram num incremento das relações à distância. Surgiam cada vez mais situações no âmbito das relações inter-privadas que exigiam soluções novas. Essas soluções foram trazidas pelo *ius prætorium*. Com o surgimento do pretor urbano e com a evolução dos seus poderes, verificou-se um alargamento do leque de figuras mais ou menos próximas da representação, que permitiram satisfazer as novas necessidades das pessoas.

Embora não sejam de excluir os instrumentos a que o pretor podia recorrer com base no seu *imperium* – podendo dar ou retirar a tutela do *ius civile* a uma questão em apreciação –, será com a entrada em vigor da *lex Aebutia de formulis*[108] que este, através da sua *iurisdictio*, influenciou de

---

O mesmo regime era aplicável aos filhos, em relação ao *paterfamilias*. Como se verá, a segunda parte referente aos efeitos das situações passivas não terá surgido antes do séc. II a.C., uma vez que se funda em *actiones prætoriæ*, devendo por isso ser posterior à *lex Aebutia de formulis* (cerca de 130 a.C.).
[105] Eduardo Volterra, *Instituciones*, cit., pág. 102.
[106] A similitude da posição dos *filiisfamilias* face aos escravos derivava da natureza da *patria potestas*, que os colocava em situações muito semelhantes.
[107] Díez-Picazo, *La representación*, cit., pág. 27.
[108] Em cerca de 130 a.C.

modo determinante a evolução da representação. A par dos instrumentos que já tinha à sua disposição, o pretor passou a poder neutralizar a *actio civilis*, quer através da denegação da *actio*, quer através da concessão de uma exceção, e a poder criar *actiones* próprias,[109]

Os casos de *ius prætorium* que recorrem a soluções eventualmente representativas consistem fundamentalmente nas *actiones adiecticiæ qualitatis*:[110] a *actio institoria*,[111] a *actio exercitoria*,[112] a *actio quod iusso*,[113] a *actio de peculio*,[114] a *actio tributoria*[115] e a *actio de in rem verso*.[116]

"O pretor considerou justo que tal como nos beneficiamos com os atos dos gerentes (*institores*), também fiquemos obrigados e nos possam demandar pelos contratos celebrados por eles".[117] Por vezes o *paterfamilias* recorria a um filho ou escravo para desenvolver o comércio por sua conta. Aplicando-se o regime geral, no caso de situações passivas, seriam os *institores* que ficariam vinculados e não os donos do negócio. Através da *actio institoria* o pretor atribuiu *actio* a quem contratasse com um *institor*, de modo a poder também agir contra o *paterfamilias*.[118]

Semelhante à *actio institoria*, a *actio exercitoria*[119] destinava-se especificamente ao comércio e transporte marítimo. Quem contratasse com o mestre de uma embarcação (*magister*) tinha *actio* contra o armador (*exercitor*). Aos argumentos que fundavam a *actio institoria* e que fundavam também a presente *actio*, acrescia o facto de normalmente quem contratava com o *magister* não se poder certificar da sua posição.

---

[109] SEBASTIÃO CRUZ, *Direito Romano*, cit., pág. 335.
[110] MAX KASER, *Direito Privado Romano*, cit., pág. 90 e PEDRO DE ALBUQUERQUE, *A Representação Voluntária*, cit., págs. 140 a 151..
[111] SANTOS JUSTO, *As acções do Pretor (Actiones Prætoriæ)*, reimpressão, Coimbra, 1994, págs. 39 e 40.
[112] SANTOS JUSTO, *As acções do Pretor*, cit., págs. 40 e 41.
[113] SANTOS JUSTO, *As acções do Pretor*, cit., págs. 38 e 39.
[114] SANTOS JUSTO, *As acções do Pretor*, cit., págs. 41 e 42.
[115] SANTOS JUSTO, *As acções do Pretor*, cit., págs. 44 e 45.
[116] SEBASTIÃO CRUZ, *Direito Romano*, cit., pág. 388, refere-se às *actiones adiecticiæ qualitatis* como destinadas a efetivar a responsabilidade do *pater familiæ* pelas dívidas do filho ou servo, na totalidade ou parcialmente, e não como soluções de representação.
[117] D. 14, 3, 1.
[118] O inverso não era verdadeiro, devendo o dono do negócio seguir as regras gerais para defender os seus interesses.
[119] D. 14, 1.

Para compreender a *actio quod iussu*[120] é necessário relembrar que não era possível, mesmo com a vontade do *paterfamilias*, que o filho ou o servo o representassem na aquisição de dívidas. Assim, se alguém, por exemplo, emprestasse dinheiro a um escravo a pedido do *paterfamilias* não teria *actio* para o recuperar. Com a *actio quod iussu* o pretor confere *actio* ao credor de uma dívida que o filho ou o servo contraíram, desde que este demonstre que existe autorização (*iussu*) do *paterfamilias*, quer esta seja prévia, quer seja posterior ao negócio celebrado. A razão deste regime prende-se com o facto de, havendo autorização, tudo suceder como se contratasse com o *paterfamilias*.

Estas *actiones* têm elementos que as aproximam da atual representação, embora não sejam idênticas à mesma.

A favor da representação verificamos que se está sempre perante casos em que a atuação de uma pessoa produz efeitos jurídicos na esfera jurídica de outrem. Acresce que essa atuação resulta de um ato volitivo por parte do *paterfamilias* que permite essa eficácia, o que coloca estas figuras muito próximas de negócios jurídicos atributivos de poderes de representação.[121] Esta caraterística é reforçada pela possibilidade de o *paterfamilias* poder moldar os limites da atuação do agente e, em consequência, da eficácia da atuação deste sobre a sua esfera jurídica.

As principais diferenças de estas *actiones*, relativamente à atual representação, consistem na manutenção da vinculação do agente ao negócio e na não atribuição ao *paterfamilias* de *actio* contrária.

Embora diferentes da atual representação, estas *actiones* traduzem casos embrionários desta, porventura mais evoluídos que a eficácia em relação ao *paterfamilias* das aquisições de situações ativas efetuadas por *filiisfamilias* ou escravos.

A *actio institoria* e a *actio exercitoria* evoluem, mais tarde,[122] passando qualquer pessoa a poder ser *institor* ou *magister* e não apenas pessoas sujeitas a *patria potestas*.[123] Esta evolução aproxima-as ainda mais da representação, pois não é mais possível fundar o poder numa eventual ampliação das regras do *ius civile* que levavam à eficácia em relação ao *paterfamilias*

---

[120] D. 15, 4.
[121] Neste sentido MARIO TALAMANCA, *Istituzioni di Diritto Romano*, Giuffrè, Milano, 1990, pág. 267.
[122] Na última parte da época clássica – MARIO TALAMANCA, *Istituzioni*, cit., pág. 268.
[123] EDUARDO VOLTERRA, *Instituciones*, cit., pág. 171.

das aquisições de situações ativas efetuadas por *filiisfamilias* ou escravos. Nestes casos, a única relação existente entre o dono do negócio e o agente funda-se num negócio jurídico.

Era muito frequente o *paterfamilias* conceder o gozo e a administração de uma parte do seu património (*peculium*) a um *filiusfamilias* ou a um escravo, mantendo-se como proprietário desse património, pelo que o *filiusfamilias*, ou o escravo, não o podiam alienar.[124] Aplicando-se as regras gerais, o *paterfamilias* apenas beneficiaria das aquisições, não respondendo pelas dívidas contraídas pelo *filiusfamilias*, ou pelo escravo, na administração do *peculium*. No que respeita ao escravo, uma vez que este não tinha capacidade jurídica patrimonial,[125] as suas dívidas eram meras obrigações naturais,[126] não podendo o credor obter satisfação. Em relação ao *filiusfamilias*, embora pudesse ser condenado no pagamento, a execução da sentença apenas teria lugar quando fosse *paterfamilias*, o que poderia ser muitos anos depois ou mesmo nunca acontecer.[127] Em certa medida o *paterfamilias* funciona como *institor*, mas sem que este determine a atividade a desenvolver pelo *filiusfamilias*, ou pelo escravo[128]. Através da *actio de peculio*, o *paterfamilias* responde pelas dívidas do *filiusfamilias* ou do escravo até ao valor do *peculium*. Era, assim, possível obter pagamento da dívida através do *peculium*. Para a determinação do valor do *peculium* era necessário compensar neste os créditos[129] e os débitos[130] do *paterfamilias* em relação ao *peculium*. Uma vez que, normalmente, era o *paterfamilias* que tinha créditos sobre o *peculium*, este podia diminuir substancialmente de valor.

A *actio tributoria*[131] era muito semelhante à *actio de peculio*. A diferença fundamental consistia em não se proceder a compensações dos créditos, ou dívidas, do *paterfamilias* em relação ao *peculium*.[132] Este era, por isso, tratado como um credor comum. A *actio tributoria* apenas tinha lugar quando

---

[124] EDUARDO VOLTERRA, *Instituciones*, cit., pág. 104.
[125] MARIO TALAMANCA, *Istituzioni*, cit., pág. 84.
[126] MARIO TALAMANCA, *Istituzioni*, cit., págs. 87 e 527 a 529 e também EDUARDO VERA-CRUZ, *O direito das obrigações em Roma*, Vol. I, AAFLD, Lisboa, 1997, págs. 48 e 49.
[127] EDUARDO VERA-CRUZ, *O direito das obrigações*, cit., pág. 50.
[128] SAVIGNY, *Le Droit des Obligations*, T. II (tradução de C. GÉRARDIN e P. JOZON), Auguste Durand, Paris, 1863,§ 54, pág. 164.
[129] D. 15, 1, 9, 2.
[130] D. 15, 1, 7, 6.
[131] D. 14, 4.
[132] D. 14, 4, 1pr.

o *paterfamilias* tolerava o comércio que o *filiusfamilias*, ou o escravo, faziam com o *peculium*.[133]

A *actio de in rem verso*[134] era semelhante à *actio quod iusso*, mas vai mais além desta. Em vez de a responsabilidade do *paterfamilias* se fundar na autorização deste, funda-se no benefício que retira do contrato celebrado. Evita-se, assim, o enriquecimento sem causa do *paterfamilias*, fazendo com que este responda pela dívida, mesmo nos casos em que não consentiu. Esta *actio* apenas era concedida quando o *filiusfamilias*, ou o escravo, não tinha *peculium*, ou quando este não era suficiente.[135]

Como figuras embrionárias de representação encontram-se num nível semelhante das aquisições de situações ativas efetuadas por *filiisfamilias* ou escravos, fundadas no *ius civile*. No entanto, estão muito afastadas do caso da *actio institutoria*, da *actio exercitoria* e da *actio quod iussu*.

As figuras próximas da representação não se limitam, no entanto, às já analisadas.

A figura do *procurator* é, como o próprio termo indica, da maior importância para o estudo dos primórdios da representação.[136]

Era frequente que, mesmo depois de manumitido, o *libertus* mantivesse a obrigação de prestar determinados serviços[137] ao *patronus*. A ligação do *libertus* com a família era de tal modo estrita[138] que dava a "impressão de continuar a tratar com uma *longa manus* do chefe da casa",[139] sendo considerado como parte da família. Eram, por isso, aplicáveis todas as regras respeitantes à eficácia no património do *paterfamilias* dos negócios celebrados pelo *libertus* administrador do património.

Com a evolução da sociedade, a relação entre o *libertus* e o *patronus* passa a ser puramente jurídica, deixando este de ser membro da família. A partir deste momento, se o *paterfamilias* não encontra entre os seus servos, ou libertos, alguém com as caraterísticas para administrar o seu património, contrata um terceiro, estranho à comunidade familiar.[140]

---

[133] D. 14, 4, 1pr; D. 14, 4, 1, 3.
[134] D. 15, 3.
[135] D. 15, 3, 1pr.
[136] PEDRO DE ALBUQUERQUE, *A Representação Voluntária*, cit., págs. 151 a 158.
[137] D. 38, 1.
[138] D. 37, 14; D. 38, 1, 41pr.
[139] VINCENZO ARANGIO-RUIZ, *Il mandato in diritto romano*, CEDEJ, Nápoles, 1965, pág. 9.
[140] MAX KASER, *Direito Privado Romano*, cit., pág. 262; VINCENZO ARANGIO-RUIZ, *Il mandato*, cit., pág. 9.

O homem livre que desempenha estas funções de administração geral do património, ou de parte do património do cidadão ausente, é chamado de *procurator*.[141] O conceito de *procurator* evolui para a pessoa que faz as vezes de outrem no exercício do direito,[142] sendo chamado no Digesto de *procurator*,[143] *procurator omnium rerum*,[144] *procurator rerum suarum*,[145] *procurator totorum*,[146] ou *procurator omnium bonorum*.[147]

Ao *procurator*, independentemente da denominação, caberá a administração da totalidade, ou parte,[148] do património de outrem. A evolução não teria, no entanto, sido possível sem que os efeitos dos negócios celebrados por este se verificassem na esfera do dono do negócio. Foi, por isso, determinante a *actio quasi institoria*[149] atribuindo, a quem negociasse com o *procurator*, *actio* contra o *institor*.[150] O *procurator* podia praticar uma pluralidade de atos cujos efeitos se iriam produzir na esfera jurídica do representado, incluindo adquirir a posse e mesmo, em alguns casos, adquirir a propriedade.[151]

Esta é uma figura já muito próxima da representação atual. Através de negócio jurídico, uma pessoa contrata outra, fora do âmbito da família, para administrar o seu património, sendo que os negócios celebrados pelo *procurator* produzem efeitos diretamente na esfera jurídica do *institor*. A grande diferença em relação à atual representação prende-se com a manutenção do vínculo com o *procurator*, mas é já possível considerar este um caso muito próximo da atual representação voluntária.

A figura do *procurator* evoluiu também numa atividade muito diferente da administração geral do património que vimos supra. Era assim cha-

---

[141] MAX KASER, *Direito Privado Romano*, cit., pág. 262.
[142] Inicialmente limitava-se aos casos de alguém que substituía outrem enquanto este estivesse ausente de Itália ou em que estivesse afastado da sua residência habitual em virtude de cargo público.
[143] D. 17, 1, 60, 4.
[144] D. 2, 14, 12; D. 3, 3, 47; D. 3, 6, 7; D. 46, 3, 87.
[145] D. 12, 6, 6pr.
[146] D. 3, 3, 63.
[147] D. 14, 3, 6; D. 20, 6, 7, 1; D. 46, 2, 20, 1.
[148] VINCENZO ARANGIO-RUIZ, *Il mandato*, cit., pág. 10, que entende que o património a administrar podia corresponder a uma parte limitada, por exemplo, uma exploração agrícola.
[149] D. 14, 3, 6.
[150] EDUARDO VOLTERRA, *Instituciones*, cit., pág. 171, duvida que a *actio quasi institoria* tenha sido concedida no período clássico.
[151] EDUARDO VOLTERRA, *Instituciones*, cit., pág. 171.

mado aquele que representava outrem em juízo.[152] A necessidade do *procurator ad litem* era reforçada por não se poder recorrer a um servo como representante em juízo. Apenas os cidadãos de pleno direito se podiam dirigir a um magistrado, o que excluía o recurso aos servos, impedindo o aproveitamento da possibilidade de estes representarem o *paterfamilias*.

A intervenção em juízo por interposta pessoa obtinha-se através de *cognitor* ou de *procurator*. O primeiro exigia uma instituição formal frente à outra parte processual, o que implicava necessariamente a presença da parte, que por vezes não era possível.[153] Acrescia que, a partir da instituição como *cognitor*, a parte perdia o controlo sobre a sua atuação. Verificava-se, no entanto, uma forma de representação, uma vez que, embora a sentença fosse a favor ou contra o *cognitor*, e não contra a parte, a partir de certo momento a *actio iudicati* passou a ser denegada contra e a favor do *cognitor*, sendo concedida contra e a favor da parte.[154]

Em consequência das desvantagens do *cognitor*, o pretor fez incluir no "Edito" regras relativas à representação em juízo por *procurator*.[155] Este tanto podia ser o administrador do património da parte, como podia ser um terceiro. Nos primeiros tempos, o *procurator ad litem* não representava a parte. Em consequência, era-lhe exigida uma caução para o caso de a parte intentar a mesma ação, ou uma garantia de cumprimento da condenação.[156] A evolução das duas figuras foi no sentido da absorção do *cognitor* pelo *procurator*. Progressivamente foi-se deixando de exigir a caução e a garantia, nos casos em que havia certeza quanto aos poderes do *procurator*, não podendo a parte intentar a ação depois de este o fazer.

No Digesto consuma-se a absorção do *cognitor* sendo o *procurator* o único representante das partes. Este é um representante da parte, sendo escolhido pela parte, através de *iussu* ou de *mandatum*, sendo a ação denegada contra,[157] e a favor dele e sendo atribuída diretamente contra a parte. É um caso de representação quase perfeita.

---

[152] Vimos já *supra* a origem do poder representativo do *procurator ad litem*; uma vez que aí a *actio* era ainda atribuída casuisticamente e agora o *procurator ad litem* encontra-se já estabelecido como um representante. VINCENZO ARANGIO-RUIZ, *Il mandato*, cit., págs. 12 a 17, estará a tratar de um período posterior ao referido por SAVIGNY.
[153] VINCENZO ARANGIO-RUIZ, *Il mandato*, cit., pág.13.
[154] EDUARDO VOLTERRA, *Instituciones*, cit., pág. 171.
[155] VINCENZO ARANGIO-RUIZ, *Il mandato*, cit., pág. 13.
[156] MARIO TALAMANCA, *Istituzioni*, cit., pág. 343.
[157] D. 3, 3, 61.

Da figura do *procurator ad litem* nasceu o *procurator in rem suam*. No direito romano a cessão de créditos apenas podia ser conseguida pela novação subjetiva.[158] Era necessária uma nova *verborum obligatio* entre o devedor originário e o novo credor. Não se podendo ou não se querendo recorrer a este instrumento, era ainda possível entregar a outrem a disponibilidade do crédito (contra o pagamento, ou em cumprimento de outra obrigação) através da instituição como *procurator* para esse negócio[159]. Chamava-se a este comportamento *cedere actionem*. O *procurator in rem suam* ficava com a possibilidade de exercer a *actio* e, por isso, via a sua posição jurídica tutelada, embora não fosse o titular formal dessa posição.[160] Por exemplo, antes do reconhecimento do direito real de superfície através de uma *actio in rem*, o caso em que o proprietário de um terreno se compromete com o superficiário a não perturbar o seu gozo, obrigando-se a colocar num futuro contrato de venda do terreno uma cláusula segundo a qual o comprador também não pode perturbar o gozo da coisa pelo superficiário. Para conseguir este resultado, o vendedor instituía *procurator* o superficiário para que este pudesse proteger a cláusula constante da venda (e através dela o seu interesse no gozo do terreno) com a *actio venditi*.[161]

Tratava-se de uma utilização da figura do *procurator ad litem* com uma função diversa da originária, expressamente admitida nas fontes.[162] Nestes casos, a relação entre o *procurator* e credor originário não seria constituída pelo *mandatum*, uma vez que o *procurator* não tinha obrigação de praticar atos. Quando muito, a relação subjacente seria constituída por uma autorização *iussum* para exercer a *actio*. Uma vez que no Direito Romano, ter *actio* era ter direito, ou tutela jurídica, a atribuição de uma procuração forense no interesse do procurador equivaleria à transmissão do crédito.

O *procurator in rem suam* estava subordinado a um regime jurídico diferente do *mandatum tua gratia*.[163] Este não era considerado como eficaz, uma

---

[158] JUAN IGLESIAS, *Instituciones*, cit., pág. 135.
[159] G. II, 38-39.
[160] Esta prática que se verificou com a introdução do processo *per formulas*, tornou-se progressivamente desnecessário na época clássica, com a admissão da cessão de créditos – JUAN IGLESIAS, *Instituciones*, cit., pág. 135.
[161] VINCENZO ARANGIO-RUIZ, *Il mandato*, cit., pág. 15 e 16.
[162] G. II, 38-39.
[163] Essa diferença, aliás, resultava das diferenças entre as figuras originais do *procurator* e do *mandatum*. O *procurator*, como vimos, teve a sua origem na família romana. O *mandatum*, por sua vez, é considerado como uma figura originária do *ius gentium* – VINCENZO ARANGIO-

vez que não podia criar nenhuma obrigação na esfera jurídica do mandatário. Tendo em consideração a estrutura do *mandatum*, o *mandatum tua gratia* consistiria numa ordem dada por uma pessoa a outra, para que esta pessoa adotasse certo comportamento em relação a si, ou ao seu património, no seu exclusivo interesse (ou seja, essa pessoa era a única que retirava alguma utilidade desse comportamento). Tratava-se, em última análise, de um mero conselho que não era considerado como causa de obrigações, pois o mandatário podia sempre optar por seguir, ou não, o conselho.[164]

No Direito Romano a representação nasceu dentro da família romana em razão do modo como esta era juridicamente estruturada, alastrando para o comércio e – segundo alguns autores – para os tribunais. A configuração da família romana foi, por essa razão, da maior importância na evolução da representação. A par desta, as necessidades do comércio e, mais tarde, as necessidades civis de celebração de negócios por interposta pessoa, com eficácia imediata no dono do negócio, impuseram a expansão da admissibilidade da representação em vários campos. No entanto, nunca chegou a ser admitida como regra geral, sendo as situações em que esta existe simples casos especiais.

A representação surgiu no *ius civile*, desenvolveu-se com o *ius prætorium* e teve o seu expoente máximo no *Corpus Iuris Civilis*. Não obstante o elevado nível de desenvolvimento, não é possível considerar a figura romana da representação como um equivalente da atual.[165] Constitui, no entanto, uma figura embrionária, mais ou menos próxima conforme os casos, da representação ou da responsabilidade solidária. Embora operasse frequentemente através da responsabilização solidária do dono do negócio, o fim com que foi usada, especialmente nas épocas mais tardias, consistia na eficácia jurídica dos atos praticados por uma pessoa na esfera jurídica da outra.

Embora surgindo como figuras distintas, a representação foi englobada pelo mandato, sendo o procurador equiparado ao mandatário com poderes

---

-RUIZ, *Il mandato*, cit., pág. 44. Também no que respeita à relação com terceiros, ambos os negócios são diferentes, uma vez que a *procuratio* tinha efeitos em relação a terceiros, ao contrário do *mandatum* que apenas regulava questões internas – EDUARDO VOLTERRA, *Instituciones*, cit., pág. 526.

[164] D. 17, 1, 2.

[165] MAX KASER, *Direito Privado Romano*, cit., pág. 88, e MANUEL DE ANDRADE, *Teoria Geral da Relação Jurídica*, Coimbra, 1953, pág.289.

de representação, caso em que a atuação do *procurator* vinculava também o *dominus*.¹⁶⁶ A equiparação entre mandato e representação (ou procuração) só cessaria verdadeiramente com JHERING e LABAND, embora já se verificasse alguma orientação nesse sentido nos Códigos Civis austríaco e prussiano.

2. A representação entre o Direito Romano e o Séc. XVIII

A grande evolução da representação na Idade Média verificou-se no Direito Canónico¹⁶⁷ que, a partir dos sécs. XII e XIII,¹⁶⁸ admitiu a prática de vários atos através de representante.¹⁶⁹ O Direito Canónico, fundando-se num conjunto de princípios e valores respeitantes à pessoa, diferentes dos perfilhados por Roma, estava particularmente preparado para permitir a representação voluntária.¹⁷⁰ Nas palavras de PEDRO DE ALBUQUERQUE, "toda a organização da Igreja se baseia na ideia de representação; Cristo deixou na Terra o seu representante".¹⁷¹ Assim sucedeu, por exemplo, com a celebração de casamentos.¹⁷² Em virtude da especial natureza do casamento, a atividade do representante nunca produzia efeitos em relação a si próprio, produzindo-os apenas em relação ao representado. Surgia uma forma de atuação com uma estrutura equivalente à atual representação. Embora a atuação fosse em tudo semelhante à do núncio, não se considerava como uma mera atuação do representado, através da instrumentalização do representante; este agia pessoalmente, mas em nome e representação do representado.

O princípio geral no que respeita à prática de atos por meio de outra pessoa evoluiu para a sua genérica admissão, o que permitiu a generalização do mecanismo da representação voluntária.

---

¹⁶⁶ EDUARDO VERA-CRUZ, *O direito das obrigações*, cit., pág. 372.
¹⁶⁷ PEDRO DE ALBUQUERQUE, *A Representação Voluntária*, cit., págs. 215 e 216.
¹⁶⁸ PESSOA JORGE, *O Mandato sem Representação*, Ática, Lisboa, 1961, pág. 59, MANUEL DE ANDRADE, *Teoria Geral da Relação Jurídica*, Coimbra, 1953, pág 290, afirma que essa evolução apenas se verificou no séc. XIV e XV.
¹⁶⁹ O Direito Canónico, fundando-se num conjunto de valores e princípios diferentes dos romanos, estava particularmente preparado para desenvolver a representação.
¹⁷⁰ Não nos podemos esquecer que a Igreja Católica considera, com base no Evangelho segundo S. Mateus, que o Papa é o representante de Deus na Terra (Mateus, 16.18). PESSOA JORGE, *O Mandato*, cit., págs. 58 a 60.
¹⁷¹ PEDRO DE ALBUQUERQUE, *A Representação Voluntária*, cit., págs. 215 e 216.
¹⁷² DÍEZ-PICAZO, *La representación*, cit., págs. 28 a 30 e MARIA AMARAL KROETZ, *A Representação*, cit., pág. 32.

Nos sécs. XV e XVI, os estatutos das cidades italianas aproveitaram esta figura, de grande utilidade para o comércio, desenvolvendo a sua utilização em inúmeros casos, fundamentalmente na área comercial.[173]

A figura da representação voluntária estava já solidamente instalada na prática. Era, no entanto, tratada como uma caraterística de determinados negócios – a face externa – e não como uma figura autónoma.[174] O mandato impôs-se em relação aos restantes negócios nos quais havia representação, como o verdadeiro tipo de negócio representativo, e a representação voluntária foi-lhe reconduzida, unificando-se assim as duas figuras.[175] Daqui resultou a fusão de mandato e representação que ainda hoje se verifica em algumas legislações e setores da doutrina.

A evolução da figura da representação ao longo de todo este período foi no sentido da sua progressiva admissão, através de contributos vários, que culminou com o progressivo enfraquecimento da regra *nemo alteri stipulari potest*.[176]

Nos finais do séc. XVIII e inícios do Séc. XIX surgiram codificações que regulavam a representação voluntária, considerando-a como uma caraterística do mandato.[177] Assim sucedeu, por exemplo, com a Lei Geral prussiana (ALR) de 1794, nos I, 13, §§ 5 e seguintes, com o Código Civil francês de 1804, nos arts. 1948º e seguintes e com o Código Civil austríaco (ABGB) de 1811, nos §§ 1002 e seguintes. No entanto, a Lei Geral prussiana admitia que o mandato era apenas uma das figuras próprias para criar representação, no que não foi acompanhado pelos restantes códigos.[178]

3. A representação na Alemanha do Séc. XIX

A grande revolução em matéria de representação voluntária e, reflexamente, no que respeita à procuração, aconteceu na Alemanha do Séc. XIX, fruto da evolução da ciência jurídica elaborada pela pandectística.[179]

---

[173] PEDRO DE ALBUQUERQUE, *A Representação Voluntária*, cit., págs. 211 a 215.
[174] HUPKA, *La representación*, cit., pág. 17.
[175] HUPKA, *La representación*, cit., pág. 17.
[176] DÍEZ-PICAZO, *La representacion*, cit., pág. 30.
[177] PESSOA JORGE, *O Mandato*, cit., págs. 62 a 71 e PEDRO DE ALBUQUERQUE, *A Representação Voluntária*, cit., págs. 295 a 312.
[178] HUPKA, *La representación*, cit., págs. 18 e 19 e PESSOA JORGE, *O Mandato*, cit., págs. 61 e 62.
[179] Sobre o assunto, PEDRO DE ALBUQUERQUE, *A Representação Voluntária*, cit., págs. 311 a 484.

A escola pandectística alemã reunia o espírito de crítica científica necessário para se proceder a uma reapreciação do problema da representação. É geralmente atribuído a JHERING o primeiro contributo para a revolução da representação.[180] Para este Autor,[181] mandato e representação são figuras diversas, sendo a sua coincidência meramente casual. Nos casos em que se verifica essa coincidência, mandato e representação correspondem a dois lados diferentes da mesma relação. Embora o Autor introduza esta distinção, não chega a separar bem ambas as figuras, o que se torna patente nos exemplos a que recorre, acabando por reconduzir a representação ao mandato.[182]

JHERING não separa ainda completamente as duas figuras, mas limita-se a distingui-las, preparando o caminho para a evolução subsequente, ao destruir o dogma da integração da representação no mandato, pois afirma claramente que o poder de representação não é uma mera decorrência do mandato. No entanto, embora se tenha apercebido da distinção, não conseguiu apontar casos de representação voluntária fora do mandato, o que enfraqueceu a sua demonstração. Mas a distinção ficou feita e veio a produzir frutos.

Foi a publicação do Código Comercial alemão (HGB) em 1861, três anos depois da publicação da *Mitwirkung* de JHERING, que catalisou a revolução.[183] Neste diploma, está já previsto um caso em que o poder de representação surge distinto da relação de gestão que lhe serve de base: a *Prokura*[184] (§§48-58). Esta figura jurídica, consistindo numa procuração

---

[180] HUPKA, *La representación*, cit., pág. 19; FERRER CORREIA, *A procuração*, pág. 258; MARIA HELENA BRITO, *A Representação nos Contratos Internacionais*, Almedina, Coimbra, 1999, pág. 84; IRENE DE SEIÇA GIRÃO, *O Mandato*, cit., pág. 136. DÍEZ-PICAZO, *La representación*, cit., págs. 30 e 31, atribui o primeiro passo a SAVIGNY por ter levantado o problema (embora tenha seguido a teoria da vontade e, por isso, tenha considerado que o representante não emitia uma declaração sua, mas antes do *dominus*), atribui o segundo passo a BUCHKA por ter procedido a um estudo aprofundado sobre os materiais históricos necessários para a evolução da representação, atribuindo então a JHERING o terceiro passo.

[181] JHERING, *Mitwirkung für fremde Rechtsgeschäfte*, Jherings Jahrbücher für die Dogmatik des bürgerlichen Rechts, Bd. I, 1857, pág. 313.

[182] FERRER CORREIA, *A procuração*, pág. 258, afirma que "Jhering não conseguiu ainda libertar-se do velho preconceito de que o mandato é o necessário fundamento da representação voluntária".

[183] HUPKA, *La representación*, cit., pág. 20.

[184] CANARIS, *Handelsrecht*, cit., págs. 284-297.

comercial formal e abstrata, conferida pelo titular do estabelecimento a um seu empregado, com o âmbito imperativamente fixado na lei e sujeita a registo, permitiu a LABAND[185] descobrir um caso claro de representação fundada num negócio próprio, sem necessidade de um negócio gestório que lhe desse causa. O Autor analisa o regime jurídico da *Prokura* partindo da posição de JHERING,[186] segundo a qual mandato e procuração são figuras diversas correspondendo a dois lados diferentes da mesma relação. Não se limita, no entanto, a essa constatação. Laband procede não só à definição da procuração como contrato entre *dominus* e representante, como à distinção do mandato enquanto figura autónoma. A *Prokura* permite a LABAND afirmar que mandato e representação não são dois lados diferentes da mesma relação, mas antes duas relações diferentes,[187] que "é juridicamente necessário distinguir".[188] Para ele, mandato e representação podem coincidir, mas essa coincidência é acidental e nunca necessária.[189] Pode haver poder de representação independentemente do mandato, caso da *Prokura*, e mandato sem representação,[190] como é o caso da comissão. Nos casos em que coexistam, o âmbito do poder de representação não é necessariamente coincidente com o do mandato. Cada negócio cria uma relação jurídica própria, independente da que resulta do outro negócio. Os negócios jurídicos celebrados pelo representante produzem efeitos imediatos na esfera do representado, independentemente de este o ter ordenado, permitido ou proibido, uma vez que o mandato é irrelevante para a procuração.[191] Por outro lado, o negócio subjacente apenas produz efeitos entre as partes, não sendo oponível a terceiros e é irrelevante para a representação.[192]

O primeiro passo claro, na autonomização de mandato e representação voluntária, foi dado por JHERING, que demonstrou que representação

---

[185] LABAND, *Die Stellvertretung bei dem Abschluß von Rechtsgeschäften nach dem allgemeinen Deutschen Handelsgesetzbuch*, Zeitschrift für das gesamte Handels und Wirtschaftsrecht, Bd. 10, 1866, cit: "*Die Stellvertretung*"págs. 183 e segs..
[186] JHERING, *Mitwirkung*, cit., Bd. I, pág. 313.
[187] LABAND, *Die Stellvertretung*, cit., págs. 204 e segs..
[188] LABAND, *Die Stellvertretung*, cit., pág. 208.
[189] LABAND, *Die Stellvertretung*, cit., pág. 204.
[190] LABAND, *Die Stellvertretung*, cit., pág. 208; "… es Mandate ohne Vollmacht, Vollmachten ohne Mandate giebt".
[191] LABAND, *Die Stellvertretung*, cit., pág. 206.
[192] LABAND, *Die Stellvertretung*, cit., pág. 204 e segs. pág. 207.

e mandato não eram a mesma figura. Logo em seguida, a tipificação da *Prokura* no Código Comercial alemão abriu o caminho para a construção de LABAND. O terceiro passo, este decisivo, foi dado por LABAND que, partindo da construção de JHERING e da previsão legal da *Prokura*, demonstrou que as figuras são independentes.

A doutrina estava dividida entre a inadmissibilidade da representação voluntária (PUCHTA), a admissibilidade na perspetiva da declaração de vontade do *dominus*, por interposta pessoa (SAVIGNY) e a admissibilidade da representação voluntária com uma configuração próxima da atual (LABAND).

PUCHTA[193] segue com ortodoxia o direito romano, tal como recebido pela pandectística, seguindo o princípio *nemo alteri stipulari potest*, com exceções já existentes em Roma.[194] Considera, por isso, necessária a ulterior transmissão do negócio celebrado para o *dominus*, defendendo não só a vinculação do representante perante o terceiro, como também a possibilidade de este agir diretamente contra aquele.[195]

Numa linha influenciada pelo direito romano, mas já com a evolução posterior, designadamente com o contributo do direito canónico e com a prática jurídica, SAVIGNY[196] admite em geral a representação voluntária, mas entende-a como uma comunicação da vontade do *dominus*. No representante não é relevante uma vontade negocial própria, mas apenas a do representado. A posição do representante aproxima-se da do núncio[197] e a representação voluntária reconduz-se ao mandato.

4. A representação no Direito Português antes de 1966

Em Portugal, a representação em geral, e a procuração irrevogável em especial, não foram objeto, nem de estudo específico, nem de especiais posições doutrinárias que permitam identificar uma posição dogmática ou legal específica. A legislação, a jurisprudência e a doutrina refletiram ape-

---

[193] *Apud* SAVIGNY, *Le Droit des Obligations*, cit., T. II, § 58, págs. 207 a 211.
[194] *Apud* FLUME, *El negocio jurídico*, cit., § 43.2, pág. 878; *Apud* SAVIGNY, *Le Droit des Obligations*, cit., T. II, § 58, págs. 207 e 208.
[195] *Apud* SAVIGNY, *Le Droit des Obligations*, cit., T. II, § 58, págs. 209 e 210.
[196] SAVIGNY, *Le Droit des Obligations*, cit., T. II, §§ 56 e 58, págs.185 a 211.
[197] É o próprio Autor que o afirma, ao criticar a posição de PUCHTA a respeito da representação voluntária, afirmando que tudo se reconduz à posição sobre a natureza do núncio – SAVIGNY, *Le Droit des Obligations*, cit., T. II, §§ 58, págs. 209.

nas o que sucedia na generalidade dos países da mesma tradição, embora com algum distanciamento temporal.

No período prévio às Ordenações não se encontram especificidades na matéria. Tal como sucedia nesse período na generalidade do direito privado, em matéria de representação voluntária, o sistema jurídico vigente apoiava-se muito no sistema mais tardio de direito romano, limitando-se a refletir as soluções deste.

As Ordenações de D. Duarte seguiam a tradição jus-romana, sem que fosse possível retirar desse regime jurídico qualquer evolução relevante face ao Direito Romano.[198]

Foi só nas Ordenações Afonsinas que se verificaram algumas alterações às regras processuais romanas. Um dos casos consistiu na alteração à regra processual segundo a qual, morrendo o *dominus* após o procurador ter contestado, este mantinha o poder de prosseguir o pleito.[199] Esta regra foi alterada, por uma regra que resultou da prática corrente nos tribunais, que atribui aos herdeiros do falecido *dominus* o direito de prosseguir ou não com o pleito e de escolher manter o procurador ou de o substituir por outro.[200] Mas mantêm-se intocadas as regras que ditam que o *dominus* não pode revogar a procuração após o procurador ter contestado, exceto se o fizer com justa causa.[201] Verifica-se já um fortalecimento do poder de representação do procurador judicial, embora limitado ao caso de morte do *dominus,* não havendo ainda uma autonomização da procuração face ao mandato. Nas Ordenações Manuelinas[202] e nas Ordenações Filipinas,[203] não se verificaram evolução relevantes.

Mais tarde, mas ainda anteriormente ao Código de Seabra, o assunto mereceu um estudo mais aprofundado, que permitiu algumas evoluções, embora sempre limitadas pela não distinção entre mandato e procuração.

---

[198] *Ordenações del-Rei. D. Duarte*, Lisboa, Fundação Calouste Gulbenkian, 1988, págs. 113, 118, 119, 146, 147, 191, 286, 291, 292 e 314.
[199] *Ordenações Afonsinas*, Coimbra, Real Imprensa da Universidade, 1792, liv. III, tit. XXIII, *in princ.*
[200] *Ordenações Afonsinas*, cit., liv. III, tit. XXIII, 3.
[201] *Ordenações Afonsinas*, cit., liv. III, tit. XXI, 1.
[202] *Ordenações Manuelinas*, liv. I, tit. XXXVIII, Fundação Calouste Gulbenkian, Lisboa, 1984, ed. *facsimile* da edição da Real Imprensa da Universidade de Coimbra, em 1797.
[203] *Ordenações Filipinas*, liv.I, tit. XLVIII, Real Imprensa da Universidade, Coimbra, 1806, págs. 178 a 187.

PASCOAL DE MELO FREIRE[204] confunde mandato e procuração. Seguidor do *usus modernus pandectarum*, defende a aplicação das leis e costumes romanos com as adaptações ditadas pelo passar dos anos.[205] Embora refira que, segundo o direito romano, o procurador é o senhor da lide (sendo ele a parte processual e não o interessado), defende que esta regra já não é de aplicar.[206] LOBÃO, abordando a matéria da procuração forense, também confunde procuração e mandato, debruçando-se sobre algumas questões relativas à procuração *in rem propriam*, embora apenas de modo casuístico e não fundamentado.[207] Afirma que a procuração é livremente revogável, mesmo no caso de promessa de não revogação,[208] mas sustenta também que após a contestação o mandato *in rem propriam* não se extingue por morte do mandatário.[209] Defende ainda que o mandato é irrevogável "quando o Procurador he constituido em hum Contracto irrevogavel" e a partir da contestação, pois a partir deste momento é "feito *Dominus Litis*".[210]

Em COELHO DA ROCHA,[211] verifica-se já um estudo da questão que traduz a evolução metodológica proposta pelo Autor. Admite expressamente a procuração *in rem propriam*, considerando que a inserção de tal cláusula na procuração altera a sua natureza jurídica, transformando-a num negócio de cedência de posição jurídica e, em consequência, a procuração não se extingue por morte do *dominus*, nem pode ser livremente revogada, nem existe ainda o dever de prestar contas, podendo o procurador praticar todos os atos relativos ao negócio mesmo que não estejam compreendidos na procuração.[212] Prévio a LABAND, não distingue ainda entre a procuração e o mandato, considerando a procuração como o mero título do mandato escrito, e a palavra procurador como o nome dado ao mandatário.[213]

---

[204] PASCOAL DE MELO FREIRE, *Institutionum*, liv. IV, tit. III, §§ X e XI, págs. 21 a 26 (há tradução para português por Miguel Pinto de Meneses, BMJ nº 161 a nº 171).

[205] *Institutionum*, cit., liv. IV, tit. III, §§ X e XI, pág. 25.

[206] *Institutionum*, cit., liv. IV, tit. III, §§ X e XI, págs. 25 e 26.

[207] MANUEL DE ALMEIDA E SOUSA DE LOBÃO, *Segundas Linhas sobre o Processo Civil*, Parte I, Impressão Régia, Lisboa, 1827, pág. 39, nota 167.

[208] *Segundas Linhas*, cit., págs. 41 e 42, nota 170.

[209] *Segundas Linhas*, cit., págs. 40 e 41, nota 168.

[210] *Segundas Linhas*, cit., pág. 42, nota 170, embora refira que se trata de uma ficção jurídica proveniente do Direito Romano (págs. 42 e 43, nota 170).

[211] COELHO DA ROCHA, *Instituições de Direito Civil Portuguez*, T. II, 4ª ed., Imprensa da Universidade, Coimbra, 1857.

[212] *Instituições*, cit., § 799, pág. 625.

[213] *Instituições*, cit., § 792, págs. 619 e 620.

O Código de Seabra, no art. 1318º, confunde mandato e procuração.[214] Embora a figura da representação voluntária já esteja perfeitamente definida, esta é considerada como resultando do mandato, sendo a procuração um mero instrumento daquele negócio. Esta configuração legal da procuração vai influenciar a doutrina que, em consequência, não vai num primeiro momento distinguir entre ambos os negócios jurídicos. Distingue, no entanto, o mandato com e sem representação. Por esta razão, as questões relativas à revogação da procuração e à sua eventual irrevogabilidade são tratadas no âmbito do mandato.

DIAS FERREIRA, comentando o Código de Seabra, segue as posições constantes do diploma, não fazendo a distinção entre procuração e mandato[215] e considerando que o poder de representação é um elemento do mandato. No que respeita à procuração irrevogável, segue a visão tradicional de COELHO DA ROCHA segundo a qual a procuração *in rem propriam* não é uma verdadeira procuração mas antes um negócio de cessão, com as devidas caraterísticas, afirmando "o codigo com rasão não reconhece entre as fórmas do mandato um título ou ato juridico, que está subordinado ás regras da cessão dos direitos".[216] O regime jurídico da revogação da procuração é o da revogação do mandato, uma vez que o Autor confunde ambas as figuras,[217] pelo que defende que a cláusula de irrevogabilidade, prevista no art. 1364º do Código de Seabra, não impede a revogação, limitando-se a constituir o *dominus* no dever de indemnizar o procurador pelos danos que lhe cause.[218]

GUILHERME MOREIRA, no seguimento da doutrina nacional anterior, confunde também procuração e mandato,[219] limitando-se a distinguir o mandato (ou procuração) da figura geral da representação e da nunciatura, afirmando ainda que não existe um negócio jurídico específico para

---

[214] Esta confusão resultou da influência do Código Civil francês – PESSOA JORGE, *O Mandato*, cit., pág. 20.
[215] JOSÉ DIAS FERREIRA, *Código Civil Portuguez Annotado*, Vol. III, Lisboa, Imprensa Nacional, 1872, pág. 353 (anotação aos arts. 1318º e 1319º).
[216] *Código Civil*, cit., pág. 360 (anotação aos arts. 1323º a 1325º).
[217] *Código Civil*, cit., págs. 386 e 387 (anotação ao art. 1363º).
[218] *Código Civil*, cit., pág. 387 (anotação ao art. 1363º).
[219] GUILHERME MOREIRA, *Instituições do Direito Civil Português*, Vol. I, *Parte Geral*, Coimbra, Imprensa da Universidade, 1907, págs. 499 e segs. A mesma afirmação de que o mandato e a procuração são a mesma figura é feita por TEIXEIRA D'ABREU, *Summario do Codigo Civil Português*, Imprensa Académica, Coimbra, 1908, págs. XIII e XIV.

a outorga de poderes de representação. Estes resultam ou da lei, ou do mandato (ou procuração).[220]

Cunha Gonçalves estuda a representação enquanto instituto jurídico, fazendo a divisão entre a representação legal e a representação convencional.[221] Como fundamento jurídico da representação apoia-se na teoria de Pothier, afirmando que "o representante é, apenas, o *instrumento legal* dessa vontade (do representado)" e que "o representante ... exprime, sempre, pela sua bôca, uma *vontade jurídica alheia*; e o outro contraente, vinculando a esta a sua vontade, manifestamente não contrata com o representante, mas sim *com o representado*".[222] Afirma ainda que "o mandatário é um órgão jurídico do mandante".[223] O Autor considera a procuração como o documento, o mero instrumento, do qual consta o mandato, sendo este um negócio unilateral.[224] Embora num período em que a teoria da representação já havia sido criada e desenvolvida, Cunha Gonçalves opta, nestas matérias, por seguir as teorias de Pothier, conjugadas com a posição doutrinária nacional.

O Autor, embora sem nunca proceder à distinção entre mandato e procuração, trata da questão do interesse e da irrevogabilidade do mandato (ou procuração). Entende que o mandato pode ser no interesse comum de mandante e mandatário, mandante e terceiro e ainda no interesse exclusivo de terceiro.[225] Segundo o Autor, o mandante apenas pode revogar livremente o mandato (ou procuração) quando for no seu exclusivo interesse,[226] não podendo ser revogado *ad nutun* nos casos de mandato no interesse comum do mandante e mandatário, do mandante e de terceiros ou exclusivo de terceiros.

Diversamente de Cunha Gonçalves, José Tavares, segue as novas correntes germânicas e italianas, em lugar das teorias francesas sobre a representação voluntária,[227] defendendo que a declaração de vontade é do

---

[220] Gilherme Moreira, cit., *Instituições*, pág. 451
[221] Cunha Gonçalves, *Tratado de Direito Civil (em comentário ao Código Civil Português)*, Vol. IV, Coimbra ed., Coimbra, 1931, págs. 189 a 210 (§§ 492 a 497).
[222] *Tratado*, cit., Vol. IV, págs. 193 e 194 (§493).
[223] *Tratado*, cit., Vol. VII, pág. 388 (§1077).
[224] *Tratado*, cit., Vol. IV, pág. 198 (§494) e vol. VII, págs. 386 e 387 (§1077).
[225] *Tratado*, cit., Vol. VII, pág. 433 (§1019).
[226] *Tratado*, cit., Vol. VII, pág. 519 (§1038).
[227] José Tavares, *Os Princípios Fundamentais do Direito Civil*, Vol II, Coimbra ed., Coimbra, 1928, págs. 432, 433 e 436.

representante e não do *dominus*,[228] embora confunda ainda mandato e procuração.[229] Para o Autor um dos elementos essenciais da representação voluntária é a atuação no interesse do *dominus*[230] sendo o mandato (ou procuração) outorgado sempre no interesse e na confiança do *dominus*, pelo que é sempre livremente revogável, podendo no entanto haver lugar a indemnização.[231]

CABRAL DE MONCADA entende que o interesse do *dominus* é fundamental na representação voluntária.[232] No que respeita à distinção entre procuração e mandato, o Autor não a faz, afirmando que o poder de representação voluntário nasce deste negócio[233] e que, embora possa haver mandato sem representação (no Código Comercial), não há representação voluntária sem mandato.[234]

PIRES DE LIMA, também confunde mandato com procuração, por influência do art 1318º do Código de Seabra,[235] afirmando que é através do mandato que se constitui a representação voluntária,[236] sendo a procuração um mero instrumento do mandato escrito.[237]

MANUEL DE ANDRADE não exige o interesse do *dominus* como elemento da representação,[238] parecendo afirmar que a representação nasce da procuração e não do mandato.[239]

PAULO CUNHA segue já a teoria da representação,[240] entendendo que o representante deve agir no interesse do representado.[241] Não distingue,

---

[228] *Princípios*, cit., págs. 432 e 433.
[229] *Princípios*, cit., pág. 438.
[230] *Princípios*, cit., págs. 431 e 432.
[231] *Princípios*, cit., pág. 442.
[232] CABRAL DE MONCADA, *Lições de Direito Civil, Parte Geral*, Vol. II, Atlântida, Coimbra, 1932, pág. 330 (§ 103).
[233] *Lições – 1932*, cit., pág. 334 (§ 104), nota 1.
[234] *Lições – 1932*, cit., págs. 336 e 337 (§ 104), nota 1.
[235] PIRES DE LIMA, *Noções Fundamentais de Direito Civil*, vol. I, Coimbra ed. Coimbra, 1945, pág. 436.
[236] *Noções Fundamentais*, cit., pág. 436, nota 1.
[237] *Noções Fundamentais*, cit., pág., 437.
[238] MANUEL DE ANDRADE, *Teoria Geral da Relação Jurídica*, Coimbra, 1953, págs. 291e 292.
[239] *Teoria Geral – 1953*, cit., pág. 292.
[240] PAULO CUNHA, *Direito Civil (Teoria Geral da Relação Jurídica), Apontamentos de Maria Luiza Coelho Bártholo e Joaquim Marques Martinho, Apontamentos das aulas da 2ª cadeira de Direito Civil, da Faculdade de Direito da Universidade de Lisboa no ano letivo de 1936/37*, T. I, policopiado, Lisboa, págs. 81 a 88, §214 a §216.
[241] *Direito Civil*, cit., pág. 83, §215.

no entanto, mandato de procuração,[242] sendo esta um simples instrumento daquele.[243]

GALVÃO TELLES[244] estuda a representação como uma manifestação do conceito de legitimidade (legitimidade indireta). Parece ainda entender que na representação se prosseguem necessariamente interesses do *dominus*.[245] O Autor já procede a uma distinção entre mandato e representação, chamando a atenção para que o *nomen* do negócio jurídico unilateral de outorga de poder de representação é também "mandato". Para melhor distinguir as duas figuras – mandato enquanto contrato gestório e mandato enquanto negócio unilateral de outorga de poder de representação – defende o recurso ao vocábulo "procuração" para identificar este segundo negócio, embora chame ainda a atenção para que no Código de Seabra este vocábulo está reservado para o documento de suporte do negócio.[246]

DIAS MARQUES,[247] para quem o interesse do *dominus* é fundamental na procuração,[248] distingue claramente entre o negócio de outorga de poderes de representação e o mandato propriamente dito. Para o Autor, tratar ambos por mandato é uma "infeliz homonímia", pois "são realidades perfeitamente inconfundíveis o mandato enquanto negócio (unilateral) de concessão de poderes e o chamado contrato de mandato ou procuradoria".[249] Um, o mandato, é bilateral, outro, o negócio de atribuição de poderes de representação, é unilateral.[250] Defende que a procuração é um ato autónomo do mandato[251] e que ou "o contrato de mandato está redigido em termos que o tornam desde logo também interpretável como negócio atributivo de poderes ou, se o não está, o mandatário não poderá praticar os atos de que é incumbido sem que por um ato autónomo (procuração) o mandante lhe haja concedido os necessários poderes". Conclui

---

[242] *Direito Civil*, cit., págs. 105 a 108, §222.
[243] *Direito Civil*, cit., pág. 108, §222.
[244] GALVÃO TELLES, *Dos contratos em geral*, Coimbra, 1947.
[245] *Dos contratos – 1947*, cit., pág. 260 (§ 133).
[246] *Dos contratos – 1947*, cit., págs. 269 e 270 (§141).
[247] DIAS MARQUES, *Teoria Geral do Direito Civil*, Vol. I, coimbra ed., Coimbra, 1958.
[248] *Teoria Geral*, cit., pág. 293 (§74).
[249] *Teoria Geral*, cit., pág. 321 (§84).
[250] *Teoria Geral*, cit., pág. 326 (§89).
[251] *Teoria Geral*, cit., págs. 323 a 324 (§87).

afirmando que existe representação com ou sem mandato e mandato com ou sem representação.[252]

FERRER CORREIA não se limita a apresentar uma clara distinção entre procuração e mandato. Para além desta distinção, o Autor identifica ainda as razões que conduziram à confusão das duas figuras e expõe o modo como foi operada a distinção.[253] Considera que a teoria que defende vigora em Portugal, apesar de não corresponder aos conceitos legais vigentes, pois é entendimento do Autor que o legislador do Código de Seabra não conhecia a problemática da representação.[254]

O Autor não se debruça sobre a questão do interesse na representação, nem sobre o problema da revogabilidade da procuração. Mas distingue claramente o interesse da *contemplatio domini*. Para o Autor, a *contemplatio domini* consiste na mera indicação de que se age em representação de outrem, de modo a que os efeitos do negócio apenas se produzam na esfera jurídica do *dominus*.[255]

Em PESSOA JORGE[256] assiste-se já ao culminar da evolução doutrinária em Portugal, com uma plena autonomização de mandato e representação e de mandato e procuração.[257] Para o Autor, a procuração *in rem suam* é uma verdadeira procuração, e não um negócio de cessão,[258] agindo o procurador em nome alheio, mas no interesse próprio.[259]

---

[252] *Teoria Geral*, cit., pág. 324 (§87).
[253] FERRER CORREIA, *A procuração*, cit., págs. 256 e 265.
[254] *A procuração*, cit., pág. 292.
[255] *A procuração*, cit., pág. 254.
[256] PESSOA JORGE, *O Mandato*, cit., págs. 20 a 24.
[257] *O Mandato*, cit., págs. 381 a 386, embora refira que, no Código de Seabra, a palavra "procuração" exprima o documento onde consta o negócio de outorga de poderes de representação e não o negócio propriamente dito – pág. 382.
[258] *O Mandato*, cit., págs. 182 e 183.
[259] *O Mandato*, cit., pág. 248.

III
Procuração e mandato

Como vimos, ao longo da evolução histórica da representação, a procuração (*procura, octroi des pouvoirs, Bevollmächtigung* ou por vezes também *Vollmacht, tawkil*)[260] esteve sempre estreitamente ligada ao contrato de mandato (*mandato, mandat, Auftrag, wakalah* ou *wikalah*). Como figura jurídica autónoma, a procuração nasceu da separação da representação em relação à figura do mandato.

Apesar desta ligação originária, hoje é pacífico na ordem jurídica portuguesa, quer em termos doutrinais,[261] quer em termos legais, quer ainda em termos jurisprudenciais,[262] que procuração e mandato são negócios jurídicos diferentes. Apesar da aceitação generalizada da diferença entre ambos os negócios, existe ainda alguma indefinição no que respeita ao seu regime jurídico, às relações que entre ambos podem existir e às suas consequências. Mantém-se, por esta razão, alguma confusão quanto ao regime jurídico a aplicar à procuração, que é frequentemente reduzido ao regime do mandato.

---

[260] Sobre os problemas de terminologia referentes à representação nos países islâmicos ver ROBERTA ALUFFI BECK-PECCOZ, *La rappresentanza nel diritto islamico*, Rappresentanza e gestione, CEDAM, 1992, págs. 118 e segs..

[261] GALVÃO TELLES, *Contratos Civis (Projecto de um título do futuro Código Civil Português e respetiva Exposição de Motivos)*, Revista da Faculdade de Direito da Universidade de Lisboa, Vol. IX, 1953, págs. 210 a 213 e PAIS DE VASCONCELOS, *Teoria Geral*, cit., págs. 304 e 305.

[262] Neste sentido, entre vários, Acórdão do Tribunal da Relação do Porto, de 1 de fevereiro de 1993 (CJ, 1993, Ano XVIII, Tomo I, págs. 219 e segs.).

A distinção entre os dois negócios é patente. Por um lado, a procuração é um negócio jurídico unilateral, enquanto o mandato é um contrato.[263] Por outro lado, no mandato, o mandatário tem o dever de exercer o mandato, enquanto na procuração o procurador não tem esse dever, embora tenha essa possibilidade, esse poder.

Tipicamente, a procuração limita-se a outorgar poderes de representação. O núcleo típico do mandato não tem a ver com a outorga de poderes de representação, mas antes com a constituição da obrigação de alguém praticar determinados atos jurídicos por conta de outrem.

Apesar das diferenças que atualmente se reconhece existir entre as duas figuras, mantém-se um certo grau de semelhança entre ambas que resulta, quer das suas origens e percurso histórico, quer da frequência com que ambas operam juntas – mandato com representação. O mandato com representação, enquanto negócio misto de procuração e mandato, tem um regime jurídico que regula, quer questões de representação, quer questões de obrigação de prática de atos por conta de outrem.

Em ambos os negócios, surge o problema da revogabilidade ou irrevogabilidade. No mandato, a solução a dar a este problema passa pela natureza contratual da figura. As soluções não poderão ser as mesmas na procuração, uma vez que esta é um negócio jurídico unilateral, sendo o regime jurídico da procuração profundamente influenciado pela sua natureza unilateral. No entanto, não é de desprezar a possibilidade de influência que o mandato irrevogável – enquanto relação subjacente – pode ter na procuração.

---

[263] PAIS DE VASCONCELOS, *Teoria* Geral, cit., págs. 304 e 305.

IV
A procuração no interesse exclusivo do *dominus*

Nos termos do artigo 262º, nº 1 do Código Civil, a procuração é o ato pelo qual alguém atribui a outrem, voluntariamente, poderes representativos. A procuração não carece de aceitação pelo procurador para que a outorga do poder de representação seja eficaz, pelo que é comummente aceite como negócio jurídico unilateral.

No seu caso típico, através da procuração, o *dominus* atribui poderes ao procurador para que este o represente na prática de certo ato ou na celebração de determinado negócio jurídico, agindo por conta e no interesse deste.

Enquanto negócio unilateral, a procuração típica reflete exclusivamente o interesse do *dominus*.[264] A qualificação da procuração como um negócio unilateral tem sido frequentemente referida para justificar a posição de apenas o interesse do *dominus* ser juridicamente relevante.

No caso típico em apreço, só o interesse do *dominus* é relevante para efeitos de concretização do regime jurídico da procuração outorgada. Este é o caso normal na vida de relação, o caso de longe mais frequente, o caso que o legislador recebe da vida interprivada para a construção do regime legal. É simultaneamente o tipo legal e o tipo social. Como tipo, é um tipo de frequência, também chamado de tipo corrente.[265]

---

[264] Neste sentido, CARIOTA FERRARA, *Il Negozio*, cit., pág. 693 e PAIS DE VASCONCELOS, *Teoria Geral*, cit., pág. 288.
[265] PAIS DE VASCONCELOS, *Contratos Atípicos*, cit., págs. 52 e 53; ORLANDO DE CARVALHO, *Critério e Estrutura do Estabelecimento Comercial*, Atlântida, Coimbra, 1967, pág. 845.

O que sucede normalmente quando se outorga uma procuração é que alguém, por alguma razão, decide fazer-se substituir por outrem na prática de um ou mais atos, legitimando essa pessoa para celebrar o negócio em seu nome e no seu interesse, através da concessão de poderes de representação.

As razões que levam o *dominus* a outorgar procuração resultam normalmente de este não querer ou não lhe convir estar presente na celebração do ato, quer por qualquer impedimento, quer por não ter boas relações pessoais com a outra parte ou um terceiro que intervenha no ato, quer por não pretender ser visto a praticar esse ato, ou ainda por simplesmente não se querer incomodar. Pode também acontecer que o *dominus* outorgue a procuração para a eventualidade de não querer ou não poder estar presente. A lei não limita as razões para a outorga da procuração, deixando a decisão entregue à autonomia privada.

Mesmo no caso típico da procuração, o procurador mantém sempre algum grau de autonomia no exercício dos poderes de representação. A autonomia do procurador é essencial para a qualificação do negócio como procuração. Esta autonomia pode ser maior ou menor, mas tem necessariamente de existir. A autonomia do procurador pode traduzir-se numa maior ou menor liberdade de decisão na prática do ato, num maior ou menor poder de tomar decisões, de influenciar, de imprimir à ação uma direção que não seja da direta decisão do *dominus*. No âmbito da sua autonomia, o procurador tem frequentemente poderes, entre outros, para acordar o preço com alguma margem de liberdade, para verificar as qualidades da coisa objeto do negócio, para formular e negociar propostas ou contra-propostas contratuais, para aceitar ou não o negócio.

O procurador não se limita a comunicar a vontade negocial, ou a mediar o agir jurídico do *dominus*, antes intervém no negócio através da concretização que faz do interesse do *dominus*. Não é um simples meio de expressão da vontade do *dominus*. Assim sucede, por exemplo, no caso em que seja outorgada uma procuração com poderes para vender um determinado prédio do *dominus*, que este pretende alienar com urgência, tendo o procurador poderes para o vender pelo preço que entender mais conveniente face à urgência do *dominus*. O procurador ao aceitar, ou não, determinado preço está a intervir com a sua vontade no negócio jurídico. Não está apenas a transmitir a vontade do *dominus*. Verifica-se, por isso, uma intervenção da vontade do procurador no domínio da concretização do interesse do *dominus*.

Esta é uma caraterística essencial da procuração. O procurador não se limita a transmitir a vontade do *dominus*. O procurador exerce os poderes de representação recorrendo à sua própria vontade. A possibilidade de o procurador exprimir a sua vontade é determinante[266] na qualificação do negócio.

Esta caraterística diferencia, por si só, o procurador do núncio.[267] Diferentemente, o núncio limita-se a transmitir a vontade do *dominus*,[268] a declaração do *dominus*.[269] A vontade do núncio não tem qualquer participação ativa na concretização do negócio, nisso recaindo a principal diferença entre ambas as figuras. A função do núncio é de simples meio, de mero instrumento de transmissão da vontade da parte: é um mensageiro. Alguns autores[270] equiparam o núncio a qualquer outro meio de transmissão da vontade como se fosse um telefone, uma carta,[271] etc. O núncio presta um serviço de simples transmissão da vontade, enquanto o procurador exerce uma atividade volitiva relevante.[272]

Embora ambos, o procurador e o núncio, ajam em nome de outrem, o procurador tem uma participação ativa no negócio jurídico celebrado em nome de quem age, emitindo uma declaração de vontade própria, enquanto o núncio não tem qualquer participação volitiva própria, ou seja, a sua vontade não intervém de qualquer forma. O procurador, através da sua atividade volitiva própria[273] representa o *dominus*, ao passo que o núncio

---

[266] No sentido de que é essencial que o representante tenha possibilidade de exercer a sua vontade e não de se limitar a transmitir a vontade do *dominus*, pronunciaram-se, entre muitos, CABRAL DE MONCADA, *Lições de Direito Civil, Parte Geral*, Vol. II, 3º Edição, Atlântida, Coimbra, 1959, pag.326; GUILHERME MOREIRA, *Instituições de Direito Civil Português*, Vol. I, *Parte Geral*, Imprensa da Universidade de Coimbra, Coimbra, 1907, pág. 449.

[267] Segundo ARIAS RAMOS e ARIAS BONET, *Derecho Romano*, Vol. I, 18ª ed., Revista de Derecho Privado (EDERSA), 1995, pág. 151, a distinção entre representante e *nuntius* terá sido efetuada pelos comentaristas (séc. XIII a séc. XV), logo num período muito posterior ao surgimento da representação (embrionária).

[268] Neste sentido GUILHERME MOREIRA, *Instituições*, cit., Vol. I, pág. 449.

[269] Neste sentido, HEINRICH HÖRSTER, *A parte geral do Código Civil português*, Almedina, Coimbra, 1992, pág. 479.

[270] ROCCO, *Diritto commerciale, Parte generale*, Milano, 1936, pág. 313; GUILHERME MOREIRA, *Instituições*, cit., Vol. I, págs. 449 e 450; CABRAL DE MONCADA, *Lições*, cit., pág. 327 (nota 1).

[271] MARIO TALAMANCA, *Istituzioni*, cit., pág. 265 e TRABUCHI, *Istituzioni di Diritto Civile*, 2º ed., CEDAM, Padova, pág. 140.

[272] ROCCO, *Diritto commerciale*, cit., pág. 313.

[273] Segundo MOTA PINTO, *Teoria Geral do Direito Civil*, 3ª edição, 10ª reimpressão, Coimbra, 1996, pág. 540 o procurador "decide, pelo menos, o se do negócio".

se limita a transmitir a vontade de quem o incumbiu de o fazer, como se fosse uma mera extensão dessa pessoa.

Como já se disse atrás, o procurador tem sempre alguma autonomia, e pode ter mais ou menos autonomia conforme os casos. Embora seja necessário que tenha autonomia, não é necessário que a autonomia seja total. Porém, caso seja outorgada uma procuração da qual resulte uma total falta de autonomia do procurador, limitando-se este a declarar uma vontade "em tudo e por tudo de outrem",[274] não poderá ser qualificado como um procurador. Embora o instrumento seja qualificado por quem o outorga como uma procuração, apenas pode ser qualificado como uma instituição de núncio.

Pode dizer-se que o núncio se situa num dos pólos de uma série bipolar que terá no pólo oposto um procurador com plena autonomia. Assim, a diferença entre representante e núncio resulta apenas do grau de liberdade da vontade que o agente tem. Caso tenha alguma autonomia, o agente é um procurador, com todas as consequências que daí advêm. Caso não exista qualquer liberdade, tratar-se-á de um mero núncio, sem quaisquer poderes de representação.[275] Tudo depende do resultado da análise que se fizer quanto ao grau de autonomia do agente, para se concluir se ele é um procurador ou um núncio.

Embora o núncio seja um dos extremos da série bipolar, a sua posição não é graduável. Não existem núncios com maior ou menor autonomia. O núncio não pode nunca influir com a sua vontade no negócio em que participa.

Isto permite-nos dar um passo em frente na explicitação da série. A série bipolar não oscila pois entre o procurador e o núncio, através de um número maior ou menor de graus em que progressivamente se aproxime de uma figura ou da outra. A série bipolar oscila entre vários graus de representação. Ao nível mínimo de autonomia que corresponde a uma falta de representação, a uma situação onde já não existe representação, dá-se o nome de nunciatura. Trata-se apenas de uma figura que tem um *"nomen juris"* específico.

---

[274] GALGANO, *Diritto Privato*, cit., pág. 290.
[275] CARVALHO FERNANDES, *Teoria Geral*, vol. II, cit., págs. 205 e 206. Também OLIVEIRA ASCENSÃO, *Direito Civil*, cit., Vol. II, pág. 216, defende esta posição, mas com diferenças no que respeita ao limite da autonomia.

É aqui que surge o problema de saber, num caso concreto, se determinada pessoa é um procurador ou se é um mero núncio. Nos casos em que alguém se intitula procurador, exibindo uma procuração que apenas lhe dá poderes para aceitar o negócio, poderes esses de tal modo limitados que não o pode alterar em nada, nem sequer podendo recusar-se a celebrar o negócio,[276] não se estará perante um verdadeiro procurador, mas antes um núncio,[277] o que parece mais correto.[278] Nestas situações a pessoa apenas pode apor a sua assinatura no contrato, sem influenciar em mais nada o negócio. Apesar de se poder auto-intitular procurador, a sua falta total de poderes para influenciar o negócio com a sua vontade acarreta a sua qualificação como núncio e não como verdadeiro procurador. A conclusão a que se chegar na análise das questões concretas irá ser relevante na aplicação ou não, ou ainda na aplicação com adaptações, do regime jurídico da representação.[279]

---

[276] A possibilidade de o núncio poder optar pela emissão ou não da declaração é discutida. MANUEL DE ANDRADE, *Teoria Geral da Relação Jurídica*, Vol. II, 3ª Reimp., Almedina, Coimbra, 1972, págs. 298 a 300, parece defender que o núncio pode escolher não emitir a declaração, podendo mesmo dever não a emitir. No entanto, o próprio Autor expõe essa opinião na interrogativa, deixando em aberto a possibilidade de se tratar de um representante. OLIVEIRA ASCENSÃO, *Direito Civil*, cit., Vol. II, pág. 217, segue a opinião de MANUEL DE ANDRADE, mas sem as interrogações que este levanta; considera que o núncio pode optar pela emissão ou não da declaração. MOTA PINTO, *Teoria Geral*, cit., pág. 540, CARVALHO FERNANDES, *Teoria Geral*, cit., Vol. II, págs. 205 e 206, entendem que o núncio não pode optar pela emissão ou não da declaração, o que parece mais consentâneo com a autonomia do representante – se o núncio puder, ou dever, optar pela emissão ou não da declaração então terá alguma, pouca, autonomia, devendo ser qualificado como representante. Mais difícil será saber se se trata de um núncio, numa situação em que o agente está vinculado a comportamentos alternativos previamente determinados pelo dono do negócio. Parece de seguir a opinião de ENNECERUS – NIPPERDEY, *Tratado de Derecho Civil, Parte General*, T. I, Vol. II, 1ª parte, (tradução de Pérez Gonzalez, José Alguer, Hernandez Moreno e Gete-Alonso), Bosch, Barcelona, 1981, § 178, págs. 426 e 427 (nota 4), no sentido da qualificação como núncio, desde que a declaração emitida se possa considerar como sendo do dono do negócio e não do próprio núncio.

[277] Neste sentido NATOLI, *Rappresentanza (diritto privato)*, cit., pág. 471, D'AVANZO, *Rappresentanza*, cit., pág. 809 e ENNECERUS – NIPPERDEY, *Tratado*, cit., T. I, Vol. II, 1ª parte, §178, pág. 428.

[278] Neste sentido, GALGANO, *Diritto Privato*, cit., pág. 290.

[279] A questão do núncio não será, no entanto, tratado de modo mais aprofundado neste estudo, por exceder o seu âmbito.

1. O interesse enquanto critério de ação

A necessária existência de uma margem de autonomia do procurador introduz na problemática da procuração uma questão relevante: a do critério de ação do procurador.

Tendo o procurador alguma margem de autonomia e liberdade de ação no exercício dos poderes que lhe são conferidos pela procuração, terá necessariamente de existir um critério que permita determinar o modo do exercício desses poderes. É necessário estabelecer a margem de manobra do procurador. A razão da necessidade de balizar a liberdade ou autonomia da atuação do procurador resulta ainda de não ser prático, nem lhe poder ser exigido, que esteja constantemente a perguntar ao *dominus* como é que este pretende que os poderes sejam exercidos. Se assim sucedesse, a procuração perderia uma grande parte do seu conteúdo útil.

Na maioria dos casos de outorga de uma procuração, o procurador não está em contato direto com o *dominus*, nem se encontra em condições de estabelecer esse contato em tempo útil.[280] Exigir que o procurador contacte com o *dominus* sempre que não tiver instruções sobre como agir em determinada situação conduziria à paralisação da atividade daquele. Embora isso possa suceder pontualmente, não pode fazer parte do conteúdo da relação de representação. Se assim fosse, o procurador não passaria de um núncio.

O exercício da autonomia do procurador está, por isso, necessariamente ligado a um critério de ação, não se podendo conceber um sem o outro. A determinação desse critério é fundamental para o regime jurídico da procuração.

A determinação do critério de ação do procurador, no exercício dos poderes de representação que lhe foram outorgados no interesse exclusivo do *dominus* – caso típico da procuração –, deverá assentar no interesse do *dominus*.

Segundo Bianca,[281] "o representante deve exercer o seu poder de representação de acordo com o interesse do representado. A obrigação do representante de exercer o seu poder em conformidade com o interesse do representado é expressão do princípio geral segundo o qual o titular de um poder conferido no interesse de outrem deve usar o poder de acordo

---

[280] A frequência deste problema é de tal modo relevante que, como já se disse, funcionou como um dos fundamentos da *actio exercitoria*.
[281] Bianca, *Diritto Civile*, cit., pág. 97.

com o interesse no qual este é conferido. [...] A obrigação de prosseguir o interesse do representado respeita, todavia, ao ato de exercício da representação em si considerado".

Este princípio geral segundo o qual o titular de um poder conferido no interesse de outrem deve ser usado de acordo com o interesse pelo qual foi conferido não resulta da lei, embora se espelhe nesta. Resulta, antes de mais, da natureza das coisas.[282] Seria de todo o modo incompreensível que um poder que havia sido outorgado a alguém, no exclusivo interesse da pessoa que o outorga, pudesse ser exercido sem ser de acordo com esse interesse. Faz parte da sua própria natureza que os poderes outorgados através da procuração sejam exercidos de acordo com a vontade que foi relevante para a outorga.

Devemos concluir que o procurador, no caso típico da procuração (em que esta é outorgada no exclusivo interesse do *dominus*), está vinculado ao respeito pelo interesse de quem representa.

Uma vez que o procurador deve, no uso que faz dos poderes de representação, respeitar o interesse do *dominus*, este goza de autonomia, mas não de independência. A sua autonomia resulta de a concretização do interesse do *dominus* ser efetuada, em princípio, pelo procurador. Numa situação concreta será ao procurador que caberá efetuar um juízo de conformidade das várias opções com o interesse do *dominus*. Se aquele não tivesse autonomia não poderia concretizar o interesse do *dominus*, do mesmo modo que, se fosse titular de uma posição totalmente independente, não teria de limitar a sua atuação de acordo com o referido interesse.

Embora a procuração típica seja outorgada no interesse exclusivo do *dominus*, tal não significa que o procurador não tenha na procuração qualquer interesse. Em todos os casos de relações de representação em que o procurador exerce efetivamente os poderes outorgados, existe sempre algum interesse do procurador na outorga, ou no exercício dos poderes de representação. Se assim não fosse, o procurador renunciaria aos poderes de representação outorgados, ou simplesmente não os exerceria. A razão pela qual se afirma que, mesmo nestes casos, a procuração é outorgada no interesse exclusivo do *dominus* resulta de esse interesse do procura-

---

[282] Sobre a natureza das coisas, PAIS DE VASCONCELOS, *A Natureza das Coisas*, in Estudos em Homenagem do Professor Doutor Manuel Gomes da Silva, Coimbra Editora, Coimbra, 2001, 707-764, cit. *"Natureza das Coisas"*.

dor não ser juridicamente relevante para efeitos de aferir qual o regime e consequências da procuração. Trata-se de um interesse juridicamente irrelevante, pelo menos para o regime da procuração no que respeita à questão da irrevogabilidade e matérias conexas. Pode afirmar-se que, no caso típico da procuração outorgada no interesse exclusivo do *dominus*, o procurador não tem nenhum interesse juridicamente relevante na outorga ou manutenção da procuração, que influa no seu regime jurídico no que concerne à revogabilidade e a outras questões conexas.

A definição do interesse do *dominus* como critério de atuação do procurador no exercício dos poderes de representação outorgados no seu exclusivo interesse exige a determinação desse interesse, pelo menos em termos abstratos.

Para JHERING,[283] o direito subjetivo é composto por dois elementos: o interesse e a proteção jurídica do mesmo. À questão ora em análise importa apenas o recurso ao primeiro desses elementos – o interesse. A ideia de interesse exprime a relação entre o valor, como primeiro elemento, e o sujeito e os seus fins, como segundo elemento. O valor consiste, para o referido Autor, na medida da utilidade de um bem, de uma coisa – em sentido amplíssimo – que nos possa servir para algo. O bem consiste num meio para atingir um fim.

O conceito de interesse de JHERING apoia-se fortemente na ideia de utilidade, de aproveitamento.[284] Criticando a teoria da vontade, o Autor afirma que o titular do direito não pode ser quem *quer*, mas antes quem *aproveita*. A pessoa que não *quer* – desprovida de vontade – pode ser titular do direito, tal como a pessoa que *quer* pode não ser o titular do direito – por exemplo, o tutor.[285] Constata que o interesse, pelo contrário, é sempre do titular do direito, uma vez que este aproveita sempre a utilidade do direito, mesmo que seja desprovido de vontade, ou que não seja ele a

---

[283] JHERING, *O Espírito do Direito Romano nas Diversas Fases do seu Desenvolvimento*, Vol. IV, Alba, Rio de Janeiro, 1943, págs. 219 e segs.. Embora o Autor trate do interesse como elemento do conceito de direito subjetivo por ele elaborado em reação à conceção do direito subjetivo como poder da vontade, o estudo é pertinente também para a análise do interesse enquanto categoria autónoma, independente de considerações relativas à tutela do mesmo.

[284] E, em consequência, também o conceito de direito subjetivo do Autor.

[285] JHERING, *O espírito*, cit., Vol. IV, págs. 213 a 219.

emitir a declaração de vontade.[286] Conclui que "a *utilidade*, não a *vontade*, é a substância do direito".[287]

MENEZES CORDEIRO explicita a ideia de interesse que decorre da teoria de JHERING afirmando que, "em *sentido objectivo*, o interesse traduz a virtualidade que determinados bens têm para a satisfação de certas necessidades; em *sentido subjetivo*, o interesse exprime uma relação de apetência que se estabelece entre o sujeito carente e certas realidades aptas a satisfazê-lo".[288] Note-se que mesmo a noção subjetiva de interesse contém um elemento de objetividade, uma vez que apenas existirá um interesse subjetivo se as realidades forem aptas para satisfazer a apetência do sujeito. Trata-se, por isso, de um conceito complexo, com elementos objetivos e subjetivos que operam em conjunto.

Pode afirmar-se, na esteira de JHERING, com a concretização de natureza explicativa de MENEZES CORDEIRO, que o interesse se traduz na utilidade de um bem para atingir os fins próprios de um sujeito.[289]

PAIS DE VASCONCELOS afirma que, "na representação voluntária rege a autonomia privada e nada obsta a que, dentro dos limites da Lei e da Moral, tal como resulta do art. 280º do Código Civil, seja estipulada uma procuração em que o interesse diretor seja também do representado ou de terceiro, como expressamente previsto no art. 265º, nº 3, ou que esse interesse seja mesmo exclusivo do procurador ou de terceiro, ou ambos".[290] PAIS DE VASCONCELOS prossegue, apresentando o interesse como interligando a "pessoa com os meios que sejam hábeis para a realização dos seus fins", traduzindo-se na "tensão entre a pessoa que quer realizar um fim, ou que tem um fim a realizar, e o meio de que carece ou que é hábil para o alcançar".[291]

Este Autor completa o raciocínio referindo que, em qualquer modalidade de representação, o interesse resulta da interpretação da relação

---

[286] JHERING, *O espírito*, cit., Vol. IV, págs. 217 a 219.
[287] JHERING, *O espírito*, cit., Vol. IV, pág. 219.
[288] MENEZES CORDEIRO, *Tratado de Direito Civil*, Vol. I, 4ª edição, Almedina, Coimbra, 2012, cit.: "*Tratado – I*", págs. 876 e 877.
[289] Também GALVÃO TELLES, *Introdução ao Estudo do Direito*, Vol. I, 11ª ed., Coimbra, 1999, pág. 316, considera o interesse como a "relação entre uma pessoa e um bem", sendo o bem algo "revestido de utilidade" para satisfazer uma necessidade.
[290] PAIS DE VASCONCELOS, *Teoria Geral*, cit., pág. 288.
[291] PAIS DE VASCONCELOS, *Teoria Geral*, cit., pág. 288.

subjacente, quer esta seja uma relação de filiação, quer seja um qualquer negócio jurídico.[292] Por último, defende que este interesse opera, não só como critério de ação, mas também como critério de revogabilidade da procuração.[293]

Quanto à titularidade do interesse, JHERING atribui-a ao titular do fim prosseguido. Segundo este, "quem diz interesse no contrato, diz fim prosseguido pelo contrato quanto à pessoa. Se o fim prosseguido pelo contrato é respeitante ao próprio contratante, ele contratou no seu próprio interesse; se o fim respeita a um terceiro, ele contratou no interesse de outrem".[294]

Quando se refere que a procuração é no interesse exclusivo do *dominus*, tal significa que esta apenas é útil para prosseguir fins do *dominus*. Trata-se, por isso, de um interesse na manutenção da procuração e no consequente exercício do poder de representação.

Importa agora saber de onde resulta o interesse do *dominus* na procuração.

2. A relação subjacente

"A procuração é um negócio jurídico *incompleto*".[295]

Com esta expressão OLIVEIRA ASCENSÃO pretende traduzir a ideia de que, em princípio, a procuração encontra-se sempre integrada num negócio global, não operando de um modo independente. Esta funciona em conjunto com uma relação jurídica que lhe está subjacente. O próprio Código Civil prevê a existência da relação subjacente, por exemplo, quando liga a subsistência da procuração à relação que lhe serve de base – art. 265º, nº 1 do Código Civil – ou quando regula o recurso pelo procurador a auxiliares – art. 264º, nº 4 do Código Civil.

Através da procuração, o *dominus* outorga ao procurador poderes de representação. Em consequência, os atos praticados pelo procurador no exercício desses poderes produzem efeitos jurídicos diretamente na esfera jurídica do *dominus*. No entanto, da procuração não resulta nenhuma obri-

---

[292] PAIS DE VASCONCELOS, *Teoria Geral*, cit., págs. 288 e 289.
[293] PAIS DE VASCONCELOS, *Teoria Geral*, cit., pág. 289.
[294] JHERING, *De l'intérêt dans les contrats, et de la prétendue nécessité de la valeur patrimoniale des prestations obligatoires*, 1880, Œuvres Choisies, T. II, (tradução de MEULENAERE), Paris, 1893, pág. 206.
[295] OLIVEIRA ASCENSÃO, *Direito Civil*, cit., Vol. II, pág. 273. No mesmo sentido Acórdão do Supremo Tribunal de Justiça de 28 de maio de 2015, processo nº 123/06.2TBVS.E1.S1, de que foi relatora a Senhora Conselheira Fernanda Isabel Pereira, *in* www.dgsi.pt.

gação de o procurador exercer esses poderes nem resulta, normalmente, qualquer indicação sobre como os deverá exercer.[296]

Sem que exista um outro negócio jurídico que lhe sirva de base, que lhe esteja subjacente, a procuração pouco ou nenhum efeito prático terá, pois não se saberá quais os negócios jurídicos a celebrar, em que termos deverão ser celebrados, ou qual o comportamento que o procurador deverá adotar em várias circunstâncias.[297] Nem sequer se poderá saber se o procurador irá praticar algum ato. Em suma, qual o critério que irá regular a atividade quer do *dominus*, quer do procurador.[298]

É na relação subjacente que se encontra o conteúdo, onde está estabelecido ou de onde resulta o critério do comportamento de cada um, *dominus* e procurador, no que respeita aos poderes de representação.[299] É da relação subjacente que se pode inferir qual o interesse do *dominus*,[300] uma vez que será através da análise dessa relação que se discernirão quais os fins que se pretende atingir com a procuração, quais as necessidades que se pretende ver satisfeitas.[301]

Uma vez que a procuração não opera com plena eficácia prática a não ser em conexão com outro negócio jurídico que lhe serve de base, e do qual resulta, é fundamental descobrir que relação é esta e quais os efeitos que tem no exercício da atividade representativa.[302]

Uma das primeiras dificuldades que surge quando se procede à análise da relação subjacente resulta de a procuração estar normalmente em contato com, pelo menos, dois negócios (ou, eventualmente, um negócio

---

[296] Castro Mendes, *Teoria Geral do Direito Civil*, Vol. II, AAFDL, Lisboa, 1985, pág. 278.
[297] Lehmann, *Tratado de Derecho Civil*, Vol. I, *Parte General*, Revista de Derecho Privado, Madrid, 1956, pág. 458.
[298] Irene de Seiça Girão, *O Mandato*, cit., págs. 160 e 161.
[299] Segundo Witz, *Droit Privé Allemand*, 1. *Actes juridiques, droits subjectifs, BGB, partie générale*, LITEC, Paris, 1992, pág. 393, "O sentido e o fim da representação tal como as condições nas quais ele deve ser exercida, resultam, não da *Bevollmächtigung*, mas da relação de base que liga o representante ao representado".
[300] Acórdão do Tribunal da Relação de Lisboa de 12 de maio de 2005, processo nº 3651/20056, de que foi relatora a Senhora Desembargadora Fátima Galante, *in* www.dgsi.pt e Acórdão do Tribunal da Relação de Guimarães de 7 de maio de 2013, processo nº 873/05.0TBVLN.G1, de que foi relatora a Senhora Desembargadora Rosa Tching, *in* www.dgsi.pt.
[301] Pais de Vasconcelos, *Teoria Geral*, cit., págs. 288 a 290.
[302] Neste sentido, Acórdão do Tribunal da Relação de Évora de 17 de outubro de 2013, processo nº 539/12.5TBLLEA.E1, de que foi relator o Senhor Desembargador Paulo Amaral, *in* www.dgsi.pt

e um ato jurídico): um que produz efeitos entre o *dominus* e o procurador e outro que é o negócio a realizar, através da procuração, entre o procurador e outra entidade. Poderá ainda suceder que exista contato com um número superior de negócios. A dificuldade consiste em saber que negócios, ou atos, constituem a relação subjacente. Trata-se da questão fundamental de saber de que negócios, ou atos, pode o procurador retirar o critério da sua atuação, de onde resulta interesse representativo.

2.1. O negócio a realizar

Em última análise, com a outorga da procuração o *dominus* pretende conferir ao procurador poderes para a prática de um ato ou a celebração de um negócio em sua representação. Uma vez que o comportamento do procurador será, em princípio, dirigido à prática desse ato, ou à celebração desse negócio, poder-se-ia pensar que o negócio a realizar, ou o ato a praticar, constituiriam a relação subjacente, operando, por essa razão, como critério da atuação do procurador no exercício dos poderes de representação.

Este negócio, o negócio a celebrar, não deve ser confundido com a relação subjacente. Há casos de procurações que permitem a celebração de vários negócios em alternativa. Nesses casos, o critério não pode resultar do negócio a realizar, pois não se sabe especificamente qual é o negócio a realizar. Este não é o critério da escolha, antes resulta da escolha efetuada de acordo com o critério, que reside alhures.

Acresce que por vezes é conferida ao procurador uma grande liberdade na decisão sobre o negócio a celebrar, podendo decidir não só se celebra ou não o negócio, mas também qual o seu conteúdo. Cabe, por isso, ao procurador a decisão final sobre todo o negócio a celebrar. Se o critério resultasse desse negócio, o procurador não teria outro critério que não a sua própria vontade. Tal como no caso anterior, esta opção constituiria um contra-senso lógico, uma vez que o critério para a atuação voluntária do procurador resultaria de um negócio celebrado em cumprimento dessa vontade. O critério seria determinado pela atuação, em vez de ser dela determinante.

Também o elemento subjetivo do negócio a celebrar impede que este constitua a relação subjacente. O negócio a celebrar é, normalmente, celebrado entre o procurador, em representação do *dominus*, e um terceiro.[303]

---

[303] Terceiro este que tem esta qualidade relativamente à procuração, mas que pode ser ou não parte da relação subjacente, como resulta claramente do Acórdão do Supremo Tribunal de

Os vínculos jurídicos que resultam desse negócio ligam *dominus* e terceiro, não abrangendo, em regra, o procurador. Uma vez que é da relação subjacente que resulta o interesse a que o procurador deve obedecer no exercício dos poderes de representação – o critério de atuação –, esta deverá necessariamente vinculá-lo, ou afetá-lo, juridicamente. Tanto o *dominus*, como o procurador, devem ser sujeitos da relação subjacente.

Não se deve, em consequência, considerar que o negócio jurídico a celebrar, ou o ato jurídico a praticar, constituam a relação subjacente.

2.2. O negócio entre *dominus* e procurador

Segundo Hupka,[304] "a outorga da procuração faz-se sempre com referência a uma relação jurídica que já existe ou que, todavia, se irá estabelecer entre principal e procurador e que põe em manifesto a posição material de um em relação ao outro a respeito dos negócios que se irão realizar com base na procuração".

A relação subjacente deverá, assim, consistir num negócio que se destine a regular a relação que resulta da procuração, a relação de representação. Deverá consistir num negócio que esteja estruturalmente concebido de modo a dele se poder retirar o critério de atuação, pelo qual os sujeitos da relação de representação se deverão reger. Deverá ser um negócio que tenha por objeto a celebração de outros negócios, ou a prática de outros atos, e que exija a procuração como algo necessário ou útil a esse negócio. O *dominus* e o procurador deverão ser partes no negócio que constitui a relação subjacente, podendo embora verificar-se a intervenção de mais pessoas ou mais partes.

É esta relação que serve de base à procuração que é a relação subjacente.

Levanta-se, no entanto, a questão de saber se a relação subjacente é constituída apenas pelo negócio celebrado entre *dominus* e procurador, ou se resulta de um complexo negocial constituído por este negócio e pelo negócio, ou ato, a realizar. Trata-se ainda de esclarecer se o negócio a celebrar, ou o ato a praticar, podem ou não influenciar a relação subjacente.

No que respeita ao primeiro problema, a resposta deverá ser negativa. O negócio a celebrar não pode integrar a relação subjacente, pelas razões já

Justiça de 2 de junho de 2015, processo nº 505/07.2TVLSB.L1.S1, de que foi relator o Senhor Conselheiro Hélder Roque, *in* www.dgsi.pt.
[304] Hupka, *La representación*, cit., pág. 151.

apontadas. Estas mantêm a sua validade independentemente de o negócio a celebrar ser o único elemento constitutivo da relação subjacente, ou não.

A resposta à segunda questão implica uma análise específica. Vimos já que o negócio a celebrar não faz parte da relação subjacente, sendo esta constituída por um negócio celebrado entre o *dominus* e o procurador. Resulta, por isso, deste negócio o critério de atuação do procurador no exercício dos poderes representativos. Em consequência, será deste negócio que resultará, direta ou indiretamente, o negócio a celebrar. Pelo menos dentro dos limites do que é possível ao titular do interesse determinar em relação ao negócio a realizar.

A coincidência que se pode verificar entre o negócio a celebrar e o interesse resulta apenas de ambos decorrerem da relação subjacente, sendo o primeiro celebrado em cumprimento e concretização do segundo. O negócio a celebrar não influencia, portanto, a relação subjacente. Antes, resulta desta.

3. A relação subjacente como causa da procuração

A relação subjacente é a causa da procuração.[305] O primeiro passo na definição da relação subjacente como causa da procuração deve necessariamente passar pela indicação do sentido em que se usa a expressão *causa*. Este passo é exigido pela grande indefinição sobre o que significa *causa*, uma vez que autores diferentes recorrem à causa para tratar de diversas questões, com a consequente dificuldade de abordar o assunto de forma unificada.

A relação subjacente é causa (função) da procuração.[306] Para BETTI,[307] a causa corresponde à função económico-social típica do negócio. O Autor configura o negócio jurídico como um instrumento dinâmico de prossecução dos fins da autonomia privada.[308] Quem celebra um negócio jurídico não o faz sem uma razão, mas porque pretende atingir um fim prático. Os negócios jurídicos estão construídos como instrumentos para atingir

---

[305] FERRER CORREIA, *A procuração*, pág. 290; OLIVEIRA ASCENSÃO, *Direito Civil*, cit., Vol. II, págs. 236 a 238, PEDRO DE ALBUQUERQUE, *A Representação Voluntária*, cit., págs. 532 a 593 e Acórdão do Supremo Tribunal de Justiça de 7 de julho de 2009, processo nº 63/2001. C1.S1, de que foi relator o Senhor Conselheiro SERRA BAPTISTA, *in* www.dgsi.pt.
[306] Sobre a causa, PAIS DE VASCONCELOS, *Teoria Geral*, cit., págs. 271 a 284.
[307] BETTI, *Teoria Geral do Negócio Jurídico*, Tomo I, Coimbra, 1969, págs. 329 a 402.
[308] BETTI, *Teoria Geral*, cit., T. I, págs. 331 e 332.

determinados fins, através da regulação de interesses pelas partes. Como meios para atingir fins que lhes são típicos, os tipos de negócios são valorados positivamente pelo Direito por refletirem o interesse social da autonomia privada. Na medida em que as partes optam por determinado tipo de negócio para regularem os seus interesses, aceitam também a sua função económico-social. Nos negócios típicos, "é, por conseguinte, legítimo configurar, em correspondência com a causa do negócio, uma atitude subjetiva, consistindo em a vontade individual se orientar, como se fosse o seu escopo, para a função típica do negócio, movida por um interesse na sua realização no caso concreto".[309] A opção por um tipo negocial previamente valorado como merecedor de tutela, porque tem uma função económico-social típica compatível com a ordem jurídica, determina a consequente admissão do fim e motivos das partes pelo Direito.

Nos negócios atípicos, o pensamento do Autor adapta-se às especificidades naturais destes negócios. A tipicidade das causas não significa que se esteja perante um elenco taxativo de funções, eventualmente constante da lei, mas antes que as funções dos concretos negócios que se apreciam sejam "admitidas pela consciência social, como correspondendo a uma necessidade prática legítima, a um interesse social duradouro, e, como tais, são consideradas dignas de tutela jurídica".[310] Embora o negócio seja atípico, a sua função económico-social deve ser típica, no sentido de estar já previamente valorada de modo positivo pelo Direito. Corresponderia, diz o Autor, à tipicidade social.[311]

Para BETTI, nos negócios causais, "a causa está de tal maneira incorporada no próprio negócio, que não parece discernível por meio de análise".[312] "Pelo contrário, nos negócios abstratos, a estrutura típica não corresponde a uma função económica ou social constante".[313] Em consequência "a abstração torna o negócio idóneo para servir diversas funções".[314] A questão dos negócios causais e abstratos, configurada deste modo, apenas se refere

---

[309] BETTI, *Teoria Geral*, cit., T. I, págs. 357 e 358.
[310] BETTI, *Teoria Geral*, cit., T. I, págs. 372 e 373.
[311] A posição de BETTI pode ser criticada por parecer não admitir a celebração de negócios com funções económico-sociais novas, mesmo que não contrariassem o quadro de valores da ordem jurídica.
[312] BETTI, *Teoria Geral*, cit., T. I, pág. 382.
[313] BETTI, *Teoria Geral*, cit., T. I, pág. 382.
[314] BETTI, *Teoria Geral*, cit., T. I, pág. 383.

aos tipos de negócios e não aos concretos negócios celebrados. Negócios causais serão os que têm uma causa típica e pré-definida; abstratos os que não têm uma causa típica, podendo ser usados com uma pluralidade de funções económico-sociais.[315] Ambos os negócios, causais e abstratos, terão sempre uma causa quando analisados, não como meros tipos, mas como negócios concretos, uma vez que desempenharão sempre uma determinada função económico-social. No entanto, as razões que motivam as partes não serão traduzidas pela função económico-social típica do negócio – que não existe – carecendo sempre de uma valoração própria para aferição da conformidade com a ordem jurídica.

Numa perspetiva diferente, FLUME[316] considera a causa do negócio de atribuição como o fundamento que justifica essa atribuição, quer se funde na lei, quer se funde num negócio jurídico reconhecido pela ordem jurídica.[317] Trata-se da teoria da causa fundamento. A diferença, no que respeita à teoria da causa função, consiste numa ampliação do que pode ser causa. Enquanto para BETTI a causa consiste na função do negócio, FLUME não limita a causa do negócio à função que este desempenha, mas antes afere a compatibilidade da totalidade do negócio – ou das prestações que dele decorrem – com a ordem jurídica. Também na teoria da causa função, esta constitui o fundamento de juridicidade do negócio. No entanto, neste caso, o objeto do juízo de compatibilidade com a ordem jurídica limita-se à função do negócio, enquanto na teoria da causa fundamento não se opera essa restrição.

PAIS DE VASCONCELOS, divide a causa, em causa classificativa e causa de juridicidade. A primeira é entendida como causa-função, enquanto a segunda é entendida como razão ou fundamento de juridicidade. A causa classificativa (causa-função) é importante no que respeita à qualificação dos negócios, muito particularmente no caso dos negócios atípicos e dos negócios indiretos, porquanto permite aferir do grau de desvio entre a função inerente ao tipo do negócio e a função do negócio efetivamente celebrado.[318]

O presente caso é problemático, porque a procuração não tem uma causa típica. Do modo como está construído o tipo negocial da procuração,

---

[315] BETTI, *Teoria Geral,* cit., T. I, pág. 384.
[316] FLUME, *El negocio jurídico,* cit., § 12, págs. 193 a 226.
[317] FLUME, *El negocio jurídico,* cit., § 12, pág. 193.
[318] PAIS DE VASCONCELOS, *Teoria Geral,* cit., pág. 278.

esta não desempenha uma função económico-social típica, limitando-se a determinar o nascimento de um poder de representação na esfera jurídica do procurador. Mesmo como tipo legal, não é possível afirmar qual a sua função típica. Nem sequer se pode dizer que a função típica da procuração é a constituição da relação representativa, pois esta é um mero efeito ou consequência da procuração. Não deve confundir-se efeito com função. Com a procuração obtém-se a mera outorga de um poder representativo, sem que se possa dizer que ele se destina a desempenhar uma determinada, típica, função económico-social. A procuração tanto pode servir para o *dominus* não ter de se deslocar, como para não ter de se encontrar com determinada pessoa (pelos mais variados motivos), como pode servir para qualquer outra razão pela qual seja útil o poder de representação.

A função a que se destina a procuração decorre da relação subjacente.[319] É nesta que se irá discernir qual a função da procuração: se simples instrumento destinado a evitar que o *dominus* se tenha de deslocar, ou que tenha de comparecer pessoalmente, ou se algo mais complexo como, por exemplo, evitar que o *dominus* se possa recusar a praticar um ato que já havia prometido.

Por esta razão, a relação subjacente é a causa da procuração, no sentido de causa classificatória, conforme a classificação de PAIS DE VASCONCELOS,[320] ou de causa-função. É na relação subjacente que se encontra e da qual resulta qual a função económico-social que a procuração irá desempenhar e que irá permitir classificar e qualificar a procuração, assim se podendo concretizar o regime jurídico aplicável a cada concreta procuração.

Através da análise[321] da função económico-social da procuração é possível definir o interesse, ou interesses, que esta traduz. A relação subjacente constitui, por isso, o fundamento jurídico da procuração.[322] "A relação interna entre *dominus* e representante, sendo embora autónoma e distinta

---

[319] IRENE DE SEIÇA GIRÃO, *O Mandato*, cit., pág. 159; WITZ, *Droit Privé*, cit., pág. 393, para quem "o sentido e o fim da representação e ainda as condições segundo as quais ela deve operar, resultam, não da procuração, mas da relação de base que liga o representante ao representado.".

[320] PAIS DE VASCONCELOS, *Teoria Geral*, cit., pág. 278.

[321] Análise esta que resulta da interpretação da relação subjacente – PAIS DE VASCONCELOS, *Teoria Geral*, cit., pág. 288.

[322] Sobre o problema da causa, MICHELE GIORGIANI, *Causa (diritto privato)*, Enciclopedia del Diritto, Vol. VI, Giuffrè, Milano, 1958, pág. 547 e segs..

da relação (e poder) de representação, está na sua base e justifica-a".[323] É por causa da relação subjacente e para cumprimento do seu fim que é outorgada a procuração.

A relação subjacente é também causa fundamento da procuração. É com base na relação subjacente que se funda a procuração. Sem relação subjacente, em princípio, não se teria de outorgar a procuração, não existiria um fundamento jurídico objetivo que determinasse a sua outorga.

Embora a relação subjacente constitua a causa da procuração, esta é por vezes referida na doutrina como um negócio abstrato,[324] designadamente na Alemanha. Uma vez que, no direito português, é regra a causalidade dos negócios jurídicos, sendo a abstração um regime excecional,[325] não se deve partir do princípio da abstração da procuração, sem proceder a uma análise atenta do seu regime jurídico, para se poder concluir pela sua causalidade ou abstração.

Aos negócios abstratos contrapõem-se os negócios causais.[326] No entanto, esta contraposição não é biunívoca. A causalidade ou abstração correspondem a regimes jurídicos. Conforme o concreto regime jurídico aplicável, este pode ser mais ou menos causal, ou mais ou menos abstrato.[327] Nas palavras de PAIS DE VASCONCELOS, "Em rigor a causalidade e a abstração são regimes jurídicos. Num regime puro de causalidade a causa é livremente invocável; num regime de pura abstração, a causa nunca é invocável, é abstraída, abstrata – abstrai-se da causa".[328]

Por outro lado, não existem negócios sem causa. Todos os negócios têm causa,[329] mesmos os chamados negócios abstratos puros. O critério

---

[323] MARIA HELENA BRITO, *A representação sem poderes – um caso de efeito reflexo das obrigações*, Revista Jurídica, nº 9 e 10, AAFDL, 1987, pág. 20. A Autora segue a terminologia tradicional chamando relação interna à relação subjacente e relação externa à relação de representação.
[324] FERRER CORREIA, *A procuração*, pág. 287.
[325] Neste sentido ROMANO MARTINEZ, *Direito do Trabalho*, Vol. II, T. I, 3ª ed., Lisboa, 1999, pág. 18.
[326] Trata-se de uma contraposição e não de uma oposição, uma vez que os negócios podem ser mais ou menos abstratos ou causais, de acordo com o grau de influência que a causa tem no negócio – CARIOTA FERRARA, *Il Negozio*, cit., págs. 202 e 203 e R. SCOGNAMIGLIO, *Contributo alla Teoria del Negozio Giuridico*, CEDAM, Napoli, 1950, pág. 267.
[327] PAIS DE VASCONCELOS, *Teoria Geral*, cit., págs. 281 a 284.
[328] PAIS DE VASCONCELOS, *Teoria Geral*, cit., pág. 282.
[329] PAIS DE VASCONCELOS, *Direito Comercial*, Vol. I, Almedina, Coimbra, 2011, cit: "Direito Comercial", pág. 71.

que permite qualificar determinado negócio como causal ou abstrato não consiste na existência ou não de causa. Os negócios abstratos não são os negócios sem causa.[330] O critério é relacional, funcionando através da verificação dos efeitos que a causa pode ter no regime do negócio. Resulta, por esta razão, de uma apreciação da possibilidade de eficácia do negócio autonomamente da causa e não da mera existência de causa. Quer os negócios causais, quer os abstratos, têm causa e são configurados tendo esta em consideração. No entanto, nos negócios abstratos, o negócio vale sem que seja necessário considerar a sua causa, e não lhe são oponíveis exceções *ex causa*. Surgem e subsistem autonomamente da sua causa, isto é, abstraindo desta.[331]

Nos negócios abstratos, segundo GALVÃO TELLES, o "conteúdo específico não é modelado, plasmado por uma função económica ou social constante: a lei *abstrai* da causa, e, daí a sua designação: dentro de limites mais ou menos amplos, podem servir diversas funções práticas, já que a sua estrutura não se encontra subordinada a este ou àquele fim especial".[332] São negócios com uma função em aberto, podendo adaptar-se a uma pluralidade de motivos típicos. A lei, ao configurar determinado negócio como abstrato, desinteressa-se da finalidade prosseguida pelas partes, concebendo o negócio como um mero "instrumento técnico à disposição dos interessados".[333]

OLIVEIRA ASCENSÃO considera que, nos negócios abstratos, "o que se pergunta é se um negócio pode produzir efeitos jurídicos que não dependam da relação fundamental que histórica e economicamente justifica esses efeitos jurídicos".[334] Considerando que a causa, no que respeita ao estudo da abstração do negócio, se traduz no *porquê*, ou seja, na relação subjacente,[335] faz centrar o critério na eficácia do negócio autonomamente

---

[330] CARVALHO FERNANDES, *Teoria Geral*, cit., Vol. II, pág. 353.
[331] FERRER CORREIA, *A procuração*, pág. 287, afirma que "A procuração constrói-se como se, para além dela, não estivesse o mandato, a *locatio operarum*, a sociedade. Está: mas procedemos como se não estivesse, fazemos a abstração dessoutro negócio jurídico.".
[332] GALVÃO TELLES, *Dos contratos em geral*, 3ª ed. (1965), Lex, Lisboa, 1995, pág. 261.
[333] GALVÃO TELLES, *Dos contratos*, cit., pág. 262.
[334] OLIVEIRA ASCENSÃO, *Direito Civil*, cit., Vol. II, pág. 269.
[335] OLIVEIRA ASCENSÃO, *Direito Civil – Teoria Geral*, Vol. IV, Tít. V, *Relações e situações jurídicas*, Lisboa, 1993, pág.169. Nesta matéria segue VAZ SERRA, *Negócios Abstractos*, BMJ 83-5, pág. 31 para quem a relação fundamental "corresponde, no entanto, à causa, entendida nos termos em que o é em matéria de negócios abstratos".

da causa. O ato abstrato é, para o Autor, o que vale independentemente da sua relação subjacente, podendo originar "vinculações nuas".[336]

Menezes Cordeiro[337] considera que a contraposição entre abstração e causalidade no negócio jurídico "opera ao nível da eficácia".[338] Para o Autor, "um negócio será causal quando origine obrigações comuns, isto é, dependentes da manutenção da sua fonte. Surge abstrato sempre que dê azo a obrigações abstratas: por exemplo, um título de crédito".[339] O Autor faz recair o critério na necessidade ou não da identificação da causa.

Pais de Vasconcelos, afirma que "*Abstratos* são os negócios em que o direito se contenta com a vontade negocial, com a voluntariedade e a liberdade, e dispensa a sindicação da intencionalidade do fim e da função. O autor ou as partes querem o negócio e isso é suficiente".[340] Esta caraterística resulta, segundo defendido pelo Autor, da tradição católica do Direito Civil, que toma em consideração a intenção do agente. A abstração dessa intenção permite ao agente usar os meios ao seu dispor para o bem ou para o mal, o que não é admitido no cristianismo e, por influência deste, no Direito Civil.[341] Por esta razão, o Direito Civil é avesso à abstração, apenas a admitindo em casos limitados. Já no que respeita ao Direito Comercial, que é caraterizado por uma dimensão mais utilitária e prática, facilita a abstração. Não significa isto que os negócios comerciais abstratos não tenham causa, mas apenas que esta é juridicamente irrelevante.[342]

Este Autor defende ainda que abstração e causalidade são graduáveis, e podem ter vários níveis de intensidade. Os negócios não são, em regra, nem causais, nem abstratos, mas mais ou menos causais, mais ou menos abstratos, dependendo do seu regime. No Direito Civil são tendencialmente mais causais, sendo a abstração menos frequente e menos intensa e, *a contrario*, tendo a causa mais relevância. No Direito Comercial, são tendencialmente mais abstratos, sendo a causa menos relevante, ou com uma relevância menos intensa.[343]

---

[336] Oliveira Ascensão, *Direito Civil*, cit., Vol. IV, pág.172.
[337] Menezes Cordeiro, *Tratado de Direito Civil*, Vol. II, 4ª edição, Almedina, Coimbra, 2014, cit.: "*Tratado – II*", págs.101 a 104.
[338] Menezes Cordeiro, *Tratado – II*, cit., pág. 104.
[339] Menezes Cordeiro, *Tratado – I*, cit., 102.
[340] Pais de Vasconcelos, *Teoria Geral*, cit., pág. 282.
[341] Pais de Vasconcelos, *Teoria Geral*, cit., pág. 282.
[342] Pais de Vasconcelos, *Teoria Geral*, cit., págs. 282 e 283.
[343] Pais de Vasconcelos, *Teoria Geral*, cit., págs. 283 e 284.

A natureza abstrata da procuração encontra-se intimamente ligada ao regime jurídico da figura, resultando da configuração legal, ou normativa, do tipo negocial.

Em primeiro lugar, é necessário ter em consideração que o efeito da procuração consiste na outorga de poderes de representação. Não consiste em o negócio celebrado pelo procurador produzir efeitos na esfera jurídica do *dominus*. Este é o efeito do poder de representação. A abstração da procuração resulta, por isso, diretamente do art. 262º, nº 1 do Código Civil. Nos termos desta disposição, a simples outorga da procuração constitui na esfera jurídica do procurador um poder de representação.[344] Não há qualquer referência à relação subjacente como podendo determinar alguma influência na procuração, ou nos efeitos desta. Quer exista ou não uma relação subjacente no momento da outorga da procuração, e independentemente do conteúdo da relação subjacente que porventura exista, a procuração é imediatamente eficaz a partir da outorga.[345] Com a outorga da procuração o procurador fica desde logo titular do poder de representação.[346]

Por outro lado, como vimos, o poder de representação tal como é atualmente configurado na procuração nasce teoricamente no Direito Comercial,[347] com preocupações de salvaguarda do tráfego jurídico

---

[344] Neste sentido, Acórdão do Supremo Tribunal de Justiça de 21 de junho de 2007, processo nº 07B1826, de que foi relator o Senhor Conselheiro CUSTÓDIO MONTES, *in* www.dgsi.pt.

[345] Eventualmente, da própria procuração resultará que esta não produza efeitos imediatamente, mas esta suspensão de eficácia deve-se à própria procuração e não à relação subjacente.

[346] FERRER CORREIA, *A procuração*, pág. 287, recorre a esta caraterística da procuração para afirmar que esta é independente do mandato.

[347] A teoria da representação fundada na separação face ao mandato operada por LABAND - *Die Stellvertretung*, cit., págs. 183 e segs. - central em matéria de representação - foi construída sobre um tipo legal muito específico de procuração comercial (a *Prokura*). Conforme afirma VALERIA DE LORENZI, *La Rappresentanza nel Diritto Tedesco, Excursus Storico sulla Dottrina*, em *Rappresentanza e Gestione*, págs. 72-93, CEDAM, 1992, cit. "*La Rappresentanza*", págs. 76-86, LABAND aborda a questão da representação seguindo os métodos da jurisprudência dos conceitos, procurando proceder a uma análise puramente lógica. Aproveitando o ADHGB de 1861, apoia-se em duas figuras típicas: o procurador *comercial (Prokurist)* e o representante societário. Em ambos os casos – mas especialmente no procurador comercial em que se apoia mais – o ADHGB estabelece o âmbito dos poderes do representante, de modo imperativo, no interesse da proteção do tráfego jurídico e dos terceiros que contratassem com estes representantes. A partir desta figura (e também do representante societário, mas não com tanta relevância), LABAND identifica a possibilidade de haver representação sem mandato

e mandato sem representação. A representação e o mandato não são dois lados da mesma relação, mas duas relações distintas. A prova desta realidade resulta da *Prokura* que funciona independentemente de qualquer mandato. O procurador comercial (*Prokurist*) vincula o dono do negócio, independentemente de qualquer mandato que eventualmente exista. Como tal, esta procuração é independente do mandato, sendo o mandato irrelevante para a legitimidade representativa. Efetivamente, no caso da *Prokura*, LABAND tinha plena razão. Com base no regime legal desta figura, a relação de representação não era afetada por qualquer mandato existente entre representante e representado, sendo a eficácia representativa resultante plenamente do regime legal e da outorga da procuração. Após identificar esta separação entre representação e mandato, generaliza-a a toda a representação. Ou seja, parte de dois casos específicos, com regime especial, para concluir que a representação e mandato são relações diferentes; que é possível haver mandato sem representação e representação sem mandato; que, conforme resulta dos casos analisados, o mandato não afeta a representação, sendo a representação independente do mandato. Mas, em lugar de se limitar a afirmar que se trata de duas relações diferentes que podem ser independentes (em certos casos), generaliza estas caraterísticas, aplicando-as a toda a teoria da representação, como uma necessidade. A teoria da representação de LABAND foi indubitavelmente importante. Por um lado influenciou largamente Doutrinas e Leis (em especial o BGB – MICHEL PÉDAMON, *Le Contrat en Droit Allemand,* 2ª edição, L.G.D.J., Paris, 2004, cit. *"Le Contrat"*, pág.75); por outro lado, é genericamente aceite – e concordamos – que procuração (e poder de representação) e mandato são dois negócios (relações) diferentes. Também é de aceitar que é possível a independência (dita, abstração) da procuração face ao mandato (ou outra relação subjacente). Mas esta abstração não é nem necessária nem absoluta. Pode haver ou não e, havendo-a, pode ser mais ou menos profunda, dependendo do concreto regime que lhe seja aplicável. LABAND, que é mais um publicista do que um privatista, desenvolve a sua teoria com base nos métodos da jurisprudência dos conceitos, de tal modo que não atribui relevância à distinção entre o Direito Civil e o Direito Comercial, não atribui relevância à função do negócio, nem a qualquer circunstância que não seja exclusivamente decorrente do conceito base e da sua evolução puramente lógica – CLIVE MACMILLAN SCHMITTHOFF, *Agency*, cit., pág. 312. A sua teoria, que se houvesse ficado limitada ao Direito Comercial, já seria revolucionária, vê essa caraterística ultrapassar os limites da compatibilidade ao ser generalizada para o Direito Civil. Ao ver a procuração comercial como um mecanismo formal de legitimação representativa, é o próprio que identifica a semelhança com a teoria dos títulos, referindo que a mesma separação entre legitimidade formal e material se verifica nos títulos de crédito. Mas a teoria da representação de LABAND não é mais do que uma teoria construída com base num diploma estrangeiro (sem que tal retire grau de importância à referida teoria) que teve uma grande influência sobre os regimes da representação e que foi generalizada para o Direito Civil sem consideração pelas fundamentais diferenças entre estes dois ramos de Direito. Embora tenha claras influências sobre os regimes nacionais – Civil e Comercial – da representação, não tem uma influência equiparável à que teve na Alemanha. Sobre o mesmo problema, em Itália, PAPANTI-PELLETIER, *Cooperazione e Rappresentanza*, em *Rappresentanza e Gestione*, CEDAM, 1992, cit. *"Cooperazione e Rappresentanza"*, pág. 30. A teoria da representação de LABAND não vigora no Direito Civil português. No Direito Comercial português, vigora um regime que, em parte, opera como teorizado por LABAND. Não no que respeita à procuração, mas no que comercial.[348] Nesta matéria, transpomos, com pequenas adaptações, o que afirmamos na nossa *A Autorização*.[349]

Como já tivemos oportunidade de afirmar,[350] a procuração, tal como foi inicialmente configurada por LABAND, é uma procuração de Direito Comercial. A sua estrutura foi identificada no Direito Comercial, atendendo a questões de Direito Comercial, com um regime de Direito Comercial. A procuração que LABAND autonomizou do mandato – num dos grandes feitos da ciência jurídica – é uma procuração comercial. Não é uma figura de Direito Civil, tal como este ramo de Direito é entendido entre nós.[351]

Não é possível exercer o comércio em média ou grande escala sem que os colaboradores do comerciante o possam representar no seu comércio. O comerciante que pretenda exercer uma atividade com alguma dimensão carece necessariamente de pessoas que possam agir em seu nome, sob pena de ficar limitado aos poucos negócios que consegue realizar pessoalmente. O instituto da representação e, em especial, a procuração são fundamentais no comércio: havendo procuração há poder de representação e, como tal, há legitimidade,[352] o que é fundamental para exercer o comércio.[353]

---

respeita à outra figura sobre a qual este apoiou a sua teoria da representação. O representante societário – gerente ou administrador – é titular de um poder de representar a sociedade que é independente da relação subjacente (normalmente um mandato), e cujo âmbito de eficácia representativa perante terceiros é definida imperativamente pela Lei. A, chamada, abstração da procuração, apenas pode ser aferida face a um concreto regime, não sendo uma necessidade, nem mesmo supletiva, da representação.

[348] AGUSTÍN VICENTE Y GELLA, *Introducción al Derecho Mercantil Comparado*, 2ª ed., Editorial Labor, Barcelona, 1934, cit. *"Introducción"*, págs. 180-184. Sobre a relevância da inscrição da procuração no registo comercial – CARLO IBBA, *Rappresentanza Commerciale, Rappresentanza di Diritto Comune e Registro delle Imprese*, em *Rivista di Diritto Civile*, XLVI, 2ª parte, 145-165, CEDAM, Padova, 2000, *"Rappresentanza"*, em especial págs.161-164.

[349] PEDRO LEITÃO PAIS DE VASCONCELOS, *A Autorização*, cit. págs. 293 a 305.

[350] PEDRO LEITÃO PAIS DE VASCONCELOS, *A Autorização*, cit., pág. 296.

[351] PEDRO LEITÃO PAIS DE VASCONCELOS, *A Autorização*, cit. pág. 296.

[352] Sobre a legitimidade, PEDRO LEITÃO PAIS DE VASCONCELOS, *A Autorização*, cit. págs. 83 a 105.

[353] MARIA HELENA BRITO, *A Representação nos Contratos Internacionais – Um Contributo para o Estudo do Princípio da Coerência em Direito Internacional Privado*, Almedina, Coimbra, 1999, cit. *"A Representação"*, pág. 105. O regime jurídico da *Prokura*, em que LABAND se apoiou, incluía não só a outorga de poderes de representação, mas ainda regras imperativas sobre o seu âmbito que provocam a sua abstração - CLAUDE WITZ, *Droit Privé Alemand, 1. Actes Juridiques, Droits*

No entanto, num sistema de unificação legislativa entre Direito Civil e Direito Comercial, no qual o Código Civil desempenhe as funções de fonte principal de Direito Comercial, a tendência consiste em existir apenas um tipo principal de procuração, cujo regime seja indiferentemente aplicável aos casos civis e comerciais.[354]

Contudo, na nossa Ordem Jurídica, Direito Civil e Direito Comercial não só têm fontes centrais distintas – Código Civil e Código Comercial – como são caraterizadas por estruturas de princípios fundamentalmente diferentes. A importação da procuração e da teoria da representação[355] pelo Direito Civil nacional, importou uma adaptação fundamental à estrutura de princípios que caraterizam estas figuras no Direito Comercial: a atenuação da abstração. A procuração[356] é uma figura de Direito Comercial, estruturada para funcionar abstratamente, mas que no Direito Civil foi adaptada para funcionar causalmente. Ou seja, a sua essência é abstrata tendo, por esta razão, uma base abstrata.[357]

Nas palavras de CLIVE MACMILLAN SCHMITTHOFF, *all forms of authority are abstract, but some are more abstract than others*.[358]

---

subjectifs, Litec, Paris, 1992, cit. *"Droit Privé"*, págs- 396-399. Por abstração da procuração não se significa a ausência da relação subjacente, mas a sua irrelevância nas relações com terceiros, que pode ser em maior ou menor grau – neste sentido MARIA HELENA BRITO, *A Representação*, cit., pág. 124. O mesmo sucede nos demais negócios abstratos – SIMONE MALVAGNA, *La Teoria del Negozio Astratto*, Rivista di Diritto Civile, XXVII, págs. 43-63, Società Editrice Libraria, Milano, 1935, cit. *"La Procura"*, pág. 46 e DIOGO JOSÉ PAREDES LEITE DE CAMPOS, *A Subsidiariedade da Obrigação de Restituir o Enriquecimento*, Almedina, Coimbra, 1974, "A Subsidiariedade", págs. 243-284.

[354] PEDRO LEITÃO PAIS DE VASCONCELOS, *A Autorização*, cit. págs. 296 e 297.

[355] Tal como desenvolvida a partir da teoria de LABAND.

[356] E, em geral, toda a representação.

[357] PAIS DE VASCONCELOS, *Teoria Geral*, cit., pág. 283.

[358] CLIVE MACMILLAN SCHMITTHOFF, *Agency*, cit., pág. 312, escrevendo sobre os efeitos da teoria de LABAND sobre procuração e representação e os diferentes níveis de manifestação dessa teoria em vários casos de representação voluntária, refere-se aos casos típicos de representação no Direito alemão: procurador (*Vertreter*), procurador comercial legalmente típico (*Prokurist*), procurador geral comercial (*Generalhandlungsbevollmächtiger*), procurador especial comercial (*Spezialhandlungsbevollmächtiger*), procurador comercial (*Handelsvertreter*), funcionário comercial (*Ladenangesteller*), comissário (*Kommissionär*), intermediário (*Krämermakler*), agente de seguros (*Versicherungsvertreter*), expedidor (*Spediteur*), transportador terrestre (*Frachtführer*) e o transportador marítimo (*Verfrachter*), considerando que os níveis de abstracção divergem de caso para caso.

No regime civil da procuração, normalmente a Ordem Jurídica não reconhece a perfeição e eficácia do ato celebrado em representação de outrem só com fundamento no poder de representação.[359] Embora o poder de representação seja necessário, como regra não é suficiente para a obtenção de plena legitimidade para a prática de atos que provoquem eficácia jurídica na esfera jurídica de outrem em Direito Civil.[360]

Para a plena eficácia e perfeição do ato celebrado em representação, o regime do Código Civil exige, como regra, que o procurador seja titular do poder de representação e que atue de acordo com a relação subjacente.[361] Ou seja, o facto legitimador positivo[362] consiste no conjunto que resulte da titularidade de um poder de representação e da titularidade de uma posição numa outra relação jurídica, da qual resulte a modelação do exercício desse poder. Só nestes casos haverá legitimidade para praticar o ato em representação.

Se faltar a titularidade do poder de representação, o agente não terá legitimidade para praticar o ato em representação, pelo que o ato será parcialmente ineficaz na parte afetada pela ilegitimidade, não sendo os seus efeitos dirigidos à esfera jurídica do dono do negócio. Ou seja, o ato será ineficaz relativamente ao dono do negócio – art. 268º, nº 1 do Código Civil.

Se, embora sendo titular do poder de representação, resultar da relação subjacente que o procurador não pode exercer o poder de representação para praticar esse concreto ato, não terá legitimidade[363] para praticar o ato de tal modo que este seja eficaz na esfera do representado, pelo que a Ordem Jurídica não reconhece eficácia na esfera deste – art. 269º do Código Civil – salvo se o terceiro estiver de boa fé. Quer nos casos do art.

---

[359] No sentido da insuficiência da procuração, PEDRO DE ALBUQUERQUE, *Da Representação*, cit., pág. 595, afirmando que a procuração não pode, só por si, valer como autorização.

[360] PEDRO LEITÃO PAIS DE VASCONCELOS, *A Autorização*, cit. pág. 297.

[361] Em sentido semelhante, MENEZES CORDEIRO, *Tratado de Direito Civil*, Vol. V, 2ª ed., Almedina, Coimbra, 2015, cit.: "*Tratado – V*", pág. 130, afirma que "a lei pressupõe que, sob a procuração, exista uma relação entre o representante e o representado, em cujos termos os poderes devem ser exercidos".

[362] Sobre factos legitimadores, PEDRO LEITÃO PAIS DE VASCONCELOS, *A Autorização*, cit. págs. 83 a 105.

[363] HELENA MOTA, embora com uma posição de fundo semelhante, termina concluindo também que a questão no abuso de representação pelo procurador é de legitimidade, *Do Abuso de Representação – Uma Análise da Problemática Subjacente ao Artigo 269º do Código Civil de 1966*, Coimbra Editora, Coimbra, 2001, cit. "*Do Abuso*", pág. 176.

268º, nº 1 do Código Civil, quer nos casos do art. 269º do Código Civil, há falta de legitimidade para praticar o ato em representação. Ou seja, em regra, se a atuação não for conforme com o poder de representação e com a relação subjacente a esfera do representante não é afetada pelo ato.[364]

Esta é a regra geral. Mas tal não significa que não existam outros factos legitimadores positivos.

O conjunto entre o poder de representação e a relação subjacente é um dos factos legitimadores positivos relevantes para efeitos de prática de atos com eficácia direta em esfera jurídica alheia. Mas existem mais factos legitimadores positivos com relevância nessa matéria.[365]

O facto legitimador positivo mais patente resulta do regime do art. 269º do Código Civil relativo ao desconhecimento do abuso de representação. A distinção entre representação sem poderes e abuso de representação é, normalmente, apresentada como dicotómica e inconfundível.[366] O próprio Código Civil contribui para essa distinção regulando cada situação num artigo próprio (embora com remissão parcial).

Mas a norma do art. 269º do Código Civil, com o fim de proteger terceiros[367] que confiam que o procurador está a exercer os poderes de representação tal como resulta da relação subjacente (ou seja, que confiam na aparência[368]

---

[364] RUI DE ALARCÃO, *Breve Motivação do Anteprojecto sobre o Negócio Jurídico na Parte Relativa ao Erro, Dolo, Coacção, Representação, Condição e Objecto Negocial*, Boletim do Ministério da Justiça, nº 138, págs. 71-122, 1964, cit. *"Breve Motivação"*, págs. 122-123, após tratar a questão da representação sem poderes como um problema de eficácia e legitimidade, equipara-lhe o abuso de representação.

[365] PEDRO LEITÃO PAIS DE VASCONCELOS, *A Autorização*, cit. pág. 298.

[366] MARIA HELENA BRITO, *A Representação*, cit., pág. 154; HELENA MOTA, *Do Abuso*, cit., pág. 161.

[367] Neste sentido, LORENZO MOSSA, *Abuso*, cit., págs. 255-256, considera que é a proteção do terceiro que justifica o efeito representativo nos casos de abuso de representação.

[368] Em regra, em Direito Civil, a aparência não é um facto legitimador positivo por si. Neste sentido PESSOA JORGE, *A Protecção Jurídica da Aparência no Direito Civil Português,* polic., Lisboa, 1951-1952, cit. *"Aparência"*, págs. 106-113. A aparência apenas será um facto legitimador positivo nos casos especiais em que tal for imposto pelo Direito, normalmente através da Lei – neste sentido, JOSÉ IGNÁCIO CANO MARTINÉZ DE VELASCO, *La Exteriorización*, cit. págs. 60-61. Frequentemente estes casos tutelam, não a aparência, mas a confiança na aparência. Como tal, o regime regra da representação, no caso do abuso, não é o da legitimidade representativa, mas o da ilegitimidade representativa, sendo a possibilidade de imputar o ato diretamente à esfera do representado, estatuído no art. 269º do Código Civil (se a outra parte desconhecia o abuso e não tinha dever de conhecer), um caso especial. Sobre o conceito de aparência,

de respeito pela relação subjacente),[369] considera a confiança na aparência resultante do desconhecimento do abuso,[370] em conjunto com a procuração, como um facto legitimador positivo.

O facto legitimador positivo é, também neste caso, um conjunto. Mas agora entre a titularidade do poder de representação (que inclua a possibilidade de praticar aquele concreto ato) e a proteção da confiança do terceiro que resulta heteronomamente do art. 269º do Código Civil.[371]

Ou seja, neste caso, a legitimidade representativa opera com base no conjunto formado pela procuração (poder de representação) e pelo art. 269º do Código Civil, e já não pelo conjunto formado pela procuração e outra qualquer relação subjacente entre o *dominus* e o procurador. A relação subjacente passa a ser a relação de confiança na qual é parte principal o terceiro. Nesta situação, a procuração passa a operar abstraindo-se da relação subjacente que envolve o *dominus* e o procurador.

Por esta razão, deve considerar-se que a procuração se encontra configurada no Código Civil essencialmente como um negócio de base abstrata.

O simples facto de alguém ter outorgado a outrem uma procuração implica que essa pessoa seja titular de um poder de representação em relação ao *dominus*, sem que haja necessidade de justificar a razão pela qual lhe foram outorgados os poderes de representação a não ser pela invocação da qualidade de procurador, que resulta da procuração. Não tem de invocar, nem lhe pode ser oposto, qualquer negócio subjacente à procuração, ou a falta desse negócio. Se uma procuração foi outorgada, o procurador tem poder de representar o *dominus*. Esta é a regra que resulta do art. 262º, nº 1 do Código Civil.

ELEONORA RAJNERI, *Il Principio dell'Apparenza Giuridica*, Università degli Studi di Trento, Trento, 2002, cit. "*Apparenza*", em especial págs. 119-122.

[369] Não é tutelada a confiança na aparência da legitimidade, mas apenas a confiança na aparência de respeito pela relação subjacente. Caso o procurador não tenha legitimidade por falta de autonomia suficiente, por exemplo por falta de capacidade, não será aplicável a norma do art. 269º.

[370] A letra da lei refere-se ao conhecimento ou dever de conhecimento do terceiro. No entanto, a questão fundamental é a do desconhecimento do abuso, pois só neste caso o terceiro é protegido. A redação da disposição de uma perspetiva positiva ou negativa, é uma mera técnica legislativa, relevante, mas não determinante, para a interpretação – RAÚL GUICHARD ALVES, *Da Relevância Jurídica do Conhecimento no Direito Civil*, Universidade Católica Portuguesa, Porto, 1996, cit. "*Da Relevância*", págs. 25-25.

[371] PEDRO LEITÃO PAIS DE VASCONCELOS, *A Autorização*, cit. pág. 298

Os negócios abstratos ocorrem normalmente em situações nas quais a tutela da confiança no tráfego jurídico se impõe à autonomia privada.[372] Esta situação verifica-se no caso da procuração. Se a procuração fosse um negócio causal, poucas seriam as pessoas que aceitariam celebrar negócios com um procurador, pois correriam o risco de o *dominus* vir mais tarde invocar a relação subjacente para impugnar parte ou a totalidade do negócio. A eficiência prática, a segurança e a utilidade da procuração, enquanto instrumento jurídico que permite a multiplicação e aceleração do tráfego jurídico através da legitimação de terceiros para agirem em representação de outrem, exige a abstração.[373]

Embora na procuração a tutela da confiança se sobreponha à autonomia privada, esta não está totalmente ausente na configuração do regime jurídico aplicável. O Código Civil, reconhecendo a necessidade de tutela da confiança de quem contrata com um procurador, não deixa de tentar obter uma solução de equilíbrio entre a confiança e a autonomia privada.[374]

As concessões à autonomia privada e à causalidade, encontram-se nos arts. 264º, nº 1 e nº 4, 265º, 266º e 269º do Código Civil.[375]

No art. 264º, nº 1 e nº 4 do Código Civil, verifica-se um caso de recurso à causa para concretização do regime jurídico do negócio.[376] Resultará da relação subjacente a possibilidade de o procurador poder substabelecer o poder de representação, com ou sem reserva, ou poder recorrer a auxiliares.

No que respeita ao substabelecimento, se este não for autorizado pelo *dominus* nem resultar da procuração ou da relação subjacente, será possível que o terceiro, que confia na eficácia dos poderes de representação do novo procurador, fique desprotegido em virtude da aplicação do regime da representação sem poderes.

---

[372] MENEZES CORDEIRO, *Tratado – II*, cit., pág. 103.

[373] Pelo contrário, o poder de representação é causal em relação à procuração, que limita e configura o poder de representação. No entanto, como quem negoceia com um procurador pode exigir a prova dos poderes, através da exibição da procuração (quando escrita) ou através de outro meio, aquele pode sempre tomar conhecimento do âmbito e limites do poder de representação.

[374] PEDRO LEITÃO PAIS DE VASCONCELOS, *A Autorização*, cit. págs. 295 a 313.

[375] Não se inclui aqui o regime do artigo 259º do Código Civil, porque, neste caso, a relevância dos estados subjetivos do *dominus* introduz um momento de causalidade, mas na representação e não especificamente na procuração.

[376] No sentido do recurso à causa-fundamento como critério de concretização do regime jurídico de um negócio, PAIS DE VASCONCELOS, *Contratos Atípicos*, cit., pág. 124.

Em relação ao recurso a auxiliares, uma vez que o negócio será celebrado pelo procurador, a intervenção dos auxiliares não afeta as relações com terceiros. A regra do art. 264º, nº 4, destina-se fundamentalmente a regular as relações entre o *dominus* e o procurador.

O art. 265º também rege casos de influência da relação subjacente no âmbito da procuração. No entanto, uma vez que este preceito do Código Civil será extensivamente analisado ao longo desta dissertação, não se aprofundará aqui mais a sua análise. Referir-se-á apenas, no que respeita ao nº 1 e ao nº 2, que será possível aplicar ao negócio celebrado com o terceiro o regime da representação sem poderes; em relação ao nº 3, em princípio, nenhum prejuízo poderá resultar para o terceiro.

Os arts. 266º e 268º contêm, ambos, regimes em que o terceiro só sofrerá a influência da relação subjacente nos casos em que esteja de má fé, não havendo por isso confiança a tutelar.[377]

As intervenções da autonomia privada em prejuízo da tutela da confiança verificam-se, por isso, nos casos em que não há confiança a tutelar (art. 266º e art. 268 do Código Civil), nos casos em que não decorre um prejuízo para o terceiro (art. 264º, nº 4 e art. 265º, nº 3 do Código Civil) e, excepcionalmente, nos casos em que a autonomia privada surge diretamente em oposição com a tutela da confiança (art. 264º, nº 1 e art. 265º, nº 1 e nº 2 do Código Civil).

Como se pode ver, a procuração não é um negócio abstrato puro.[378] É um negócio jurídico com uma configuração de base abstrata,[379] mas em que intervêm alguns, poucos, elementos de causalidade. Esses elementos de causalidade não afastam a qualificação como negócio quase abstrato, uma vez que apenas dizem respeito ao exercício dos poderes em alguns casos muito particulares, à transmissão dos poderes, e à extinção dos poderes. Numa apreciação global da figura, esta continua a produzir efeitos independentemente da relação subjacente, bastando ao procurador provar a existência da procuração para ser titular do poder de representação.[380]

---

[377] Pedro Leitão Pais de Vasconcelos, *A Autorização*, cit. págs. 295 a 313.
[378] Contra, Heinrich Hörster, *A parte geral*, cit., pág. 486. Irene de Seiça Girão, *O Mandato*, cit., pág. 160, considera que a procuração foi construída como um negócio estruturalmente autónomo e independente das relações a que pode estar ligada, podendo mesmo funcionar desse modo, embora a ligação a uma relação subjacente a torne em causal.
[379] Acórdão do Supremo Tribunal de Justiça de 7 de julho de 2009, processo nº 63/2001.C1.S1, de que foi relator o Senhor Conselheiro Serra Baptista, *in* www.dgsi.pt.
[380] Pedro Leitão Pais de Vasconcelos, *A Autorização*, cit. págs. 295 a 313.

4. Negócios que podem ser relação subjacente

A multiplicidade de esquemas negociais que podem constituir a relação subjacente levanta dificuldades relevantes.[381] É usual referir-se que a relação subjacente típica da procuração é constituída pelo mandato.[382] Tal resulta da proximidade das duas figuras e da sua evolução na história. No entanto, mesmo quando se diz que a relação subjacente da procuração é o mandato, tal análise é necessariamente incompleta. A razão prende-se com o facto de não se poder fazer uma análise conceptual abstrata do que é a relação subjacente. Para poder ser correta, a análise terá de ser feita tendo em conta os contratos específicos que podem constituir a relação subjacente e não partindo de um tipo contratual que típica ou dominantemente constitui a relação subjacente.

Para se saber em que consiste a relação subjacente, importa, em primeiro lugar, procurar saber quais os negócios que tipicamente constituem a relação subjacente à procuração. A relação subjacente pode emergir de um contrato típico como um contrato de mandato, que é aliás um dos casos mais frequentes, um contrato de trabalho, de agência, de prestação de serviços,[383] ou de um contrato atípico como, por exemplo, um negócio fiduciário.[384]

Os tipos que, com mais frequência, constituem a relação subjacente são o mandato, a agência, o contrato de trabalho, a autorização,[385] a preposição[386] e a gestão de negócios.

4.1. Contrato de mandato

O contrato de mandato é aquele em que uma parte se obriga a praticar atos jurídicos por conta de outrem – art. 1157º do Código Civil.[387] Como

---

[381] Neste sentido Acórdão do Supremo Tribunal de Justiça de 7 de julho de 2009, processo nº 63/2001.C1.S1, de que foi relator o Senhor Conselheiro SERRA BAPTISTA, *in* www.dgsi.pt.
[382] MENEZES CORDEIRO, *"Tratado – V"*, cit., pág. 130.
[383] Neste sentido MARIA HELENA BRITO, *A representação sem poderes*, cit., pág. 20 e PEDRO DE ALBUQUERQUE, *A Representação Voluntária*, cit., pág. 513.
[384] No caso dos contratos fiduciários, a existência de uma procuração irrevogável outorgada pelo fiduciante ao fiduciário, pode revelar-se da maior importância, ao permitir a realização do fim fiduciário ou, inversamente, uma procuração irrevogável outorgada pelo fiduciário ao fiduciante ao garantir o retorno da coisa ou do direito fiduciado, ou mesmo as duas simultaneamente, cruzadas, até eventualmente tituladas pelo mesmo documento.
[385] Sobre a autorização, PEDRO LEITÃO PAIS DE VASCONCELOS, *A Autorização*, cit.
[386] Sobre a preposição, PEDRO LEITÃO PAIS DE VASCONCELOS, *Sociedades*, cit., pág. 82 a 216.
[387] No sentido de o mandato poder abranger, quer a celebração de negócios jurídicos, quer a prática de atos jurídicos, o Acórdão do Supremo Tribunal de Justiça de 9 de dezembro de

negócio legalmente típico, o mandato pode ser com ou sem representação. Uma vez que a representação não integra a estrutura típica do negócio,[388] no segundo caso encontra-se associada uma procuração ao mandato,[389] o que desde logo demonstra poder este negócio operar como relação subjacente da procuração.

Para além das razões legais já referidas, também razões históricas e estruturais justificam que o contrato de mandato seja uma das relações subjacentes típicas da procuração, podendo mesmo considerar-se como a relação subjacente mais frequente.[390]

Historicamente, vimos já que procuração e mandato permaneceram indistintos durante muito tempo. A ligação entre ambas era, deste modo, patente e não se extinguiu com a individualização operada por JHERING e LABAND, mantendo-se o mandato como uma das possíveis relações subjacentes da procuração, e podendo haver procuração com ou sem mandato e mandato com ou sem procuração.

Estruturalmente, o contrato de mandato é um negócio jurídico em que uma das partes se compromete a praticar atos jurídicos por conta da outra.[391] Caso se obrigue a praticar atos jurídicos cujos efeitos se produzam diretamente na esfera jurídica do mandante, tem necessariamente de existir associada ao mandato uma procuração que confira os necessários poderes de representação. Uma vez que a procuração consiste num negócio jurídico através do qual apenas se outorgam poderes de representação e que estes se traduzem na possibilidade de alguém praticar atos e celebrar negócios que produzem efeitos na esfera jurídica do representado,

---

2014, processo nº 1378/11.6TVLSB.L1.S1, de que foi relator o Senhor Conselheiro Sebastião Póvoas, in www.dgsi.pt.

[388] Neste sentido, o Acórdão do Supremo Tribunal de Justiça de 13 de novembro de 2012, processo nº 130/10.0TCFUN.L1.S1, de que foi relator o Senhor Conselheiro Gabriel Catarino, in www.dgsi.pt e MENEZES CORDEIRO – JANUÁRIO GOMES, *Mandato, Direito das Obrigações*, 3º Vol., *Contratos em Especial*, AAFDL, 1991, pág. 299.

[389] MENEZES CORDEIRO – JANUÁRIO GOMES, *Mandato, Direito das Obrigações*, cit., Vol. III, pág. 299, consideram que a atribuição de poderes representativos tem a sua "fonte natural" na procuração, pelo que no mandato com representação o conferimento do poder representativo se processa através dela.

[390] CASTRO MENDES, *Teoria Geral*, cit., Vol. II, pág. 279, em relação aos negócios que podem ser relação subjacente da procuração, afirma que "à frende de todos está, porém, o contrato de mandato".

[391] PEDRO LEITÃO PAIS DE VASCONCELOS, *A Autorização*, cit., págs. 282 a 285.

esta carece de um negócio que regule a prática desses atos ou celebração dos negócios. A procuração não contém esse regime, necessitando de o encontrar num outro negócio. O mandato tem um regime jurídico estruturalmente concebido para regular a prática de atos jurídicos por conta de outrem. Por esta razão, é estruturalmente idóneo para operar como relação subjacente à procuração, regulando a relação entre o *dominus* e o procurador.

4.2. Contrato de agência

O contrato de agência não envolve, na sua configuração típica, a celebração pelo agente de negócios jurídicos.[392] No entanto, é possível que o agente, acessoriamente[393] à atividade de promoção de contratos por si desenvolvida, proceda à efetiva celebração dos referidos contratos[394]. É o caso do agente com representação previsto no art. 2º do Decreto-Lei nº 178/86, de 3 de julho. Nestes casos, o principal outorgará ao agente uma procuração, funcionando o contrato de agência como relação subjacente à referida procuração.[395] De acordo com o conteúdo do contrato de agência, o agente com representação poderá ou deverá celebrar os negócios em nome do principal.[396] Mas, independentemente de estar ou não obrigado a celebrá-los, o agente será um representante do principal.[397]

---

[392] CARLOS BARATA, *Anotações ao Novo Regime do Contrato de Agência*, Lex, Lisboa, 1994, págs. 10 e 23 e PINTO MONTEIRO, *Contrato de Agência*, Almedina, Coimbra, 2000, págs. 38 e 39.

[393] PINTO MONTEIRO, *Contrato de Agência*, cit., pág. 39 e 47, e MARIA HELENA BRITO, *O Contrato de Concessão Comercial*, Almedina, Coimbra, 1990, pág. 95.

[394] Sendo necessário acordo nesse sentido – ROMANO MARTINEZ, *Contratos em Especial*, 2ª ed., Universidade Católica, Lisboa, 1996, pág. 325.

[395] Embora possa não se tratar de um contrato de agência típico – PINTO MONTEIRO, *Contrato de Agência*, cit., págs. 46 a 48, que o qualifica, conforme os casos, como um contrato misto, ou uma união de contratos.

[396] CARLOS BARATA, *Sobre o Contrato de Agência*, Almedina, Coimbra, 1991, págs. 46 a 48, embora comece por entender que normalmente o agente com representação não está obrigado a celebrar os contratos, afirma que pode resultar do contrato de agência o contrário, caso em que com a agência coexiste um mandato, quer como contrato misto, quer como união de contratos (págs. 54 e 55). O Autor conclui que o agente com representação «se encontra, efetivamente, obrigado a celebrar os contratos promovidos, mercê da "ingerência" da procuração no conteúdo do contrato de agência, alterando, de algum modo, os efeitos que resultariam da sua outorga isolada" (pág. 55).

[397] Segundo CARLOS BARATA, *Anotações*, cit., págs. 23 e 24, o regime do art. 2º, nº 1, do Decreto-Lei nº 178/86, de 3 de julho, apenas se justifica nos casos em que o agente não

A agência pode, por isso, funcionar como relação subjacente à procuração.

4.3. Contrato de trabalho

O contrato de trabalho é aquele em que uma pessoa se obriga a prestar a sua atividade a outrem, sujeita à sua autoridade e direção. Tal como o contrato de mandato, é um contrato de prestação de atividade. Tem, contudo, um âmbito mais amplo, uma vez que, para além da prática de atos jurídicos, o contrato de trabalho abrange também a prática de atos materiais. Outra das diferenças fundamentais em relação ao contrato de mandato – e aos contratos de prestação de serviços em geral – prende-se com a falta de autonomia do trabalhador. Este encontra-se juridicamente subordinado ao empregador, agindo, por isso, sempre no seu interesse. A possibilidade de o trabalhador agir no interesse próprio apenas se pode configurar em casos nos quais também exista um interesse do empregador. O interesse do trabalhador será, no entanto, de natureza diversa daquele do empregador, prendendo-se com a utilidade do contrato de trabalho para prover o seu sustento e para a sua realização enquanto pessoa.[398]

Quando do contrato de trabalho resulte para o trabalhador a obrigação de praticar atos jurídicos por conta do empregador e em sua representação, existirá necessariamente uma procuração associada ao contrato de trabalho[399] (art. 115º, nº 3 do Código do Trabalho), quer num contrato misto de contrato de trabalho e procuração, quer numa união de negócios entre o contrato de trabalho e a procuração. No que respeita à forma necessária para a procuração, uma vez que esta normalmente resulta tacitamente do

---

tenha a obrigação de celebrar os negócios; nos casos em que essa obrigação exista, sendo o negócio um contrato misto de agência e de mandato, a atividade representativa do agente será regulada pela parcela do negócio que resultar do mandato, embora nunca possa ser qualificado como mandatário.

[398] JOÃO PAULO II, *Laborem exercens*, http://www.vatican.va/holy_father/john_paul_ii/encyclicals/documents/hf_jp-ii_enc_14091981_laborem-exercens_po.html, debruça-se sobre o problema do trabalho em geral, mas as conclusões a que chega são válidas para o trabalho prestado com base em qualquer tipo de contrato, sendo especialmente importantes para o caso do contrato de trabalho – a doutrina da Igreja Católica em relação às questões sociais relativas ao trabalho encontra-se presente em várias encíclicas desde 1891.

[399] ROMANO MARTINEZ, *Direito do Trabalho*, cit., Vol. II, T. I, págs. 49 e 50, considera que o poder de representação resulta diretamente do contrato de trabalho, entendendo que nesta matéria o legislador seguiu o sistema francês e não o germânico.

contrato de trabalho e está nele implícita, aproveita a forma do contrato de trabalho, que é consensual. Nestes casos, a procuração faz parte do contrato de trabalho, estando implícita neste.[400] Não é do contrato de trabalho que resulta o poder de representação, é de uma procuração que é, ou pode ser, integrada no seu conteúdo. Os casos de contratos de trabalho com representação consistem em negócios mistos de contrato de trabalho e procuração. Torna-se por vezes necessária a outorga de uma procuração específica quando a forma do negócio a celebrar o exija.[401]

A procuração outorgada com o contrato de trabalho é estruturalmente no interesse do empregador e dos terceiros.[402] O interesse do empregador resulta naturalmente da utilidade que a procuração tem na prossecução dos seus fins. Sem a procuração, o empregador não assumiria diretamente a titularidade dos atos jurídicos praticados pelo trabalhador que age por sua conta.[403] O empregador não é o titular exclusivo de interesse na procuração outorgada ao trabalhador. Também para os terceiros que negoceiem com o trabalhador a procuração é útil. Permite que o empregador fique direta e imediatamente vinculado ao negócio celebrado, sem o que esse negócio não produziria os efeitos pretendidos. A falta de poderes de representação do trabalhador implicaria que, por exemplo, nos contratos de compra e venda celebrados entre os trabalhadores e os clientes do empregador, aqueles vendessem coisa alheia, o que seria prejudicial para os terceiros.

Também nestes casos estamos perante um contrato em que uma das partes se obrigou perante a outra a praticar atos jurídicos por sua conta. A diferença em relação ao mandato consiste em o tipo negocial ser legalmente estruturado como um negócio misto, através do recurso ao contrato

---

[400] OLIVEIRA ASCENSÃO, *Direito Civil*, cit., Vol. II, pág. 239.

[401] Quanto à natureza do ato, a redação da referida disposição permite entender que o contrato de trabalho permite ao trabalhador a prática de atos jurídicos para além da simples administração – BERNARDO LOBO XAVIER, *Regime Jurídico do Contrato de Trabalho Anotado*, 2ª ed., Atlântida, Coimbra, 1972, pág. 45.

[402] Quanto à procuração ser no interesse dos terceiros que contratam com os trabalhadores BERNARDO LOBO XAVIER, *Regime Jurídico*, cit., pág. 44 e MÁRIO PINTO – FURTADO MARTINS – ANTÓNIO NUNES DE CARVALHO, *Comentário às Leis do Trabalho*, Vol. I, Lex, Lisboa, 1994, pág. 44.

[403] ROMANO MARTINEZ, *Direito do Trabalho*, Vol. I, *Parte Geral*, 3ª ed., Lisboa, 1998, pág. 191, configura a alienidade como um dos três elementos da subordinação jurídica do trabalhador, resultando desta que o trabalhador exerce uma atividade por conta do empregador, para o empregador.

de trabalho e à procuração. Pensemos no caso do empregado de balcão de um estabelecimento comercial que celebra todos os dias vários contratos de compra e venda com os clientes do estabelecimento. Só através de uma procuração será possível evitar a duplicação de negócios jurídicos.[404] O mesmo pode suceder em resultado da organização hierárquica dentro da empresa, no caso em que da posição de um trabalhador resulta que este pode dar ordens e instruções a outros trabalhadores por conta do empregador.[405]

O contrato de trabalho, como negócio jurídico em que uma pessoa se obriga a praticar atos e a celebrar negócios jurídicos é estruturalmente apto para operar como relação subjacente à procuração.[406] Esta aptidão resulta desde logo do art. 115º, nº 3 do Código do Trabalho, sendo confirmada pela análise da natureza e regime do contrato.

4.4. Autorização
"Na linguagem jurídica a palavra autorização é usada frequentemente mas com um significado amplíssimo, impreciso, privado de conteúdo".[407] A frase antecedente exprime a situação em Itália no princípio do século XX; a situação atual na legislação portuguesa pouco difere.[408] A expressão *autorização* é usada com tamanha amplitude que ao referi-la é imperioso precisar o que se pretende significar.[409]

---

[404] No sentido de que determinados negócios – como alguns casos de contrato de trabalho, que constitui, aliás, o exemplo indicado – carecem necessariamente da outorga de uma procuração para produzirem efeitos úteis e que nesses casos é normal a outorga tácita de uma procuração, OLIVEIRA ASCENSÃO – CARNEIRO DA FRADA, *Contrato celebrado por agente de pessoa colectiva – Representação, responsabilidade e enriquecimento sem causa*, separata da Revista de Direito e Economia, 16 a 19, 1990 a 1993, pág. 49.

[405] ROMANO MARTINEZ, *Direito do Trabalho*, cit., Vol. II, T. I, pág. 391.

[406] Neste sentido CASTRO MENDES, *Teoria Geral*, cit., Vol. II, págs. 278 e 279 e OLIVEIRA ASCENSÃO, *Direito Civil*, cit., Vol. II, pág. 238. Alguma doutrina juslaborista portuguesa configura o poder de representação do trabalhador como resultando especificamente do contrato de trabalho e não de uma procuração outorgada juntamente com o contrato ou incluída neste, como se de um mandato com representação se tratasse – BERNARDO LOBO XAVIER, *Regime Jurídico*, cit., pág. 44; MÁRIO PINTO – FURTADO MARTINS – ANTÓNIO NUNES DE CARVALHO, *Comentário*, cit., pág. 44.

[407] NATTINI, *Il Negozio Autorizzativo*, Rivista del Diritto Commerciale, Ano X, 1912, 1ª parte, pág. 485.

[408] O mesmo sucede em Espanha – BADENAS CARPIO, *Apoderamiento*, cit., pág. 70.

[409] O Código Civil português, por exemplo, usa o termo autorização em dezenas de disposições e com uma multiplicidade de significados. OLIVEIRA ASCENSÃO, *Direito Civil*, cit., Vol. II,

A autorização enquanto tipo negocial é normalmente pouco tratada na doutrina, sendo usualmente entendida como uma classe de atos ou de negócios jurídicos. Foi aliás esta falta de tratamento doutrinário, que nos levou a dedicar-lhe toda a nossa investigação de Doutoramento em Direito.[410]

A individualização da autorização, como negócio autónomo, pode ser atribuída a JHERING,[411] sem que este tenha, no entanto, aprofundado o estudo da figura. SCHLOSSMANN,[412] considera que a autorização não determina qualquer obrigação para o autorizado, mas apenas uma faculdade de atuação na esfera jurídica do autorizante.

Embora a partir de JHERING e LABAND a doutrina alemã aceite a separação entre mandato e procuração, não é clara quanto à distinção entre autorização e procuração, e considera frequentemente esta como uma modalidade daquela.[413] Mesmo a distinção entre mandato e autorização era, por vezes, feita com algumas dificuldades. As razões prendiam-se não só com a formulação dos textos legais,[414] mas fundamentalmente com alguma semelhança estrutural entre as duas figuras.

A posição de HUPKA[415] a respeito da autorização é exemplo desta dificuldade de distinção. Embora trate a figura com grande cuidado, não distingue claramente a autorização da procuração, e entende que quando se autoriza alguém a praticar atos jurídicos de disposição em nome do titular se está perante uma procuração.[416] Constrói assim a autorização como uma figura geral de que a procuração constitui um caso, ou modalidade.

---

págs. 220 e 221, considera a autorização como uma categoria ampla, de fonte legal ou negocial, que se caraceriza por abranger quer as faculdades (de atuação material) como os poderes potestativos (em relação à prática de atos jurídicos).

[410] PEDRO LEITÃO PAIS DE VASCONCELOS, *A Autorização*, cit.

[411] JHERING, *Mitwirkung*, cit., Bd. II, pág. 131 (nota 68).

[412] SCHLOSSMANN, *Die Lehre von der Stellvertretung*, T. I, Leipzig, 1900 (reedição de 1970 – Scientia Verlag), § 27, pág. 298.

[413] LEHMANN, *Tratado*, cit., págs. 454 e 455.

[414] Na Alemanha, onde a figura foi muito discutida, o texto e sentido do § 185 do BGB contribuíram decisivamente para a indefinição da autorização.

[415] HUPKA, *La representación*, cit., págs. 25 a 30.

[416] Também OLIVEIRA ASCENSÃO, *Direito Civil*, cit., Vol. II, págs. 220 e 221, parece perfilhar esta posição, ao considerar que através da autorização para a prática de atos jurídicos o autorizado fica titular de um poder de representação.

As dificuldades sentidas por HUPKA e por outros autores[417] devem-se, fundamentalmente, à tentativa de construção de um conceito geral que abrangesse todos os casos em que a legislação referisse a autorização, por influência do *iussum* romano. No entanto, o problema não consiste em ser ou não possível identificar um elemento comum a todos os casos de autorização, uma vez que esse elemento existe. A autorização consiste sempre numa permissão de atuação sobre uma situação para a qual não se tem legitimidade plena; é um título genérico de legitimação. O problema resulta de a grande amplitude e generalidade desta definição reduzirem acentuadamente a sua utilidade. Não se deve, pois, tentar construir uma definição de autorização que abranja todos os casos legais. O esforço deve antes ser dirigido no sentido da identificação e estudo de modalidades diferentes de autorização, conforme o seu regime e natureza jurídicos. Só assim se conseguirá conhecer esta figura jurídica com a segurança necessária.

A autorização é tipicamente um ato jurídico ou um negócio jurídico unilateral[418] através do qual uma pessoa (o autorizante) permite que outrem (o autorizado) pratique atos jurídicos por conta daquele, ou atos materiais que afetem a sua esfera jurídica.[419] A autorização pode também operar para levantar limitações que incidem sobre uma pessoa para exercer posições jurídicas de que é titular.[420] No que ao presente estudo diz respeito, apenas interessa a autorização para a prática de atos jurídicos, uma vez que

---

[417] BETTI, *Teoria Geral*, cit., T. III, págs. 215 a 230, configura também a autorização como uma figura geral, seguindo a orientação germânica.

[418] PESSOA JORGE, *O Mandato*, pág. 387 e 399 e PEDRO LEITÃO PAIS DE VASCONCELOS, *A Autorização*, cit., págs. 154 a162 e 232 a 234.

[419] Da definição de NATTINI, *Il Negozio*, cit., pág. 487, parece resultar que a autorização permite que o autorizado pratique atos jurídicos que afetam diretamente a esfera jurídica do autorizante, mas o Autor esclarece qual o seu entendimento a este respeito (págs. 488 a 490), resultando que a autorização não é estruturalmente representativa. VAZ SERRA, *Delegação*, BMJ n.º 72, pág. 101, integra a procuração na autorização em sentido lato, recorrendo a este critério para distinguir esta figura da delegação, que integra no conceito de autorização em sentido estrito. Para o Autor, na autorização o autorizado age em nome de outrem, enquanto na delegação o delegado age em nome próprio, embora por conta do delegante. PESSOA JORGE, *O Mandato*, págs. 388 e 394 chama a esta figura autorização constitutiva, distinguindo-a da autorização integrativa ou complementar que consiste em permitir a alguém exercer um direito de que já era titular.

[420] As chamadas autorizações integrativas, PEDRO LEITÃO PAIS DE VASCONCELOS, *A Autorização*, cit., págs. 228 e segs.

nem a procuração, nem o poder de representação, abrangem a prática de atos materiais.[421]

A autorização distingue-se quer do contrato de mandato, quer da procuração.[422]

Em relação ao mandato, a autorização distingue-se por não constituir uma obrigação para o autorizado. O autorizado tem a faculdade de agir ou não, mas não está vinculado a fazê-lo. Fica no âmbito da sua liberdade optar pela atuação ou pela omissão de ação. Mas, se agir, o autorizante deverá aceitar a atuação do autorizado, sendo responsável para com este pelas despesas em que tiver incorrido na execução da autorização e não podendo recusar a transmissão dos efeitos para a sua esfera jurídica.[423]

Em relação à procuração, a autorização distingue-se por não incluir a outorga de poderes de representação.[424] Se o autorizado optar por praticar o ato jurídico, este produzirá efeitos apenas na sua esfera jurídica, sendo necessário, tal como no mandato, transmitir a situação para o autorizante. Através da autorização, o autorizante permite que o autorizado pratique atos jurídicos por sua conta, mas apenas em nome próprio.[425] Por esta razão os efeitos do ato apenas se verificam na esfera jurídica do autorizado.

A diferença entre os dois negócios é, no entanto, mais ampla do que a já referida.[426] Na procuração o representante tem um poder jurídico para praticar atos e celebrar negócios jurídicos que produzem efeitos diretamente na esfera jurídica do *dominus*, mas não pode agir licitamente sem que tal resulte de uma relação subjacente. Na autorização o autorizado pode agir licitamente, praticando atos e celebrando negócios jurídicos, mas os

---

[421] HUPKA, *La representación*, cit., pág. 28, parece não admitir a autorização para a prática de atos materiais, mas o Autor não é claro nesse sentido.

[422] PEDRO LEITÃO PAIS DE VASCONCELOS, *A Autorização*, cit., págs. 279 a 313.

[423] Neste sentido, L. CARRARO, *Contributo alla dottrina dell'autorizzazione*, Rivista Trimestrale di Diritto e Procedura Civile, Ano I, 1947, págs. 292 e 293; o Autor defende ainda que o autorizado não tem também o dever de transmitir o negócio celebrado ou os seus efeitos para o autorizante, com o que não podemos concordar. Embora o autorizado não esteja obrigado a praticar o ato, se o fizer tem o dever de o transferir para o autorizante ou, pelo menos, de cooperar nessa transmissão, pois agiu por conta deste.

[424] No que respeita à distinção face à procuração, a questão coloca-se relativamente à autorização constitutiva, PEDRO LEITÃO PAIS DE VASCONCELOS, *A Autorização*, cit., pág. 285.

[425] Neste sentido L. CARRARO, *Contributo*, cit., págs. 288 a 292, em especial pág. 291.

[426] Para uma análise mais aprofundada, PEDRO LEITÃO PAIS DE VASCONCELOS, *A Autorização*, cit., págs. 285 a 313.

efeitos destes não se produzem diretamente na esfera jurídica do autorizante sem que este outorgue uma procuração. Confundir autorização e procuração equivale a confundir mandato e procuração. A autorização, tal como o mandato, regula relações entre os sujeitos do negócio (as chamadas relações internas), enquanto a procuração confere um poder para os atos e negócios celebrados produzirem efeitos diretamente na esfera jurídica de quem a outorga (opera, por isso, nas chamadas relações externas).[427]

Tal como sucede com o contrato de mandato, a autorização pode ser com ou sem representação.[428] Quando for com representação, ao autorizado será outorgada uma procuração com os necessários poderes.

Diversamente do contrato de mandato, a autorização não constitui um negócio legalmente típico. Nem sequer se devendo qualificar como um contrato de prestação de serviços segundo o art. 1154º do Código Civil, uma vez que o autorizado não se obriga a praticar os atos. A autorização constitui um tipo social de negócio muito frequente que carece de plena autonomização na Doutrina.

Um caso típico de autorização consiste em uma pessoa, sabendo que a outra vai deslocar-se a um determinado local, pedir-lhe que, se não for incómodo, compre um bem que se encontra à venda em local próximo. Neste caso, dependendo da situação, pode comprar em representação do autorizante, ou em nome próprio. Não tem, no entanto, a obrigação de o fazer. A posição jurídica do autorizado é ativa e não passiva. Este é um caso de autorização gestória.[429] Este tipo negocial é contruído sobre o tipo do contrato de mandato, mas com a fundamental diferença de, em lugar de o agente estar obrigado a praticar os atos, estar apenas autorizado a praticá-los. Assim, por exemplo, se não os praticar não incumpre o contrato, porque não é possível violar uma obrigação que não existe, por não ter sido acordada.

O contrato de autorização é um negócio extremamente frequente na prática jurídica. Sucede, não em vários casos de contratos *cum amico* – por

---

[427] BADENAS CARPIO, *Apoderamiento*, cit., págs. 69 a 74, expondo as várias aceções da autorização, acaba por aceitar (pág. 72) que a autorização em sentido técnico puro se refere ao negócio autorizativo sem poderes de representação (à chamada representação indireta), no qual o negócio celebrado pelo autorizado é celebrado em nome próprio.
[428] BETTI, *Teoria Geral*, cit., T. III, págs. 243-244.
[429] PEDRO LEITÃO PAIS DE VASCONCELOS, *A Autorização*, cit., págs. 323 a 367.

exemplo, contratos de *fiducia cum amico*,[430] no qual o *amico* não está obrigado a agir – como sucede ainda nos casos em que o contrato não é celebrado com um *amico*, mas com alguém que aceita praticar a atividade mas sem querer obrigar-se.

Um destes últimos casos é o contrato estimatório, ou contrato de venda à consignação.[431] Também nestes casos, o *accipiens* aceita ficar com as mercadorias do *tradens* para as vender, mas sem se obrigar a vendê-las. No caso do contrato estimatório, o *accipiens* atua em nome próprio e não em nome e representação do *tradens*. Mas nada impede as partes de acordarem na celebração de um contrato, semelhante, mas em que o *accipiens* atue em nome e representação do *tradens*. Este seria um contrato semelhante a um contrato de agência com representação, mas sem que o agente tivesse obrigação de promoção dos negócios e de venda dos bens, o que é admitido pelo art. 405.º do Código Civil.

Como se viu, a autorização é um negócio jurídico apto para operar como relação subjacente à procuração. Uma vez que o negócio abrange a prática de atos e negócios jurídicos por pessoa diferente do titular da situação jurídica afetada, este negócio pode regular a relação entre *dominus* e procurador.

4.5. Preposição

A preposição é um negócio com semelhanças com a procuração, mas que vai além desta. Tal como a procuração, a preposição é fonte de poder de representação. No entanto, enquanto a procuração é fonte de representação voluntária, a preposição é fonte de representação institória.[432]

A preposição é também conhecida como o contrato institório, mas o modo mais frequente de designação é como mandato comercial, através da identificação do preposto como sendo um gerente de comércio. No entanto, a preposição não é um mandato, nem nunca o foi. Foi só a deficiente nomeação no Código Comercial de 1888, que fez criar esta identificação nominativa de ambas as figuras. Apesar da letra da lei e de alguma

---

[430] Sobre os negócios fiduciários, PAIS DE VASCONCELOS, *Em Tema de Negócio Fiduciário*, polic., Lisboa, 1985 cit.: *"Negócio Fiduciário"* e ANDRÉ FIGUEIREDO, *O Negócio Fiduciário Perante Terceiros*, Almedina, Coimbra, 2012, cit.: *"Negócio Fiduciário"* e A. BARRETO MENEZES CORDEIRO, Do Trust no Direito Civil, Almedina, Coimbra, 2014. cit.: *"Trust"*.

[431] PEDRO LEITÃO PAIS DE VASCONCELOS, *A Autorização*, cit., págs. 367 a 380.

[432] PEDRO LEITÃO PAIS DE VASCONCELOS, *Sociedades*, cit., pág. 216.

tradição nacional, o negócio jurídico do art. 248º do Código Comercial não é um contrato de mandato. A preposição é (e sempre foi) um negócio jurídico diferente do mandato, com uma estrutura complexa. É um negócio jurídico que vem desde Roma, sendo uma das mais antigas fontes de representação voluntária.[433]

A preposição é um negócio jurídico que vem já deste a *praepositio*, que era o suporte da *actio institoria*. Esta, por sua vez, foi (a par da *actio exercitoria*) a fonte da teoria da representação voluntária de LABAND.[434] O *Prokurist* em que LABAND fundou a sua teoria da representação voluntária, não era nem um procurador, nem era um mandatário, mas era antes um preposto. Assim, é esta (e não a procuração, nem o mandato) a fonte de toda a teoria da representação voluntária. Esta é a figura central da teoria da representação, sendo a procuração e o mandato com representação casos derivados.[435]

Subjacente à preposição, pode efetivamente encontrar-se um contrato de mandato. Mas também pode – e é hoje o mais frequente – encontrar-se um contrato de trabalho. E pode ainda encontrar-se uma autorização. Sucede apenas que, em 1888 não havia uma distinção clara entre mandato, representação e autorização. E também não existia uma distinção clara entre mandato e contrato de trabalho. De tal modo que o regime dos art. 248º e seguintes não segue uma distinção clara entre estas figuras. À data, o termo "mandato" era usado indiferentemente para referir a preposição, a procuração, o mandato e alguns casos de contrato de trabalho. Mas, no caso do art. 248º do Código Comercial, o significado correto é de preposição e não de mandato.[436]

Uma das principais diferenças entre o mandato e a preposição, consiste em que a preposição atribui poderes de representação e gestão, por referência a toda uma atividade comercial de outrem. De modo diferente, a procuração apenas atribui poderes de representação, não atribuindo poderes de gestão, sendo que os poderes atribuídos podem ser especiais ou gerais e não tendo de ser referentes a toda uma atividade. Outra diferença consiste em a procuração ser uma figura tipicamente de Direito Civil que também é usada na atividade comercial, enquanto a preposição é uma

---

[433] PEDRO LEITÃO PAIS DE VASCONCELOS, *Sociedades*, cit., págs. 89 a 94.
[434] LABAND, PAUL, *Die Stellvertretung*, cit., págs. 183 e segs.
[435] PEDRO LEITÃO PAIS DE VASCONCELOS, *Sociedades*, cit., págs. 89 a 94.
[436] PEDRO LEITÃO PAIS DE VASCONCELOS, *Sociedades*, cit., págs. 89 a 94.

figura tipicamente de Direito Comercial que também é usada na atividade civil. Por último, a procuração é um negócio unilateral, enquanto a preposição é tipicamente um contrato, pelo que carece do acordo do comerciante e do preposto.[437]

Em suma, a ideia fundamental do preposto é substituir continuamente o comerciante na exploração da sua atividade comercial.[438] Já a procuração, embora possa ser usada com esse mesmo fim, é uma figura geral, não sendo especialmente dirigida à substituição integral do comerciante na sua atividade, limitando-se o procurador, em regra, a substituir o *dominus* em atos específicos, mesmo que frequentes.[439]

Os poderes de representação e gestão do preposto podem ser, inclusivamente, mais amplos que os poderes dos gerentes societários ou administradores societários. Enquanto estes podem sofrer limitações no pacto social,[440] os poderes de representação preposto não sofrem as mesmas limitações. É possível e frequente, que as sociedades apenas se vinculem por ato conjunto de dois gerentes ou administradores. No entanto, no que respeita ao preposto ou gerente de comércio, tipicamente este vincula sempre o comerciante. A razão de ser resulta da diferença de representação. Os gerentes e administradores representam a sociedade enquanto membros do órgão de administração. Efetivamente, quem representa a sociedade é o órgão de administração, sendo que este atua através de um ou mais dos seus membros. Quando o pacto social exige a atuação conjunta de dois ou mais gerentes ou administradores, está a determinar que o órgão de administração apenas age com esses dois ou mais membros.[441]

O gerente de comércio, no entanto, não é um órgão da sociedade. Não representa a sociedade, mas sim o comerciante. Claro está que, no caso das sociedades comerciais, o comerciante é a sociedade. Mas a representação não é societária, mas antes comercial,[442] sendo diferente toda a estrutura

---

[437] PEDRO LEITÃO PAIS DE VASCONCELOS, *Sociedades*, cit., págs. 89 a 94.
[438] Acórdão do Supremo Tribunal de Justiça de 6 de janeiro de 1988, de que foi relator o Senhor Conselheiro Menéres Pimentel, Acórdão do Tribunal da Relação de Lisboa de 22 de fevereiro de 1990, de que foi relator o Senhor Conselheiro Martins da Fonseca e Acórdão do Tribunal da Relação de Lisboa de 31 de janeiro de 1991, de que foi relator o Senhor Conselheiro Mesquita e Mota – todos *in* www.dgsi.pt.
[439] PEDRO LEITÃO PAIS DE VASCONCELOS, *Sociedades*, cit., págs. 89 a 94.
[440] Embora a sua oponibilidade a terceiros seja limitada.
[441] PEDRO LEITÃO PAIS DE VASCONCELOS, *Sociedades*, cit., págs. 89 a 94.
[442] Cfr. Acórdão do Tribunal da Relação de Lisboa de 8 de março de 1990 (Cardona Ferreira), *in* www.dgsi.pt.

representativa. De tal modo que o gerente de comércio não se relaciona com os sócios da sociedade, mas com a sociedade representada pelos seus gerentes ou administradores. Mas estes relacionam-se com os sócios da sociedade, podendo em certos casos receber instruções da assembleia geral.[443]

A representação por parte dos gerentes e administradores é uma representação dita orgânica. A representação do gerente de comércio não é orgânica. Os gerentes e administradores são titulares de um órgão da sociedade que age por conta da sociedade; é a própria sociedade a agir. O gerente de comércio é um terceiro, que representa o comerciante. Por esta razão, pode suceder, em certos casos, que um gerente de comércio tenha poderes de representação mais intensos que os dos gerentes e administradores societários.[444]

Apesar de a preposição incluir poderes de representação, pode operar como relação subjacente a uma procuração. Assim sucederá nos casos em que as regras de forma exijam determinada forma para a procuração, que não seja respeitada pela preposição. Para sanar esta dificuldade, poderá o comerciante outorgar a favor do seu preposto uma procuração com a forma necessária. Por outro lado, a preposição abrange os poderes necessários para o exercício de determinada atividade do comerciante. No entanto, pode suceder que, por vezes, o preposto necessite de praticar atos fora dessa atividade, para o que se poderá munir de uma procuração.

Por estas razões, embora normalmente o preposto não necessite de uma procuração, a preposição é um negócio que, pela sua estrutura de negócio gestório, pode operar como relação subjacente à procuração. Estes casos de procurações outorgadas a prepostos (ou gerentes de comércio) são de tal modo frequentes na história, que são usualmente denominadas procurações institórias.[445]

4.6. Gestão de negócios
Embora não seja um negócio jurídico, a gestão de negócios pode operar como relação subjacente a uma procuração, embora não seja suficiente.

---

[443] PEDRO LEITÃO PAIS DE VASCONCELOS, *Sociedades*, cit., págs. 89 a 94.
[444] PEDRO LEITÃO PAIS DE VASCONCELOS, *Sociedades*, cit., págs. 89 a 94.
[445] Que não devem ser confundidas com a própria preposição, como faz ANASTASI, ALESSANDRO, *Institore – Diritto Vigente*, in Enciclopedia del Diritto, Vol. XXI, Giuffrè, Varese, 1971, pág. 849.

Assim poderá suceder no caso de não haver uma prévia relação subjacente à procuração,[446] ou existindo, esta sofra um vício que a inviabilize.[447] Nestes casos, poderá o procurador exercer os poderes de representação que resultam da procuração, mas usando os critérios de atuação que resultam do regime da gestão de negócios.

A relevância deste conjunto formado pela procuração e gestão de negócios prende-se com o posterior regime de perfeição da atuação. Num caso típico de gestão de negócios representativa, na qual o gestor de negócios não tem poderes de representação, é necessário proceder à ratificação do negócio para que este se torne perfeito. No entanto, num caso de gestão de negócios com procuração, apenas será necessária a aprovação da gestão e não a sua ratificação. Por outro lado, caso o terceiro com quem tiver sido celebrado o negócio seja um terceiro de boa fé, o negócio celebrado em gestão de negócios com procuração produzirá plenos efeitos na relação entre o *dominus* e o terceiro, independentemente de qualquer aprovação ou ratificação. Neste caso, será aplicável o regime do abuso de representação, não sendo aplicável o regime da representação sem poderes, porquanto o gestor de negócios tem efetivamente poderes de representação. Por esta razão, de acordo com o art. 269º do Código Civil, estanto o terceiro de boa fé, o negócio é eficaz.

4.7. Outros negócios

Nem sempre a relação subjacente será constituída por um dos tipos negociais *supra* referidos, podendo frequentemente ser constituída por um negócio atípico (misto ou puro). Sendo a procuração um negócio de base abstrata, é normal que os negócios que podem constituir a relação subjacente sejam muito variados, uma vez que a procuração pode prosseguir uma multiplicidade de funções.

Para que um negócio jurídico possa funcionar como relação subjacente à procuração é necessário que o seu conteúdo seja apto para regular uma relação que se traduz na prática de atos jurídicos por conta de outrem. Um

---

[446] Conforme analisado por PEDRO DE ALBUQUERQUE, *A Representação Voluntária*, cit., págs. 595 a 601, embora defendamos uma posição mais aberta à viabilidade da gestão de negócios como relação subjacente a uma procuração.

[447] Como sucedeu no caso julgado no Acórdão do Supremo Tribunal de Justiça de 2 de março de 2004, processo nº 03A4441, de que foi relator o Senhor Conselheiro ALVES VELHO, *in* www.dgsi.pt.

negócio que não contenha um regime desta natureza não pode ser relação subjacente, uma vez que além de não regular a relação entre *dominus* e procurador, dele não resulta o critério do agir representativo. Um contrato promessa de compra e venda típico, por exemplo, não pode constituir relação subjacente a uma procuração. Para que possa ser relação subjacente, é necessário que também regule o modo como o procurador deverá ou poderá agir na prática de atos jurídicos por conta do *dominus*. Se, por exemplo, do contrato promessa de compra e venda resultar que o promitente vendedor deverá outorgar uma procuração ao promitente comprador para que este possa celebrar o contrato definitivo sem necessidade de intervenção física daquele, estar-se-á perante um contrato promessa de compra e venda atípico, que é já apto para operar como relação subjacente.

Quando o negócio subjacente não for um dos tipos de negócios anteriormente referidos, deverá constar do seu conteúdo uma parcela de regime retirada ou construída de modo semelhante a um desses tipos, destinada a regular a prática de atos jurídicos e a celebração de negócios jurídicos por conta de outrem. Não é possível afirmar que se trate necessariamente de uma parcela do regime jurídico do mandato, da agência, do contrato de trabalho ou da autorização, uma vez que poderá ter pontos de contato com vários destes tipos negociais.

Nestes casos, o negócio subjacente é misto, mas a parcela destinada a regular a procuração não é necessariamente construída com base num tipo específico de negócio. O negócio subjacente será constituído por um núcleo negocial que será modificado ou a que será acrescentada uma parcela de regime jurídico. Poderá ser um contrato misto de tipo modificado, um contrato de tipo múltiplo modificado, ou mesmo um contrato atípico puro. Caso o negócio subjacente seja um mandato, uma agência, um contrato de trabalho ou uma autorização, já não será necessário recorrer à adaptação do tipo, uma vez que o próprio tipo contratual inclui no seu conteúdo essa parcela de regime jurídico.

A situação não é nova. O mesmo se passa com o termo, o modo, a condição, o contrato a favor de terceiro, o sinal. Em todos estes casos, o contrato é constituído por um determinado conteúdo contratual a que é acrescida uma destas estipulações. A estipulação em causa não necessita de fazer parte de um tipo contratual específico e pode ser inserida na generalidade dos contratos.

4.8. Em que consiste a relação subjacente

Apreciados os negócios que podem constituir a relação subjacente, quer legalmente típicos, quer socialmente típicos, quer ainda atípicos, é possível concluir em sede geral sobre as caraterísticas de que se deve revestir o negócio que constitui a relação subjacente à procuração.

Em todos estes negócios existe necessariamente uma parcela de regime que se destina a regular a prática por uma pessoa de atos jurídicos por conta de outrem.[448] Estes variam quanto ao regime jurídico aplicável, mas são coincidentes quanto à situação que regulam. Regem a mesma situação, mas de maneiras diversas.

O negócio que constitui a relação subjacente, independentemente do seu restante conteúdo, será por isso constituído por uma parcela de regime jurídico que se traduz na prática de atos jurídicos por conta de outrem.

Embora estas sejam as caraterísticas do conteúdo de um negócio necessárias para que possa operar como relação subjacente à procuração, é necessário precisar qual o âmbito da relação subjacente.

É frequente que os negócios referidos não contenham em si todos os elementos da relação subjacente. No caso do mandato ou da autorização, por exemplo, pode suceder que a função destes negócios resulte de um outro negócio jurídico que, por sua vez, lhes esteja subjacente.[449] Será o caso, por exemplo, em que resulte da autorização que o autorizado pode celebrar um contrato que assegure ao autorizante a propriedade de materiais de construção, existindo subjacente a este negócio um contrato de empreitada, no qual o dono da obra se comprometeu a fornecer os materiais de construção. Atendendo em exclusivo à autorização, apenas se saberá que o empreiteiro está autorizado a comprar materiais de construção, sendo necessário recorrer ao contrato de empreitada para saber quais os materiais, por que preço e com que fim. Nestes casos, a relação subjacente é constituída não por um único negócio, mas por uma pluralidade de negócios jurídicos.[450]

---

[448] Um contrato de compra e venda típico, por exemplo, não pode ser relação subjacente a uma procuração, porque não implica a prática de atos jurídicos por conta de outrem – neste sentido, Acórdão do Tribunal da Relação do Porto de 18 de junho de 2013, processo nº 468/09.0TBPFR.P1, de que foi relator o Senhor Desembargador VIEIRA E CUNHA, *in* www.dgsi.pt.

[449] Não sucederá com o contrato de trabalho que contém em si toda a relação subjacente à procuração.

[450] De modo semelhante, no mandato irrevogável, MANUEL JANUÁRIO GOMES, *Em tema de revogação*, cit., págs. 170 e 171.

Assim, a relação subjacente é constituída por um ou mais negócios jurídicos que vinculam necessariamente o *dominus* e o procurador, podendo vincular mais pessoas, e que contêm uma parcela de regime apta para regular a prática de atos jurídicos por conta de outrem, podendo ainda regular outras matérias. Dos negócios que constituem a relação subjacente deverá ser possível discernir qual o fim das partes, qual a função da procuração e qual o critério de exercício dos poderes dela emergentes.

5. O poder de dar instruções

"As instruções são diretivas ou linhas de orientação sobre o cumprimento da atividade representativa, transmitidas pelo *dominus* ao representante e que impõem a este um dever de obediência".[451]

Num sentido muito lato, é possível admitir que as instruções abranjam qualquer modo de modelar o comportamento do procurador, tanto através da relação subjacente, como através da procuração. A procuração, em si, não determina a prática de atos jurídicos, limita-se a permitir que esses atos, a serem praticados, produzam efeitos diretamente na esfera jurídica do *dominus*. É a relação subjacente que leva a que os atos ou negócios sejam praticados. No entanto, uma vez que é na procuração que o âmbito do poder de representação se encontra fixado, também este negócio influencia o modo como este poder será exercido.

As instruções, no amplo sentido que acabámos de ver, incluem também as alterações à procuração, uma vez que estas também modelam o comportamento do procurador no exercício do poder de representação. Nestas, o *dominus* conforma a atuação do procurador através da delimitação do âmbito dos poderes de representação. Uma vez que é possível que o terceiro não tome conhecimento destas alterações, o Código Civil, no art. 266º, nº 1, exige que sejam levadas ao conhecimento daquele para lhe poderem ser oponíveis. Apenas nos casos em que as alterações sejam oponíveis ao terceiro é que será aplicável o regime do art. 268º do Código Civil. Caso contrário, o negócio celebrado é plenamente eficaz, mesmo que o procurador aja fora do âmbito do poder de representação, com os limites deste após a sua alteração.

Em sentido próprio, as instruções são as diretrizes dirigidas ao procurador, enquanto parte na relação subjacente, que respeitam ao modo como

---

[451] MARIA HELENA BRITO, *A representação sem poderes*, cit., pág. 35.

este deverá exercer os poderes de representação outorgados na procuração.[452] A estas se refere PAPANTI-PELLETIER[453] quando afirma que "as instruções não constituem outra coisa que a especificação das obrigações respeitantes à modalidade de exercício da atividade que o representante deve desenvolver em nome e por conta do *dominus* e que em consequência não podem senão respeitar à relação de gestão, ainda que, porventura, resultem expressas no ato de procuração".[454] Sendo os poderes de representação exercidos no âmbito e em cumprimento da relação subjacente, é nesta que se fundam as instruções.[455] Não respeitam ao conteúdo da procuração, mas sim ao conteúdo da relação subjacente, ao modo como esta deve ser executada.[456] Ao conteúdo da procuração, como vimos, referem-se as alterações à procuração, como por exemplo, uma ampliação dos poderes representativos, a imposição de um termo, a prorrogação da procuração para além da cessação da relação subjacente ou a estipulação da possibilidade de substabelecer os poderes outorgados.

As instruções tanto podem ser comunicadas em exclusivo ao procurador, como ser comunicadas ao procurador e a terceiros. No primeiro caso, em regra apenas o *dominus* e o procurador conhecem o teor e mesmo a mera existência das instruções, não tendo normalmente o terceiro possibilidade de as conhecer. Nos casos em que assim suceda, as instruções não são oponíveis a terceiros.[457] "A posição do terceiro contratante, ou do terceiro beneficiário do ato do representante, é aquela que reclama mais vivamente atenção",[458] pois este conhece a procuração e parte do princípio que o procurador, ao exercer os poderes de representação, age dentro dos limites que lhe são impostos pela relação subjacente e por eventuais instruções recebidas.

---

[452] Neste sentido, Acórdão do Supremo Tribunal de Justiça de 22 de fevereiro de 2005, processo nº 04A4824, de que foi relator o Senhor Conselheiro AZEVEDO RAMOS, *in* www.dgsi.pt.
[453] PAPANTI-PELLETIER, *Rappresentanza*, cit., pág. 98.
[454] Parece, no entanto, que se resultarem direta e expressamente da procuração deverão fazer parte integrante deste negócio como limites ao exercício do poder de representação.
[455] Neste sentido VON TUHR, *Tratado*, cit., pág. 238.
[456] Neste sentido OLIVEIRA ASCENSÃO – CARNEIRO DA FRADA, *Contrato*, cit., págs. 52 a 53.
[457] Já FERRER CORREIA, *A procuração*, cit., pág. 271, durante a vigência do Código de Seabra o Autor chegava a esta conclusão (embora sem recorrer ao regime jurídico legal, apoiando dogmaticamente a sua construção na teoria da representação).
[458] MOSSA, *Abuso della procura*, Rivista de Diritto Commerciale, Vol. XXXIII, 1935, 2ª parte, pág. 254.

O Código Civil optou por proteger o terceiro através da inoponibilidade das instruções, nos casos em que este não as conheça nem as deva conhecer. Em consequência, se o procurador violar as instruções, embora aja em abuso de representação, o negócio celebrado em regra é plenamente eficaz correndo o risco do abuso pelo *dominus* e não pelo terceiro – art. 269º, conjugado com o art. 262º, nº 1 e art. 258º, todos do Código Civil.[459]

No segundo caso, o terceiro conhece as instruções, podendo aferir o abuso dos poderes de representação. Em virtude do regime do art. 268º do Código Civil, aplicável por remissão do art. 269º do mesmo diploma, o negócio celebrado é ineficaz em relação ao *dominus*.

Em termos temporais, as instruções deverão surgir após a celebração da relação subjacente, uma vez que o poder de dar instruções resulta deste negócio.[460] Não faz sentido uma instrução anterior à relação subjacente, pois não tinha fundamento para ser juridicamente relevante. Se a instrução for anterior à relação subjacente não há como distingui-la desta.

O poder de dar instruções resulta, por isso, da relação subjacente e depende desta. Não é um poder próprio da relação de representação, mas da relação subjacente. A causa do poder é a relação subjacente, não a procuração. No entanto, uma vez que o poder de dar instruções e a procuração têm a mesma causa e que o poder de dar instruções se dirige ao modo e limites de exercício do poder de representação, existe uma ligação estreita entre ambos que possibilita e aconselha a análise conjunta de ambas as questões.

A questão do poder de dar instruções na procuração não se limita, no entanto, à sua admissibilidade e regime em abstrato. É também de primordial importância saber qual a influência que o jogo de interesses na outorga da procuração pode ter no seu regime e admissibilidade em concreto.

No caso típico da procuração no interesse exclusivo do *dominus*, o procurador deve exercer os poderes de representação que lhe foram atribuídos de acordo com o interesse daquele. Se o exercício dos poderes de representação deve ser feito segundo o interesse do *dominus*, este deve poder orientar livremente o procurador, concretizando qual o conteúdo do seu interesse. A amplitude das instruções pode ser maior ou menor, sendo

---

[459] PEDRO LEITÃO PAIS DE VASCONCELOS, *A Autorização*, cit., págs. 298 a 300.
[460] No sentido amplo que foi *supra* referido, as instruções que operem por alteração da procuração deverão, logicamente, ser emitidas após a outorga daquela.

possível que o *dominus,* através do recurso a instruções, determine que um procurador se transforme num núncio. Uma vez que os efeitos dos negócios celebrados pelo procurador se vão produzir diretamente na esfera jurídica do *dominus* e que a atuação do procurador é no exclusivo interesse do *dominus,* no caso típico da procuração este deve manter o controlo sobre a atividade daquele. Não se deve aceitar solução diversa. Em consequência, no caso típico da procuração, o *dominus* tem o direito de instruir o procurador sobre o modo de exercer os poderes outorgados, devendo o procurador acatar as instruções recebidas.[461] Este dever resulta de estar a agir no exclusivo interesse do *dominus*.

Caso o procurador não obedeça às instruções, violando os limites que deve respeitar no exercício dos poderes de representação, age em abuso de representação. É um caso de abuso de representação e não de representação sem poderes pois o procurador tem poder de representação, mas exerce o poder ilicitamente, contra as instruções recebidas. O ato praticado está dentro dos limites do poder de representação, embora a atuação do procurador viole o sentido em que deve exercer esse poder. Para que se tratasse de um caso de representação sem poderes, seria necessário que o procurador não tivesse poder de representação que o legitimasse para praticar esse ato.[462] A violação das instruções não implica uma violação dos limites dos poderes outorgados, pois, como já se viu, as instruções são emergentes da relação subjacente. Verifica-se uma violação da relação subjacente, que se consubstancia num abuso de representação e não uma violação da procuração, que consubstanciaria um caso de representação sem poderes.

---

[461] MARIA HELENA BRITO, *A representação sem poderes,* cit., pág. 35.
[462] Neste sentido, MARIA HELENA BRITO, *A representação sem poderes,* cit., págs. 37 a 38, e CARVALHO FERNANDES, *Teoria Geral,* cit., Vol. II, págs. 216 e 217.

V
A procuração no interesse comum

1. O interesse

O Código Civil, no artigo 265º, nº 3, prevê a possibilidade de a procuração ter sido conferida também no interesse do procurador. A principal consequência dessa alteração no equilíbrio de interesses relevantes na procuração é a irrevogabilidade da procuração. O Código Civil, no referido art. 265º, nº 3, prevê a procuração no interesse comum do *dominus* e do procurador. Apesar de admitir a procuração no interesse de *dominus* e procurador e de indicar a principal consequência, não refere quando é que se deve considerar que a procuração é no interesse de *dominus* e procurador, nem o que se deve entender por interesse, nem ainda sobre o que deve recair o interesse, e deixa essa tarefa à Doutrina e Jurisprudência, evitando assim, e bem, prender-se a definições.

Já vimos que, em princípio, o procurador tem algum motivo para não renunciar à procuração e para exercer os poderes de representação. De modo semelhante, o *dominus* tem um qualquer motivo para a outorgar, pois de outro modo não o faria. A procuração não obriga, só por si, o procurador a exercer a procuração. O procurador pode, em princípio, renunciar à procuração, ou muito simplesmente não exercer os poderes por esta conferidos. Há sempre uma razão que leva o procurador a exercer os poderes outorgados. No entanto, essa razão não pode ser considerada como um interesse relevante para aferir se a procuração é no interesse exclusivo do *dominus* ou no interesse comum. Se assim fosse, verificar-se-ia que todas, ou quase todas, as procurações seriam no interesse comum, com todas as consequências que daí adviriam.

Por isso, não pode qualquer motivo ou razão do procurador justificar a irrevogabilidade da procuração.[463]

O interesse que é relevante na concretização do regime jurídico da procuração, no que respeita à revogabilidade, pode ser designado por *interesse primário*, enquanto o interesse que não é juridicamente relevante para aferir desse regime jurídico pode ser designado por *interesse secundário*.

Para a concretização do regime da procuração no interesse comum do procurador e do *dominus*, deve procurar saber-se que interesse é que é relevante para efeitos de aferir se a procuração também foi outorgada no interesse do procurador, isto é, saber-se como se afere se o interesse é *primário* e não meramente *secundário*.

Em primeiro lugar, é necessário saber sobre o que deve incidir o interesse. Este pode, em abstracto, recair sobre qualquer situação que se verifique no âmbito da procuração. No entanto, pode desde logo restringir-se o objecto da apreciação àquilo que, no âmbito da procuração, é relevante: a procuração, a relação subjacente e o negócio a realizar. Importa agora saber sobre qual ou, eventualmente, quais destes pontos recai o interesse *primário*.

A procuração é, como se viu, um negócio unilateral que tem como conteúdo típico a outorga de poderes de representação para a execução da relação subjacente e para a prossecução de uma função dela decorrente. Como consequência, a procuração encontra-se sempre ligada a uma relação subjacente que constitui a sua causa. Considerar que o *interesse primário* deve recair sobre a procuração, desconsiderando-se a relação subjacente, conduz inevitavelmente a um resultado defeituoso. Se é a relação subjacente que é a causa da procuração, se é a relação subjacente que determina a procuração, então deve ser o equilíbrio de interesses que preside à relação subjacente a reflectir-se na procuração e não o contrário. Logo, não deverá ser sobre a procuração, mas antes sobre a relação subjacente que deverá incidir o *interesse primário*.

Suscita-se ainda o problema de saber se o *interesse primário* incide sobre o negócio a realizar.

Como já se viu, a outorga da procuração tem como conteúdo típico a atribuição de poderes de representação para a execução da relação subjacente. A execução da relação subjacente pode consubstanciar-se na celebra-

---

[463] FLUME, *El negocio jurídico*, cit., § 53.3, pág.1017.

ção de um outro negócio, como é o caso de um mandato com representação para celebração de um contrato de compra e venda. Aliás, os casos em que a execução da relação subjacente se concretiza na celebração de um outro negócio são os mais frequentes e mais típicos. No entanto, não são os únicos.[464] Casos há em que a execução da relação subjacente não implica a celebração de um outro negócio, mas antes a realização de um mero ato jurídico no âmbito do negócio que constitui a relação subjacente à procuração. Pode mesmo suceder que os poderes de representação resultantes da procuração nunca cheguem a ser usados. São casos em que a procuração tem como função permitir que o procurador, que eventualmente até poderá ser parte nesse negócio, realize determinadas prestações contratuais devidas pelo *dominus*, quer no caso de o *dominus* não as cumprir de livre vontade, quer ainda no caso de ser convencionado *ab initio* que seja o procurador a realizá-las em lugar do *dominus*.

Não se pode, por isso, considerar que o interesse recai sobre o negócio a realizar, pois, como se viu, por vezes não existe um outro negócio a realizar, pode ser o mesmo negócio que constitui a relação subjacente ou pode não se celebrar qualquer negócio.

Outra hipótese é a de que o interesse primário, em vez de incidir sobre o negócio a celebrar, consista na execução do negócio que constitui a relação subjacente. Essa execução tanto pode ser a celebração de um contrato, como a mera execução ou garantia[465] do próprio negócio que constitui a relação subjacente. No fundo, do que se está verdadeiramente a tratar é da execução ou do cumprimento do negócio que constitui a relação subjacente. O que é verdadeiramente relevante, nesta perspetiva, não é já celebrar um outro negócio, mas antes executar ou dar cumprimento à relação subjacente. Quer isso implique a celebração de mais negócios jurídicos, quer não. A função da procuração é, nestes casos, a execução da relação subjacente, não é a celebração de um outro negócio.[466] A execução do negócio jurídico que constitui a relação subjacente constitui o cerne da questão.

Em conclusão, o *interesse primário* deverá ser aferido na perspetiva da execução do negócio que constitui a relação subjacente. Recaindo sobre a

---

[464] OLIVEIRA ASCENSÃO – CARNEIRO DA FRADA, *Contrato*, cit., pág. 53 (nota 17).
[465] Neste sentido, Acórdão do Supremo Tribunal de Justiça de 28 de novembro de 2013, processo nº 873/05.0TBVLN.G1.S1, de que foi relator o Senhor Conselheiro ABRANTES GERALDES, *in* www.dgsi.pt.
[466] Embora essa possa ser a função do negócio que constitui a relação subjacente.

execução do negócio que constitui a relação subjacente, o *interesse primário* pode incidir sobre o negócio a celebrar, ou sobre a relação subjacente, ou ainda sobre ambos os negócios, consoante o caso concreto. Trata-se de um interesse concreto, não de um interesse típico.[467]

Interessa agora saber em que consiste o *interesse primário*.

O interesse do procurador, para ser objeto de tutela autónoma e para influenciar o regime jurídico da procuração deverá, em primeiro lugar, ser um interesse próprio do procurador.[468] A procuração deverá apresentar uma utilidade para prosseguir fins próprios do procurador na relação subjacente. Um interesse do procurador na conclusão ou na execução do negócio que constitui a relação subjacente que não seja um interesse próprio, mas sim um interesse da pessoa que o procurador representa, não pode influenciar o regime jurídico da revogabilidade da procuração.

Quando, no caso típico da procuração no interesse exclusivo do *dominus*, o procurador exerce os poderes representativos, fá-lo tendo sempre em consideração o interesse que a pessoa que representa tem na conclusão do negócio que constitui a relação subjacente. Se se considerasse que o interesse juridicamente relevante do procurador pudesse ser o interesse que o *dominus* tem na execução do negócio e que, reflexamente, o procurador também tem, então todas as procurações teriam de ser consideradas como sendo no interesse comum. Mesmo no caso típico da procuração no interesse exclusivo do *dominus*, o procurador age com base num interesse. No entanto, este interesse, que vai ditar o modo como os poderes representativos deverão ser exercidos, não é um interesse próprio, antes um interesse alheio, é um interesse do *dominus*. Para que se justifique a irrevogabilidade, o interesse do procurador tem necessariamente de ser independente do interesse do *dominus*, tem de ser um interesse próprio do procurador.

Para ser qualificada como procuração no interesse comum, esta deverá ser outorgada tendo em consideração um interesse próprio do procurador na conclusão ou na execução do negócio que constitui a relação subjacente.[469] O que é essencial, para que se trate de uma procuração no interesse

---

[467] HUPKA, *La representación*, cit., pág. 379 (nota 1).
[468] WITZ, *Droit Privé*, cit., pág. 399.
[469] Segundo STAUDINGERS – DILCHER, *Staudingers Kommentar*, cit., §168, a generalidade da doutrina de língua alemã exige que subjacente à cláusula de irrevogabilidade exista emergente da relação subjacente um interesse próprio do procurador ou de um terceiro. Mais longe vai FLUME, *El negocio jurídico*, cit., § 53.3, pág. 1017, que exige que o procurador

comum, é que haja mais de um *interesse primário* – mais de um interesse juridicamente relevante – na conclusão do negócio que constitui a relação subjacente à procuração.

Em segundo lugar, o *interesse primário* tem de ser um interesse objetivo – e não meramente subjetivo – na execução do negócio que constitui a relação subjacente.

O interesse tem de resultar da relação subjacente que deu lugar à outorga da procuração e não pode ser um interesse que resulte pura e simplesmente de um estado psicológico, subjetivo do procurador. O interesse tem de resultar objetivamente desta relação subjacente. Um interesse meramente subjetivo na conclusão do negócio não pode fundar a irrevogabilidade da procuração, pois se assim fosse, cair-se-ia num caos de interesses em que caberia a cada pessoa definir em que é que tinha interesse, sem qualquer conexão com a realidade.

Naturalmente que no interesse existe sempre algo de subjetivo, alguma intervenção das escolhas pessoais e subjetivas do titular. Esse elemento de subjetividade transparece nos motivos das partes. O motivo pode influenciar indiretamente os fins das partes, conforme resultam da relação subjacente. Embora os motivos possam influenciar o conteúdo do negócio, e desse modo os fins das partes, o interesse respeita aos fins conforme resultam da relação subjacente e não a outros fins ou interesses subjetivos das partes. A utilidade que o bem – a procuração – apresenta para prosseguir os fins das partes na relação subjacente não está dependente, nem resulta de considerações subjetivas. É algo que resulta da natureza e caraterísticas desse bem e da sua aptidão para prosseguir, total ou parcialmente, os fins dos sujeitos. O procurador terá um interesse na procuração quando esta for útil para prosseguir um fim deste, no quadro da relação subjacente.

Quando se convenciona a irrevogabilidade da procuração há necessariamente um interesse subjetivo, por parte do procurador, na conclusão ou na execução do negócio que constitui a relação subjacente. Se o procurador não entendesse que tinha um interesse na conclusão do negócio que constitui a relação subjacente, não teria convencionado a irrevogabilidade. No entanto, a mera convenção de irrevogabilidade não implica só por si a

---

ou um terceiro sejam titulares de uma pretensão própria à execução da relação subjacente. LARENZ / WOLF, *Allegemeiner Teil*, cit., § 47.2.52, pág. 913, admite ser esse um caso especial de irrevogabilidade, mas não o único.

irrevogabilidade, a não ser que seja expressão de um *interesse primário* por parte do procurador, como se verá.

A irrevogabilidade não deve resultar de mera vontade do procurador, sem qualquer ligação ao conteúdo da relação subjacente. O procurador tem de ter um interesse objetivo na conclusão ou na execução do negócio que constitui a relação subjacente, para que, nos termos legais, a procuração possa ser considerada irrevogável. O interesse do procurador não deve ser procurado na sua própria pessoa, mas antes na posição que este ocupa na relação subjacente.

Em terceiro lugar, o interesse primário deverá ser um interesse específico na conclusão do negócio que constitui a relação subjacente.

Para que a procuração seja irrevogável não pode relevar um mero interesse geral ou genérico do procurador na execução do negócio que constitui a relação subjacente. Qualquer procurador tem, em princípio, um interesse geral em que o negócio que constitui a relação subjacente se conclua ou se execute da melhor forma. Pode considerar-se que todas as pessoas têm um interesse geral na conclusão dos negócios jurídicos em que estão envolvidas. Todas as pessoas têm um interesse no bom funcionamento do tráfego jurídico. Um interesse como este não pode fundar a irrevogabilidade da procuração, não pode ser um interesse primário. O interesse primário tem de ser um interesse na execução do negócio, como já se viu, mas tem de ser um interesse específico nessa execução. Só assim se justifica uma alteração de regime jurídico. De outro modo, cair-se-ia no absurdo de todas as procurações serem irrevogáveis, em consequência de um interesse geral no tráfego jurídico.

Em quarto lugar, o interesse tem que ser um interesse direto na conclusão do negócio.[470]

Apenas no caso em que o procurador tenha um interesse direto na conclusão do negócio que constitui a relação subjacente se justifica a atribuição de relevância jurídica a esse interesse. Assim, o interesse só será direto se o procurador for parte no negócio que constitui a relação subjacente ou beneficiar diretamente desse negócio, quer em termos patrimoniais, quer noutros termos. Se o procurador tiver na conclusão do negócio que constitui a relação subjacente um interesse meramente indireto, por exemplo, porque esse negócio vai aumentar o património de alguém de quem o pro-

---

[470] OLIVEIRA ASCENSÃO, *Direito Civil*, cit., Vol. II, pág. 245.

curador beneficiará a título sucessório, esse interesse não deverá relevar, pois a ligação entre o interesse e o negócio que constitui a relação subjacente é de tal modo ténue que este não pode ser influenciado por aquele.

BURDESE[471] considera ainda que o interesse na conclusão do negócio deverá ser patrimonial (mantendo a necessidade de ser específico e objetivo). A exigência da patrimonialidade como caraterística necessária do interesse é demasiado restritiva. Embora o interesse na conclusão do negócio que constitui a relação subjacente possa, e normalmente seja, um interesse patrimonial, tal não é em rigor necessário. A ordem jurídica não limita os fins que as pessoas podem prosseguir através de negócios jurídicos aos de natureza patrimonial.[472] O interesse pode ser, por exemplo, meramente pessoal, cultural, filantrópico, ou outro, desde que lícito. Assim, se se pretende construir, em termos gerais e abstratos, o conteúdo do interesse juridicamente relevante do procurador, dever-se-á admitir que o interesse possa ser ou não patrimonial, desde que seja direto na conclusão do negócio que constitui a relação subjacente.

Sendo um interesse que atribui ao procurador uma posição própria no âmbito da relação de representação, existirão duas posições autónomas a respeitar no âmbito dessa mesma relação de representação, o que implica a necessidade de ter essas duas posições autónomas, esses dois interesses, em consideração na concretização do regime jurídico aplicável.

O interesse primário deve por isso ser próprio, específico, objetivo e direto na execução do negócio que constitui a relação subjacente, de tal modo que o procurador tenha uma posição própria no âmbito da relação de representação, uma posição autónoma da posição da pessoa que representa.[473] Uma posição que lhe permita exercer a sua própria vontade negocial diferentemente e autonomamente da vontade negocial do outorgante da procuração, dentro daquilo que a relação subjacente lhe permita ou de acordo com o que a relação subjacente implique. Uma posição que atribua ao procurador um poder próprio.[474]

---

[471] *Apud* BIANCA, *Diritto Civile*, cit., pág. 106.
[472] JHERING, *O Espírito*, cit., págs. 221 a 226.
[473] Neste sentido, Acórdão do Supremo Tribunal de Justiça de 28 de maio de 2015, processo nº 123/06.2TBVS.E1.S1, de que foi relatora a Senhora Conselheira Fernanda Isabel Pereira, *in* www.dgsi.pt.
[474] FLUME, *El negocio jurídico*, cit., § 53.3, pág. 1017.

Se a procuração for conferida para legitimar o procurador a exercer contra o outorgante da procuração uma pretensão de execução ou de cumprimento ou de garantia, então desta resultará para o procurador um poder próprio e autónomo para realizar um interesse próprio, poder este que é específico, objetivo e direto na conclusão do negócio, de tal modo que, existindo um interesse relevante do procurador na outorga da procuração, o *dominus* não possa revogar a mesma sem o acordo do procurador, ou sem que se verifique uma justa causa. No entanto, a pretensão de execução não necessita de ser exercível contra o *dominus* para determinar a irrevogabilidade

Só nos casos em que coexistam interesses primários da parte do *dominus* e do procurador é que a procuração é no interesse comum de *dominus* e procurador.

2. A irrevogabilidade

O Código Civil, no artigo 265º, nº 3, considera irrevogáveis as procurações que tenham sido outorgadas no interesse comum do procurador e do *dominus*.[475] Isto porque, embora a livre revogabilidade seja uma caraterística do caso típico da procuração no interesse exclusivo do *dominus*, não passa de uma regra geral[476] que não é aplicável a todos os casos.

No caso típico, a procuração pode ser livremente revogada pelo *dominus*,[477] nos termos do artigo 265º, nº 2 do Código Civil.[478] Esta regra do Código Civil nada traz de novo. É apenas uma aplicação do princípio segundo o qual os poderes atribuídos no interesse de uma pessoa só podem ser – e podem sempre ser – revogados por essa mesma pessoa.[479] O que vem estatuído no artigo 265º nº 3 do Código Civil, embora aparente diferenças significativas em relação ao artigo 265º, nº 2 do Código Civil, não

---

[475] No sentido da irrevogabilidade das procurações no interesse comum, CARIOTA FERRARA, *Il Negozio*, cit., pág. 693.

[476] WITZ, *Droit Privé*, cit., pág.399.

[477] WITZ, *Droit Privé*, cit., pág. 398 e DIAS MARQUES, *Noções Elementares de Direito Civil*, 7ª ed., Lisboa, 1992, pág. 91.

[478] Este artigo do Código Civil tem algumas semelhanças com o § 168, 2ª parte do BGB que estabelece que a procuração é revogável não obstante a relação subjacente se manter em vigor, desde que esta a isso se não oponha.

[479] Segundo BIANCA, *Diritto Civile*, cit., pág. 106, "a revogabilidade da procuração encontra fundamento no princípio geral da revogabilidade dos poderes concedidos pelo sujeito no próprio interesse".

difere no que respeita ao princípio que é fundamento da regra. A diferença consiste, no caso do n.º 2, do art. 265º do Código Civil, em a procuração ter sido outorgada tendo em consideração apenas o interesse do *dominus*, enquanto no caso do n.º 3 do mesmo preceito, a procuração ser no interesse de ambos, procurador e *dominus*. Tendo a procuração sido outorgada no interesse de duas pessoas, só pode ser revogada com o acordo de ambas.[480] Nenhum dos dois, procurador e *dominus*, tem por si legitimidade para revogar a procuração, pois não é no interesse exclusivo de qualquer um deles.

Como se pode ver, o princípio dominante nas duas normas em causa é o mesmo. Sucede apenas que existem duas situações diferentes e as normas, embora fundando-se no mesmo princípio geral, chegam naturalmente a resultados diferentes. No caso referido, em que a procuração foi conferida no interesse comum do *dominus* e do procurador, esta apenas pode ser revogada com o acordo de ambos, ou com justa causa[481] – artigo 265º, n.º 3, *in fine*.

A existência de um interesse relevante na procuração, para além do interesse do *dominus*, resulta da própria relação subjacente. É por esta razão que, nos termos do artigo 265º, n.º 2 do Código Civil, a mera convenção de irrevogabilidade não implica, só por si, a irrevogabilidade da procuração.[482] A irrevogabilidade da procuração resulta do jogo de interesses na procuração que é consequência da relação subjacente[483] e não da simples vontade de *dominus* e procurador. Se for convencionada a irrevogabilidade de uma procuração de cuja relação subjacente resulte que o interesse é exclusivamente do *dominus*, ao nível da procuração a cláusula será ineficaz.[484]

---

[480] Neste sentido, DIAS MARQUES, *Noções*, cit., pág. 91.
[481] Neste sentido GERI-BRECCIA-BUSNELLI-NATOLI, *Diritto Civile*, cit., pág. 563, que fundamentam a possibilidade da revogação por justa causa da procuração irrevogável na natureza essencialmente fiduciária da mesma e PEDRO DE ALBUQUERQUE, *A Representação Voluntária*, cit., págs. 976 e 977.
[482] Neste sentido, LEHMANN, *Tratado*, cit., págs. 461 e 462 e WITZ, *Droit Privé*, cit., pág. 399, que considera que, no caso de uma procuração outorgada no interesse do *dominus*, a convenção de irrevogabilidade não produz quaisquer efeitos.
[483] Segundo ANDREAS FUCHS, *Zur Disponibilität gesetzlicher Widerrufsrechte im Privatrecht*, AcP, 196, Band Heft 4, 1996, pág. 362, nas procurações isoladas – que não têm relação subjacente – não é possível a irrevogabilidade pois não existe fundamento para ela. Daqui se pode retirar que, também para este Autor, é da relação subjacente que resulta a irrevogabilidade.
[484] Neste sentido SCHULTZE – LASSAULX, *Bürgerliches*, cit., § 168, Rz 22, STEFFEN, *Das Bürgerliche Gesetzbuch*, cit., §168, STAUDINGERS – DILCHER, *Staudingers Kommentar*, cit., §168.3 e SCHRAMM, *Münchener Kommentar*, cit., §168.32.

O que não exclui a possibilidade de violação de um pacto de irrevogabilidade constante da relação subjacente, como se verá *infra*.

A irrevogabilidade da procuração vigora independentemente de estipulação na procuração. Desde que exista um interesse relevante do procurador na procuração e que este interesse seja emergente da relação subjacente, a procuração é irrevogável, nos termos do artigo 265º, nº 3 do Código Civil. Não se trata de uma questão de poder ou não ser irrevogável, de se poder ou não estipular a irrevogabilidade. Verificando-se a existência de um interesse relevante do procurador emergente da relação subjacente, a procuração, em si mesma, é naturalmente irrevogável.[485]

A irrevogabilidade da procuração no interesse comum de *dominus* e procurador é, portanto, uma consequência necessária da coexistência de um interesse do procurador com o interesse do *dominus*.[486] Sendo a procuração no interesse comum de procurador e *dominus* é naturalmente irrevogável.

3. A função

A procuração no interesse comum de *dominus* e procurador levanta problemas relativos à função que esta pode desempenhar. Terá ainda a mesma função do caso típico da procuração outorgada no interesse exclusivo do *dominus*, ou será que na procuração em que também é relevante um interesse do procurador ocorre uma desfuncionalização da procuração?[487]

OLIVEIRA ASCENSÃO[488] levanta o problema da desfuncionalização da procuração, como modo de se admitir uma configuração de interesses

---

[485] Neste sentido PAIS DE VASCONCELOS, *Contratos Atípicos*, cit., pág. 306. BROX, *Allgemeiner Teil des BGB*, 23. Aufl., Heymanns, Köln, Berlin, Bonn, München, 1999, § 25, págs. 244 e 245, aceita a irrevogabilidade da procuração a título excecional; ERMAN – BROX, *Handkommentar*, cit., § 168, pág. 391, apoiando-se em jurisprudência alemã, considera que o interesse do procurador não implica a irrevogabilidade da procuração, embora constitua um indício forte nesse sentido.

[486] WOLF, *Allgemeiner Teil*, cit., pág. 573, entende que a procuração é irrevogável quando o interesse de *dominus* e procurador sejam pelo menos equivalentes. No direito alemão nem sempre assim sucede. Embora o regime jurídico da revogabilidade da *Vollmacht* seja muito semelhante ao regime jurídico da revogabilidade da procuração, tal não se passa com o regime jurídico da *Prokura*. Este caso especial de procuração tem um regime próprio, em que a livre revogabilidade é considerada como de ordem pública – § 5, al.1, HGB. Também no direito alemão, a procuração geral (*Generallvollmacht*) é sempre revogável – RABEL, *Unwiderruflichkeit*, cit., pág. 797 e segs..

[487] Dúvida que também é levantada por CARIOTA FERRARA, *Il Negozio*, cit., pág. 693.

[488] OLIVEIRA ASCENSÃO, *Direito Civil*, cit., Vol. II, págs. 245 e 246. A posição do Autor a este respeito era outra em 1992 (*Teoria Geral*, cit., Vol. III, págs. 305 a 307), defendendo então que

em que intervenha também um interesse do procurador. Considerando que "a índole da representação, tal como resulta da lei, é toda no sentido da tutela do interesse do representado (e em parte do terceiro), e não no de o representante",[489] parece concluir que só através da desfuncionalização da procuração é que se poderia admitir uma procuração no interesse comum de *dominus* e procurador.[490] O próprio Autor, no entanto, opta por uma via de solução diferente, ligando as questões do interesse e, indiretamente, da função à relação subjacente.

Uma vez que a procuração é um negócio jurídico de base abstrata, não tem uma função própria que possa ser desfuncionalizada. Esta afirmação não significa que a tal operação não seja admissível, mas antes que não é possível desfuncionalizar um negócio que não tem uma função própria. Como negócio de base abstrata, a procuração pode desempenhar uma multiplicidade de funções, sem que seja posta em causa a sua tipicidade. A tipicidade da procuração no interesse exclusivo do *dominus* é uma tipicidade de frequência (estatística), não de regime, natureza, função, causa, ou outro elemento. Apenas resulta de a procuração no interesse exclusivo do *dominus* ser a que mais vezes se verifica. É uma tipicidade quantitativa e não uma tipicidade qualitativa.

Não existe uma variação da função da procuração que implique uma qualificação diversa. A variação da função não se verifica na procuração, uma vez que esta é de base abstrata, mas sim na causa da procuração. É da relação subjacente que resulta qual a função da procuração, mas esta não é a mesma que a função do negócio que constitui a relação subjacente. Confundir a função da procuração com a função do negócio que constitui a relação subjacente é o mesmo que confundir a procuração com o negócio que constitui a relação subjacente. Esta distinção já foi claramente operada pela doutrina e positivada pelo legislador no Código Civil.

No seu caso típico, a função da procuração é efetivamente marcada pelo serviço de um interesse do *dominus*. Mas apenas como situação típica

---

a representação não era consentânea com o interesse exclusivo do procurador. A alteração de posição determinou alterações na sua obra, nomeadamente na parte dedicada à "procuração no interesse do representante", em que se verifica uma alteração do texto (e sentido) do ponto I e a inclusão de dois novos pontos (III e IV).

[489] OLIVEIRA ASCENSÃO, *Direito Civil*, cit., Vol. II, pág. 245.
[490] Contra, PEDRO DE ALBUQUERQUE, *A Representação Voluntária*, cit., pág. 983. No entanto, o Autor opera com base numa diferente noção de interesse, conforme afirma na pág. 984.

de frequência. É importante, todavia, recordar que esta situação típica é aquela em que, subjacente à procuração, está um contrato de mandato no interesse do mandante, em que este celebra o mandato para não ter de praticar o ato jurídico pessoalmente, operando a procuração apenas como instrumento destinado a evitar que o mandante tenha de praticar o ato pessoalmente e a evitar a transmissão do ato do mandatário para o mandante.

Todavia, a procuração pode ter subjacente uma relação jurídica emergente de um negócio jurídico em que o jogo de interesses seja diverso e em que desempenhe uma função muito diferente. A outorga de poderes de representação permite não só que determinada pessoa não tenha de praticar atos pessoalmente para que os efeitos deste se verifiquem na sua esfera jurídica, mas também que outras pessoas possam praticá-los por si. Esta caraterística abre uma imensidão de possibilidades no tráfego jurídico, podendo todas elas constituir uma função para a procuração. E por isto OLIVEIRA ASCENSÃO diz, com razão, que a procuração é um negócio incompleto.[491]

Normalmente a função da procuração no interesse comum de *dominus* e procurador consistirá, não num mero instrumento jurídico que permita ao *dominus* ser parte num negócio sem ter de estar presente na sua celebração, mas antes num instrumento de execução ou garantia da relação subjacente.[492] Mas não se deve tentar determinar de um modo rígido qual a função que a procuração deve desempenhar. A liberdade quanto à função da procuração deverá constituir a regra. A função da procuração deverá apenas estar sujeita aos limites normais impostos pela ordem jurídica, como sejam a lei, os bons costumes e a ordem pública.

4. As instruções

Uma vez que a causa do poder de dar instruções resulta da mesma relação subjacente que funda a procuração, uma alteração na relação subjacente com relevância em relação à procuração, pode também relevar no que concerne ao poder de dar instruções.

No caso da procuração no interesse exclusivo do *dominus*, justifica-se que este possa dar instruções ao procurador para o exercício dos pode-

---

[491] OLIVEIRA ASCENSÃO, *Direito Civil*, cit., Vol. II, pág. 273.
[492] Neste sentido, o Acórdão do Supremo Tribunal de Justiça de 28 de novembro de 2013, processo nº 873/05.0TBVLN.G1.S1, de que foi relator o Senhor Conselheiro ABRANTES GERALDES, *in* www.dgsi.pt.

res emergentes da procuração, pois o seu interesse é o único relevante. O procurador deve, no caso referido, exercer os poderes de acordo com esse interesse, possibilitando a sua especificação e concretização e o modo de o prosseguir e proteger.

Na procuração no interesse comum coexistem dois interesses primários. Tanto o procurador como o *dominus* são titulares de interesses juridicamente relevantes, que não coincidem necessariamente um com o outro, embora nada obste a que assim suceda.

Independentemente da situação, o procurador está sempre vinculado a seguir e obedecer ao interesse que opera como critério de ação. O problema que se levanta é o de saber se o *dominus* mantém o poder de dar instruções independentemente da configuração de interesses que preside à procuração.

Nos casos em que os interesses são divergentes verifica-se uma exclusividade de interesses de *dominus* e procurador. Cada um é titular de um interesse diferente, em regra por a procuração ser útil para prosseguir os fins de ambos, embora estes sejam diferentes. Como diretrizes dirigidas ao procurador, enquanto parte na relação subjacente, referentes ao modo como este deverá exercer os poderes de representação por forma a obedecer ao interesse configurado como critério de ação, as instruções só podem ser emitidas pelo titular do interesse. Uma vez que cada um tem um interesse distinto na procuração, o *dominus* apenas poderá instruir o procurador nas matérias respeitantes ao seu interesse. O regime é aqui igual ao da procuração outorgada no interesse exclusivo do *dominus*. Todavia, o *dominus* não pode instruir o procurador nas matérias que disserem respeito ao interesse deste.

Sabendo-se que os poderes de representação inerentes à procuração devem ser exercidos de acordo com o complexo de interesses que constitui o critério de atuação e que emergem da relação subjacente, a representação deve ser exercida de acordo com ambos os interesses, devendo o procurador respeitar as instruções do *dominus* no que for relativo ao interesse exclusivo deste. Na restante matéria, o interesse a que o procurador deve obedecer e que deve reger a sua ação é aquele que resultar do conteúdo da relação subjacente. O *dominus* não pode instruir o procurador, mas isso não significa que este possa agir livremente. O equilíbrio de interesses fica desde logo objetivamente fixado na relação subjacente, não podendo o procurador alterar o seu interesse. Só será possível uma alteração superveniente dos interesses, através da alteração da relação subjacente, eventualmente por acordo entre procurador e *dominus*.

No caso, por exemplo, em que a relação subjacente é constituída por um acordo segundo o qual, o devedor – *dominus* – outorga uma procuração ao credor para lhe permitir gerir o seu património de modo a gerar rendimentos que permitam o pagamento da dívida, o *dominus* tem um interesse primário na gestão prudente do património, uma vez que a procuração é útil para obter uma boa gestão, ou pelo menos uma gestão não deficitária do património. Por outro lado, o procurador tem um interesse primário na satisfação do seu crédito, uma vez que a procuração é útil para este poder gerir o património lucrativamente e, desse modo, obter a satisfação do seu crédito. Neste caso, o *dominus* poderá instruir o procurador naquilo que seja útil para evitar a perda do património – pois trata-se de um interesse de que é titular. Não poderá, no entanto, emitir instruções sobre opções de gestão não prejudiciais.

Nos casos em que se verifique uma coincidência de interesses, ambos têm o mesmo interesse na procuração, uma vez que esta tem a mesma utilidade para prosseguir fins coincidentes de *dominus* e procurador. Uma vez que o interesse é comum, se o *dominus* pudesse emitir instruções sobre o modo de exercício dos poderes de representação, afetaria o interesse do procurador na procuração. Por essa razão, em princípio, o *dominus* não tem o poder de dar livremente instruções ao procurador quando ambos sejam titulares de interesses comuns.

O concurso de interesses primários do *dominus* e do procurador pode, por isso, traduzir-se, ou não, em interesses sobrepostos: o interesse primário de um pode incidir sobre uma área diversa daquela sobre a qual incide o interesse primário do outro.

No direito italiano é maioritária a opinião de que o procurador não pode ter na procuração um interesse concorrente com o interesse do *dominus*, pois tal consubstanciaria um conflito de interesses, nos termos do artigo 1394º do Código Civil italiano. BIGLIAZZI GERI[493] considera, referindo-se aos casos de procurações outorgadas no interesse comum, que "em tais casos parece evidente que na base do fenómeno deve sempre existir uma qualquer ligação com o interesse do representado", no que é acompanhada por GIUSEPPE MIRABELLI.[494]

---

[493] BIGLIAZZI GERI, *Diritto civile*, 1.2, pág. 556.
[494] MIRABELLI, *Dei contratti*, cit., pág. 298.

No direito português, não se deve confundir o concurso de interesses na procuração com o conflito de interesses na execução da mesma. O interesse do procurador, nos casos de procuração no interesse comum, não está em conflito com o interesse do *dominus*, mesmo que ambos os interesses não sejam coincidentes, uma vez que não é possível configurar uma situação de conflito de interesses, quando o *dominus* tenha outorgado a procuração tendo à partida em consideração esse mesmo interesse. É um contra-senso defender que, nos casos em que o *dominus* outorga uma procuração tendo em consideração um interesse diverso do seu, existe um conflito de interesses. Deve considerar-se que, nos casos em que a procuração é outorgada no interesse comum, o procurador consentiu especificamente na celebração dos negócios, nos termos do art. 261º, nº1 do Código Civil. Logo, se ambos os interesses relevam na procuração, mesmo que não sejam coincidentes, não podem ser considerados conflituantes. O que é fundamental é que, na atuação representativa, o procurador aja de acordo com o jogo de interesses relevante, independentemente do modo como os interesses estão configurados. Se o procurador obedecer ao jogo de interesses emergente da relação subjacente, não agirá em conflito de interesses.

Apesar de o *dominus* não poder instruir o procurador em algumas das situações acima referidas, este pode ter em atenção as instruções que eventualmente lhe sejam dadas, mas não está vinculado a obedecer-lhes, devendo entender-se que, se o fizer se verifica, em princípio, um acordo tácito em relação às instruções. Daqui se conclui que as instruções que o *dominus* der ao procurador nestas circunstâncias são válidas, mas não vinculativas, pois trata-se de uma questão de ilegitimidade.

5. Casos de procuração no interesse comum

A procuração no interesse comum de *dominus* e procurador é relativamente frequente. Trata-se de casos em que a procuração é útil para prosseguir fins de ambos, quer os fins sejam coincidentes, quer sejam diferentes.

Subjacente à procuração no interesse comum encontram-se frequentemente, embora não necessariamente, contratos atípicos (mistos ou puros) e uniões de contratos. Combinações complexas de contratos, ou de tipos contratuais, podem envolver constelações de fins, dos quais resultem interesses variados na procuração que operarão como critério do agir representativo. Os dois exemplos seguintes são casos claros de situações desta ordem.

Se A prometer vender a B um determinado imóvel, constando do contrato promessa a obrigação de A outorgar uma procuração a B para que seja este a celebrar o negócio definitivo, ambos terão um interesse na procuração, uma vez que permitirá a B adquirir a propriedade do bem vendido e a A obter o preço. Neste caso, considerando que B se obrigou a celebrar o contrato definitivo, o negócio jurídico celebrado é um contrato misto de contrato promessa de compra e venda e de mandato com representação. Uma vez que resulta da relação subjacente que ambos têm interesse na procuração, esta será irrevogável.

Noutro caso, C celebrou com D um contrato promessa de compra e venda de 500 toneladas de milho, por preço a acordar na altura da celebração do contrato definitivo. Seguidamente, C celebrou com E um contrato de compra e venda de bens futuros relativamente a 100 toneladas desse milho. Neste contrato ficou estipulado que o preço era constituído pelo preço que C obtivesse no negócio celebrado com D, acrescido de uma determinada margem de lucro. Foi ainda acordado que C outorgaria a E uma procuração para que este, se o quisesse, negociasse com D o preço a pagar, podendo assim obter um preço mais favorável, embora sem poderes para celebrar o negócio prometido.

A procuração outorgada a E é no interesse de ambos. Em relação a C, evitará que tenha de negociar o preço com D. E, por sua vez, poderá tentar obter um preço mais vantajoso. O negócio celebrado entre C e E pode ser qualificado como um contrato misto de compra e venda de bens futuros e de autorização, uma vez que E não se compromete a negociar com D, apenas o fazendo se o desejar.

VI
Procuração no interesse exclusivo do procurador

A figura da procuração no interesse exclusivo do procurador é uma figura controversa, sendo tradicionalmente de difícil aceitação. É, no entanto, uma figura da maior importância, devendo ser estudada com isenção. Os principais problemas que surgem, no que concerne à sua admissão, respeitam à não previsão legal expressa desta figura.

O Código Civil apenas prevê, em tema de procuração duas figuras: a procuração outorgada no interesse exclusivo do *dominus* – caso típico – e a procuração outorgada no interesse também do procurador ou de terceiro (artigo 265º, nº 3, do Código Civil). Embora o anteprojeto referisse a "procuração no interesse do representante",[495] em vez de procuração "também no interesse do representante", na versão final do Código Civil foi inserida a palavra "também", o que deixou formalmente fora da sua letra o caso da procuração no interesse exclusivo do procurador. No entanto, não existe no Código Civil qualquer preceito que exclua expressamente a possibilidade de se outorgar uma procuração no exclusivo interesse do procurador.

A referência à procuração no interesse exclusivo do procurador, como ficou já esclarecido *supra*, não implica que o *dominus* não tenha algum motivo para outorgar a procuração, pois, se assim fosse, ele certamente não a teria outorgado. Significa apenas que esse motivo não é relevante como interesse para o regime da revogabilidade da procuração. O *dominus*

---

[495] *BMJ*, nº 105, pág. 265.

pode ter um interesse relevante no ato de outorga da procuração, mas esse interesse esgota-se na outorga, não sendo relevante como critério do agir representativo, nem como fundamento do regime de revogação.

A procuração, no caso presentemente em estudo, não é útil para prosseguir qualquer fim do *dominus*, sendo apenas útil para prosseguir fins do procurador. Em abstrato, a razão para a falta de interesse do *dominus* pode resultar de esta não ser estruturalmente útil para atingir um fim do *dominus* (o que dependerá fundamentalmente da natureza desse concreto fim), ou poderá resultar de o *dominus* não ter um fim a prosseguir. A inexistência de um fim do *dominus* pode consistir na mera falta desse fim, ou pode resultar de o seu fim já ter sido atingido, não sendo a procuração necessária nem, por isso, útil.

Na prática, a situação mais frequente consiste na prévia concretização de um fim do *dominus* que seria normalmente prosseguido através da procuração. No caso, por exemplo, de um contrato promessa em que o promitente comprador entrega desde logo a totalidade do preço a título de sinal e antecipação de pagamento e em que recorre a uma garantia autónoma para assegurar todas as responsabilidades do promitente vendedor inerentes à titularidade do direito de propriedade da coisa a vender, outorgando o promitente vendedor uma procuração ao promitente comprador com poderes para celebrar o contrato de compra e venda e tratar de tudo o que fosse necessário a esse contrato, não existe nenhum interesse do *dominus*. O fim do *dominus* de obter o pagamento do preço foi já atingido, não tendo a procuração qualquer utilidade para a sua prossecução. Resta apenas o interesse do procurador em obter a titularidade do direito de propriedade sobre a coisa.

Neste caso, embora o *dominus* tivesse um interesse no ato de outorga da procuração, o interesse que rege o agir representativo é o do procurador, sendo a procuração apenas útil para prosseguir os seus fins.

Normalmente o interesse exclusivo do procurador poderá resultar na possibilidade de o exercício representativo contrariar a vontade do *dominus*. Assim sucede, por exemplo, no caso supra analisado, em que o procurador pode celebrar o negócio definitivo mesmo contra a vontade do *dominus*. Mas, embora esta seja uma caraterística da procuração no interesse exclusivo do procurador, não é determinante na qualificação.

Poderá objetar-se que, neste caso, o *dominus* tem interesse, ainda que residual, em transmitir a titularidade do direito de propriedade sobre a coisa designadamente por razões fiscais. Esta objeção não colhe, porque, se assim for, o *dominus* pode cumprir voluntariamente sem necessitar para isso daquela procuração.

Quando a função da procuração consistir em permitir ao credor o cumprimento (procuração para cumprimento), ou em funcionar como instrumento de garantia (procuração para garantia), a procuração será normalmente no interesse exclusivo do credor, que poderá ser o procurador, ou um terceiro. Nestes casos, a procuração desempenha uma função diferente do caso típico da procuração no interesse exclusivo do *dominus*, uma vez que não se destina a permitir a este a celebração de um negócio sem ter de intervir diretamente.

1. A admissibilidade perante o regime jurídico dos negócios unilaterais

A admissibilidade da procuração no exclusivo interesse do procurador levanta problemas quanto ao eventual princípio da tipicidade legal dos negócios unilaterais. A procuração é um negócio jurídico unilateral,[496] através do qual uma pessoa atribui poderes a outra para que esta celebre negócios jurídicos ou pratique outros atos em seu nome e que irão produzir os seus efeitos diretamente na esfera jurídica do *dominus*. Não existindo regras legais específicas no âmbito do regime jurídico legal da procuração, que indiquem se é ou não possível uma procuração outorgada no interesse exclusivo do procurador, é no domínio da teoria do negócio jurídico, mais precisamente na teoria dos negócios jurídicos unilaterais, que se tem de iniciar a busca de uma resposta.

A autonomia privada constitui a regra nos negócios jurídicos de direito civil. As pessoas podem livremente, através de negócios jurídicos, reger os seus interesses privados e disponíveis como bem entenderem, dentro dos limites da lei, dos bons costumes e da ordem pública.[497] No que respeita aos contratos, esta regra resulta diretamente do art. 405º do Código Civil.

Nos negócios jurídicos unilaterais, o artigo 457º do Código Civil impõe limites de certo modo estreitos à regra da autonomia privada. De acordo

---

[496] CARVALHO FERNANDES, *Teoria Geral*, cit. Vol. II, pág. 213; GALVÃO TELLES, *Introdução ao Estudo do Direito*, Vol. II, 10ª ed., Coimbra, 2000, pág. 209; HEINRICH HÖRSTER, *A parte geral*, cit., págs. 483 e 484; OLIVEIRA ASCENSÃO, *Direito Civil*, cit., Vol. II, pág. 236.
[497] Sobre a autonomia privada, PEDRO LEITÃO PAIS DE VASCONCELOS, *A Autorização*, cit., págs. 69 a 72.

com esta disposição do Código Civil, a promessa unilateral de uma prestação só obriga nos casos previstos na lei. A interpretação deste preceito tem muitas vezes ido no sentido da tipicidade legal dos negócios jurídicos unilaterais, isto é, no sentido de só serem lícitos os negócios jurídicos unilaterais expressamente previstos na lei.

A aplicação do art. 457º do Código Civil exige alguma cautela, uma vez que não abrange a totalidade dos negócios jurídicos unilaterais. O preceito apenas se aplica aos negócios jurídicos unilaterais dos quais resulte uma promessa de prestação, "uma declaração ou ato através do qual o sujeito se compromete a dar ou a fazer (ou a não fazer) algo no futuro imediato".[498] A procuração constitui, na esfera jurídica do procurador, um poder de representação, não cria nenhuma promessa unilateral de prestação.[499] Por esta razão, não é abrangida pelo art. 457º do Código Civil, o que deixa em aberto a possibilidade da procuração outorgada no interesse exclusivo do representante.[500]

Pode, no entanto, levantar-se a questão de saber se o artigo 457º do Código Civil não poderá ser aplicado analogicamente à procuração. Considerando-se como uma lacuna a falta de previsão legal expressa da procuração outorgada no interesse exclusivo do procurador, será possível, em abstrato, a aplicação analógica do referido preceito do Código Civil. No entanto, essa não seria a solução mais correta. A limitação da regra geral da autonomia privada, contida no artigo 457º do Código Civil, contraria o sentido normal do Direito Civil. A regra geral no Direito Civil é a da autonomia privada e não a da tipicidade fechada. O artigo 457º do Código Civil deve ser considerado como uma norma excecional, não admitindo aplicação analógica – art. 11º do Código Civil. O preceito limitativo do artigo 457º do Código Civil não deve, por isso, ser aplicado a negócios jurídicos unilaterais que não contenham promessas de prestações.[501]

Assim, a admissibilidade jurídica da procuração no interesse exclusivo do procurador, enquanto negócio jurídico unilateral que não contém uma

---

[498] DI MAJO, *Le promesse unilaterali*, Giuffrè, Milano, 1989, pág. 1.
[499] Não podendo por isso constituir obrigações – art. 397º do Código Civil.
[500] Segundo MENEZES LEITÃO, *Direito das Obrigações*, Vol. I, Almedina, 2000, pág. 246, o art. 457º do Código Civil apenas se aplica aos negócios unilaterais enquanto fonte de obrigações. Parece, por isso, que o Autor também não aplica o preceito à procuração.
[501] PAIS DE VASCONCELOS, *Teoria Geral*, cit., págs. 450 a 455.

promessa de prestação, depende apenas da regra geral da autonomia privada e não está limitada pelo art. 457º do Código Civil.[502]

2. O interesse

O Código Civil estatui, no artigo 265º nº 3, que, para que a procuração seja irrevogável, é necessário que tenha sido outorgada tendo em conta também um interesse relevante do procurador. Como já se viu, o regime jurídico da procuração, enquanto negócio jurídico unilateral, não impede a outorga de uma procuração legalmente atípica no interesse exclusivo do procurador. Resta saber se o regime jurídico da procuração o impede ou se, pelo contrário, o permite.

A questão primordial é a da relevância do interesse na procuração e na representação voluntária, consistindo em aferir da necessidade de existência de um interesse do *dominus*. Saber se resulta da estrutura da procuração e da representação voluntária a necessidade de atuação no interesse do *dominus*, ou se apenas é necessária a atuação em nome deste. A relevância prática da questão verifica-se fundamentalmente na análise da procuração no interesse exclusivo do procurador, não sendo tão relevante no caso das procurações outorgadas no interesse comum de *dominus* e procurador, uma vez que, nestes casos, ainda existe um interesse primário do *dominus*, que poderia, em abstrato, justificar a admissibilidade da procuração.

Mais uma vez, importa recordar que, segundo o artigo 262º do Código Civil, a procuração é um negócio jurídico unilateral pelo qual alguém atribui a outrem, voluntariamente, poderes representativos para agir em seu nome. Uma procuração consiste simplesmente nisto. O procurador, ao praticar atos jurídicos no âmbito dos poderes de representação outorgados através da procuração, age em nome do *dominus*, na esfera jurídica do qual os efeitos jurídicos desses atos se irão produzir. Trata-se da representação, tal como resulta do art. 262º, nº 1, conjugado com o art. 258º do Código Civil. Em consequência do modo como o Código Civil estrutura a procuração, o procurador, quando exerce os poderes de representação deve agir em nome do *dominus*, invocando-o – *contemplatio domini*. Só se o fizer é que os efeitos do ato praticado ou do negócio celebrado se irão produzir diretamente na esfera jurídica do *dominus*.

---

[502] Neste sentido, Acórdão do Tribunal da Relação de Lisboa de 12 de novembro de 2009, processo nº 1869/09.9TBTVD.L1-8, de que foi relator o Senhor Desembargador Luís Correia de Mendonça, *in* www.dgsi.pt.

Embora seja corrente na doutrina a afirmação de que a procuração deve ser exercida no interesse do *dominus*,[503] o Código Civil nunca o exige expressamente. Normalmente, isto é, tipicamente, o procurador age no interesse do *dominus*.[504] Trata-se, no entanto, apenas de uma consequência de normalmente a procuração ser outorgada no interesse exclusivo do *dominus*. Não se devem confundir as caraterísticas do caso normal da procuração – do caso típico – com as caraterísticas comuns a todos os casos de procurações. O que o procurador está estruturalmente vinculado a respeitar é o interesse emergente da relação subjacente. O interesse é o critério de ação, não o fundamento da representação. "A atuação *em nome de* é um elemento da representação",[505] mas já o não é a atuação no interesse de outrem.

A doutrina portuguesa mais recente não exige em regra o interesse do *dominus*,[506] configurando a representação como uma "noção jurídico-formal, que abarca toda a atuação em nome de outrem, seja qual for o fim ou o interesse que lhe esteja subjacente".[507] Em geral, na moderna doutrina portuguesa, "o que carateriza a representação não é a circunstância de ser alheio o interesse, mas o de o ser a posição jurídica".[508]

---

[503] Castro Mendes, *Teoria Geral*, cit., Vol. II, págs. 275 e 276; Carvalho Fernandes, *Teoria Geral*, cit., Vol. II, págs. 202, 203 e 215.

[504] Segundo Betti, *Teoria Geral*, cit., T. III, pág. 209, originariamente a procuração era uma figura que permitia a atuação em nome e no interesse de outrem, tendo evoluído no sentido do aparecimento da procuração no interesse comum, da procuração no interesse exclusivo do procurador e da procuração no interesse de terceiro.

[505] Oliveira Ascensão, *Direito Civil*, cit., Vol. II, pág. 242; era diferente a opinião do Autor em 1992 (*Teoria Geral*, cit., Vol. III, págs. 305 a 307).

[506] Ressalva-se Pedro de Albuquerque, *A Representação Voluntária*, cit., págs. 983 a 990. Parece, no entanto, que a noção de interesse e o âmbito da relevância do interesse que o Autor toma em consideração é mais amplo do que o seguido na presente obra, o que conduzirá à aparente diferença de posições, mas que não traduz real diferença na substância das ideias defendidas. Naturalmente que, como aliás afirmamos, o *dominus* terá sempre algum interesse, mesmo na procuração no interesse exclusivo do procurador ou de terceiro.

[507] Maria Helena Brito, *A Representação*, cit., pág. 94.

[508] Maria Helena Brito, *A Representação*, cit., pág. 96; Pais de Vasconcelos, *Contratos Atípicos*, cit., págs. 303 e 304. No mesmo sentido, embora com fundamentação diversa, Oliveira Ascensão, *Direito Civil*, cit., Vol. II, págs. 243 a 246 (em 1992 o Autor exigia o interesse do *dominus* – *Teoria Geral*, cit., Vol. III, pág. 306), Heinrich Hörster, *A parte geral*, cit., pág. 479 e Mota Pinto, *Teoria Geral*, cit., pág. 537 (a data da primeira impressão é 1985). Considerando o interesse do *dominus* como essencial na representação voluntária e consequentemente na procuração, Carvalho Fernandes, *Teoria Geral*, cit., Vol. II, págs.

Pode considerar-se assente jurisprudência no sistema jurídico português no sentido de o interesse do *dominus* não ser essencial à representação, nem à procuração. Já no Acórdão do Tribunal da Relação de Lisboa de 11 de outubro de 1990,[509] se podia ler que "para haver representação, não é necessário que exista um interesse do *dominus*" e que "o que carateriza a representação não é o facto de ser alheio o interesse mas o de o ser a posição jurídica".[510] O mesmo sucede, mais recentemente, no Acórdão do Supremo Tribunal de Justiça de 28 de maio de 2015, no qual se admite expressamente a procuração no interesse exclusivo do procurador.[511]

A falta de um interesse do *dominus* na procuração não implica que este não tenha interesse no ato da outorga da mesma. O ato de outorga da procuração e a procuração em si são realidades diferentes. O *dominus* pode ter um interesse na outorga da procuração por esta (outorga) ser útil para atingir um fim seu – por exemplo, cumprir uma vinculação decorrente da relação subjacente que consista na obrigação de outorgar uma procuração. Mas o *dominus* pode não ter qualquer interesse na procuração em si, na sua vigência, conteúdo e efeitos. É necessário distinguir as duas situações do ponto de vista da sua aptidão para prosseguir determinados fins. Os fins que a outorga da procuração é apta para prosseguir não são totalmente coincidentes com os fins que a procuração em si é apta para prosseguir.

---

202 e 203. No que respeita a JANUÁRIO GOMES, verifica-se uma evolução do pensamento do Autor: em 1989 (*Em tema de revogação do mandato civil*, Almedina, Coimbra, 1989, págs. 237 e 238) considerava o interesse do *dominus* como essencial à representação; em 2000 (*Assunção fidejussória*, cit., pág. 100 [especialmente nota 411]) já não afirma perentoriamente a necessidade desse interesse, embora considere que a admissibilidade da procuração no interesse exclusivo do procurador suscite muitas dúvidas. Neste sentido também o Acórdão do Supremo Tribunal de Justiça de 2 de março de 2004, processo nº 03A4441, de que foi relator o Senhor Conselheiro ALVES VELHO, *in* www.dgsi.pt, no qual estava em causa uma situação na qual todos os interesses do *dominus* haviam já sido satisfeitos, restando apenas os interesses do procurador.

[509] CJ, ano XV – 1990, Tomo IV, págs. 145-147.

[510] Contra, CARVALHO FERNANDES, *Teoria Geral*, cit., Vol. II, págs. 202 e 203 e PUGLIATTI, *Il conflito*, pág.116, que considera que "a relação de representação deve sempre procurar prosseguir e realizar um interesse do representado" e GERI-BRECCIA-BUSNELLI-NATOLI, *Diritto civile*, cit., pág. 556. A doutrina italiana considera maioritariamente que a existência de um interesse do *dominus* é essencial.

[511] Acórdão do Supremo Tribunal de Justiça de 28 de maio de 2015, processo nº 123/06.2TBVS. E1.S1, de que foi relatora a Senhora Conselheira FERNANDA ISABEL PEREIRA, *in* www.dgsi.pt.

Em consequência, é possível que o *dominus* tenha um interesse na outorga da procuração, mas não o tenha na vigência e nos efeitos da mesma.

Deve, portanto, concluir-se que, embora assim suceda no caso mais frequente da procuração – procuração no interesse exclusivo do *dominus* –, não é estruturalmente necessário que exista um interesse do *dominus* na procuração, sendo consequentemente juridicamente admissível a figura da procuração no interesse exclusivo do procurador.[512] A autonomia privada admite-o, e nada na lei, nos bons costumes ou na ordem pública o exclui.

3. A irrevogabilidade

O Código Civil, como vimos, apenas prevê expressamente a procuração no interesse exclusivo do *dominus* e a procuração no interesse comum de *dominus* e de procurador, ou de terceiro. Uma vez que não prevê a procuração no interesse exclusivo do procurador, não a regula expressamente, sendo necessário determinar qual o seu regime jurídico, nomeadamente no que respeita à revogação.

A diferença fundamental entre a procuração no interesse exclusivo do procurador e as restantes figuras já analisadas consiste na inexistência de um interesse do *dominus* na procuração. De outro ponto de vista, o que aproxima esta figura da procuração no interesse comum é a existência de um interesse do procurador. Para determinar o regime jurídico da revogação da procuração no interesse exclusivo do procurador, é necessário considerar o que a aproxima e afasta das figuras anteriormente estudadas.

---

[512] No sentido de que a atuação no interesse do *dominus* não é um elemento da representação e de que a existência de um interesse relevante do procurador torna a procuração irrevogável, pronunciou-se parte relevante da doutrina portuguesa, alemã e italiana: na doutrina portuguesa, por todos, RUI DE ALARCÃO, *Breve Motivação do Anteprojecto sobre o Negócio Jurídico na parte relativa ao Erro, Dolo, Coacção, Representação, Condição e Objecto Negocial*, BMJ 138, pág. 104, PAIS DE VASCONCELOS, *Contratos Atípicos*, cit., pág. 311 e MARIA HELENA BRITO, *A Representação*, cit., págs. 94 a 96; na doutrina alemã, HÜBNER, *Allgemeiner Teil*, cit., págs. 495 a 496, MEDICUS, *Allgemeiner Teil*, cit., pág. 351 e ANDREAS FUCHS, *Zur Disponibilität*, cit., pág. 361, bem como a maioria da doutrina alemã (esta posição é dominante na doutrina alemã). Na doutrina italiana, BETTI, *Teoria Geral*, cit., T. III, págs. 209 a 210, CARIOTA FERRARA, *Il Negozio*, cit., pág. 693, apesar do teor do artigo 1388º do Código Civil italiano. Exigindo o interesse do *dominus*, CARVALHO FERNANDES, *Teoria Geral*, cit., págs. 202 e 203, SANTORO-PASSARELLI, *Dottrine generali del diritto civile*, 9ª edição, reimpressão, Jovene, Napoli, 1989, págs. 283-284, LUMINOSO, *Mandato*, cit., pág.19.

De acordo com o art. 265º, nº 2, do Código Civil, a procuração no interesse exclusivo do *dominus* é livremente revogável. Nos termos do nº 3 da mesma disposição, a procuração no interesse comum de *dominus* e procurador, ou de terceiro, é irrevogável. A diferença desta figura em relação à primeira, consiste na existência de um interesse relevante do procurador. Esta diferença determina um regime jurídico de revogação próprio. O princípio jurídico em causa orienta no sentido de os poderes outorgados no interesse de uma pessoa poderem sempre ser revogados por essa mesma pessoa, o que conduz ao regime de revogabilidade da procuração no interesse exclusivo do *dominus* e de irrevogabilidade da procuração no interesse comum de *dominus* e procurador.

O regime jurídico da procuração no interesse exclusivo do procurador, no que respeita à livre revogabilidade pelo *dominus*, deve traduzir-se na sua inadmissibilidade. A solução é dada *a fortiori*, através do recurso ao argumento *a minori ad maius* ou *a maiori ad minus*,[513] conforme a perspetiva de que se parta. Entendendo o preceito do art. 265º, nº 3, do Código Civil, como contendo uma regra que proíbe o *dominus* de revogar a procuração quando, para além do seu interesse, exista um interesse do procurador, *a minori ad maius*, também não poderá revogá-la quando nem sequer tenha um interesse na procuração. Por outro lado, interpretando este preceito como contendo uma regra destinada a proteger o interesse do procurador, *a minori ad minus*, também esse interesse deverá ser protegido quando não esteja acompanhado com um interesse do *dominus*. Conclui-se assim que, *a fortiori*, a procuração no interesse exclusivo do procurador também deve ser considerada irrevogável.

A irrevogabilidade da procuração no interesse exclusivo do procurador surge, por isso, como decorrendo do mesmo princípio que justifica a livre revogabilidade da procuração no interesse exclusivo do *dominus* e a irrevogabilidade da procuração no interesse de *dominus* e procurador. É a única solução que permite integrar de um modo sistematicamente coerente todo o regime jurídico da revogação da procuração.

O interesse que o *dominus* tem na outorga da procuração é irrelevante para efeitos da sua revogação. A outorga da procuração é útil para prosseguir um fim do *dominus*, nomeadamente o cumprimento de uma obrigação de outorga da procuração resultante da relação subjacente. A utilidade

---

[513] PERELMAN, *Lógica Jurídica: Nova Retórica*, Martins Fontes Ed., São Paulo, 1998, págs. 76 a 78.

da outorga da procuração é total, uma vez que, através dela, o fim é plenamente realizado, não se justificando mais a proteção do interesse do *dominus*. O *dominus*, quando tiver um interesse apenas na outorga da procuração e não na vigência da procuração e no exercício dos poderes, realiza-o plenamente com a outorga, não estando dependente da vigência da mesma, nem do exercício representativo. Por essa razão, o *dominus* não tem um interesse na procuração, não podendo o seu interesse na outorga justificar um diferente regime jurídico de revogação.

Embora a procuração no interesse exclusivo do procurador não seja expressamente prevista e regulada no Código Civil, é possível admiti-la e regulá-la a partir dos princípios e regras jurídicos aplicáveis à procuração. No que respeita à livre revogação da procuração no interesse exclusivo do procurador, a solução que decorre desses princípios e regras jurídicas determina a sua inadmissibilidade, devendo considerar-se que é irrevogável à semelhança da procuração no interesse comum de *dominus* e procurador. O procurador pode, no entanto, renunciar livremente à procuração, como se verá.

4. O poder de dar instruções

Também na procuração outorgada no exclusivo interesse do procurador se suscita o problema de saber se o *dominus* tem o poder de instruir o procurador sobre o modo de exercer os poderes de representação outorgados. Como no caso da procuração no interesse comum de *dominus* e procurador, este problema situa-se ao nível da relação subjacente e não na procuração propriamente dita. No entanto, é possível analisá-lo considerando um núcleo comum fundamental que é normal na relação subjacente à procuração no interesse exclusivo do procurador.

Na procuração no interesse exclusivo do *dominus*, este tem o poder de instruir o procurador sobre o modo de exercer os poderes de representação que foram outorgados. Na procuração no interesse comum, o *dominus* apenas tem o poder de dar instruções sobre matérias e assuntos em que o seu interesse seja exclusivo. Em ambos os casos, a admissibilidade e o regime jurídico do poder de dar instruções resulta de diferentes configurações da relação subjacente à procuração, que determinam também um diferente jogo de interesses na procuração. A configuração do jogo de interesses numa procuração é, por isso, determinante na concretização do seu regime jurídico.

Tipicamente, numa relação subjacente da qual resulte um interesse exclusivo do procurador na procuração, o *dominus* não tem o poder de dar instruções.

Configurando-se o poder de dar instruções como destinado a orientar o procurador na execução dos poderes de representação, de modo a que este prossiga o interesse do *dominus*, não existindo um interesse deste, não há justificação para o poder. Não sendo o *dominus* titular de qualquer interesse na procuração, não sendo esta útil para prosseguir qualquer fim daquele, não há necessidade nem utilidade num poder de dar instruções. Desde que o procurador aja dentro dos limites da procuração, obedecendo ao seu interesse, conforme resulta da relação subjacente, o *dominus* não o pode instruir.

Tal não significa que o procurador possa exercer os poderes de representação arbitrariamente e sem limite, ou critério. O interesse relevante constitui o critério de ação do procurador. Na procuração no interesse exclusivo do procurador, a inexistência de um interesse do *dominus* não implica a inexistência de critério. Neste caso, existe sempre um interesse do procurador, que funciona como critério de ação do próprio procurador. Este deve respeitar o seu interesse, conforme resulta da relação subjacente. O interesse do procurador não é um interesse subjetivo, que pode mudar conforme a sua vontade. Não é um interesse que varie ao longo do tempo, sem que o *dominus* possa identificá-lo no momento da outorga da procuração, de modo a saber como irá o procurador exercer os poderes de representação.

O interesse primário deve, como vimos supra, ser próprio, específico, objetivo e direto na execução do negócio que constitui a relação subjacente. O interesse primário do procurador, que vai operar como critério de ação, é fixado no momento em que procuração e relação subjacente se completam uma à outra. A partir desse momento, em que é possível identificar determinado negócio, ou complexo de negócios, como sendo a relação subjacente à procuração, sabe-se desde logo como é composto o jogo de interesses, qual o seu conteúdo e quem são os seus titulares. Uma vez que o interesse do procurador resulta do negócio que constitui a relação subjacente, esse interesse só será alterado se o próprio negócio subjacente o for, vigorando com o conteúdo inicial enquanto a relação subjacente não lhe impuser qualquer modificação. Deste modo, embora no caso da procuração no interesse exclusivo do procurador o interesse relevante seja apenas da titularidade do procurador, este geralmente não o pode alterar sem o acordo do *dominus*. Para que o interesse seja alterado, será normalmente[514] necessário modificar o negócio que constitui a relação subjacente, o que, em regra, exige o acordo de todas as partes.

Os poderes de representação que resultam da procuração foram outorgados para executar determinada relação subjacente, da qual resulta um interesse, devendo o procurador agir em obediência a esse interesse e à própria procuração, sem que o facto de ser o único titular de um interesse lhe permita agir fora desses estritos limites. O interesse está vinculado à relação subjacente e, portanto, não é arbitrário.

A procuração no interesse exclusivo do *dominus* e a procuração no interesse exclusivo do procurador, no que respeita à questão do interesse na procuração, são os dois pólos extremos numa série em que são admissíveis os mais variados casos intermédios de procuração no interesse comum. Nos casos extremos – casos polares –, a procuração tem como interesse exclusivo relevante o do *dominus* – o pólo típico[515] – ou o do procurador – o pólo atípico. Na zona intermédia – interpolar – de transição entre ambos os pólos, situam-se as procurações de interesse comum em que coexiste a relevância de ambos os interesses, do *dominus* e do procurador, em ponderações variáveis, e como resultantes da relação subjacente.

Na procuração, é sempre necessária a existência de um interesse que opere como critério de ação do procurador, de acordo com o qual este irá exercer os poderes representativos que resultam da procuração. A procuração tem que ser exercida de acordo com a relação subjacente, de acordo com os interesses que resultam da relação subjacente. Existe representação tanto nos pólos como nas situações intermédias, onde o equilíbrio de interesses é misto. Em todos os casos, o procurador deve respeitar os interesses emergentes da relação subjacente.

A diferença quanto ao poder de dar instruções na procuração no interesse exclusivo do procurador consiste em o *dominus* não poder dar instruções, pois não tem qualquer interesse juridicamente relevante na

---

[514] É possível que a alteração dos interesses resulte da evolução normal destes, de acordo com o exercício da atividade representativa, em virtude, por exemplo, de se ter atingido o fim do procurador, o que provocaria a extinção do seu interesse. No entanto, neste caso, não se verifica uma alteração de interesses por acção do procurador que não decorra da própria relação subjacente e da procuração, podendo por isso o *dominus* conhecê-la previamente.

[515] No sentido de tipo de frequência – PAIS DE VASCONCELOS, *Contratos Atípicos*, cit., pág. 53.

procuração.[516] Mas o procurador também não pode exercer os poderes que resultam da procuração de acordo com o seu livre arbítrio, isto é, o procurador não pode dar instruções arbitrariamente a si próprio. O procurador tem que se conformar com o interesse que resulta da relação subjacente, não o podendo violar. Caso o procurador viole o interesse relevante, age em abuso de representação. Isso implica, em primeiro lugar, a aplicação do regime jurídico do artigo 269º do Código Civil e, em segundo lugar, justa causa para revogar a procuração. Poderá ainda dar causa a responsabilidade civil.

5. A questão da eventual transmissão indireta da titularidade da posição jurídica do *dominus*

No âmbito dos problemas que a procuração no interesse exclusivo do procurador pode levantar situa-se a questão de saber se o *dominus* não transmite a sua posição jurídica para o procurador através da sua outorga. O titular da situação jurídica passaria assim a ser o procurador e não o *dominus*. Nessa situação, não se estaria mais perante um caso de representação, pois os efeitos jurídicos dos atos praticados pelo procurador verificar-se-iam na sua própria esfera jurídica.

BIANCA considera que "quando a procuração é conferida no *exclusivo* interesse de outrem isso significa que o representado terá na realidade cedido a posição jurídica de que o representante pode dispor. A procuração torna-se então um instrumento executivo de tal atribuição e presta-se a realizar finalidades múltiplas".[517] "Em relação ao terceiro a procuração serve para imputar a relação contratual ao representado, que se torna parte substancial do contrato. Se todavia o terceiro souber que a procuração foi outorgada no interesse exclusivo do representante, é este último que se torna parte substancial do contrato".[518]

Esta posição de BIANCA resulta naturalmente da importância do interesse na procuração, face ao art. 1388º do Código Civil italiano[519] que impede, na sua letra, a procuração no interesse exclusivo do procurador.

---

[516] Neste sentido, Acórdão do Supremo Tribunal de Justiça de 9 de outubro de 2003, processo nº 03B2201, de que foi relator o Senhor Conselheiro ARAÚJO BARROS, *in* wwww.dgsi.pt.
[517] BIANCA, *Diritto Civile*, cit., pág. 108.
[518] BIANCA, *Diritto Civile*, cit., pág. 108.
[519] É o seguinte o teor do Art. 1388 do Código Civil italiano "Contrato celebrado pelo representante – O contrato celebrado pelo representante em nome e no interesse do

O Autor admite, no entanto, a procuração no interesse comum, apoiando-se no regime legal do mandato. Quanto à procuração no interesse exclusivo do procurador, não a admite enquanto tal, considerando que se trata de um negócio transmissivo. Mas, se o terceiro desconhecer que a procuração é no interesse exclusivo do procurador, então esta manter-se-á como procuração e não como negócio transmissivo.

A posição de BIANCA é contraditória, uma vez que pretende aproveitar a figura da procuração no interesse exclusivo do procurador num sistema legal que a repudia expressamente. Surgem por isso dificuldades que pretende ultrapassar, considerando que só existe uma procuração no interesse exclusivo do procurador porque na realidade já se verificou a transmissão da posição jurídica e servindo então a procuração como simples instrumento de execução dessa transmissão. Resolve, assim, o problema da procuração no interesse exclusivo do procurador qualificando-a, não como um negócio de atribuição de poderes representativos, mas antes como um negócio de transmissão.

No entanto, as contradições do Autor são patentes quando distingue o caso de o terceiro ter ou não conhecimento da configuração da relação subjacente. BIANCA mantém "que a irrevogabilidade da procuração não retira ao representado o seu poder de disposição relativamente ao direito para o qual essa é outorgada.[...] Esta opinião parece correta no pressuposto de que o representado mantém a titularidade do direito. Como se viu, todavia, a procuração irrevogável pode ser conferida a quem é alienatário do bem e, no nosso ordenamento, o princípio consensualístico determina o imediato efeito translativo, mesmo relativamente a direitos sobre imóveis".[520] Não faz sentido afirmar que o direito, ou a posição jurídica, já foi transmitido e depois defender que o negócio celebrado poderá produzir efeitos relativamente ao representado. No fundo estar-se-ia a considerar que a transmissão não era oponível a terceiros, vigorando apenas entre as partes do negócio, o que vai contra o princípio consensualístico, que o próprio Autor refere. Ou o representado se mantém titular da posição jurídica e a procuração no interesse exclusivo do procurador é qualificada como tal, ou a posição jurídica é transmitida e a procuração no interesse

representado, nos limites das faculdades que lhe forem conferidas, produz diretamente efeitos em relação ao representado".

[520] BIANCA, *Diritto Civile*, cit., pág. 108 (nota 177).

exclusivo do procurador não é uma verdadeira procuração, mas antes um negócio de outro tipo, devendo então ser qualificada como tal. A intenção de BIANCA parece clara. O Autor pretende salvar a procuração no interesse exclusivo do procurador do regime do art. 1388º do Código Civil italiano. No entanto, não consegue evitar as dificuldades que resultam da construção da procuração como um negócio de base abstrata.

Como se pode ver, em BIANCA, a configuração da procuração no interesse exclusivo do procurador como implicando uma transmissão da posição jurídica do *dominus* só se justifica considerando o interesse deste como fundamental à representação e à procuração. Se o *dominus* não tiver interesse na procuração isso só poderá resultar da falta de um interesse na situação sobre a qual recaem os poderes de representação outorgados na procuração, o que significa que não é mais titular dessa situação. Terá, por isso, transmitido a sua posição jurídica.

Numa posição absoluta neste sentido, o *dominus* não poderia dispor dessa posição jurídica. Do mesmo modo, se o procurador pode licitamente dispor desse interesse e se não está a agir no âmbito de poderes de representação – que, de acordo com essa teoria, não existem nesse caso –, então o *dominus* ter-lhe-á cedido a sua posição jurídica. Trata-se, por esta razão, de um problema de simples qualificação do negócio, não como procuração, mas como negócio transmissivo da titularidade de uma situação jurídica.

Na nossa ordem jurídica, a procuração no interesse exclusivo do procurador não deve ser vista como implicando ou resultando de uma transmissão da posição jurídica do *dominus*.[521]

O interesse do *dominus* não é essencial, nem para a representação, nem reflexamente para a procuração. Numa procuração no interesse exclusivo do procurador são-lhe efetivamente outorgados poderes para representar o *dominus*. Quando o procurador age com base numa procuração no seu exclusivo interesse, ele age em nome do *dominus* e sobre a sua esfera jurídica, não agindo em nome próprio nem no âmbito da sua própria esfera jurídica.

Entender o contrário implica uma violação do princípio da autonomia privada. Este princípio permite a celebração de quaisquer negócios dentro

---

[521] Neste sentido, Acórdão do Supremo Tribunal de Justiça de 28 de maio de 2015, processo nº 123/06.2TBVS.E1.S1, de que foi relatora a Senhora Conselheira FERNANDA ISABEL PEREIRA, in www.dgsi.pt e Acórdão do Supremo Tribunal de Justiça de 2 de março de 2004, processo nº 03A4441, de que foi relator o Senhor Conselheiro ALVES VELHO, in www.dgsi.pt.

dos limites do artigo 280º do Código Civil, isto é, dentro dos limites da lei, dos bons costumes e da ordem pública. Se foi uma procuração que se pretendeu outorgar, não foi um negócio transmissivo da titularidade da posição jurídica.

A vontade do *dominus* é efetivamente a de outorgar os poderes de representação ao procurador para que este os use no âmbito do negócio que constitui a relação subjacente. E a relação subjacente não pode consistir num negócio transmissivo da posição jurídica do *dominus*. Se a vontade das partes na relação subjacente fosse no sentido da transmissão da posição jurídica do *dominus*, teriam celebrado um negócio que a provocasse e não teria havido lugar à outorga da procuração. Não faz sentido que o *dominus* transmita a posição ao procurador e depois lhe outorgue uma procuração. No momento em que outorgar a procuração já a situação está fora da sua esfera jurídica, tendo sido integrada na esfera jurídica do procurador, não podendo o primeiro outorgar a procuração e não tendo o segundo necessidade da mesma.

Poderia, eventualmente, considerar-se que se tratava de casos em que formalmente a titularidade se mantivesse no *dominus* mas já fosse materialmente do procurador, como, por exemplo, após a celebração do negócio jurídico de transmissão, mas antes de este poder ser oponível a terceiros.[522] No entanto, mesmo nestes casos, é possível obter a oponibilidade do negócio através da comunicação da celebração do negócio, uma vez que a partir desse momento o terceiro não mais poderá invocar o seu desconhecimento.

Outra hipótese seria a de *dominus* e procurador acordarem em não deixar que terceiros tomassem conhecimento da transmissão da posição jurídica, socorrendo-se o procurador de uma procuração irrevogável para exercer os direitos correspondentes à sua posição. Mas, neste caso, estar-se-ia perante uma simulação, sendo aplicável o regime jurídico deste instituto.

Em nenhum dos casos *supra* referidos se pode afirmar que a procuração no interesse exclusivo do procurador implica ou resulta de uma transmissão da posição jurídica do *dominus* para o procurador.

Entre nós, PESSOA JORGE já abordou e solucionou o problema no mesmo sentido. Debruçando-se sobre a procuração *in rem suam*,[523] con-

---

[522] Como sucederia entre a data da celebração da escritura de compra e venda de um imóvel e o momento em que o registo da transmissão estivesse efetuado.

[523] O Autor parece usar a expressão como referindo-se à procuração no interesse exclusivo do procurador – PESSOA JORGE, *O Mandato*, cit., págs. 181 a 185 (especialmente pág. 184).

sidera que esta "dá ao agente o poder de praticar um ato jurídico alheio, mas autorizando-o a ficar com o resultado económico desse ato".[524] No que respeita à possibilidade de esta figura implicar ou consistir numa transmissão da posição jurídica do *dominus*, consistindo nomeadamente numa cessão de créditos,[525] o Autor considera que embora possa ser usada com uma função semelhante, nunca causa a transmissão propriamente dita, tratando-se antes de "um *sucedâneo* desta, que não operava propriamente a transmissão da relação jurídica de crédito pelo lado cativo, limitando-se a proporcionar um resultado prático semelhante ao da cessão".[526] A procuração limita-se, na opinião do Autor, a conceder o poder de representação.

O Autor prossegue afirmando que à procuração "acresce um negócio jurídico – doação, venda, dação em pagamento[527] ou, mais correntemente, *datio pro solvendo* – que constitui título justificativo de o procurador fazer seu o resultado da cobrança, não tendo de o restituir ao *dominus*, nem de lhe prestar contas. Há assim representação, embora sem mandato".[528] O Autor repudia a transmissão da posição do *dominus*, considerando que o procurador se limita a exercer os seus poderes em representação do *dominus*, agindo em nome deste.

A procuração no interesse exclusivo do procurador não implica uma transmissão da posição jurídica do *dominus*, nem resulta da mesma.[529] Juridicamente, o *dominus* mantém-se sempre como o titular da posição jurídica,

---

A expressão "procuração *in rem suam*" é usualmente referida na doutrina para referir a procuração no interesse exclusivo do procurador – Díez-Picazo, *La representación*, cit., pág. 306, Januário Gomes, *Assunção fidejussória*, cit., pág. 100, Oliveira Ascensão, *Direito Civil*, cit., Vol. II, pág. 244, Mota Pinto, *Teoria Geral*, cit., pág. 537 – posição que seguimos; existe, no entanto, quem use a expressão para referir a procuração no interesse comum de *dominus* e procurador – Pires de Lima – Antunes Varela, *Código Civil Anotado*, Vol. II, 3ª Ed., Coimbra Ed., 1996, anotação ao art. 265º, págs. 246 e 247.

[524] Pessoa Jorge, *O Mandato*, cit., pág. 181.
[525] Coelho da Rocha, *Instituições de Direito Civil Portuguez*, T. II, 4ª ed., Imprensa da Universidade, Coimbra, 1857, § 799, pág. 625.
[526] Pessoa Jorge, *O Mandato*, cit., pág. 182.
[527] Como sucedeu, por exemplo, no caso decidido no Acórdão do Supremo Tribunal de Justiça de 18 de junho de 2014, processo nº 315/05.1TCGMR.G2.S1, de que foi relator o Senhor Conselheiro Abrantes Geraldes, *in* www.dgsi.pt, com a especialidade de, no litígio referido, a procuração ser a favor de um terceiro.
[528] Pessoa Jorge, *O Mandato*, cit., págs. 182 e 183.
[529] Neste sentido, Acórdão do Supremo Tribunal de Justiça de 3 de junho de 2006, processo nº 03A1284, de que foi relator o Senhor Conselheiro Alves Velho, *in* www.dgsi.pt.

agindo o procurador em seu nome. Assim se justifica que o *dominus* possa agir eficazmente sobre a situação jurídica e que possa revogar com justa causa a procuração no interesse exclusivo do procurador. Nem a procuração no interesse exclusivo do procurador propriamente dita implica uma limitação da legitimidade do *dominus* para agir sobre a situação jurídica para a qual a procuração foi conferida, nem a revogação da procuração no interesse exclusivo do procurador faz com que a posição jurídica volte à esfera jurídica do *dominus*, uma vez que nunca a abandonou.

Por último, mantendo-se a titularidade da situação jurídica na esfera do *dominus*, o respetivo bem continua a integrar a sua garantia geral das obrigações, respondendo pelas dívidas do *dominus* e podendo ser penhorada para garantia de dívidas deste,[530] e podendo ser usucapido o bem por um terceiro, com efeitos extintivos do direito na esfera jurídica do *dominus*.[531]

Por outro lado, mantendo-se a titularidade na esfera jurídica do *dominus*, o procurador continua a ter de agir em nome deste, sob pena de os efeitos da sua atuação se repercutirem na sua própria esfera jurídica. Caso, por exemplo, um procurador com procuração irrevogável celebre um contrato promessa de venda do bem abrangido pela procuração irrevogável, mas agindo em nome próprio, não vinculará o *dominus* mas o próprio procurador.[532]

6. Casos de procuração no interesse exclusivo do procurador

As procurações no interesse exclusivo do procurador correspondem, normalmente, a situações em que o *dominus* já viu os seus fins plenamente realizados.

Subjacente à procuração encontram-se frequentemente, embora não necessariamente, contratos atípicos (mistos ou puros) e uniões de contratos, que em regra levariam a que a procuração fosse no interesse comum. São casos, no entanto, em que os fins do *dominus* foram desde logo atin-

---

[530] Neste sentido, Acórdão do Supremo Tribunal de Justiça de 17 de abril de 2007, processo nº 07A408, que teve como relator o Senhor Conselheiro NUNO CAMEIRA, *in* www.dgsi.pt.
[531] Como sucedeu no caso decidido no Acórdão do Supremo Tribunal de Justiça de 20 de maio de 2015, processo nº 1869/12.1TVLSB.L1.S1, de que foi relator o Senhor Conselheiro OLIVEIRA VASCONCELOS, *in* www.dgsi.pt.
[532] Neste sentido, Acórdão do Supremo Tribunal de Justiça de 17 de maio de 2011, processo nº 2766/03.7TBPTM.E1.S1, de que foi relator o Senhor Conselheiro ALVES VELHO, *in* www.dgsi.pt.

gidos, pelo que a procuração não é útil para os prosseguir, quer os fins tenham sido atingidos antes da outorga, quer tenham sido atingidos posteriormente. Neste último caso, a procuração é outorgada no interesse comum de *dominus* e procurador, mas evolui depois para uma procuração no interesse exclusivo do procurador.

Será o caso, por exemplo, do contrato promessa de compra e venda da nua propriedade ao usufrutuário, em que este já pagou a totalidade do preço e garantiu todas as responsabilidades do vendedor. A procuração outorgada ao promitente comprador para celebrar o contrato definitivo é no seu interesse exclusivo. O *dominus*, neste caso, já recebeu o preço e viu garantidas todas as responsabilidades que podem resultar de ser o proprietário, pelo que o seu fim já está realizado.

A celebrou com B um contrato promessa de compra e venda do recheio da casa deste. Posteriormente, A celebrou com C um contrato promessa de compra e venda de alguns dos móveis que compunham esse recheio, pagando este desde logo a totalidade do preço. Acordaram ainda que A outorgaria a C uma procuração irrevogável para este celebrar ambos os contratos prometidos. Enquanto C não celebrar o primeiro contrato, a procuração é no interesse comum. Mas, a partir desse momento, a procuração passa a ser no interesse exclusivo de C.

VII
A procuração no interesse de terceiro

Nos casos anteriormente analisados, sucede sempre que pelo menos um dos sujeitos da relação de representação é titular de um interesse relevante na procuração. Assim sucede na procuração no interesse exclusivo do *dominus*, no interesse exclusivo do procurador e no interesse comum de *dominus* e procurador. No caso da procuração no interesse exclusivo de terceiro, o único interesse juridicamente relevante é da titularidade de alguém que é estranho à relação de representação.[533] O abandono do estrito campo da relação de representação, passando esta a ser influenciada por interesses de terceiros, justifica uma análise particular, nomeadamente quanto à sua admissibilidade e consequências de regime jurídico.

1. O interesse

O terceiro nunca é sujeito da relação de representação. Esta é subjetivamente constituída pelo *dominus* e pelo procurador. A ausência do terceiro do âmbito subjetivo da relação de representação não significa que este não possa, na prática, ser essencial para a sua utilidade. Se a procuração servir para o procurador celebrar um negócio com um terceiro, a falta deste impossibilita a celebração do negócio. No entanto, a importância prática que a posição do terceiro pode ter não influencia a constituição subjetiva da relação de representação, uma vez que este não é representado nem representante.

---

[533] Neste sentido, Acórdão do Supremo Tribunal de Justiça de 23 de setembro de 2008, processo nº 08B1711, de que foi relator o Senhor Conselheiro SERRA BAPTISTA, *in* www.dgsi.pt.

O interesse do terceiro deve ser procurado, não na relação de representação, mas antes no conjunto formado pela procuração e pela relação subjacente.

Normalmente o terceiro não é parte do negócio que constitui a relação subjacente, nem este negócio o afeta. Na generalidade dos casos, o terceiro limita-se a intervir no negócio celebrado em representação do *dominus*, não intervindo nem sequer tendo conhecimento do negócio que constitui a relação subjacente. Não pode, por esta razão, existir qualquer interesse do terceiro na procuração.

Mas o terceiro pode ser parte no negócio que constitui a relação subjacente. Nesses casos levanta-se já a questão de saber se ele é ou não titular de um interesse juridicamente relevante na procuração. A identificação de um interesse do terceiro passa naturalmente pela análise da relação subjacente e da procuração, na procura de uma posição do terceiro que se traduza em fins próprios, para a prossecução dos quais a procuração seja útil. O interesse de terceiro, tal como o interesse do *dominus* ou do procurador, deverá ser próprio, específico, objetivo e direto na execução do negócio que constitui a relação subjacente.

Em termos práticos não é difícil configurar um interesse primário do terceiro. Na maioria dos casos, são situações similares aos casos de interesse do procurador com a diferença de, em vez de o interessado ser também procurador, ter sido escolhida uma outra pessoa para assumir essa posição jurídica. Esta opção pela escolha de uma pessoa diferente para ocupar a posição de procurador faz todo o sentido nas situações de menor confiança por parte do *dominus* em relação ao terceiro. Se resultar do negócio celebrado entre o *dominus* e o terceiro que este é titular de um interesse juridicamente relevante na procuração e se não existir um nível de confiança entre ambos que leve o *dominus* a outorgar-lhe a procuração, a solução mais prática consistirá em outorgar a procuração a alguém que seja da confiança de ambos. Deste modo, impede-se a concentração dos poderes de representação nas mãos do interessado, evitando que este ceda à tentação de abusar deles. Embora seja terceiro no que respeita à relação de representação, o interessado tem na relação subjacente uma posição de maior relevância do que o procurador.

Também nos casos em que o negócio que constitui a relação subjacente se traduza num negócio a favor de terceiro, em que o procurador deve efetuar uma prestação a favor de um terceiro, a posição de terceiro na relação de representação será preenchida não só pelo beneficiário, mas também pelo promissário.

Tanto num caso, como no outro, o interesse dos terceiros resulta da relação subjacente.

1.1. O interesse comum e o interesse exclusivo

No estudo do interesse do terceiro na procuração, é importante saber se é possível que este seja o único titular de um interesse, ou se apenas é possível que o terceiro seja um dos interessados, em paralelo com o *dominus* ou eventualmente com o procurador.

O art. 265º, nº 3, do Código Civil prevê expressamente a procuração no interesse comum de *dominus* e terceiro, pelo que este caso não levanta grandes problemas. Os problemas surgem fundamentalmente no que respeita à análise da admissibilidade da procuração no interesse de procurador e terceiro e da procuração no interesse exclusivo do terceiro.

A solução do problema da admissibilidade destes casos de procuração está intimamente ligada ao que se disse quanto à relevância do interesse na representação e na procuração. Normalmente a procuração é no interesse exclusivo do *dominus*, mas este é apenas o caso mais frequente. Embora seja essencial que exista um qualquer interesse para que se possa exercer o poder de representação com critério, esse interesse não é necessariamente do *dominus*. Também não é necessariamente de um sujeito da relação de representação. A construção da procuração como um negócio de base abstrata permite que esta execute diversas funções, conforme o que resultar da relação subjacente. Se da relação subjacente resultar que o único, ou um dos interessados, é um terceiro face à relação de representação, nem por isso o seu interesse deixará de relevar. O que importa, em última instância, é que a atividade representativa seja exercida de acordo com a sua função, em obediência à relação subjacente e ao interesse que deste negócio resultar. Se do complexo formado pela relação subjacente e pela procuração resultar que esta apenas é útil para prosseguir fins de um terceiro, já existe o necessário interesse, devendo considerar-se esse interesse como suficiente para a perfeição da procuração e da representação. Se, por exemplo, for celebrado um contrato promessa de compra e venda, em que se estipule que o promitente comprador deve entregar desde logo a totalidade do preço e o promitente vendedor outorgar uma procuração a outrem para celebrar o negócio definitivo, o promitente comprador será o único interessado na procuração, sendo terceiro na relação de representação. A procuração apenas é útil para prosseguir o seu fim de obter a titularidade do direito de propriedade sobre o bem, uma vez que o interesse do promitente vendedor, consistente na obtenção do preço, foi já satisfeito, e o procurador não tem qualquer interesse na procuração. Neste caso, a relação subjacente seria constituída não só pelo contrato promessa de compra e venda (entre *dominus* e terceiro) mas também por um mandato a favor de terceiro (entre *dominus* e procurador).

O mesmo se deverá dizer em relação à procuração no interesse comum de procurador e terceiro.

Por esta razão, não é de exigir que o interesse na procuração seja apenas da titularidade de um sujeito da relação de representação, podendo ser da titularidade de qualquer pessoa, desde que tal resulte do complexo negocial formado pela procuração e pela relação subjacente.

2. A relação subjacente

O jogo de interesses que funciona como critério de atuação do procurador resulta do complexo negocial constituído pela procuração e pela relação subjacente. Uma vez que o terceiro não é parte na procuração, nem sujeito da relação de representação, o seu interesse resultará fundamentalmente da relação subjacente. Consequentemente, a identificação desta é da maior importância para a compreensão da figura sobre que nos debruçamos.

Normalmente, o negócio que constitui a relação subjacente é celebrado entre o *dominus* e o procurador. Uma vez que a principal importância desse negócio se traduz na regulação da relação entre *dominus* e procurador, é necessário que a relação subjacente abranja um negócio apto para regular essa relação.

No caso da procuração no interesse de terceiro, a relação subjacente não pode consistir num negócio que não se refira ao terceiro, quer ele seja parte, quer seja beneficiário. Se a relação subjacente apenas fosse constituída por um negócio jurídico que se limitasse a reger as relações entre *dominus* e procurador, dela não poderia nascer nenhum interesse do terceiro. Além disso, se a relação subjacente fosse constituída por um negócio jurídico que apenas regesse a relação entre *dominus* e terceiro, faltaria a vinculação, ou autorização, que levasse o procurador a agir representativamente. Se, por último, a relação subjacente fosse constituída por um negócio que abrangesse apenas procurador e terceiro, não existiria nenhuma razão para o *dominus* outorgar a procuração. A relação subjacente à procuração no interesse de terceiro importa, por isso, que o complexo negocial que a componha afete *dominus*, procurador e terceiro.

Mas deverá a intervenção dos três sujeitos ser obtida através de um único negócio, ou poderá resultar de mais do que um negócio?

No primeiro caso, os três celebrariam um único contrato e seriam afetados pelo negócio jurídico que definiria a posição de cada um deles. Seria o caso mais simples, uma vez que todos conheceriam a totalidade do negócio que constitui a relação subjacente. Vejamos o seguinte exemplo: é celebrado um contrato entre A, B e C, em que A fornece mensalmente a B determinado programa de *software* atualizado, mantendo todos os direitos sobre o programa, mas depositando os códigos chave junto de C (pessoa da confiança de ambos) a quem outorga uma procuração para este, em certos casos previamente estabelecidos, poder vender os códigos chave a B. Trata-se de contrato misto de fornecimento (entre A e B), com promessa de compra e venda sujeita a condição suspensiva (entre A e B) depósito no interesse e eventualmente a favor de terceiro (entre A, B e C) e de mandato no interesse comum de mandante e terceiro (entre A e C). Neste caso, uma vez que é celebrado um único negócio entre as três partes, todos têm conhecimento da totalidade da relação subjacente.

A situação será diferente se não se integrarem todas as parcelas de regime num único negócio jurídico. Se, em vez de ser celebrado o negócio jurídico *supra* referido, for celebrado um negócio entre A e B, em que aquele fornece mensalmente a B o referido programa de *software* atualizado, comprometendo-se a depositá-lo junto de C com quem celebrará um contrato de mandato com representação, segundo o qual C venderá as chaves de código do programa a B em determinadas circunstâncias. Seguidamente, A celebra com C o referido mandato com representação.

Os problemas que surgem no segundo caso estão relacionados com o interesse enquanto critério de atuação do procurador. Neste caso, o interesse do terceiro (B), que é o comprador, resultaria do negócio jurídico celebrado com o *dominus* (A), que é o vendedor. Do negócio jurídico celebrado entre *dominus* e procurador (C) não resultava qualquer interesse deste. O mandato com representação era uma mera decorrência do negócio jurídico celebrado entre A e B, nada resultando deste no que respeita a qualquer interesse do terceiro.

No entanto, uma vez que o interesse é o critério de ação do procurador, este deve ter conhecimento do mesmo, sendo para tal necessário que conheça o negócio jurídico celebrado entre *dominus* e terceiro, que conheça a totalidade dos negócios jurídicos que compõem a relação subjacente. Se o procurador não o conhecer, não poderá aferir corretamente no interesse de quem é a procuração e não terá acesso ao verdadeiro critério pelo qual deverá pautar a sua atuação, não podendo consequentemente agir de acordo com o mesmo.

Se o procurador não tiver conhecimento do negócio jurídico celebrado entre *dominus* e terceiro, apenas poderá retirar o interesse que operará como critério da sua atuação do negócio jurídico celebrado entre ele mesmo e o *dominus* (o único negócio jurídico que conhece). O jogo de interesses na procuração que resultará do mandato será, em princípio, constituído em exclusivo pelo interesse do *dominus*, embora não seja de excluir que o próprio procurador tenha um interesse na procuração. Por esta razão o procurador agirá no interesse do *dominus*, embora devesse agir no interesse de *dominus* e terceiro.

Apesar de o procurador apenas ter consciência do interesse do *dominus*, o terceiro continua a ter um interesse juridicamente relevante na procuração, com todas as consequências que daí advêm. Nomeadamente, no que respeita ao *dominus* que deverá respeitar esse interesse. Quanto ao procurador, este não poderá ser responsabilizado por praticar atos que não respeitem o interesse do terceiro, uma vez que não lhe é possível identificá-lo. Mas se agir de acordo com esse interesse, mesmo que inadvertidamente, a sua atuação será justificada pelo interesse do terceiro. Tal sucederá normalmente por o negócio jurídico celebrado entre *dominus* e procurador estar configurado de tal maneira que o cumprimento do mesmo respeite o interesse do terceiro, mesmo que o procurador não o saiba e pense que se trate de um interesse do *dominus*.

Para que o negócio jurídico celebrado entre *dominus* e terceiro seja oponível ao procurador, será necessário que este tome conhecimento do mesmo. Mas, a falta de conhecimento pelo procurador desse negócio jurídico, não implica a irrelevância do interesse do terceiro. Para que o terceiro tenha um interesse juridicamente relevante, basta que a procuração seja útil para atingir fins deste, independentemente de o procurador o saber. A relação subjacente é constituída pelos negócios jurídicos que são causa da procuração, que lhe atribuem a função e de que resultam os interesses nesta, o que não está dependente do conhecimento do procurador, mas apenas da ligação entre esses negócios jurídicos e a procuração.

Por esta razão, a relação subjacente à procuração no interesse de terceiro poderá ser constituída por um único negócio em que intervenham *dominus*, procurador e terceiro, ou poderá ser constituída por vários negócios com combinações diferentes de sujeitos. O que releva é a efetiva ligação entre os negócios jurídicos subjacentes e a procuração, e não o conhecimento da globalidade do complexo negocial que liga todos os sujeitos.

3. A irrevogabilidade

Tal como no caso da procuração no interesse do procurador, a fundamentação da irrevogabilidade da procuração no interesse de terceiro difere consoante se trate de uma procuração no interesse de *dominus* e terceiro ou de uma procuração no interesse exclusivo de terceiro, ou ainda no caso de a procuração ser no interesse de procurador e terceiro.

No primeiro caso, em que a procuração é outorgada no interesse comum de *dominus* e de terceiro, a irrevogabilidade resulta desde logo do próprio Código Civil – art. 265º, nº 3. Trata-se, por isso, do caso mais fácil porque é a própria letra da lei que estatui a sua irrevogabilidade.[534]

A procuração no interesse de procurador e terceiro é também irrevogável. Para se concluir neste sentido, não é sequer necessário apreciar o interesse do terceiro. O interesse que o procurador tem na procuração justifica a irrevogabilidade, à semelhança dos casos da procuração no interesse comum de *dominus* e procurador e da procuração no interesse exclusivo do procurador.

No entanto, a fundamentação desta figura deve passar também pela análise dos efeitos da existência de um interesse do terceiro, independentemente do interesse do procurador.

A fundamentação da irrevogabilidade da procuração reside, como vimos, no princípio segundo o qual os poderes atribuídos no interesse de uma pessoa só podem ser revogados por essa mesma pessoa.[535] Existindo um interesse do terceiro na procuração, esta só poderá ser revogada se ele

---

[534] No mesmo sentido, Acórdão do Supremo Tribunal de Justiça de 13 de fevereiro de 1996, processo nº 088218, de que foi relator o Senhor Conselheiro MARTINS DA COSTA, *in* CJ-STJ, 1996-I-86 e www.dgsi.pt.

[535] BIANCA, *Diritto Civile*, cit., pág. 106.

der o seu acordo. De outro modo, o *dominus* não a pode revogar. A procuração será irrevogável, quer o terceiro seja o único interessado, quer existam outros interessados.

Embora o terceiro não seja sujeito na relação de representação, nem parte na procuração, se for titular de um interesse neste negócio, o *dominus* não poderá revogá-lo. A possibilidade de influência da posição do terceiro resulta de a relação subjacente ser a causa da procuração, influenciando-a. Se a procuração fosse um negócio abstrato puro, não seria possível que o interesse do terceiro implicasse a irrevogabilidade da procuração, uma vez que não é parte na procuração, nem sujeito da relação que deste negócio resulta.

4. O poder de dar instruções

Na procuração no interesse de terceiro também se levantam problemas a propósito do poder de dar instruções. A posição do terceiro, enquanto estranho à relação subjacente, pode influenciar este regime. A análise da questão, tal como sucedeu nos outros casos de procuração, só pode ser feita com base numa relação subjacente típica, uma vez que a multiplicidade de negócios jurídicos que podem constituir a relação subjacente impossibilita um estudo do problema através da apreciação de todos os casos possíveis.

Já vimos em que consistem as instruções e para que servem. Em consequência, as instruções são sempre dirigidas ao procurador, o que levou a analisar os casos em que o *dominus* tinha esse poder. Embora se mantenha o problema de saber se o *dominus* tem o poder de dar instruções, a intervenção de mais um sujeito levanta um problema novo, que consiste em saber se o terceiro tem o poder de dar instruções ao procurador.

O procurador deve exercer os poderes de representação outorgados de acordo com o negócio que constitui a relação subjacente e em obediência ao jogo de interesses que dele resulta. Nos casos já analisados, esse interesse pertencia ao *dominus*, ao procurador, ou a ambos. Por essa razão, a questão da titularidade do poder de dar instruções foi analisada apenas em relação ao *dominus*, já que seria um contra-senso a existência de um poder de dar instruções do procurador em relação a si mesmo.

No caso da procuração no interesse de terceiro, seguindo a mesma fundamentação que justifica as soluções a que se chegou nos casos anteriores, o *dominus* apenas terá o poder de dar instruções nos casos em que tenha um interesse na procuração diferente do interesse do terceiro.

Se não tiver qualquer interesse na procuração, ou se tiver um interesse que incida sobre as mesmas matérias do interesse do terceiro, não terá o poder de dar instruções.

No que respeita a um eventual poder de dar instruções do terceiro o problema é diferente.

A primeira objeção seria a de o procurador não estar vinculado a obedecer ao terceiro, uma vez que este não é sujeito da relação de representação. No entanto, esta objeção não deve ser aceite.

O poder de dar instruções permite que se oriente e conforme a atuação do procurador, mas não resulta da relação de representação. A sua causa situa-se na relação subjacente, nos negócios que a constituem, uma vez que o procurador deve exercer a atividade representativa em obediência à relação subjacente e aos interesses que dela resultam. Deste modo, se a procuração for no interesse exclusivo de terceiro, o procurador deve agir segundo o interesse deste, conforme resulta da relação subjacente. Estando o procurador vinculado a prosseguir o interesse do terceiro, é de aceitar que este possa orientá-lo, no sentido do melhor modo de prosseguir esse interesse, desde que se mantenha dentro dos limites que resultam da relação subjacente.

Não é necessário que desse negócio resulte expressamente que o terceiro pode instruir o procurador. O poder de dar instruções resulta do jogo de interesses que se retira do negócio que constitui a relação subjacente, independentemente de os interesses estarem expressamente identificados. Se o interesse relevante for exclusivo do terceiro, este poderá, em regra, instruir o procurador. Se resultar da relação subjacente que existe uma pluralidade de interesses – por exemplo interesses do *dominus* e do terceiro –, o terceiro apenas poderá emitir instruções em matérias que sejam do seu exclusivo interesse, ou então carecerá do acordo do outro interessado.

5. Casos de procuração no interesse de terceiro

Como já se referiu, os casos de procuração no interesse de terceiro são frequentes nas situações em que entre *dominus* e terceiro não existe um nível de confiança suficiente para que aquele outorgue a procuração ao terceiro. Tipicamente, nestes casos, o procurador é alguém da confiança de ambos que aceita praticar os atos em causa.

Será o caso de num contrato entre A e B, em que A se compromete a praticar certo ato jurídico a favor de B. A outorga ainda uma procuração a

C para que este pratique o ato em sua representação, caso ele não o pratique em determinado prazo. Neste caso, dependendo da concreta configuração do negócio jurídico entre A e B, a procuração poderá ser no interesse exclusivo de B (terceiro) ou de A e B (*dominus* e terceiro).

São ainda frequentes em situações em que, embora existindo um nível de confiança entre *dominus* e terceiro que possibilitaria a outorga da procuração ao terceiro (sendo este o procurador), por qualquer razão o terceiro opta por não ser ele o procurador, indicando uma pessoa da sua confiança, ou da confiança de ambos.

Se, por exemplo, A e B celebram um contrato promessa de compra e venda de bem imóvel, pagando B desde logo a totalidade do preço e garantindo todas as obrigações de A (obrigações fiscais, por exemplo), mas em que A outorga uma procuração a C em vez de a B, por este não poder estar presente no local combinado para a celebração do contrato definitivo, a procuração será no interesse de B (terceiro).

VIII
Eficácia e consequências da irrevogabilidade

Em regra, a procuração é livremente revogável pelo *dominus*. A livre revogabilidade do caso típico da procuração resulta de esta ser no exclusivo interesse do *dominus*. Em consequência do princípio segundo o qual os poderes outorgados no interesse de uma pessoa podem sempre ser revogados por essa mesma pessoa, a procuração no interesse do *dominus* é, como já se referiu, livremente revogável.

No entanto, existem casos em que a procuração é irrevogável – procuração no interesse comum, procuração no interesse do procurador e procuração no interesse de terceiro. Em todos estes casos, a irrevogabilidade resulta de existir um outro interesse juridicamente relevante na procuração, um interesse de alguém que não o *dominus*. Saber quando é que a procuração é irrevogável não é suficiente. É importante aprofundar a fundamentação da irrevogabilidade e quais as suas consequências.

Outro problema a resolver, no âmbito da análise do regime da irrevogabilidade da procuração, é o de saber qual a eficácia jurídica da cláusula de irrevogabilidade estipulada numa procuração, sem que esta cláusula seja emergente de um interesse primário do procurador ou de terceiro. Nesta situação, o texto e a forma da procuração indicam que esta é irrevogável, sem que exista algo na relação subjacente que o justifique.

Trata-se, em última análise, de saber em que casos o *dominus* pode, ou não, revogar eficazmente a procuração.

1. A irrevogabilidade natural

O primeiro grupo de casos a ser analisado é o da procuração em que a irrevogabilidade resulta da existência de um interesse do procurador ou de terceiro. São os casos de procuração no interesse exclusivo do procurador ou do terceiro e os casos de procuração no interesse comum de *dominus* e procurador, de *dominus* e terceiro, de procurador e terceiro, ou de *dominus*, procurador e terceiro.

1.1. A procuração e a autonomia privada – o problema da legitimidade

A procuração é um negócio jurídico unilateral.[536] Através deste negócio, o *dominus* outorga poderes de representação ao procurador, sem o acordo nem a prévia cooperação deste, criando assim uma relação de representação. Esta relação jurídica é regida de acordo com o conteúdo da procuração.

Os negócios jurídicos unilaterais levantam, em regra, problemas de admissibilidade face ao princípio da autonomia privada, sucedendo o mesmo com a procuração.

Resulta do princípio da autonomia privada que cada um é senhor dos seus interesses, gerindo-os como entender, dentro dos limites do Direito. De acordo com este princípio, cada um pode agir livremente sobre a sua própria esfera jurídica. É o reconhecimento, pela ordem jurídica, da autarquia na atuação para si mesmo.[537] Ao resultado da conjugação da autonomia privada de cada um, com as situações jurídicas de que é titular, chama-se legitimidade.[538] Esta traduz a especial combinação entre autonomia privada e titularidade que permite a determinada pessoa, praticar certo ato, sobre um concreto objeto, em determinado momento.[539]

---

[536] Embora LABAND, *Die Stellvetretung*, cit., pág. 208, tenha construído a procuração como um contrato, "*Der Bevollmächtigungsvertrag ist ein (vom Mandat verschiedener) Consensual-Vertrag, durch welchen die Contraenten sich gegenseitig verpflichten, daß Rechtsgeschäfte, welche der eine Contrahent (der Bevollmächtigte) Ramens des Ander (des Vollmachtgebers) abschließ wird, ihrer Wirkung nach so angesehen werden sollen, als hätte sie der letzerer selbst abgeschlossen*", a doutrina atual é consensual na sua qualificação como negócio unilateral.
[537] FLUME, *El negocio jurídico*, cit., § 1.6, pág. 30.
[538] Sobre o conceito de legitimidade, PEDRO LEITÃO PAIS DE VASCONCELOS, *A Autorização*, cit., págs. 27 a 150.
[539] PEDRO LEITÃO PAIS DE VASCONCELOS, *A Autorização*, cit., pág. 79; BIANCA, *Diritto Civile*, cit., págs. 65 a 68; DI MAJO, *Legittimazione negli atti giuridici*, Enciclopedia del Diritto, Vol. XXIV, Giuffrè, Milano, 1958, pág. 52 e segs.; MAGALHÃES COLLAÇO, *Da legitimidade no*

A legitimidade resulta de uma especial relação entre o sujeito e uma situação jurídica sobre a qual se pretende agir.[540] Em regra, essa relação entre o sujeito e a situação jurídica coincide com a titularidade, embora existam exceções, uma vez que existem situações em que o titular não tem legitimidade e em que quem tem legitimidade não tem titularidade, casos estes que resultam da influência de níveis variados de autonomia privada.[541]

A legitimidade é, por isso, essencial para que alguém possa agir sobre uma situação jurídica. No caso *supra* referido, em que se atua sobre uma situação jurídica que apenas afeta os interesses de quem age, a legitimidade, em princípio, não levanta dificuldades. No entanto, sempre que a atuação sobre uma situação jurídica afete os interesses de várias pessoas, produzindo efeitos em várias esferas jurídicas, o problema torna-se mais complexo.

Em regra, quando assim suceder, será necessário que todos os titulares das esferas jurídicas ou das situações jurídicas afetadas consintam, anuam ou deem o seu acordo a que uma atuação de outrem afete a sua esfera jurídica. Evitar-se-á deste modo uma atuação com falta de legitimidade, uma vez que todos os sujeitos afetados pela atuação sobre aquela situação jurídica a autorizaram, e legitimaram assim o autor na sua atuação.

A exigência de legitimidade postula que, nos negócios jurídicos, cada parte possa agir apenas na medida em que o seu comportamento afete interesses de que é titular, que o seu titular tenha permitido a atuação, ou que beneficie de uma permissão normativa nesse sentido. Trata-se de uma consequência de os negócios jurídicos constituírem uma auto-regulamentação ou uma auto-ordenação de interesses privados.[542] A fundamentação dos contratos, na autonomia privada de cada interveniente, exige a intervenção originária ou subsequente de todos os titulares da situação jurídica a ser afetada pelo negócio, ou de pessoas que possam afetar essa

---

ato jurídico, BMJ nº 10, 1949, pág. 25; OLIVEIRA ASCENSÃO, *Direito Civil*, cit., Vol. II, págs. 91 a 93; PAIS DE VASCONCELOS, *Teoria Geral*, cit., 380 a 383.
[540] Sobre o conceito de legitimidade, PEDRO LEITÃO PAIS DE VASCONCELOS, *A Autorização*, cit., págs. 27 a 150.
[541] PEDRO LEITÃO PAIS DE VASCONCELOS, *A Autorização*, cit., págs. 27 a 150.
[542] PEDRO LEITÃO PAIS DE VASCONCELOS, *A Autorização*, cit., págs. 78 a 83; PAIS DE VASCONCELOS, *Teoria Geral*, cit., págs. 380 a 383; BETTI, *Teoria Geral*, cit., T. I, pág. 104; BIANCA, *Diritto Civile*, cit., pág. 66; OLIVEIRA ASCENSÃO, *Direito Civil*, cit., Vol. II, págs. 73 e 74; CARVALHO FERNANDES, *Teoria Geral*, cit., Vol. II, pág. 31.

situação jurídica, não podendo naturalmente verificar-se qualquer problema de legitimidade.

As dificuldades surgem quando se pretende fundamentar a eficácia dos negócios jurídicos unilaterais no âmbito da autonomia privada, considerando as posições jurídicas de terceiros que venham ou possam vir a ser afetadas. Nestes negócios apenas há uma parte.[543] Com base na autono-

---

[543] Embora na doutrina portuguesa seja dominante a definição de negócio unilateral como aquele em que apenas existe uma parte, não existe acordo na definição de parte. OLIVEIRA ASCENSÃO, *Direito Civil*, cit., Vol. II, págs. 91 a 93, faz coincidir o conceito de parte com a titularidade dos interesses que atuam nos negócios; havendo mais do que um titular de interesses diferentes tratar-se-á de um contrato, caso contrário será um negócio unilateral (parece, por isso, que, para o Autor, em princípio apenas a procuração no interesse exclusivo do *dominus*, do procurador ou do terceiro, serão sempre negócios unilaterais, uma vez que nas restantes existe uma pluralidade de titulares de interesses, podendo os interesses ser coincidentes ou diferentes). CABRAL DE MONCADA, *Lições*, cit., págs. 517 a 520, recorre ao critério do interesse associado ao número de intervenientes no ato para identificar as partes, considerando parte "a pessoa, ou conjunto de pessoas, que representam no ato o mesmo interesse" (por isso, para o Autor a procuração será, em qualquer caso, um negócio unilateral). MOTA PINTO, *Teoria Geral*, cit., págs. 387 e 388 e HEINRICH HÖRSTER, *A parte geral*, cit., pág. 427, entendem que as partes se aferem pelo número de modos de articulação das declarações integradoras do negócio, recorrendo o primeiro Autor à procuração como exemplo de negócio unilateral. ALMEIDA COSTA, *Direito das Obrigações*, 8ª ed., Almedina, Coimbra, 2000, pág. 413, CARVALHO FERNANDES, *Teoria Geral*, cit., Vol. II, págs. 55 a 58, e TRABUCHI, *Istituzioni*, cit., págs. 135 e 136, consideram como parte o conjunto de pessoas que manifestam vontades representativas de um mesmo interesse, o que faz recair a distinção entre negócios unilaterais e contratos no número de declarações negociais e no agrupamento, ou não, dessas declarações à volta de um interesse (para o Autor, a procuração é sempre um negócio unilateral, uma vez que independentemente do número de interesses em jogo, apenas há uma declaração negocial). PAIS DE VASCONCELOS, *Teoria Geral*, cit., págs. 439 a 443, parece seguir o mesmo critério, considerando como uma parte os intervenientes que prossigam o mesmo interesse ou tenham a mesma legitimação. FERREIRA DE ALMEIDA, *Texto e Enunciado na Teoria do Negócio Jurídico*, Vol. II, Almedina, Coimbra, 1992, págs. 842 a 848, usando como critério a unidade ou pluralidade de declarações de vontade, completa o critério afirmando que a unidade das declarações se afere pela unidade de conteúdo das declarações. Para este Autor, questões como o interesse, a legitimidade e a projeção dos efeitos são questões que "não estão no âmago do fenómeno comunicativo ao qual, sob este aspeto, só importa a identidade ou diferença dos sinais e respetivo significado, tal como são imputáveis a cada pessoa que intervém na gestação". MENEZES CORDEIRO, *Tratado – II*, cit., págs. 90 a 93, abandona a distinção entre negócios unilaterais e contratos feita com base no conceito de parte, adotando a diferenciação de efeitos como critério. Se os efeitos são os mesmos para todas as pessoas é um negócio unilateral, se surgirem regras diferentes para pessoas diversas é um contrato.

mia privada, o seu autor apenas poderia determinar a produção de efeitos que afetassem em exclusivo a sua própria esfera jurídica. Como justificar, então, a admissibilidade de negócios em que apenas há uma parte e que, não obstante isso, afetam a esfera jurídica de terceiros?

FLUME,[544] defendendo a autonomia privada como fundamento da regulamentação de interesses privados, entende que este princípio apenas admite a atuação sobre a esfera jurídica de cada um. Em consequência, apresenta a "configuração unilateral de relações jurídicas pela autonomia privada como exceção".[545] Admite, no entanto, o negócio unilateral "quando se trata do exercício de um direito ou de uma relação jurídica referida ao seu próprio património", "quando outros não são afetados nos seus direitos pela configuração jurídica", "ou quando para o outro apenas surja uma vantagem jurídica".[546]

No primeiro e no segundo casos, respeita-se na íntegra o princípio da autonomia privada. Ao não afetar mais nenhuma esfera jurídica[547] senão a sua própria, o sujeito tem com essa situação uma relação que o coloca numa posição especial – a titularidade –, que lhe permite atuar sobre ela. Tem por isso legitimidade para agir, que lhe é atribuída pela titularidade dos interesses afetados.

No terceiro caso a situação é diferente. Aqui, a atuação do sujeito vai afetar outras esferas jurídicas sem que o respetivo titular, ou outrem com legitimidade, tenha dado o seu acordo ou aceite essa perturbação da sua esfera jurídica. Face ao princípio da autonomia privada, esta eficácia potestativa do negócio jurídico unilateral sobre a esfera jurídica de terceiros não deveria ser admitida. O autor do negócio não tem nenhuma relação especial com a situação jurídica do terceiro afetado que lhe permita agir sobre ela, uma vez que não é o titular da esfera jurídica que irá ser afetada, nem tem outro título de legitimação normativo ou negocial. No entanto, a ordem jurídica admite que, em certos casos, uma pessoa possa unilateralmente afetar uma determinada situação jurídica, produzindo efeitos sobre a esfera jurídica de terceiros.

---

[544] FLUME, *El negocio jurídico*, cit., §1.6, págs. 31 e 32.
[545] FLUME, *El negocio jurídico*, cit., §1.6, pág. 31.
[546] FLUME, *El negocio jurídico*, cit., §1.6, págs. 31 e 32.
[547] No sentido de não afetar mais nenhum interesse juridicamente relevante.

A razão pela qual é admitida esta legitimação excecional[548] prende-se com as consequências que o comportamento do sujeito tem na esfera jurídica do terceiro. Este caso de legitimação apenas é admitido quando o resultado do comportamento do sujeito consista ou resulte na criação de uma "vantagem jurídica"[549] para o terceiro. Trata-se, por isso, de uma consequência positiva para o terceiro. Este pode usufruir, ou não, dessa vantagem de acordo com a sua vontade, mas pode também, o que é fundamental para FLUME, renunciar a ela. O Autor aponta como exemplo de um caso de negócio jurídico unilateral, do qual resulte para o terceiro uma "vantagem jurídica", a proposta contratual.

Também BIANCA[550] admite a possibilidade do negócio jurídico unilateral face ao princípio da autonomia privada. Com base numa análise dos casos legais, entende que o limite geral da eficácia do ato negocial a respeito de terceiros resulta do princípio da salvaguarda da esfera jurídica de terceiros.[551] Defende por isso que, para que o negócio jurídico possa produzir efeitos sobre a esfera jurídica de terceiro, será necessário que seja insuscetível de criar um prejuízo pessoal e patrimonial. Entende ainda que ao terceiro não poderá ser imposto um benefício, razão pela qual defende a necessidade de o terceiro poder renunciar ao efeito do negócio unilateral.

MENEZES CORDEIRO,[552] após uma análise do regime do Código Civil relativo aos negócios unilaterais, defende que a lei não estabelece uma tipicidade fechada de negócios unilaterais, uma vez que a abstração das categorias de negócios unilaterais não permite a sua qualificação como tipos. Conclui que, através dos negócios unilaterais, em princípio, as pessoas apenas se podem obrigar a si mesmas, a menos que se verifique o consentimento da pessoa afetada.[553] Seria ainda possível que uma pessoa beneficiasse outra através de um negócio unilateral. Contesta, por isso, a adoção pelo Código Civil do princípio *invito non datur beneficium*, na sua formulação clássica. No entanto, neste caso, o beneficiário poderia recusar esse benefício.

---

[548] FLUME, *El negocio jurídico*, cit., §1.6, pág. 31, considera que a configuração unilateral de relações jurídicas com base na autonomia privada constitui um caso excecional.
[549] FLUME, *El negocio jurídico*, cit., §1.6, pág. 32.
[550] BIANCA, *Diritto Civile*, cit., págs. 10 a 14.
[551] BIANCA, *Diritto Civile*, cit., pág. 13.
[552] MENEZES CORDEIRO, *Tratado de Direito Civil Português II, Direito das Obrigações*, Tomo II, Almedina, Coimbra, 2010, cit.: "*Obrigações II*", págs. 673 a 699.
[553] MENEZES CORDEIRO, *Obrigações II*, cit., págs. 682 e 683.

FERREIRA DE ALMEIDA[554] divide a questão da admissibilidade dos negócios jurídicos unilaterais de acordo com as consequências desfavoráveis, neutras ou favoráveis que a atuação sobre a situação jurídica pode ter sobre o terceiro. A extinção de situações jurídicas cativas através de um negócio unilateral – consequência desfavorável – deverá fundar-se no exercício de um direito potestativo. A criação de situações jurídicas cativas – consequência favorável – deverá, no mínimo, admitir a possibilidade de recusa pelo terceiro afetado. Nos casos de negócios jurídicos unilaterais que não afetam terceiros – consequência neutra –, o Autor admite a total liberdade de atuação do autor do negócio jurídico. Do confronto da sua posição com o regime legal vigente, conclui que os casos em que seria de admitir o negócio jurídico unilateral sem a necessidade de uma legitimação especial – em princípio, os casos de consequência neutra ou favorável – ficam limitados aos casos previstos na lei e aos casos em que esta não se pronuncia sobre a sua formação.

Através da procuração, o *dominus* outorga ao procurador o poder de representação. A procuração é, por isso, um negócio jurídico unilateral que afeta a esfera jurídica de alguém que não é parte nesse negócio.[555] Levantam-se aqui os problemas acima referidos. Para que o *dominus* possa afetar a esfera jurídica do procurador, é necessário que tenha legitimidade para o fazer. Uma vez que o negócio é unilateral, a legitimidade não resulta do acordo do procurador. Também não se pode dizer que essa legitimidade resulte de uma permissão contida na relação subjacente, uma vez que a prévia existência da relação subjacente não é essencial para a eficácia da procuração. É, aliás, frequente a outorga de procurações antes da celebração do negócio que constitui a relação subjacente. A partir do momento da outorga da procuração, o procurador pode representar o *dominus* eficazmente ainda que antes da existência de uma relação subjacente, embora não deva ainda propriamente agir no uso dos poderes de representação, incorrendo em abuso de representação se o fizer.

---

[554] FERREIRA DE ALMEIDA, *Texto e Enunciado*, cit., Vol. II, págs. 771 a 782.
[555] Em rigor, a outorga da procuração produz efeitos que se irão repercutir não só na esfera jurídica do procurador, mas também na esfera jurídica do *dominus*. A partir do momento da outorga da procuração, o *dominus* fica sujeito aos efeitos jurídicos que resultarem do exercício dos poderes de representação pelo procurador. No entanto, uma vez que o *dominus* é o titular da sua esfera jurídica, não se levantam problemas de legitimidade.

A resposta a esta questão está no tipo de consequências que a outorga da procuração implica para a esfera jurídica do procurador. A procuração não cria na esfera jurídica do procurador nenhuma obrigação ou vinculação; limita-se a conceder-lhe o poder de agir sobre a esfera jurídica do *dominus*. O procurador não está, em resultado da procuração, vinculado a exercer os poderes de representação, nem fica sujeito a qualquer outra obrigação. A procuração é, por isso, um mero instrumento de legitimação,[556] que não implica para o procurador nenhuma desvantagem patrimonial ou pessoal. Para além do que se referiu, importa mencionar que o procurador pode renunciar à procuração – art. 265º, nº 1 do Código Civil – em princípio livremente. Pode, por isso, concluir-se que a outorga da procuração não implica uma vinculação ou um ónus, mas antes uma "vantagem jurídica" para o procurador, ou consequências positivas para a esfera jurídica deste.[557]

Justifica-se, assim, que o *dominus* possa outorgar a procuração, afetando consequentemente a esfera jurídica do procurador, sem o acordo deste. A legitimidade do *dominus* para a outorga da procuração não resulta da titularidade de um direito próprio, nem da legitimação por permissão do titular, mas em relevância negativa da afetação.[558] O efeito provocado na esfera jurídica do procurador não o prejudica nem constitui para este uma desvantagem ou uma vinculação, mas antes uma vantagem, um poder.

O problema da procuração irrevogável e do seu regime de revogação centra-se fundamentalmente na questão da legitimidade.

1.2. O caso típico – a procuração no interesse do *dominus*

No caso típico, a procuração é outorgada no exclusivo interesse do *dominus*. Isso significa que a procuração apenas é útil para prosseguir os seus

---

[556] Sem ela o procurador não poderia agir sobre situações jurídicas que afetassem a esfera jurídica do *dominus*.

[557] A possibilidade de renúncia do procurador é, como se viu, da maior relevância para a admissibilidade da procuração face à autonomia privada. Pode, por isso, afirmar-se que a regra da livre renunciabilidade da procuração pelo procurador, constante do art. 265º, nº 1, do Código Civil, é uma norma imperativa, verificando-se sempre, independentemente do jogo de interesses relevantes.

[558] Também LARENZ, *Richtiges Recht*, Beck, München, 1979, pág. 58, se pronuncia contra a intromissão unilateral na esfera jurídica de outrem, exceto nos casos em que dessa intromissão não resulta a constituição de uma obrigação para outrem, admitindo-a nos casos em que exista uma permissão legal ou contratual, uma quebra acentuada da confiança, ou quando por outras causas se torne inexigível a continuação da vinculação.

fins. Neste caso, o procurador age no interesse do *dominus*, não tendo qualquer interesse seu na vigência da procuração e no exercício representativo. Conforme resulta do complexo formado pela procuração e pela relação subjacente, a atuação do procurador apenas é útil para a prossecução de fins do *dominus*.

O procurador é titular do poder de representação. Não tem, no entanto, qualquer interesse relevante na procuração. O procurador, no caso típico, apenas tem um interesse geral no bom cumprimento do negócio que constitui a relação subjacente. Não tem um interesse próprio na relação de representação, limitando-se a agir por conta e no interesse do *dominus*. Não lhe trazendo a procuração nenhuma utilidade, não sendo idónea para atingir um fim seu, não terá também nenhum interesse na manutenção dessa relação. Que utilidade efetiva poderá a relação de representação trazer para o procurador? Embora possa usar eficazmente a procuração – nos casos de abuso de representação perante terceiro de boa fé –, não o conseguirá fazer sem ilicitude.[559] Mas não se pode admitir que o procurador tenha um interesse juridicamente relevante na prática de atos ilícitos. O interesse numa atuação ilícita, por parte do procurador, não pode ser considerado um interesse juridicamente relevante ou juridicamente protegido. Seria um contra-senso. Deve, por isso, considerar-se que, no caso típico da procuração, o procurador não é titular de qualquer interesse juridicamente relevante.

Importa agora saber se o *dominus* pode, neste mesmo caso, revogar livremente a procuração e qual a fundamentação desse poder.

A revogação, tal como a procuração, é um negócio jurídico. Trata-se de um ato que, pelo seu conteúdo – a extinção dos poderes de representação –, está teleologicamente dirigido à extinção de uma relação jurídica – a relação de representação –, através da estatuição de um regime que regula essa extinção.[560]

O *dominus* extingue o poder de representação do procurador através da revogação da procuração. Tal como no caso da outorga da procuração, verifica-se uma situação de intervenção de uma pessoa na esfera jurídica de outrem. O problema é, mais uma vez, de legitimidade. Consiste em

---

[559] No caso do abuso de representação com terceiros de boa fé, embora o negócio celebrado seja válido e eficaz, o procurador praticará um ilícito negocial ao violar a relação subjacente.
[560] Seguimos, quanto à noção de negócio jurídico, FLUME, *El negocio jurídico*, cit., §9.1 pág. 139.

saber se o *dominus* tem ou não legitimidade para extinguir um poder que existe na esfera jurídica do procurador.

Para que o *dominus* possa revogar a procuração, é necessário que tenha uma relação especial com a situação jurídica – o poder de representação –, que lhe permita agir sobre ela.

Essa relação especial traduz-se tipicamente na titularidade. No caso da procuração, o titular do poder de representação é o procurador e não o *dominus*. Logo, em princípio, quem tem legitimidade para extinguir unilateralmente esse poder é o próprio procurador. Mesmo que se concebesse o *dominus* como sendo também titular do poder de representação, o que não sucede, este não teria legitimidade, só por si, para a revogação. Tratar-se-ia, então, de uma situação de comunhão no poder de representação, que exigiria uma intervenção conjunta de ambos os contitulares. Seguindo este raciocínio, o único caso em que o *dominus* poderia revogar unilateralmente a procuração seria o de ser ele o único titular do poder de representação. Isso, no entanto, não acontece, já que o titular do poder de representação – o representante – não é o *dominus*, nem sequer em comunhão, mas antes o procurador.

Também não parece ser possível reconhecer legitimidade ao *dominus* pela invocação da irrelevância da afetação, com recurso aos argumentos usados no caso da legitimidade para a outorga da procuração. A eficácia da revogação da procuração pelo *dominus* sobre a esfera jurídica do procurador é redutora. Através da revogação da procuração, a esfera jurídica do procurador perde um poder, o poder de representação. Parece, por isso, ser claro que se trata, então, de um caso de perda de uma "vantagem jurídica" do procurador.

Numa primeira análise, verifica-se, portanto, que, segundo as regras gerais do Direito Civil relativas à legitimidade conforme foram expostas, o *dominus* não poderia revogar unilateralmente a procuração.

A legitimidade para a revogação nasce de um direito subjetivo potestativo do *dominus*. Nos termos do art. 265º, nº 2 do Código Civil, o *dominus* pode revogar livremente a procuração. Este é o principal título de legitimação do *dominus* para poder revogar a procuração. Sem esse título de legitimação aplicar-se-ia, em princípio, o regime geral da legitimidade e, em consequência, o *dominus* não poderia revogar unilateralmente a procuração, isto é, sem o acordo do procurador, por lhe faltar a legitimidade para agir direta e unilateralmente sobre a sua esfera jurídica privando-o, em consequência dessa atuação, de um poder, o poder de representação.

Importa, agora, saber qual o fundamento da disposição legal referida. Ou seja, saber por que razão a lei permite que alguém, o *dominus*, atue sobre uma situação jurídica (o poder de representação) de tal modo que afete a esfera jurídica de outrem – o procurador – extinguindo nela esse poder, quando parece não existir fundamento para tal, de acordo com as regras gerais da legitimidade.

Para FLUME, "a revogabilidade é um elemento estrutural essencial da procuração".[561] Com esta afirmação traduz a opinião generalizada da doutrina sobre a livre revogabilidade da procuração. Prossegue, esclarecendo que, uma vez que a procuração nasce e se funda na vontade do *dominus*, só poderá vigorar enquanto essa vontade se mantiver, concluindo pela livre revogabilidade da procuração, no seu caso típico.

Para DÍEZ-PICAZO[562], a confiança é a base da relação de representação, razão pela qual é "*justo*"[563] que o *dominus* deva poder revogar a procuração quando cesse a confiança. Acrescenta ainda que, na relação de representação e na escolha do procurador, existe um "evidente *intuitus personæ*".[564] No entanto, o Autor entende que estes dois argumentos não são suficientes só por si para fundamentar a livre revogabilidade da procuração. Ambas as caraterísticas – confiança e *intuitus personæ* – verificam-se também em vários outros negócios jurídicos sem que fundem a livre revogabilidade. O Autor funda-a na autonomia privada. A procuração não é mais do que um instrumento para atuar quanto a interesses do *dominus* e, como tal, na sua esfera jurídica. Podendo o *dominus* gerir a sua esfera jurídica como melhor entender, pode sempre revogar a procuração. Na construção de DÍEZ-PICAZO, não é reconhecida ao procurador uma posição jurídica suficientemente relevante para o fazer intervir necessariamente na legitimação do *dominus* para a revogação: apenas o *dominus* é titular da totalidade das posições e dos interesses juridicamente relevantes neste tema.

BIANCA[565] funda a livre revogabilidade da procuração no princípio segundo o qual os poderes outorgados no interesse de uma pessoa podem sempre ser revogados por essa pessoa. No entanto, não explicita o princípio, nomeadamente no que diz respeito à sua fundamentação. Para o

---

[561] FLUME, *El negocio jurídico*, cit., § 51.2, pág. 981.
[562] DÍEZ-PICAZO, *La Representación*, pág. 298.
[563] Nas palavras do Autor.
[564] DÍEZ-PICAZO, *La Representación*, cit., pág. 298.
[565] BIANCA, *Diritto Civile*, cit., pág. 106.

Autor, como vimos, é admissível que um negócio jurídico unilateral afete a esfera jurídica de outrem, "quando o efeito seja insuscetível de prejuízo pessoal e patrimonial" e seja salvaguardada a "faculdade de renúncia pelo destinatário".[566]

É verdade que a revogação da procuração provoca na esfera jurídica do procurador um resultado negativo. Através dela extingue-se uma posição jurídica ativa alheia. Tal não é, em regra, admitido pelo princípio da autonomia privada, acarretando a ilegitimidade do *dominus* para proceder à revogação. No entanto, se se analisar as consequências da atuação do *dominus* sobre a situação jurídica no plano dos interesses do procurador, concluir-se-á que estes não são afetados.

Tipicamente, a procuração é outorgada no interesse exclusivo do *dominus*. Deste modo, embora o *dominus* afete com o seu comportamento uma esfera jurídica alheia, não afeta interesses alheios que sejam juridicamente relevantes. Ao nível desses interesses, tudo sucede como se o *dominus* apenas agisse sobre a sua própria esfera jurídica. Trata-se, por isso, de uma atuação com consequências neutras ao nível dos interesses juridicamente relevantes do procurador.

O princípio segundo o qual os poderes outorgados no interesse de uma pessoa podem sempre ser revogados por essa mesma pessoa aponta orientações jurídicas no sentido de resolver a questão suscitada por uma situação em que um comportamento de alguém afeta negativamente a esfera jurídica de outrem, sem que atinja negativamente os interesses de outrem. O princípio referido traduz uma valoração feita pela ordem jurídica, cuja compreensão exige que se proceda a uma análise das posições do *dominus* e do procurador.

No caso típico, o *dominus* é titular de um interesse na manutenção da procuração, pois esta é um instrumento útil para prosseguir os seus fins de ver celebrado determinado negócio, sem que seja ele próprio a celebrá-lo diretamente.

O *dominus* é ainda, quando pretende revogar a procuração, titular de um interesse em obter a extinção da procuração, uma vez que, enquanto a procuração se mantiver em vigor, o procurador pode atuar na sua esfera jurídica e essa atuação pode causar-lhe prejuízos, ou pôr em causa a prossecução dos seus fins. O que o *dominus* pretende, em última análise, é poder

---

[566] BIANCA, *Diritto Civile*, cit., pág. 13.

fazer cessar a legitimidade do procurador para atuar na sua esfera jurídica, que é facultada pela procuração.

Há ainda que ponderar a posição do procurador, enquanto titular do poder de representação. Nesta qualidade, o procurador não tem, no entanto, qualquer interesse primário na procuração. Conforme já foi analisado, segundo resulta da relação subjacente e da procuração, esta não representa para o procurador uma utilidade para prosseguir fins próprios, específicos, objetivos e diretos, e assim obter uma vantagem objetiva. Apenas tem um interesse geral no bom cumprimento do negócio que constitui a relação subjacente. Não tem, por isso, na relação de representação um interesse próprio juridicamente tutelado como tal e limita-se a agir no interesse do *dominus*. Não lhe trazendo a procuração nenhuma utilidade, não sendo idónea para atingir um fim seu, não terá também nenhum interesse na manutenção dessa relação. Que utilidade efetiva poderá a relação de representação trazer para o procurador, dentro do campo da licitude? Embora possa usar eficazmente a procuração – nos casos de abuso de representação com terceiro de boa fé –, não o conseguirá fazer sem praticar atos ilícitos.[567] Não se pode aceitar que a procuração seja útil para o procurador, por lhe permitir a prática de atos ilícitos. Concluindo, deve considerar-se que, no caso típico da procuração, o procurador não é titular de qualquer interesse juridicamente relevante que impeça a sua revogação.

O poder de representação outorgado ao procurador, e consequentemente a procuração, destina-se, no caso típico da procuração, a tutelar um interesse exclusivo do *dominus*. Através dele, a ordem jurídica permite que o *dominus* possa tornar-se parte num negócio jurídico, ou praticar um qualquer ato jurídico, sem que tenha de intervir pessoalmente.

A ordem jurídica tutela interesses privados. No entanto, é necessário esclarecer que interesses privados a ordem jurídica tutela e com que limites. A ordem jurídica não pode tutelar ilimitadamente todo e qualquer interesse dos particulares, sob pena de perder coerência valorativa e sistemática. A ordem jurídica tutela os interesses particulares que valora como merecedores da sua proteção, por permitirem a evolução da própria ordem jurídica em direção aos seus fins e de acordo com os seus valores específicos. A maneira como tutela os interesses particulares pode variar

---

[567] No caso do abuso de representação com terceiros de boa fé, embora o negócio celebrado seja válido e eficaz, o procurador praticará um ilícito negocial ao violar a relação subjacente.

e varia normalmente de acordo com a valoração que deles é feita pela própria ordem jurídica. Essa tutela pode ser conseguida através de um direito subjetivo, de uma mera faculdade, de um simples poder, de um interesse reflexamente protegido ou por qualquer outro modo de atribuir um certo nível de proteção à efetividade dessa utilidade.

No caso em apreço, a ordem jurídica tutela o interesse do *dominus*, permitindo a outorga de poderes de representação. Em consequência, no caso típico da procuração, o poder de representação e o próprio procurador constituem um modo ou um meio de tutela dos interesses do *dominus*: são-lhe instrumentais.

Uma vez que esse interesse do *dominus* está na sua disponibilidade, caber-lhe-á, de acordo com o princípio da autonomia privada, decidir se quer manter o poder de representação ou não. Deste modo, a tutela do interesse do *dominus* é efetiva. Permite, não só criar o poder de representação livremente, mas também extingui-lo livremente.

No entanto, a ordem jurídica apenas admite esta amplitude na extinção da procuração por ela não implicar nenhum conflito com qualquer interesse do procurador que seja merecedor de tutela jurídica. No caso típico da procuração, nada existe na esfera jurídica do procurador que seja merecedor de tutela jurídica e que seja ofendido pela revogação da procuração.

Assim se explica o princípio segundo o qual os poderes outorgados no interesse exclusivo de uma pessoa podem sempre ser revogados por essa mesma pessoa,[568] e assim se fundamenta o regime jurídico do art. 265º, nº 2, do Código Civil.

Com base neste preceito legal, o *dominus* fica legitimado para proceder à livre revogação da procuração outorgada no seu interesse exclusivo, podendo por isso agir de modo a afetar a esfera jurídica de outrem.

A norma do art. 265º, nº 2, do Código Civil, ao prever a livre revogabilidade da procuração no interesse exclusivo do *dominus* não é, deste modo, uma norma de legitimação excecional. É antes uma norma destinada a resolver um caso particular de configuração de interesses, correspondendo à aplicação do princípio geral. Embora aparente ser excecional, por permitir que alguém provoque a extinção de um poder na titularidade de outrem, não o é porque o titular desse poder não tem nele qualquer inte-

---

[568] IRENE DE SEIÇA GIRÃO, *O Mandato*, cit., pág. 66, chega à mesma conclusão no que respeita ao contrato de mandato.

resse primário e, como tal, a ordem jurídica não o tutela contra quem tem um interesse na sua extinção. Essa norma deve, assim, ser interpretada como sendo aplicável apenas aos casos de procuração outorgada no interesse exclusivo do *dominus*, o que é confirmado pelo nº 3 do mesmo artigo.

1.3. A procuração no interesse de *dominus* e procurador

No caso da procuração no interesse de *dominus* e procurador não se verifica a previsão da norma do art. 265º, nº 2, do Código Civil.

Já vimos que esta norma apenas encontra justificação no caso da procuração outorgada no interesse exclusivo do *dominus*. No caso ora em apreço isso não sucede, uma vez que existe, para além do interesse do *dominus*, também um interesse do procurador. Não se justifica, por isso, a aplicação do princípio segundo o qual os poderes outorgados no interesse de uma pessoa podem sempre ser revogados por essa mesma pessoa, pela simples razão de o poder de representação, neste caso, não ter sido outorgado no exclusivo interesse do *dominus*. Aliás, esse mesmo princípio impede a livre revogabilidade unilateral pelo *dominus* da procuração outorgada no interesse do *dominus* e do procurador, exigindo para a revogação a intervenção ou, pelo menos, a anuência, de ambos os titulares dos interesses juridicamente tutelados e relevantes, isto é, do *dominus* e do procurador. Assim se compreende a relação entre o nº 2 e o nº 3 do art. 265º do Código Civil. O nº 2 traduz, como já se referiu, um caso de legitimação para uma situação especial. O nº 3 é um mero resultado da aplicação das regras gerais da legitimidade com fundamento na autonomia privada, numa situação diferente.

No caso agora em apreciação, em que a procuração foi outorgada no interesse de *dominus* e procurador, ambos retiram uma utilidade da vigência da procuração, no que concerne à possibilidade de atingir ou realizar fins próprios. Ambos têm, por isso, interesse na vigência e na não revogação da procuração. Em consequência, a ordem jurídica tutela ambos os interesses através do regime de irrevogabilidade unilateral da procuração. A regra, no caso da procuração outorgada no interesse de *dominus* e de procurador, é a da irrevogabilidade.

O problema surge se o *dominus* pretender revogar a procuração, mais precisamente, quando pretenda revogá-la livremente. Através da revogação, o *dominus* provocaria a extinção de um poder numa esfera jurídica alheia, tendo o titular desse poder um interesse juridicamente relevante na sua manutenção. Essa intenção de revogação do *dominus* poderá surgir pelas mais variadas razões. Desde razões que não têm qualquer relevância para a ordem jurídica, até razões que podem ser consideradas como interesses merecedores de tutela. Trata-se de uma questão de valoração por parte da ordem jurídica. Importa saber se a utilidade que o *dominus* retira da revogação da procuração para prosseguir um determinado fim é valorativamente superior à utilidade que o procurador retira da vigência da procuração para atingir o seu fim. Na valoração dos interesses, a ordem jurídica toma necessariamente em conta o facto de a procuração ter sido outorgada no interesse de *dominus* e de procurador. Importa, por isso, saber se este novo interesse do *dominus* se pode sobrepor ao jogo de interesses originário, especialmente ao interesse do procurador. Se for esse o caso, verificar-se-á uma situação de justa causa para a revogação. Quando da valoração dos interesses efetuada pela ordem jurídica resulte que o interesse do *dominus* na revogação da procuração não é superior ao interesse do procurador na manutenção da vigência da mesma, esse interesse não será tutelado pela ordem jurídica. O *dominus* não poderá, por isso, revogar livremente a procuração, extinguindo o poder de representação. Não o permite o princípio da autonomia privada, pois não é titular desse poder, nem tem qualquer outro título de legitimação, como seria uma permissão por parte do titular. Não o admite a norma do nº 2 do art. 265º do Código Civil, pois afeta negativamente a esfera jurídica do procurador.

Assim, a ordem jurídica não reconhece o *dominus* como titular de uma posição que o coloque numa relação especial com o poder de representação e com a procuração que lhe permita agir livremente sobre essa situação, afetando a esfera jurídica do procurador. O *dominus* não tem legitimidade para revogar unilateral e livremente a procuração no interesse de *dominus* e de procurador.

1.4. A procuração no interesse de *dominus* e terceiro

No caso da procuração outorgada no interesse de *dominus* e de terceiro a questão é mais complexa.

Tal como no caso anterior, na procuração outorgada no interesse de *dominus* e terceiro, verifica-se originariamente um interesse do *dominus* na manutenção da vigência da procuração. No entanto, neste caso, o procurador não tem nenhum interesse juridicamente relevante na manutenção da vigência da procuração, quem tem esse interesse é o terceiro. Diversamente da procuração no interesse de *dominus* e de procurador, no caso agora em apreciação a titularidade do poder de representação e a titularidade do interesse primário pertencem a pessoas diferentes. A titularidade do poder de representação pertence, como é natural, ao procurador. No entanto, este não tem um interesse primário na procuração. A titularidade desse interesse pertence ao terceiro, que não é titular do poder de representação.

Mais uma vez, o problema consiste em saber se o *dominus* pode revogar livremente a procuração.

No que respeita ao procurador, a situação é semelhante ao caso da procuração no interesse exclusivo do *dominus*. Poderia, por isso, pensar-se que seria de seguir o mesmo raciocínio, aplicando-se a regra de livre revogabilidade constante do art. 265º, nº 2, do Código Civil.

Esta solução colide, no entanto, com o art. 265º, nº 3, do Código Civil, que prevê expressamente a procuração no interesse de *dominus* e terceiro como sendo um caso de procuração irrevogável, tal como sucede no caso da procuração no interesse de *dominus* e procurador. Importa saber qual a razão para a inclusão da procuração no interesse de *dominus* e terceiro no leque das procurações irrevogáveis.

No caso da procuração no interesse de *dominus* e terceiro, a revogação por parte do *dominus* não afeta qualquer situação jurídica do terceiro que resulte diretamente da procuração, uma vez que este não é parte na relação de representação. Assim, procedendo a uma análise estritamente limitada ao nível da procuração, a revogação desta não conflituaria com o princípio da autonomia privada.

No entanto, o interesse do terceiro não resulta da procuração. Resulta, antes, da relação subjacente e do modo como esta se articula com a procuração. Será por isso necessário ter em consideração o negócio que constitui a relação subjacente para se encontrar a justificação da irrevogabilidade da procuração no interesse de *dominus* e terceiro.

Já vimos em que pode consistir o interesse do terceiro; importa agora saber se esse interesse pode fundar a irrevogabilidade da procuração.

No caso da procuração no interesse de *dominus* e terceiro, este tem na procuração e, por isso, na manutenção da sua vigência, um interesse que é valorado positivamente pela ordem jurídica. Resultam do negócio, que constitui a relação subjacente, situações cativas do terceiro que não serão operacionais, ou que verão a sua operatividade muito diminuída, se a procuração for revogada. Se o *dominus* puder revogar livremente a procuração, porá em causa os interesses que estão por detrás dessas situações cativas do terceiro. O *dominus*, ao revogar a procuração, poderia não estar a agir diretamente sobre a esfera jurídica do terceiro, uma vez que a revogação não determina necessariamente a extinção dessas situações cativas deste. No entanto, no mínimo, torná-las-ia inúteis para tutelar os seus interesses. Na prática, a revogação da procuração no interesse de *dominus* e de terceiro implicaria uma inutilização de situações cativas do terceiro que resultam do negócio que constitui a relação subjacente.

A lei, no art. 265º, nº 3, do Código Civil, ao estatuir a irrevogabilidade da procuração, atribui uma forma de tutela de interesses. Neste caso, a procuração tem para o terceiro uma utilidade que consiste, por exemplo, em funcionar como instrumento de execução de uma garantia da obrigação do *dominus*, ou como instrumento para a satisfação de direitos subjetivos do terceiro. Neste sentido, a procuração permite a prossecução dos fins do terceiro, por exemplo, de obter uma determinada prestação do *dominus*.

Justifica-se, por isso, que a procuração no interesse de terceiro seja irrevogável. Através dela a ordem jurídica tutela interesses do terceiro. Assim, se o *dominus* revogar a procuração, estará a agir sobre a esfera jurídica do terceiro, não ao nível da procuração propriamente dita, mas antes ao nível da relação subjacente. Esta atuação na esfera jurídica do terceiro pode mesmo não consistir na extinção de posições jurídicas cativas, mas, em última análise, implicará a sua inutilização ou uma dificuldade na sua concretização. É aqui que a revogação da procuração irá afetar situações cativas do terceiro.

Como vimos, para que o *dominus* possa afetar livremente uma situação jurídica ativa do terceiro, será necessário que tenha um título suficiente de legitimação. No caso da procuração no interesse de *dominus* e terceiro, esse título não resulta nem da procuração, nem da relação subjacente. Também não resulta da lei, que estatui exatamente o contrário. Deve, por isso, concluir-se que, na procuração no interesse de terceiro, o *dominus* não pode revogar livremente a procuração, por não se encontrar legitimado para tal.

1.5. A procuração no interesse de *dominus*, procurador e terceiro

No quarto caso, a procuração representa algo de útil para atingir os fins de todos: *dominus*, procurador e terceiro. Importa, também agora, saber se o *dominus* a pode revogar.

Neste caso, tanto o interesse do procurador, como o interesse do terceiro, justificam a irrevogabilidade. Para que o *dominus* pudesse revogar a procuração, seria necessário que estivesse legitimado para afetar todas as esferas jurídicas em causa. Quanto à sua própria esfera jurídica, encontra-se em princípio legitimado, com base na autonomia privada, através da titularidade. Mas este fundamento de legitimação já não opera no caso da esfera jurídica do procurador e do terceiro. A legitimidade para extinguir o poder de representação, afetando a esfera jurídica de procurador e terceiro, também não resulta da regra de legitimação excecional. No que respeita ao procurador, extingue um poder no qual este tem interesse, pelo que tem consequências negativas. No que respeita ao terceiro, inutiliza posições jurídicas cativas deste na relação subjacente que são juridicamente tuteladas, tendo também, por isso, consequências negativas. A legitimação também não resulta da lei, pois o art. 265º, nº 2, do Código Civil não se aplica a esta situação, sendo que o nº 3, que se aplica, estatui precisamente o oposto. A procuração no interesse de *dominus*, procurador e terceiro é, por isso, em regra irrevogável.

O *dominus* apenas poderá revogar a procuração quando o interesse que tenha na sua extinção for valorado pela ordem jurídica como superior ao interesse que procurador e terceiro têm na vigência da mesma, ou quando intervierem todos os titulares da legitimidade para proceder à revogação.

1.6. A procuração no interesse do procurador

A grande diferença entre o caso agora em análise e a procuração no interesse de *dominus* e procurador consiste, naturalmente, na inexistência de um interesse do *dominus* na procuração e na sua vigência. Importa, antes de tudo, ter em consideração que, quando se diz que o *dominus* não tem um interesse na procuração, não se quer dizer que os seus interesses sejam completamente alheios à procuração, uma vez que pode ter um interesse na sua extinção. Mas isso constituiria um caso de interesse do *dominus* na revogação da procuração e não na procuração propriamente dita. O que se pretende significar é que o *dominus* não retira da procuração nenhuma utilidade.

A procuração, enquanto instrumento de representação, não é útil para atingir nenhum fim do *dominus*, nomeadamente, por o *dominus* ter previamente atingido todos os fins que se propunha. Será, por exemplo, o caso de o *dominus* ser o promitente vendedor de um imóvel, tendo já recebido a totalidade do preço e tendo ao seu dispor uma garantia bancária autónoma que cobrisse quaisquer responsabilidades para com terceiros.

Neste caso, apenas o procurador tem um interesse na vigência da procuração. Só para o procurador é que a procuração tem utilidade para atingir fins próprios. Uma vez que o procurador, que é titular do poder de representação, é o único titular de um interesse na vigência da procuração, a ordem jurídica estatui a irrevogabilidade da mesma.

A livre revogabilidade da procuração, neste caso, não se pode fundar na regra de legitimação do art. 265º, nº 2, do Código Civil, pois não se encontra verificada a previsão da norma, nem no princípio que esta concretiza, uma vez que a procuração não foi outorgada no seu exclusivo interesse.

Também não se pode fundar na autonomia privada, pois o *dominus* não é titular nem do poder de representação, nem dos interesses relevantes na procuração. Deve, portanto, considerar-se o caso da procuração no exclusivo interesse do procurador abrangido pelo art. 265º, nº 3, do Código Civil.

Uma vez que o comportamento do *dominus*, no caso da revogação da procuração em que intervenha um interesse primário do procurador, afeta negativamente a esfera jurídica e interesses desse mesmo procurador e que aquele não é titular de uma especial relação quanto à situação jurídica que lhe permita agir sobre essa situação – quer essa especial relação tenha origem legal quer negocial –, o *dominus* não terá então legitimidade para revogar livremente a procuração.[569] Tudo se passa como na generalidade dos negócios jurídicos, em obediência às regras de autonomia privada e legitimidade.

1.7. A procuração no interesse de terceiro

A complexidade deste caso é semelhante à da procuração no interesse de *dominus* e terceiro. Também agora o terceiro, embora tenha na vigência da procuração um interesse relevante, não é titular de uma posição jurídica que resulte diretamente da procuração. Apenas o procurador é titular de

---

[569] Sílvio Rodrigues, *Direito Civil*, cit., pág. 287. Referindo-se ao procurador *in rem suam*, defende que "ao mandante, que não tem qualquer interesse no negócio, falta legitimação para revogar o mandato em causa própria". O Autor diverge diametralmente da doutrina e jurisprudência brasileiras, e acaba por concluir que, "a despeito da numerosa jurisprudência em contrário, recalcitro naquela opinião". A doutrina e jurisprudência brasileiras consideram a procuração no interesse exclusivo do procurador como um ato de transmissão de posições jurídicas.

uma posição jurídica ativa diretamente resultante da procuração. A diferença consiste, no caso agora presente, na falta de um interesse do *dominus*.

Viu-se já, na análise do caso da procuração no interesse de *dominus* e terceiro, que a inexistência de um interesse do procurador não determina a livre revogabilidade pelo *dominus*. Viu-se também que o interesse do terceiro na vigência da procuração resulta do negócio que constitui a relação subjacente e como esse interesse funda a irrevogabilidade da procuração.

O interesse do *dominus* não é necessário para a irrevogabilidade da procuração. A procuração é irrevogável porque a ordem jurídica valora certos interesses do terceiro como dignos de tutela. Não estando o *dominus* legitimado para agir de modo a afetar negativamente esses interesses – quer por via negocial, quer por via legal –, este não pode revogar livremente a procuração. Assim, basta que exista um interesse de outrem que a ordem jurídica valore como digno de tutela para que o *dominus* não possa revogar livremente a procuração.

Embora a procuração no interesse de terceiro não esteja expressamente prevista no art. 265º, nº 2 e 3, do Código Civil, deve considerar-se implicitamente abrangida no seu nº 3. Como vimos, o nº 2 traduz o princípio segundo o qual os poderes outorgados no interesse de uma pessoa podem sempre ser revogados por essa mesma pessoa. No caso em apreço, o poder de representação não foi outorgado no interesse do *dominus*, razão pela qual não pode ser aplicado.

A conjugação do nº 2 com o nº 3 do referido artigo traduz o princípio da autonomia privada, no sentido de, em regra, cada sujeito apenas poder agir dentro da sua própria esfera jurídica. De acordo com o nº 2, sendo o interesse exclusivo do *dominus*, este pode revogar unilateral e livremente a procuração; segundo o nº 3, não sendo o *dominus* titular exclusivo dos interesses em jogo, já o não pode fazer. O caso ora em estudo cabe no espírito que funda a previsão destas disposições legais. Trata-se de um caso em que a procuração não foi outorgada no interesse exclusivo do *dominus*. Este não pode, por isso, revogar livremente a procuração no interesse de terceiro.

1.8. A procuração no interesse de procurador e terceiro

Neste caso, tanto procurador como terceiro retiram da vigência da procuração uma utilidade para atingir os seus fins. O *dominus*, diversamente, não retira da vigência da procuração qualquer utilidade para prosseguir fins seus.

A possibilidade de o *dominus* revogar a procuração, no caso de coexistirem um interesse do procurador e um interesse do terceiro, não deve também ser admitida. Embora o art. 265º, nº 3, do Código Civil não preveja este caso expressamente, tal como nos dois casos anteriores, deve considerar-se implicitamente contido na previsão da norma. O preceito referido estatui a irrevogabilidade, bastando, para tal, que exista um interesse do procurador ou um interesse do terceiro. No caso agora em estudo, preenchem-se ambas as previsões, pelo que se deve considerar a norma aplicável por maioria de razão. A fundamentação da irrevogabilidade da procuração no interesse de procurador e de terceiro resulta da fundamentação da irrevogabilidade da procuração no interesse do procurador e da procuração no interesse do terceiro. A procuração no interesse de procurador e de terceiro é irrevogável pelas razões apontadas a respeito da procuração no interesse do procurador, no que respeita ao interesse deste naquela e à falta do interesse do *dominus*. É ainda irrevogável em razão do que se referiu quanto à fundamentação da irrevogabilidade da procuração no interesse de terceiro, no que respeita à existência naquela de um interesse do terceiro e à falta de um interesse do *dominus*.

O *dominus* não pode, por isso, revogar livremente a procuração no interesse de procurador e terceiro.

2. As consequências da irrevogabilidade natural

Saber como se fundamenta a irrevogabilidade e saber que se traduz num dever de não revogar a procuração não é, no entanto, ainda suficiente. É de enorme relevância saber em que consiste efetivamente a irrevogabilidade. Saber o que acontece quando, num caso de procuração irrevogável, o *dominus* pratica um ato de revogação da mesma.[570]

No que diz respeito à eficácia da irrevogabilidade, o art. 265º, nº 3, do Código Civil apenas refere que a procuração não "pode ser revogada". Trata-se de uma expressão que, embora auxilie o intérprete, não dá uma resposta cabal ao que se encontra ora em causa. Importa saber se a revogação da procuração naturalmente irrevogável implica, ou não, a ineficácia

---

[570] Quer a revogação seja expressa, através da comunicação ao procurador da revogação da mesma, quer seja tácita, através da prática de atos pelo *dominus* que impliquem a revogação da procuração. Exemplo de revogação tácita de uma procuração irrevogável será o de uma procuração irrevogável para vender um determinado imóvel, em que o *dominus* resolve vender o imóvel a um terceiro, à revelia do procurador.

lato sensu da revogação e, caso implique, saber se se trata de uma nulidade, de uma anulabilidade ou de uma mera ineficácia.

Na primeira hipótese, o ato de revogação da procuração seria ilícito, mas plenamente eficaz. O *dominus* manteria assim o poder de revogar a procuração em qualquer situação de jogo de interesses, quer a procuração fosse irrevogável ou não.

Esta posição não deve ser adotada. Conforme resulta da análise aos fundamentos da irrevogabilidade, nos casos de procuração em que existam interesses de procurador ou terceiro, independentemente da combinação de interesses, o *dominus* não tem legitimidade para proceder à livre revogação da procuração. Em princípio, não faz sentido que uma pessoa possa praticar eficazmente um ato para o qual não tem legitimidade.[571] O Código Civil não estatui uma consequência geral para a ilegitimidade.[572] É, portanto, necessário procurar a resposta através da análise não só dos princípios gerais, mas também do regime e da natureza da representação voluntária.

LARENZ refere, como requisito da eficácia da disposição, a necessidade de o disponente estar legitimado para dispor do direito em questão.[573] Segundo FLUME, o "poder de disposição é o poder que existe relativo a um direito e que permite transmiti-lo, onerá-lo, modificá-lo ou extingui-lo através de um negócio jurídico".[574] Para o Autor, a sua falta implica a ineficácia do negócio dispositivo. Para ENNECERUS-NIPPERDEY, o poder de disposição surge como "o poder jurídico de dispor sobre um direito"[575] consistindo em "uma relação face ao direito sujeito à disposição, uma *faculdade*".[576]

---

[571] MAGALHÃES COLLAÇO, *Da legitimidade*, cit., págs. 105 a 112, sem se pronunciar expressamente sobre a questão, parece defender que a consequência da falta de legitimidade deverá consistir numa ineficácia *lato sensu*, embora a consequência concreta possa variar entre as situações de ilegitimidade. Embora a obra tenha sido elaborada no âmbito do Código de Seabra, mantém no geral a sua atualidade.

[572] Neste sentido, MAGALHÃES COLLAÇO, cit., pág. 105, que defende uma análise das consequências jurídicas da ilegitimidade face a cada solução legal. CARVALHO FERNANDES, *Teoria Geral*, cit., Vol. II, págs. 107 a 109.

[573] LARENZ / WOLF, *Allgemeiner Teil*, cit., § 23.2.39, pág. 451.

[574] FLUME, *El negócio jurídico*, cit., § 11.5 pág. 182. Da análise do poder de disposição, conforme é configurado pela doutrina alemã, parece resultar uma equivalência à nossa legitimidade para dispor.

[575] ENNECERUS – NIPPERDEY, *Tratado*, cit., T. I, Vol. II, 1ª parte, pág. 50.

[576] ENNECERUS – NIPPERDEY, *Tratado*, cit., T. I, Vol. II, 1ª parte, págs. 50 e 51.

A consequência da falta do poder de disposição é também, em princípio, a ineficácia.

BETTI considera que a legitimidade depende de uma particular relação do sujeito com o objeto do negócio,[577] definindo-a como a "competência para obter ou para suportar os efeitos jurídicos do regulamento de interesses que se tem em vista: competência que resulta de uma específica posição do sujeito, a respeito dos interesses que se trata de regulamentar".[578] O Autor considera a legitimidade como um pressuposto de eficácia *lato sensu* do negócio jurídico, deixando nas mãos da lei decidir, de acordo com juízos de oportunidade, qual a consequência da ilegitimidade.[579] BIANCA, por sua vez, define a legitimidade como o poder de disposição do sujeito em relação a uma determinada situação jurídica.[580] Na esteira de BETTI, considera que a legitimidade é um requisito subjetivo de eficácia do contrato. A ilegitimidade não importa a nulidade do negócio, mas antes a ineficácia deste quanto ao objeto de que a parte não pode dispor.

DÍEZ-PICAZO define a legitimidade como "idoneidade da pessoa que atua para que o seu ato produza efeitos jurídicos, dada a relação da dita pessoa com os interesses afetados ou regulados pelo ato ou negócio jurídico".[581] Embora o não refira expressamente, resulta da definição apresentada que o Autor considera ineficaz o ato ferido de ilegitimidade.

MAGALHÃES COLLAÇO[582] considera que a legitimidade se traduz na relação entre o sujeito e o objeto do ato que é necessária para que o sujeito possa praticar com perfeição o ato. Trata-se de uma posição relativa do sujeito face ao ato que pretende realizar. No que respeita às consequências da ilegitimidade, após análise do problema, a Autora conclui que este apenas

---

[577] De modo semelhante, CARIOTA FERRARA, *Il Negozio*, cit., pág. 626, para quem a legitimidade consiste "na específica posição de um sujeito relativamente a certos bens ou interesses, de tal modo que a sua declaração de vontade pode ser operante em relação a estes".
[578] BETTI, *Teoria Geral do Negócio Jurídico*, Tomo II, Coimbra, 1969, pág. 31. FALZEA, *Voci di teoria generale del diritto*, Giuffrè, Milano, 1970, pág. 173, por sua vez, considera que a legitimidade se afere pela posição do sujeito face não só ao objeto, mas também a outros sujeitos e aos correspondentes interesses, criticando a posição de BETTI por ser demasiado restritiva (pág. 173, nota 176).
[579] BETTI, *Teoria Geral*, cit., T. II, págs. 14 e 15, posição que é também adotada por MAGALHÃES COLLAÇO, *Da legitimidade*, cit., págs. 105 a 112.
[580] BIANCA, *Diritto Civile*, cit., pág. 65.
[581] DÍEZ-PICAZO, *La representación*, cit., págs. 128 e 129.
[582] MAGALHÃES COLLAÇO, *Da legitimidade*, cit., pág. 105,

pode ser resolvido ao nível do direito positivo, cabendo à lei determinar qual a consequência de cada caso de ilegitimidade. Aponta, no entanto, no sentido da ineficácia *lato sensu*. OLIVEIRA ASCENSÃO[583] entende a legitimidade como uma relação entre o sujeito e as situações jurídicas que são implicadas pelo negócio. Embora aponte a titularidade como a causa típica da legitimidade, não a limita a essa causa. No que respeita às consequências da ilegitimidade, o Autor, após indicação de alguns exemplos legais, afirmando embora que a tutela do "dono do negócio" pode ser feita pelo recurso à nulidade, anulabilidade ou mera ineficácia, aponta a última como a mais adequada. CARVALHO FERNANDES, para quem a ilegitimidade consiste na "suscetibilidade de certa pessoa exercer um direito ou cumprir uma vinculação resultante de uma relação existente entre essa pessoa e o direito ou a vinculação em causa",[584] aponta a falta de um regime unitário no que respeita às consequências da ilegitimidade, que variam de caso para caso. PAIS DE VASCONCELOS carateriza a legitimidade como "a particular posição da pessoa perante concretos bens, interesses ou situações jurídicas que lhe permite agir sobre eles".[585] Segundo o Autor, a falta de legitimidade, que é um dos pressupostos do negócio, provoca em princípio, mas não necessariamente, a nulidade.

Embora não exista uma posição unânime na doutrina, quer quanto ao conceito de legitimidade, quer quanto aos concretos efeitos da sua falta, há acordo quanto aos efeitos em geral da ilegitimidade. A posição da doutrina vai no sentido de a falta de legitimidade impedir a eficácia do negócio jurídico, de se tratar de uma ineficácia *lato sensu*. Verifica-se, ainda, um lato consenso sobre a variabilidade das consequências específicas: nulidade, anulabilidade, invalidade mista ou mera ineficácia.

Não se poderia deixar de chegar a esta conclusão. Não faria sentido que, regra geral, um sujeito pudesse intervir eficazmente quanto a situações jurídicas sem estar para tal legitimado. A falta de legitimação significa que o sujeito não pode agir quanto a essa situação jurídica, quer por não ter legitimidade direta, quer por não beneficiar de uma legitimação indireta, por via negocial ou legal, quer ainda por estar impedido de agir

---

[583] OLIVEIRA ASCENSÃO, *Direito Civil*, cit., Vol. II, págs. 89 a 96.
[584] CARVALHO FERNANDES, *Teoria Geral do Direito Civil*, Vol. I, 3ª ed., Universidade Católica, Lisboa, 2001, págs. 137 e 138.
[585] *Teoria Geral*, cit., pág. 381.

sobre essa situação jurídica em virtude de negócio jurídico ou de preceito legal. Se o sujeito pudesse, em regra, agir eficazmente sobre situações sem que tivesse legitimidade para tanto, verificar-se-ia uma situação de insegurança contrária à ordem jurídica.

A dificuldade do problema ora em análise existe por o regime jurídico da procuração irrevogável, constante do Código Civil, se encontrar pouco concretizado. No entanto, para melhor compreensão do referido regime, é possível recorrer a alguns dos outros casos de irrevogabilidade previstos no Código Civil.

Devido à sua proximidade genética, iniciar-se-á a análise pelo mandato irrevogável. O Código Civil regula a revogação do mandato nos arts. 1170º a 1173º. É, apesar disso, no art. 1170º que se centra o fundamental do regime da revogabilidade do mandato.

O art. 1170º do Código Civil prevê duas situações, a do pacto de irrevogabilidade – art. 1170º, nº 1 – e a do mandato no interesse comum[586] – art. 1170º, nº 2.

No primeiro caso, a consequência é a irrelevância do pacto no que diz respeito à irrevogabilidade. Neste caso, embora se tenha pactuado a irrevogabilidade, apenas o mandante é titular de um interesse relevante, pelo que o mandato pode ser revogado *ad nutum*, seguindo a regra geral da livre revogabilidade. O "absoluto direito ao arrependimento, ou à desistência do contrato"[587] que constitui a revogabilidade *ad nutum* apenas pode ser "travado, quando ao interesse do mandante se oponha um interesse do mandatário ou de terceiro".[588] Uma vez que nesta situação não existe qualquer interesse do mandatário nem de terceiro, não se justifica a irrevogabilidade do mandato, sendo de aplicar a regra geral.

O nº 2 do art. 1170º regula uma situação diversa da do nº 1. Prevê-se que o mandato seja celebrado no interesse do mandatário ou de terceiro, estatuindo-se a irrevogabilidade desse mandato, com exceção do mútuo acordo ou da justa causa.

---

[586] Como sucedeu no litígio decidido no Acórdão do Supremo Tribunal de Justiça de 26 de junho de 2014, processo nº 2889/08.6TBCSC-B.L1.S1, de que foi relator o Senhor Conselheiro GRANJA DA FONSECA, *in* www.dgsi.pt. no qual as partes celebraram um contrato de mandato cruzado, composto por dois núcleos de mandato, sendo que o mandante num núcleo contratual era mandatário no outro núcleo contrato e vice-versa.

[587] JANUÁRIO GOMES, *Em tema de revogação*, cit., pág. 206.

[588] JANUÁRIO GOMES, *Em tema de revogação*, cit., pág. 206.

Pelo confronto das duas soluções pode chegar-se a uma primeira conclusão quanto à consequência da irrevogabilidade.

No primeiro caso, a irrevogabilidade é apenas pactuada, sem que esse pacto traduza a existência de um interesse do mandatário nem de terceiro. Em consequência, o Código Civil estatui que, embora haja um pacto de irrevogabilidade, o mandato é revogável. Ou seja, neste caso, a irrevogabilidade é ineficaz, embora possa dar lugar a responsabilidade civil por violação do pacto.

No segundo caso, o mandatário – ou o terceiro – tem um interesse no mandato. Para esta circunstância, o Código Civil estatui que o mandato é irrevogável, podendo apenas ser revogado em caso de justa causa ou por mútuo acordo. A diferença entre as duas situações é patente. Enquanto no primeiro caso se prevê expressamente que a irrevogabilidade não produz efeitos, no segundo caso isso não sucede, prevendo expressamente o Código a irrevogabilidade do mandato. Esta diferença de regime é melhor compreendida se se atentar no art. 1172º, al. *b)* do Código Civil. Esta disposição prevê a consequência da revogação de um mandato com pacto de irrevogabilidade, ou em que tenha havido renúncia ao direito de revogar. No entanto, não existe qualquer disposição semelhante para o caso da revogação de um mandato no interesse comum. A razão prende-se com a conclusão a que já se chegou de que nessa situação a revogação não produz efeitos.

Embora o caso do regime da irrevogabilidade do mandato seja muito importante para o estudo da irrevogabilidade da procuração, existem outros casos de irrevogabilidade previstos no Código Civil, cuja análise merece ser efetuada.

Uma das previsões de irrevogabilidade constantes do Código Civil é a da irrevogabilidade da proposta de contrato – art. 230º. Nos termos desta disposição, a partir do momento da eficácia da proposta, esta é irrevogável.[589] Também neste caso, o Código Civil não refere expressamente em que consiste a irrevogabilidade. No entanto, uma análise em conjunto do regime da irrevogabilidade e do restante regime da proposta contratual auxilia na procura dessa resposta.

Nos termos do art. 224º, a proposta contratual que tem um destinatário[590] torna-se eficaz logo que chegue ao seu poder, ou é dele conhecida.

---

[589] ANTUNES VARELA, *Das Obrigações em Geral*, Vol. I, 10ª ed., Almedina, Coimbra, 2000, pág. 439.
[590] Limitaremos a análise a este caso, pois tanto a procuração como o mandato são casos com destinatários determinados.

A proposta mantém-se em vigor pelo período que resultar da aplicação do art. 228º, nº 1. Assim, a proposta terá sempre uma duração determinada, finda a qual caduca. Importa saber qual a consequência da revogação da proposta durante esse período. A resposta resulta da conjunção do art. 230º com o art. 228, nº 2, do Código Civil. Nos termos deste último preceito, durante o período de eficácia da proposta, esta pode ser revogada, mas apenas nos casos previstos no art. 230º. São casos de revogabilidade prévia ou contemporânea à receção ou ao conhecimento da proposta pelo destinatário e casos de revogação de propostas dirigidas ao público. *A contrario*, todos os restantes casos deverão ser de irrevogabilidade efetiva. Também o art. 231º, nº 1, do Código Civil auxilia a compreensão do regime da irrevogabilidade ao estatuir que, em regra, a proposta se mantém em vigor independentemente da morte ou incapacidade do proponente. A irrevogabilidade da proposta – durante o período de eficácia desta – está ligada à posição do destinatário. Este, a partir do momento em que recebe a proposta, ou toma conhecimento desta, torna-se titular de um direito potestativo de a aceitar ou rejeitar, determinando a formação ou não de um contrato. A irrevogabilidade da proposta destina-se a proteger a posição do destinatário que, durante o período de eficácia da proposta, pode escolher livremente entre a aceitação e a rejeição, sem temer uma revogação da mesma, promovendo-se reflexamente a segurança do tráfego jurídico.[591] Se o proponente pudesse revogar livremente a proposta, criar-se-ia uma manifesta insegurança no processo de contratação, uma vez que o destinatário se veria forçado a aceitá-la o mais depressa possível inviabilizando, na prática, as regras constantes do art. 228º do Código Civil. A única maneira de garantir que o destinatário exerça livremente o seu direito de aceitar ou de rejeitar a proposta, dentro do período que resulta do art. 228º do Código Civil, consiste em considerar a proposta efetivamente irrevogável. Parece ser essa a intenção do legislador no que respeita a essa matéria, como é também defendido na doutrina[592] e na jurisprudência.[593]

---

[591] HEINRICH HÖRSTER, *A parte geral*, cit., pág. 462.
[592] HEINRICH HÖRSTER, *A parte geral*, cit., pág. 462; MOTA PINTO, *Teoria Geral*, cit., pág. 442; OLIVEIRA ASCENSÃO, *Direito Civil*, cit., Vol. II, págs. 385 e 386, embora não o refira expressamente.
[593] Acórdão do Supremo Tribunal de Justiça de 21 de fevereiro de 2006, processo nº 05B3984 de que foi relator o Senhor Conselheiro CUSTÓDIO MONTES, *in* www.dgsi.pt.

Outro caso de irrevogabilidade previsto no Código Civil, é o da irrevogabilidade da promessa pública, durante o seu prazo de vigência. Nos termos do art. 461º, nº 1, do Código Civil, se a promessa tiver um prazo de duração, só poderá ser revogada verificando-se justa causa. Também nesta situação não se diz qual a consequência da violação sem justa causa.

O art. 461º, nº 2, do Código Civil, prevê um caso de ineficácia da revogação, mas este resulta da violação de regras de forma, e não de questões materiais.

Nos termos do art. 459º e do art. 460º do Código Civil,[594] a promessa pública vincula o promitente durante o seu prazo de duração. Esta vinculação do promitente resulta de um comportamento do próprio declarante, fundando-se na autonomia privada. Outra das consequências da promessa é a constituição de um direito subjetivo de crédito de terceiros sobre o promitente. A partir desse momento, quem se encontrar na situação que constar do anúncio da promessa, ou praticar os factos nela referidos, pode exigir do promitente aquilo que foi prometido. Sendo os terceiros titulares de um direito subjetivo, não se compreenderia que o promitente o pudesse extinguir, especialmente porque foi este que se vinculou à promessa. Assim, embora tal não resulte expressamente do regime jurídico da promessa pública, parece dever entender-se que a revogação da referida promessa durante o prazo de eficácia, sem justa causa, será ineficaz *lato sensu*.

No Código Civil, verificam-se casos de irrevogabilidade noutras matérias. Através da análise de alguns desses casos, é possível aprofundar o conhecimento do conceito de irrevogabilidade.

A irrevogabilidade existe ainda na simples separação judicial de bens – art.1771 º do Código Civil. Neste caso também não se refere em que consiste a irrevogabilidade. No entanto, é possível aprofundar a questão através da análise do regime jurídico e da consideração dos fins da separação judicial de bens.

Através desta figura pretende-se evitar a perda do património de um dos cônjuges, em razão da má administração por parte do outro cônjuge. Permite-se, assim, a alteração do regime patrimonial do casamento, passando o regime vigente a ser o da separação (à exceção do disposto em matéria de registo). Trata-se de uma exceção à regra da imutabilidade do

---

[594] Interpretando-se o art. 460º do Código Civil *a contrario*.

regime patrimonial do casamento – art. 1715º, nº1, al. *b)* do Código Civil – e como tal é admitida com as maiores cautelas por parte do legislador, em virtude das perturbações que uma alteração do regime matrimonial pode causar na ordem jurídica. A alteração apenas pode suceder caso se verifique a situação prevista no art. 1767º do Código Civil e apenas pode ser decretada pelo Tribunal – art. 1768º do mesmo diploma. Deve, portanto, considerar-se que no art. 1771º do Código Civil se prevê uma irrevogabilidade efetiva. De outra forma, permitir-se-ia que um regime patrimonial passasse de comunhão para separação e de volta para comunhão, o que poderia causar grande insegurança na ordem jurídica.

É também necessário considerar que o princípio da imutabilidade dos regimes de bens, previsto art. 1714º do Código Civil, apenas admite as exceções previstas na lei. Uma dessas exceções, como já se referiu, é o caso da simples separação de bens. Se a irrevogabilidade desta figura não fosse efetiva, estar-se-ia a permitir outra exceção a esse princípio, sem que constasse expressamente da lei. Pode, por isso, concluir-se que a irrevogabilidade prevista no art. 1771º do Código Civil deve ser uma irrevogabilidade efetiva e que qualquer ato que a contrarie não deverá poder produzir os seus efeitos típicos.[595]

Verifica-se outra previsão de irrevogabilidade no caso da perfilhação – art. 1858º do Código Civil. Mais uma vez, o legislador não diz expressamente qual o efeito da irrevogabilidade, embora, como se verá, seja possível determinar esse efeito a partir da análise do seu regime jurídico.

A perfilhação consiste na declaração de reconhecimento de filho nascido ou concebido fora do matrimónio. Trata-se de uma mera declaração de ciência por parte do perfilhante e não de um negócio jurídico.[596] Como tal, os efeitos jurídicos não estão na disponibilidade do perfilhante. Não podendo o perfilhante dispor sobre a perfilhação após a ter efetuado, não terá legitimidade para a revogar. Nem mesmo nos casos em que a perfilhação é realizada em testamento pode o seu autor revogá-la – art. 1858º, segunda parte, do Código Civil. Esta regra é da maior importância para o estudo da eficácia da irrevogabilidade da perfilhação. Embora o testador perfilhante possa revogar o testamento, essa revogação não produz efeitos

---

[595] Esta é aliás a conclusão a que chega ANTUNES VARELA, *Direito da Família*, 1º Vol., 3ª Ed., Petrony, Lisboa, 1993, pág. 539.
[596] CASTRO MENDES – TEIXEIRA DE SOUSA, *Direito da Família*, AAFDL, 1990/1991, págs. 295 e 296.

no que diz respeito à perfilhação. Ou seja, a irrevogabilidade da perfilhação prevalece mesmo contra a vontade do perfilhante. Trata-se, assim, de uma irrevogabilidade efetiva.

Outro caso com interesse é o da irrevogabilidade da aceitação e do repúdio da herança – arts. 2061º e 2066º do Código Civil. Em ambos os casos, estamos perante negócios jurídicos unilaterais sucessórios.[597] Também em ambos os casos existem mais interesses em jogo para além do sucessor. A aceitação ou repúdio da herança poderá fazer variar o número de sucessíveis ou dar lugar a sucessíveis de outra classe, interferindo assim com os interesses de todos eles. Isto leva a que a segurança e a certeza da sucessão exijam uma irrevogabilidade efetiva. No entanto, o Código Civil nada refere expressamente quanto à eficácia da irrevogabilidade ora em causa, podendo apenas concluir-se que a irrevogabilidade deve ser efetiva tendo em conta os fins tidos em vista.

Embora sejam poucos os casos em que o Código Civil refere em que consiste a irrevogabilidade, pode concluir-se da análise dos casos *supra* referidos que quando o diploma se refere à irrevogabilidade, a considera como efetiva, determinando uma ineficácia *lato sensu* do ato revogatório e não uma mera proibição de revogação com consequências a título de responsabilidade civil. Tendo em consideração tudo o que foi referido, deve considerar-se que a revogação da procuração naturalmente irrevogável é ineficaz, *lato sensu*, por ilegitimidade do *dominus*. Fica ainda por saber qual a modalidade de ineficácia *lato sensu*: nulidade, anulabilidade, nulidade relativa, ou mera ineficácia.

2.1. A nulidade como possível consequência da revogação da procuração naturalmente irrevogável

Como se viu já, a fundamentação do art. 265º, nº 3, do Código Civil, prende-se com a tradução legal da consequência da falta de legitimidade do *dominus* para revogar a procuração na qual não é o único interessado.

Conforme os casos, o art. 265º, nº 3, do Código Civil protege os interesses do procurador, do terceiro, ou de ambos. Estes são interesses particulares e não interesses públicos. Para além destes interesses, não se vislumbram quaisquer interesses públicos, ou interesses gerais, que a norma vise proteger diretamente.

---

[597] CARVALHO FERNANDES, *Lições de Direito das Sucessões*, Quid Juris, Lisboa, 1999, pág. 241.

A norma da irrevogabilidade da procuração que resulta do art. 265º, nº 3, do Código Civil parece, por isso, destinar-se a proteger interesses particulares. Esta conclusão é confirmada pela segunda parte do mesmo preceito que permite a revogação da procuração irrevogável pelo *dominus* em situações de justa causa ou de mútuo acordo. Não abordaremos agora o problema da justa causa, que será estudada de seguida, nem aprofundaremos por enquanto a questão do mútuo acordo pelas mesmas razões. No entanto, a mera previsão da possibilidade de revogação por mútuo acordo da procuração naturalmente irrevogável confirma a natureza particular dos interesses tutelados pela irrevogabilidade. Esse mútuo acordo, como se verá, deverá ser obtido junto dos titulares dos interesses relevantes na procuração. Só se justifica que os interessados possam acordar na revogação da procuração naturalmente irrevogável se os interesses, que o regime da irrevogabilidade pretende tutelar, estiverem na sua disponibilidade.

Tendo em consideração, não só a fundamentação dogmática da regra de irrevogabilidade do art. 265º, nº 3 do Código Civil, mas ainda a possibilidade de revogação por mútuo acordo prevista na mesma disposição, deve concluir-se que a referida norma tutela interesses particulares.

Esta conclusão afasta, desde logo, a nulidade típica do leque de possíveis modalidades de ineficácia *lato sensu*. A nulidade típica é consequência da violação de normas que se destinam a tutelar interesses públicos, não interesses particulares.[598] Destinando-se a regra referida a tutelar interesses particulares, não se justificaria a nulidade da revogação. O mesmo argumento afasta a imperatividade da norma da irrevogabilidade constante do art. 265º, nº 3, do Código Civil. As normas imperativas são as que limitam a autonomia privada, aplicando-se independentemente da vontade dos sujeitos.[599] A possibilidade de revogação por mútuo acordo da procuração naturalmente irrevogável impede a qualificação da norma como imperativa.

---

[598] OLIVEIRA ASCENSÃO, *Direito Civil*, cit., Vol. II, pág. 320. Contra, MENEZES CORDEIRO, *Tratado – II*, cit., págs. 922 e 923, que considera como critério não os interesses tutelados pela norma, mas antes a falta de algum elemento essencial do negócio ou a contrariedade à lei imperativa. No entanto, mesmo com base no critério apontado, a consequência não seria a nulidade. A regra da irrevogabilidade do art. 265º, nº 3, não é uma norma imperativa, uma vez que pode ser afastada pela vontade dos particulares; também se não verifica o vício de falta de vontade em nenhuma declaração emitida.

[599] LARENZ / WOLF, *Allgemeiner Teil*, cit., § 3.2.115, pág. 89; OLIVEIRA ASCENSÃO, *O Direito – Introdução e Teoria Geral*, 10ª Ed., Almedina, Coimbra, 1997, págs. 511 a 515.

2.2. A anulabilidade como possível consequência da revogação da procuração naturalmente irrevogável

Tratando-se de uma norma destinada à tutela de interesses particulares, a anulabilidade surge como uma possível reação da ordem jurídica à revogação da procuração naturalmente irrevogável. A anulabilidade verifica-se quando o interesse de uma determinada pessoa, que é tutelado pela norma violada, não foi respeitado. Nesses casos, a ordem jurídica tutela o titular do interesse, permitindo que este possa impugnar o negócio. Se o interesse particular que a norma violada visa proteger for desrespeitado, a ordem jurídica atribui-lhe a possibilidade de reagir contra essa atuação, retirando os efeitos ao negócio violador. Uma vez que se trata de um mero interesse particular, a ordem jurídica permite que esse negócio produza os efeitos típicos até ser anulado e que seja ratificado. Consegue-se, deste modo, uma interferência mínima da ordem jurídica sobre a liberdade de atuação dos particulares. Apenas se o titular do interesse desejar é que o negócio será anulado. A ordem jurídica apenas lhe concede a possibilidade de o anular.

Embora este nível de tutela jurídica seja suficiente na maior parte dos casos, não o é no caso da procuração naturalmente irrevogável. Uma das principais vantagens da procuração naturalmente irrevogável é a celeridade que permite. Na procuração naturalmente irrevogável, os interessados não estão dependentes da cooperação do *dominus*, nem da execução judicial de qualquer garantia. A anulabilidade poria em causa a celeridade da procuração naturalmente irrevogável. Se a revogação produzisse efeitos durante algum tempo – como pode suceder na anulabilidade – o procurador, para poder usar a procuração irrevogável, tinha de previamente obter a anulação judicial[600] da revogação, o que implicaria demoras incompatíveis com a celeridade desejada.

Independentemente da questão da celeridade e da necessidade da anulação judicial,[601] uma vez que a celebração do negócio revogatório apenas está dependente do *dominus*, na prática, a anulabilidade equivaleria a atribuir ao *dominus* a possibilidade de impedir o uso da procuração irrevogável pelo procurador. Para que o *dominus* conseguisse impedir o procurador

---

[600] No sentido da necessidade de anulação judicial, OLIVEIRA ASCENSÃO, *Direito Civil*, cit., Vol. II, págs. 318 e 319.

[601] MENEZES CORDEIRO, *Tratado – II*, cit., págs. 933 a 935, pronuncia-se contra a necessidade de invocação judicial das invalidades, quer por argumentos literais, quer com base em argumentos sistemáticos.

de usar a procuração, bastaria que fosse revogando sucessivamente a procuração. Mesmo que uma revogação fosse anulada, na prática, o *dominus* poderia sempre revogá-la novamente, tendo o procurador de propor nova ação de anulação. A tutela eficaz dos interesses em jogo, na procuração naturalmente irrevogável, só pode ser atingida se a revogação não produzir os efeitos típicos *ab initio*. Só assim será possível ao procurador continuar a usar a procuração naturalmente irrevogável, mesmo depois de se verificar uma revogação.

A consequência da revogação da procuração naturalmente irrevogável, sem justa causa ou sem ser por mútuo acordo, não pode ser a anulabilidade, pois esta modalidade de ineficácia não tutela os interesses em jogo.

2.3. A nulidade relativa como possível consequência da revogação da procuração naturalmente irrevogável

Surge agora a questão de saber se a modalidade de ineficácia *lato sensu* aplicável pode ser a nulidade relativa.

A nulidade relativa implica a ineficácia *ab initio* do negócio viciado. Tendo em consideração o que foi referido a propósito da anulabilidade, pode afirmar-se que, nesta matéria, a nulidade relativa assegura um nível de tutela adequado às necessidades de proteção dos interesses em jogo na procuração naturalmente irrevogável. Assim, poder-se-ia, numa primeira análise, defender a aplicação desta modalidade de ineficácia *lato sensu*. Esta solução, no entanto, não resiste a um estudo mais atento.

Segundo OLIVEIRA ASCENSÃO,[602] a nulidade relativa distingue-se da nulidade absoluta[603] pela natureza dos interesses objeto de tutela. A diferença entre as duas figuras não é, no entanto, restrita à natureza dos interesses tutelados, verificando-se também no seu regime jurídico. Para estudar a nulidade relativa como possível consequência da revogação da procuração naturalmente irrevogável, não é possível proceder a uma mera distinção em relação à nulidade absoluta, sendo necessário analisá-la enquanto modalidade de invalidade.

---

[602] OLIVEIRA ASCENSÃO, *Direito Civil*, cit., Vol. II, págs. 320 a 322.

[603] A expressão *nulidade relativa* não é usada pelo Autor como correspondendo à anulabilidade (como sucedia no âmbito do Código de Seabra) – OLIVEIRA ASCENSÃO, *Direito Civil*, cit., Vol. II, pág. 320. Ao antigo conceito de nulidade relativa, do Código de Seabra, que corresponde à atual anulabilidade, veio a doutrina recente substituir um novo conceito de nulidade relativa, como nulidade atípica. É neste novo sentido que vem referida no texto.

Na nulidade absoluta "a tutela é em primeira linha de um interesse geral".[604] Verifica-se aqui uma diferença face à nulidade relativa, pois nesta "há um sujeito particularmente tutelado".[605] Como vimos, o regime da irrevogabilidade da procuração, constante do art. 265º, nº 3, do Código Civil, destina-se a tutelar a posição do procurador ou do terceiro, pelo que toda a razão de ser do seu regime jurídico se prende com essa tutela. Uma vez que a nulidade relativa é um modo de tutela de interesses particulares, poderia eventualmente ser aplicável à revogação da procuração naturalmente irrevogável.

Não se vislumbra, no entanto, qualquer interesse geral que seja tutelado, nem mesmo em segunda linha. Poder-se-ia tentar identificar o interesse geral com a tutela da confiança de terceiros. No seguimento dessa ideia, os terceiros que negoceiam com o procurador confiariam na irrevogabilidade da procuração, confiança essa que mereceria uma tutela especial.

Esta opção não parece ser a melhor. Se a irrevogabilidade da procuração implica, para o terceiro que negoceia com o procurador, alguma espécie de utilidade para atingir um fim seu que seja valorado pela ordem jurídica como merecedor de tutela, então o terceiro será titular de um interesse juridicamente relevante na manutenção da procuração. O interesse do terceiro, neste caso, é um interesse que determina a irrevogabilidade da procuração. É um interesse privado de um sujeito determinado. Não faz sentido defender que a ordem jurídica tenha, para efeitos de nulidade relativa, um interesse geral na proteção de todo e qualquer interesse particular. Naturalmente, quando a ordem jurídica tutela um determinado interesse, tal resulta de uma valoração que esta faz do interesse em causa. Assim, a ordem jurídica tem sempre um qualquer interesse na proteção dos interesses juridicamente relevantes de particulares, ou não lhes concederia tutela jurídica. Mas essa modalidade de interesse não pode ser relevante para saber se, para além do interesse particular, existe um interesse geral. De outro modo, juntamente com todo e qualquer interesse juridicamente tutelado, existiria sempre um interesse geral, o que levaria em princípio à nulidade relativa de todo e qualquer negócio que violasse um interesse de outrem. O interesse geral, para efeitos de nulidade relativa, deverá ser um interesse diferente do interesse particular já tutelado pela norma.

---

[604] OLIVEIRA ASCENSÃO, *Direito Civil*, cit., Vol. II, pág. 321.
[605] OLIVEIRA ASCENSÃO, *Direito Civil*, cit., Vol. II, pág. 321.

Não existindo um interesse geral a tutelar, não se justifica a aplicação da nulidade relativa.

2.4. A mera ineficácia como possível consequência da revogação da procuração naturalmente irrevogável

I. A nulidade relativa poderá eventualmente ser excluída por outra ordem de razões. Tal como a nulidade absoluta e a anulabilidade, a nulidade relativa constitui um tipo de invalidade. O problema está em saber se a violação da irrevogabilidade constitui, ou não, uma invalidade.

Na esteira de WINDSCHEID,[606] a doutrina resolve tradicionalmente em conjunto os problemas da ineficácia e da nulidade.[607] A ineficácia consistiria na não produção dos efeitos jurídicos do negócio jurídico do modo a que este aspirava.[608] Este seria o conceito amplo de ineficácia. Abrangeria quer as invalidades, quer a ineficácia *stricto sensu*, quer ainda para alguns autores, a inexistência.[609] O critério da distinção entre a invalidade e a mera ineficácia consiste normalmente na relação entre o defeito e o negócio. Se o defeito se verificar nos elementos internos do negócio, este será inválido. Se o defeito se verificar em elementos extrínsecos ao negócio, será mera-

---

[606] WINDSCHEID, *Diritto delle Pandette*, I, 1ª parte, (tradução de C. Fadda e P. E. Bensa), Unione Tipografico-Editrice, Torino, 1902, §82, pág. 326, distingue entre invalidade e ineficácia do negócio, não as fazendo corresponder necessariamente, podendo o negócio ser ineficaz em razão de uma influência externa (um facto respeitante ao efeito, mas não à força produtiva do negócio), que não determina a sua invalidade. Segundo MARTÍN PÉREZ, *La Rescisión del Contrato (En torno a la lesión contractual y el fraude de acreedores)*, Bosch, Barcelona, 1995, pág. 182, WINDSCHEID procedeu assim, pela primeira vez, à distinção entre a ineficácia e a invalidade.

[607] GALVÃO TELLES, *Dos contratos*, cit., págs. 331 a 347; MANUEL DE ANDRADE, *Teoria Geral*, cit., Vol. II, págs. 411 a 437; MENEZES CORDEIRO, *Tratado – II*, cit., págs. 911-946; OLIVEIRA ASCENSÃO, *Direito Civil*, cit., Vol. II, págs. 307 a 348; RUI DE ALARCÃO, *Invalidade dos Negócios Jurídicos*, BMJ nº 89, pág. 199. Contra o tratamento unificado da invalidade e da ineficácia, CARVALHO FERNANDES, *Teoria Geral*, cit., Vol. II, págs. 460 a 462, que procede a uma distinção clara entre as duas figuras.

[608] CARIOTA FERRARA, *Il Negozio*, cit., pág. 333 e MARTÍN PÉREZ, *La Rescisión*, cit., págs. 182 e 183.

[609] OLIVEIRA ASCENSÃO, *Direito Civil*, cit., Vol. II, pág. 310 e MARTÍN PÉREZ, *La Rescisión*, cit., págs. 195 e 196. R. SCOGNAMIGLIO, *Contributo*, cit., pág. 344, inicia o estudo da ineficácia pela inexistência, considerando a nulidade como a principal forma de ineficácia (pág. 367). Contra a inclusão da inexistência na categoria da ineficácia *lato sensu*, MENEZES CORDEIRO, *Tratado*, cit., págs. 925 a 929 é contrário à integração da inexistência na invalidade, CARVALHO FERNANDES, *Teoria Geral*, cit., Vol. II, págs. 455 a 458.

mente ineficaz.⁶¹⁰ Trata-se normalmente de uma construção que se funda na tradicional divisão do negócio jurídico em elementos internos e externos e, dentro dos elementos internos, em essenciais, naturais e acidentais.⁶¹¹

Não podemos, no entanto, seguir esta posição sobre a invalidade e a ineficácia. Não é possível proceder à distinção entre ineficácia e invalidade, consoante o vício se verifique em elementos intrínsecos ou extrínsecos ao negócio. Há elementos extrínsecos cuja falta provoca a invalidade do negócio, como é o caso da falta de autorização judicial para venda de bens do filho menor (art. 1889º, nº 1, al. *a*) e art. 1893º, nº 1 do Código Civil),⁶¹² em lugar de determinar a mera ineficácia.

Mais recentemente, o problema da invalidade, e com ele o da ineficácia, tem sido tratado de outro modo.

A ineficácia e a invalidade são conceitos diferentes. Quando se analisa o negócio jurídico, quando se quer saber se ele vai funcionar bem na ordem jurídica, temos de o sindicar em relação à sua eficácia e validade. São dois juízos diferentes.⁶¹³

A ordem jurídica é uma ordem de valores,⁶¹⁴ uma ciência de valores.⁶¹⁵ A conformar a ordem jurídica existe um quadro de valores organizado

---

⁶¹⁰ GALVÃO TELLES, *Dos contratos*, cit., pág. 331; CARVALHO FERNANDES, *Teoria Geral*, cit., Vol. II, pág. 510; MANUEL DE ANDRADE, *Teoria Geral*, cit., Vol. II, pág. 411; MENEZES CORDEIRO, *Tratado – II*, cit., págs. 918 e 919.

⁶¹¹ Embora existam posições que tratam conjuntamente a ineficácia e a invalidade seguindo outros fundamentos: MARTÍN PÉREZ, *La Rescisión*, cit., págs. 183 a 189.

⁶¹² Segundo MARTÍN PÉREZ, *La Rescisión*, cit., pág. 184, é ainda possível que um vício relativo a um elemento intrínseco do negócio produza apenas a sua ineficácia.

⁶¹³ Em sentido semelhante, CARVALHO FERNANDES, *Teoria Geral*, cit., Vol. II, pág. 460 a 462, 510 e 511.

⁶¹⁴ Neste sentido OLIVEIRA ASCENSÃO, *O Direito*, cit., págs. 185 a 205, fundando a ordem jurídica em valores que esta pretende realizar, avultando entre estes a justiça e a segurança (pág. 188). Mais recentemente, OLIVEIRA ASCENSÃO, *Teoria Geral do Direito Civil*, Vol. I, 2ª ed., Coimbra, 2000, págs. 27 a 29, reafirma a natureza valorativa da ordem jurídica e a sua progressiva evolução nesse sentido e importância da justiça como fim do Direito. CANARIS, *Pensamento Sistemático e Conceito de Sistema na Ciência do Direito*, (tradução de MENEZES CORDEIRO), Gulbenkian, Lisboa, 1989, págs. 62 a 76, constrói o sistema apoiando-o em princípios gerais, mas uma vez que estes resultam, ou pelo menos estão ligados a valores, em última análise, funda o sistema nos valores (págs. 86 a 88). Aliás, no § 2º das conclusões, propõe o sistema como fundando-se nos princípios gerais, mas admite a existência de uma correspondente ordem de valores (pág. 280). Por valor deve entender-se valor em geral – a ideia de valor –, independentemente da sua polaridade imanente (entre valor e desvalor) – ESSEN, *Filosofia dos Valores*, (tradução de CABRAL DE MONCADA), Arménio Amado, Coimbra, 1944, págs. 35 e 105.

⁶¹⁵ ESSEN, *Filosofia dos Valores*, cit., págs. 34 a 44.

sistematicamente.[616] Esses valores são normalmente traduzidos por princípios, que apontam caminhos a seguir para se obter o seu respeito,[617] uns comuns a toda a ordem jurídica, outros específicos de determinadas áreas ou ramos do direito.[618] Os princípios, por sua vez, estão na base de normas jurídicas[619] e são, por isso, "uma categoria intermédia entre valor e regra".[620]

Um dos valores que conformam a ordem jurídica, no direito civil, é a liberdade da pessoa, que é traduzido, entre outros, pelo princípio da autonomia privada.[621] Os negócios jurídicos, enquanto manifestação da autonomia privada e, como tal, da liberdade da pessoa, traduzem por isso valores; são "suporte", ou "portadores" de valores.[622] No entanto, embora em abstrato a figura do negócio jurídico traduza em si um valor, em concreto o negócio jurídico pode ou não conformar-se com o quadro de valores da ordem jurídica.

Coexistindo com o valor da liberdade da pessoa, existem também outros valores que, em última análise, determinam a criação de normas limitativas do negócio jurídico.[623] Em consequência, o negócio jurídico opera dialeticamente entre a liberdade da pessoa e a autoridade do Estado,[624] enquanto entidade que procede às necessárias operações de compatibi-

---

[616] Organizados de acordo com a sua duração, grau de divisibilidade, se servem de fundamento a outros valores, grau de satisfação das pessoas, e grau de relatividade – ESSEN, *Filosofia dos Valores*, cit., págs. 118 a 121.

[617] LARENZ, *Richtiges Recht*, cit., pág. 23 e 24.

[618] CANARIS, *Pensamento Sistemático*, cit., págs. 79 e 80.

[619] Operando como concretizações dos valores, os princípios têm um conteúdo material, embora lhes falte o conteúdo formal que permite a aplicação aos casos concretos e que existe nas normas jurídicas; através do seu conteúdo material, servem como ideias rectoras de uma regulação jurídica possível ou existente, que só por si não são suscetíveis de aplicação como regras, mas que podem conduzir à sua criação e apontam a direção em que se deve orientar a regra a criar – LARENZ, *Richtiges Recht*, cit., pág. 23.

[620] OLIVEIRA ASCENSÃO, *O Direito*, cit., pág. 416.

[621] CANARIS, *Pensamento Sistemático*, cit., págs. 86 e 87, recorre à relação entre o princípio da autonomia privada ou da autodeterminação negocial e o valor da liberdade da pessoa para exemplificar a distinção entre valores e princípios, afirmando que "por detrás do princípio da auto-determinação negocial, está o valor da liberdade".

[622] ESSEN, *Filosofia dos Valores*, cit., págs. 54 a 56; os negócios jurídicos transportam o valor da autonomia privada da esfera do ideal para a esfera do real.

[623] LARENZ, *Richtiges Recht*, cit., págs. 63 e 64, referindo-se, no entanto, a outros princípios que limitam a autodeterminação da pessoa.

[624] GIOVANNI B. FERRI, *Il negozio giuridico tra libertà e norma*, 3ª ed., Maggioli Ed., Roma, 1989, pág. 61.

lização de valores e princípios destinados à emissão de normas jurídicas. O negócio jurídico, por isso, "é a expressão da relação entre liberdade e autoridade".[625] Entre a liberdade dos particulares para auto-regularem os seus interesses e a autoridade do ordenamento estadual para aferir da compatibilidade do negócio com o sistema de valores que informa a ordem jurídica, através das regras jurídicas. O negócio jurídico é, por isso, valor e objeto de valoração.[626] É um valor em si, como manifestação da liberdade privada; é objeto de valoração, por ter de se conformar com o restante quadro de valores da ordem jurídica. A relação não é contraditória, uma vez que a valoração não irá incidir sobre o valor *liberdade da pessoa*, mas sobre o negócio jurídico em si. Não há por isso uma valoração de um valor, que poderia implicar a alteração do mesmo.[627]

A valoração do negócio jurídico enquanto valor, face aos valores da ordem jurídica, não consiste numa sujeição, nem numa autorização, mas antes num juízo de coerência, de compatibilidade.[628] Quando o negócio jurídico, enquanto manifestação de liberdade, viola a norma jurídica, manifestação de autoridade, é inválido. A invalidade não resulta de uma violação abstrata de normas jurídicas. Sucede que a violação de uma norma jurídica injuntiva, instrumento de tradução de valores, implica uma incompatibilidade do negócio jurídico com o quadro de valores da ordem jurídica,[629] que suportam a injuntividade da norma.

O negócio jurídico só pode ser perfeito e atingir tudo aquilo que se propõe se for compatível com a ordem jurídica.[630] Se não se verificar essa compatibilidade, ou não se verificar na totalidade, o negócio não beneficiará da proteção da ordem jurídica, ou do nível de proteção a que aspira. Aquilo que é valorado pela ordem jurídica é o negócio jurídico como um todo. A ordem jurídica não se limita a valorar o objeto ou o conteúdo do negócio, ou o seu fim, ou as qualidades das partes. Valora todos os elemen-

---

[625] GIOVANNI B. FERRI, *Il negozio*, cit., pág. 60.
[626] GIOVANNI B. FERRI, *Il negozio*, cit., págs. 62 e 63.
[627] Segundo ESSEN, *Filosofia dos Valores*, cit., pág. 56, "os valores não se alteram com a alteração dos objetos em que se manifestam"; esta conclusão, aplicada ao Direito, leva a que a invalidade do negócio jurídico não implique a invalidade do valor em causa.
[628] GIOVANNI B. FERRI, *Il negozio*, cit., págs. 65, 66, 68 e 69 .
[629] A invalidade é, por isso, a consequência de uma valoração – GALVÃO TELLES, *Introdução*, cit., Vol. II, pág. 10.
[630] GIOVANNI B. FERRI, *Il negozio*, cit., pág. 66.

tos do negócio. A proteção jurídica que resulta de uma valoração positiva do negócio face à ordem jurídica pode resultar de instrumentos diversos, desde a vinculatividade jurídica do negócio, à atribuição de poderes.

Por outro lado, as consequências de uma valoração negativa do negócio jurídico pela ordem jurídica, também podem variar. A consequência típica da invalidade é a ineficácia, ou a instabilidade da eficácia.[631]

Se o negócio jurídico não for compatível com a ordem jurídica, se os valores que este implica não se adequarem aos valores que a informam, o negócio não poderá produzir os efeitos jurídicos a que aspira, ou não os poderá produzir nos termos em que era suposto. Se o negócio jurídico for incompatível com a ordem jurídica, não faz sentido que esta admita que aquele produza os seus efeitos próprios. A ordem jurídica protege os valores que a informam, não fazendo sentido que admitisse a eficácia plena de um negócio que a violasse.

Na nulidade, figura paradigmática da consequência de um alto nível de desconformidade entre o negócio e a ordem jurídica, aquele não produz os seus efeitos próprios *ab initio*. A ordem jurídica, no caso de um negócio nulo, exprime desse modo a grave desconformidade com o negócio. Na anulabilidade, a ordem jurídica admite a eficácia inicial, mas não lhe reconhece estabilidade. Embora, neste caso, o resultado da valoração seja negativo, uma vez que a ordem jurídica apenas está a tutelar interesses privados, admite a produção de efeitos desde que o particular se não oponha ao negócio num prazo aceitável para outros valores da própria ordem jurídica – como seja a estabilidade. No que respeita às invalidades mistas, as suas caraterísticas dependem do resultado da valoração efetuada. As consequências podem também variar ao nível da arguição e da convalescença do negócio.[632]

No juízo de eficácia, a ordem jurídica não valora o negócio. Neste juízo apenas se avalia se a ordem jurídica permite que determinado comportamento social, que pode ter consequências no mundo das coisas, possa ter também consequências, ou em que termos as pode ter, no mundo do Direito. Para que produza os efeitos a que aspira, o negócio tem de reunir vários requisitos, que podem ser impostos pela própria ordem jurídica, ou pelas partes.

---

[631] GALVÃO TELLES, *Introdução*, cit., Vol. II, págs. 10, 206 e 207.
[632] CARVALHO FERNANDES, *Teoria Geral*, cit., Vol. II, págs. 468 a 484.

Neste caso, o negócio jurídico, enquanto valor, não colide com o quadro de valores da ordem jurídica. A falta que se verifica no negócio tem um valor neutro face à ordem jurídica, e é por isso irrelevante para efeitos de invalidade. Sucede apenas que falta algo que a ordem jurídica exige para a produção de efeitos. Assim, na mera ineficácia, o negócio não está afetado por um particular desvalor, não existindo um vício no negócio que o impeça de ser valorado positivamente. Por isso se diz que resulta de "circunstâncias extrínsecas à perfeição do ato".[633] Não porque as circunstâncias sejam extrínsecas ao ato em si, embora possam sê-lo, mas porque não relevam para a perfeição do juízo de compatibilidade do negócio com o quadro de valores da ordem jurídica. Apesar de não ser negativamente valorado, o negócio jurídico não produz os efeitos que lhe seriam próprios. A não produção de efeitos pode resultar de uma pluralidade de causas que, normalmente, estão ligadas à falta de um requisito que é exigido pela ordem jurídica. Essa exigência, no entanto, não deriva do quadro de valores da ordem jurídica, razão pela qual a sua falta não determina a invalidade do negócio.

A invalidade resulta, portanto, da desconformidade de um negócio com a ordem jurídica. Por sua vez, a mera ineficácia é caraterizada pela não produção dos efeitos típicos ou próprios do negócio. Embora se trate de duas figuras distintas, não se pode tentar dissociá-las como se fossem opostas. O modo como a ineficácia e a invalidade operam pode variar de acordo com o pressuposto de eficácia em falta e a gravidade da incompatibilidade valorativa do negócio com a ordem jurídica, assim se explicando não só os vários tipos de ineficácia, mas também os vários tipos de invalidade. Os conceitos podem operar simultaneamente, ou independentemente um do outro. No primeiro caso, o negócio será inválido e ineficaz, por exemplo, um negócio nulo. No segundo caso, o negócio será válido, mas ineficaz – por exemplo, um negócio sujeito a condição suspensiva – ou um negócio inválido, mas eficaz – por exemplo, um negócio anulável.

II. Como se viu, o problema da revogação da procuração naturalmente irrevogável consiste na falta de legitimidade do *dominus* para a revogação. Importa por isso analisar o problema do ponto de vista da legitimidade.

---

[633] Oliveira Ascensão, *Direito Civil*, cit., Vol. II, pág. 309, Manuel de Andrade, *Teoria Geral*, cit., Vol. II, pág. 411, Galvão Telles, *Dos contratos*, cit., págs. 331 e 332.

Para se saber quais as consequências da falta de legitimidade para a revogação, é preciso proceder a um juízo de eficácia e de validade.

No que respeita à eficácia, pode afirmar-se que um negócio em que falte a legitimidade não pode produzir os seus efeitos próprios. A legitimidade consiste na suscetibilidade de atuar juridicamente sobre uma determinada situação. Se não existe essa suscetibilidade não se pode atuar juridicamente. Mesmo que se verifique uma atuação material, essa atuação não terá correspondente jurídica que se traduz na eficácia. Assim, um negócio viciado por ilegitimidade será ineficaz na medida da ilegitimidade.

Quanto à validade, ela dependerá do fundamento da ilegitimidade. A legitimidade resulta de uma relação especial entre o sujeito e a situação jurídica que este pretende afetar, que é reconhecida pela ordem jurídica. Pelo contrário, na ilegitimidade, falta essa relação especial. A razão para a falta da relação especial é que irá determinar a licitude ou ilicitude do negócio.

A relação especial pode simplesmente faltar originariamente. Será o caso em que quem pretende agir não é titular da situação jurídica, nem beneficia de outra forma de legitimação negocial ou normativa, que lhe permita agir sobre aquela situação. Pode também suceder que o sujeito seja titular da situação jurídica ou beneficie de um poder de atuação sobre a situação em causa, mas essa atuação seja impedida pela ordem jurídica. Será um caso de falta de legitimidade por cessação, ou suspensão da sua causa, que pode decorrer de norma ou negócio jurídico.

No primeiro caso, embora o sujeito não tenha legitimidade, a razão para a falta desta não resulta de nenhuma valoração negativa pela ordem jurídica. No segundo caso, pelo contrário, a falta de legitimidade resulta normalmente de a ordem jurídica valorar negativamente o título de onde resultaria a legitimidade. Neste caso, a falta de legitimidade implicará a invalidade do negócio.

No caso da venda de bens alheios, o vendedor, não sendo titular do direito de propriedade sobre os bens, não tem legitimidade para os vender,[634] não se produzindo portanto o efeito de transmissão do referido direito, do verdadeiro proprietário para o comprador. Como tal, o contrato é necessariamente ineficaz no que respeita à transmissão da titularidade do

---

[634] ROMANO MARTINEZ, *Direito das Obrigações (Parte Especial), Contratos – Compra e Venda – Locação – Empreitada*, Almedina, Coimbra, 2000, pág. 104

direito de propriedade.⁶³⁵ A razão da ineficácia dos efeitos reais da compra e venda de bens alheios não se estende no entanto aos efeitos obrigacionais. A constituição de uma obrigação de entregar algo não exige necessariamente a legitimidade para a entrega, limitando-se a ser necessário ter legitimidade para se obrigar. Assim, a ilegitimidade do vendedor para transmitir o direito de propriedade sobre a coisa apenas causa a ineficácia da transmissão desse direito.

O contrato é ainda inválido. A causa da invalidade prende-se com razões de outra ordem, que não a mera falta de titularidade do direito de propriedade pelo vendedor. Antes de analisar essas razões, é necessário ter em conta que na venda de bens alheios o vendedor vende bens alheios, como se fossem próprios – art. 904.º do Código Civil. Nos casos em que venda bens alheios como alheios (informando a outra parte que são alheios, por exemplo) o contrato será em regra qualificado como de venda de bens futuros.

A invalidade da venda de bens alheios resulta do engano produzido ou do perigo da produção deste.⁶³⁶ Quando alguém vende um bem alheio, independentemente de considerações acerca da validade, a transmissão do direito de propriedade é ineficaz, não fazendo sentido invocar que o negócio deve ser inválido em razão dos efeitos jurídicos que produz, uma vez que não produz os efeitos a que aspira.⁶³⁷

A ordem jurídica pronuncia-se contra a venda de coisa alheia, pelo engano em que esta se apoia. Mesmo que ainda se não tenha verificado a entrega do preço ou da coisa, a celebração do negócio resultou de um engano criado pelo vendedor. O engano, enquanto erro provocado ou apro-

---

⁶³⁵ PAULO OLAVO CUNHA, *Venda de Bens Alheios*, ROA, Ano 47 (1987), págs. 449 e 450, RAÚL VENTURA, *O Contrato de Compra e Venda no Código Civil*, ROA, Ano 40 (1980), pág. 309 e ROMANO MARTINEZ, *Direito das Obrigações*, cit., pág. 106, embora o Autor se refira à ineficácia como consequência da nulidade.

⁶³⁶ GALVÃO TELLES, *Contratos Civis*, cit., págs. 156 a 160, opta pela invalidade da venda de bens alheios por razões que se prendem com uma tomada de posição face à atuação do vendedor – "não se estimulam desonestos ou aventureiros a tentativas de intromissão ilícita na órbita alheia" –, ao "perigo de aparências enganosas" (pág. 158). No entanto, entende que a ineficácia é suficiente para tutelar a posição do proprietário e do comprador (pág. 157). PAULO OLAVO CUNHA, *Venda de Bens Alheios*, cit., pág. 450, que justifica a opção do legislador face à "gravidade da infracção e à importância dos interesses em jogo".

⁶³⁷ Não se produzem os efeitos jurídicos, embora se possam produzir efeitos de facto como, por exemplo, a entrega efetiva do preço ou da coisa. Sobre a problemática da produção de efeitos de facto nos negócios nulos, GIOVANNI B. FERRI, *Il negozio*, cit., pág. 69 e segs.

veitado por outrem, é valorado negativamente pela ordem jurídica.[638] Para além desta razão, a venda de bens alheios é, em abstrato, perigosa, criando um alto grau de falta de confiança e instabilidade[639]. Sendo valorada negativamente pela ordem jurídica, conclui-se que em regra a venda de bens alheios como bens próprios no direito civil é inválida.

Em razão da ilegitimidade da venda de coisa alheia, o negócio é ineficaz no que respeita à transmissão do direito de propriedade. Nas relações com terceiros, especialmente com o verdadeiro proprietário, uma vez que apenas se verifica uma ilegitimidade, o negócio é meramente ineficaz.[640] No âmbito das relações imediatas entre comprador e vendedor o negócio é negativamente valorado pelo que é inválido.[641] Embora a ordem jurídica valore negativamente o engano produzido, os interesses tutelados são fundamentalmente particulares e não públicos ou gerais.

Quanto ao tipo de invalidade, sendo inválido e originariamente ineficaz em relação a uma parte substancial (a transmissão do direito de propriedade) seria, em princípio, nulo.[642] No entanto, no caso, é patente a prevalência dos interesses particulares sobre os interesses públicos e gerais. Embora a ordem jurídica valore negativamente o engano, o principal prejudicado é a parte que estava convencida da legitimidade do vendedor. Compreende-se, assim, a opção por um regime de invalidade atípico[643] construído com base na nulidade,[644] mas com elementos que não são caraterísticos desta modalidade de invalidade.[645] A invalidade da venda de bens alheios não

---

[638] Podendo em alguns casos constituir um ilícito penal – art. 217º do Código Penal.
[639] GALVÃO TELLES, *Contratos Civis*, cit., pág. 158, MENEZES CORDEIRO – CARNEIRO DA FRADA, *Direito das Obrigações*, Vol. III, *Compra e Venda*, AAFDL, Lisboa 1991, pág. 53.
[640] MENEZES CORDEIRO – CARNEIRO DA FRADA, *Compra e Venda, Direito das Obrigações*, cit., Vol. III, pág. 53, PAULO OLAVO CUNHA, *Venda de Bens Alheios*, cit., pág. 455 e PIRES DE LIMA – ANTUNES VARELA, *Código Civil Anotado*, cit., Vol. II, anotação ao art. 892º, págs. 189 e 190.
[641] PAULO OLAVO CUNHA, *Venda de Bens Alheios*, cit., pág. 472.
[642] RAÚL VENTURA, *O Contrato de Compra e Venda*, cit., pág. 308, que se apoia na relação entre mera ineficácia e nulidade para defender a consunção da primeira pela segunda.
[643] ROMANO MARTINEZ, *Direito das Obrigações*, cit., pág. 108.
[644] Fundamentalmente por se verificar desde logo a ineficácia dos efeitos reais da compra e venda.
[645] No que respeita às regras respeitantes à sanação do vício do negócio, inoponibilidade face ao comprador de boa fé ou pelo comprador de má fé – MENEZES CORDEIRO – CARNEIRO DA FRADA, *Compra e Venda, Direito das Obrigações*, cit., Vol. III, págs. 54 a 60 e ROMANO MARTINEZ, *Direito das Obrigações*, cit., págs. 108 a 110. Quanto à possibilidade de conhecimento oficioso do vício, PAULO OLAVO CUNHA, *Venda de Bens Alheios*, cit., págs. 452 e segs.

pode, por isso, ser reconduzida a uma nulidade típica; também não pode ser reconduzida a uma anulabilidade, não só em virtude da letra da lei, mas também porque se fosse esse o caso a transmissão do direito de propriedade produziria efeitos até à anulação do negócio, convalidando-se no prazo de um ano a contar da cessação do vício que a funda.

Caso na venda de bens alheios se não verifique o engano, por exemplo na venda de bens alheios como bens futuros – art. 893º do Código Civil –, embora o negócio seja válido, não se verifica a transmissão do direito de propriedade enquanto o vendedor não obtiver legitimidade para dispor da coisa. Neste caso, a falta de engano permite a validade do negócio, mas, mantendo-se a ilegitimidade, mantém-se a ineficácia da transmissão da titularidade do direito de propriedade.

Já quando a venda de bens alheios seja comercial, os usos e costumes comerciais na intermediação e celebração de negócios tornam banal e não desvalioso esse negócio jurídico,[646] o que se reflete na sua admissibilidade prevista no art. 467º, nº 2 do Código Comercial. A validade da venda não é posta em causa, mas a eficácia ao nível da transmissão da titularidade do direito de propriedade fica naturalmente dependente da futura aquisição pelo vendedor da coisa vendida.[647]

Exemplificam esta distinção, no âmbito da representação, os regimes da representação sem poderes, do abuso de representação e do negócio consigo mesmo.

A consequência da representação sem poderes consiste na ineficácia do negócio relativamente à pessoa em nome de quem esse negócio foi celebrado. A ineficácia justifica-se por não haver uma atuação em violação da lei. O problema não é de proibição. Em regra, não se proíbe a celebração de negócios jurídicos em nome de outrem, que é amplamente admitida pela ordem jurídica. O negócio celebrado em representação sem poderes, em si, não sofre de nenhum vício. No entanto, face ao que já se referiu acerca da atuação sobre a esfera jurídica de outrem, é necessário que se esteja legitimado para tanto, negocial ou normativamente. No caso da representação sem poderes falta a legitimação do agente. A falta de legitimidade, neste caso, é algo que não releva no âmbito da valoração do negócio. Só em casos especiais é que a falta de legitimidade é valorativamente negativa, normalmente em associação com questões de outra natureza.

---

[646] PAULO OLAVO CUNHA, *Venda de Bens Alheios*, cit., pág. 462.
[647] PAULO OLAVO CUNHA, *Venda de Bens Alheios*, cit., págs. 450, 462 e 463.

No caso em apreço, nada há de valorativamente negativo no negócio.[648] O defeito situa-se em algo que é exterior à valoração do negócio jurídico celebrado e que apenas determina a sua ineficácia. Se, por exemplo, for celebrado um contrato de compra e venda entre A e B, em que A age em nome de C, e se verificar que A não tem procuração nem outro título de legitimação, então essa compra e venda será ineficaz nos termos do art. 268º do Código Civil, pois não há título que fundamente a produção de efeitos na esfera jurídica do falso representado. A compra e venda, em si, não viola qualquer valor da ordem jurídica, não sendo por isso à partida inválida. Não pode, no entanto, produzir efeitos, pois falta o consentimento do titular do direito de propriedade. Enquanto não existir esse consentimento, o negócio estará incompleto, não sendo eficaz.

Pelo contrário, no caso do abuso de representação regulado no art. 269º do Código Civil o negócio celebrado é, em princípio, eficaz. Uma vez que o procurador age dentro dos limites do poder de representação, tem legitimidade para afetar a situação jurídica em causa, atuando na esfera jurídica do *dominus*. A violação do negócio que constitui a relação subjacente apenas será relevante entre as partes, exceto se o terceiro conhecer, ou dever conhecer o abuso. A solução resulta de a procuração não ser um negócio jurídico puramente abstrato, admitindo-se em alguns casos a influência da relação subjacente, o que pode limitar o âmbito do poder de representação mesmo nas relações com terceiros.

Mas, independentemente de o terceiro conhecer ou não o abuso de representação, o negócio celebrado não é normalmente incompatível com a ordem jurídica. O abuso de representação que se verificou na celebração do negócio jurídico, não implica que esse negócio seja incompatível com o quadro de valores da ordem jurídica. Esta limita-se a aceitar ou não a produção dos efeitos do negócio, sem o considerar inválido.

Já no negócio consigo mesmo – art. 261º do Código Civil – sucede algo de diferente. Neste caso, o negócio viola o valor da estabilidade e segurança jurídicas. O comportamento do procurador que aproveita a sua qualidade para celebrar um negócio em que, de facto, intervém como único contraente é de tal modo perigoso para o tráfego jurídico, sendo de tal modo fácil o abuso, que a ordem jurídica o valora negativamente. No entanto, uma vez

---

[648] Poderá suceder que o pretenso representante engane o terceiro de modo a que este julgue que aquele tem poderes, mas neste caso verifica-se uma situação de erro qualificado por dolo, resultando a invalidade deste vício e não da atuação em nome de outrem.

que apenas estão em causa interesses particulares – do *dominus* – a ordem jurídica permite a sua eficácia se o interessado se não opuser, tutelando a posição deste através da anulabilidade. Não há um fundamento de ordem pública que obste em absoluto à sobrevivência do negócio e, na realidade, até pode não ter havido efetivamente um dano. A lei permite assim que o *dominus* impugne ou aceite o negócio. Caso o *dominus* tenha consentido na celebração do negócio com o próprio procurador, ou se o conflito de interesses não for possível, a ordem jurídica não reage negativamente ao negócio consigo mesmo, considerando-o válido.

Na revogação da procuração irrevogável, o problema é semelhante ao da representação sem poderes. Vimos já que o problema da revogação da procuração naturalmente irrevogável consiste numa questão de legitimidade. O *dominus* não pode revogar a procuração naturalmente irrevogável pois, ao fazê-lo, estará a agir sobre interesses alheios. Para que o possa fazer, necessita de estar normativa ou negocialmente legitimado. Vimos, ainda, que não existe qualquer norma jurídica que legitime o *dominus* para proceder à livre revogação da procuração naturalmente irrevogável.

Também não existe norma imperativa que proíba o *dominus* de revogar a procuração por uma razão diversa da falta de legitimidade. O *dominus* pode revogar a procuração desde que, como em todas as atuações, tenha legitimidade para tal. No caso típico da procuração no seu interesse exclusivo, tem essa legitimidade, pois apenas afeta os seus próprios interesses. Na procuração naturalmente irrevogável não tem legitimidade pois afeta interesses de outrem.

A livre revogação da procuração naturalmente irrevogável não é, enquanto negócio jurídico, incompatível com a ordem jurídica. Sucede apenas que, faltando a permissão, a legitimação, por parte dos interessados, não produz efeitos nas esferas jurídicas destes. A revogação da procuração naturalmente irrevogável é um negócio jurídico que, para atingir o seu escopo, necessita de produzir efeitos sobre as esferas jurídicas do *dominus*, do procurador e eventualmente do terceiro. Para produzir efeitos sobre a totalidade das esferas jurídicas a que se dirige, o *dominus* deve estar legitimado para agir sobre todas essas esferas jurídicas. Enquanto não estiver legitimado faltará um pressuposto da eficácia do negócio.[649]

---

[649] ENNECERUS – NIPPERDEY, *Tratado*, cit., T. I, Vol. II, 2ª parte, § 204, pág. 782, consideram a falta de consentimento como uma falta de um requisito de eficácia, pois qualificam-na como integrando a *"Tatbestand"* do negócio jurídico.

Uma vez que a plena eficácia da revogação da procuração está necessariamente dependente da produção de efeitos sobre a esfera jurídica do procurador e do terceiro, e que a revogação não pode operar em termos relativos (produzindo efeitos apenas sobre alguns sujeitos) a falta da totalidade dos efeitos implica a sua ineficácia.

Se, para além de faltar a legitimidade, a revogação for valorativamente incompatível com a ordem jurídica, por qualquer outra razão, esta será não só ineficaz, como inválida. Se, por exemplo, a revogação ilegítima se inserir num processo de prática de uma burla, já a valoração será negativa e o ato nulo, não por razões de falta de legitimidade, mas por contrariedade à lei e aos bons costumes (art. 280º do Código Civil).

2.5. Caraterísticas da ineficácia da revogação da procuração naturalmente irrevogável

A mera ineficácia tutela de modo adequado os interesses do procurador ou do terceiro. Sendo simplesmente ineficaz, a revogação não produz os seus efeitos típicos *ab initio*, sem que haja necessidade de declaração judicial. Protegem-se assim de modo efetivo os interesses do procurador, ou do terceiro, na manutenção da procuração. Uma vez que a revogação não extingue a procuração, mesmo que o *dominus* emita a declaração revogatória, o procurador mantém sempre e não obstante isso o poder de representação. A desnecessidade de declaração judicial é natural na mera ineficácia. Embora possa ser útil obter uma declaração de ineficácia, essa declaração não é nunca constitutiva.

A ineficácia da revogação não tem de ser invocada. Em consequência, não há um prazo para a invocar. Isto é confirmado pela falta de qualquer previsão legal nesse sentido, o que seria necessário para que tal prazo vigorasse. O prazo, a existir, seria um prazo de caducidade do direito de invocar a ineficácia. Uma vez que os prazos de caducidade devem estar previstos na lei, ou no negócio, nada se prevendo na lei ou num negócio quanto ao prazo de invocação da ineficácia da revogação, não se deve exigir que o exercício esteja dependente de qualquer prazo.

A revogação efetuada pelo *dominus* sem legitimidade pode ser ratificada pelos restantes interessados. A ratificação é um negócio que surge frequentemente em matéria de representação voluntária. Isso deve-se a este campo ser fértil em problemas de legitimidade para atuar sobre a esfera jurídica de terceiros. Faltando essa legitimidade, nem por isso se deve excluir a intervenção do titular da esfera jurídica, devendo permitir-se a sua legitimação *a posteriori*. O que é necessário à plena eficácia da revogação é o consentimento de todos os titulares de interesses protegidos pela irrevogabilidade. Esse consentimento pode verificar-se prévia ou contemporaneamente à revogação e, ainda, posteriormente a esta. Se for posterior consistirá numa ratificação.

Uma das dificuldades que surgem com a ratificação da revogação da procuração naturalmente irrevogável prende-se com a inexistência no Código Civil de um regime geral de ratificação.[650] Existem, no entanto, alguns casos de ratificação previstos no Código Civil em situações semelhantes.

Um dos casos de ratificação previstos no Código Civil é o da representação sem poderes. Segundo o art. 268º do Código Civil, é possível ao *dominus* ratificar o negócio celebrado em seu nome sem poderes de representação.[651] A ratificação, neste caso, está sujeita à forma que seria exigida para a procuração e tem efeitos retroativos, ressalvando-se os direitos de terceiros.

Também no contrato para pessoa a nomear é prevista a ratificação do negócio. A nomeação da pessoa deve ser acompanhada de procuração anterior ou de instrumento de ratificação, sob pena de ineficácia da nomeação – art. 453º, nº 2 do Código Civil. Existindo procuração anterior ou procedendo-se à ratificação, tudo sucederá como se a pessoa nomeada houvesse sido sempre parte no negócio.[652]

A gestão de negócios segue o regime da representação sem poderes, no que respeita à ratificação dos negócios celebrados pelo gestor em nome do *dominus*, para cujo regime remete o art. 471º do Código Civil.

É possível identificar alguns pontos comuns em todos estes casos de ratificação: alguém agiu sobre a esfera jurídica de outrem sem que tivesse legitimidade para tal. A atuação consistiu na celebração de negócios jurídicos, ou prática de atos jurídicos, ostensivamente por conta de outrem, embora possa não ser possível identificar a pessoa por conta de quem se age (podendo mesmo não se saber quem será essa pessoa à data da atuação). Todos os casos são próximos da representação voluntária.

---

[650] Diferente é o caso do BGB que nos §§ 182 a 185 regula a autorização em geral, abrangendo a ratificação.
[651] No que respeita ao limite temporal para a ratificação, veja-se o Acórdão do Supremo Tribunal de Justiça de 11 de julho de 2013, processo nº 4244/09.1TBSXL.L1.S1, de que foi relator o Senhor Conselheiro Silva Gonçalves, *in* www.dgsi.pt.
[652] Galvão Telles, *Direito das Obrigações*, 7ª ed., Coimbra, 1997, págs. 174 e 175.

No primeiro caso, o agente invoca ser representante de alguém sem o ser. No segundo caso, celebra um negócio em nome de outrem – como sucede na representação – embora reserve para um momento posterior a sua identificação. No terceiro caso, sem ser representante, o gestor age em nome e no interesse de outrem.

Há ainda outros casos de ratificação previstos em legislação avulsa. Um desses casos é o de subarrendamento sem permissão do senhorio – art. 44º, nº 2, do R.A.U. Nos termos do nº 1 do referido artigo, o subarrendamento deve ser autorizado pelo senhorio. Não o sendo, é possível ao senhorio ratificar o subarrendamento bastando, para tal, que reconheça o subarrendatário como tal. Também no art. 22º, nº 2, do Decreto-Lei nº 178/86, de 3 de julho, que regula o contrato de agência, se prevê a ratificação de negócios celebrados pelo agente sem poder de representação.[653]

Em todos os casos referidos, alguém celebra um negócio que é suposto produzir efeitos na esfera jurídica de outrem sem estar legitimado para tal. Com a ratificação, o titular da esfera jurídica legitima supervenientemente o agente para atuar. A consequência da ratificação consiste, por isso, na plena eficácia do negócio em relação ao titular da esfera jurídica afetada, como se o agente tivesse agido legitimamente.

Embora, como já se referiu, não exista no Código Civil um regime geral de ratificação, é possível construí-lo a partir das parcelas de regime existentes neste diploma e em legislação avulsa. O maior contributo para a construção resulta do regime da representação sem poderes. Foi neste regime que a lei regulou de modo mais profundo a ratificação, servindo de base para outros casos de ratificação.

Embora não se preveja expressamente a possibilidade de os interessados – procurador e terceiro – ratificarem a revogação da procuração naturalmente irrevogável, esta deve ser admitida. Trata-se, tal como nos casos vistos, de uma situação em que alguém celebra um negócio que irá produzir efeitos na esfera jurídica de outrem sem estar legitimado para tal. Falta apenas o consentimento dos interessados.

Não se compreenderia que a ordem jurídica não admitisse a ratificação da revogação ineficaz por falta de legitimidade do *dominus*. Em primeiro lugar, porque é possível aos interessados consentirem previamente

---

[653] O regime da ratificação é, no entanto, diferente do civil, em razão de considerações específicas de Direito Comercial.

na revogação da procuração naturalmente irrevogável.[654] Em segundo lugar, tomando em consideração o regime da gestão de negócios, o *dominus* poderia revogar a procuração, agindo como gestor, sendo assim possível aos interessados – gestidos – ratificar a revogação. Seria um contra-senso que os interessados não pudessem ratificar a revogação na generalidade dos casos quando nisso tivessem interesse, mas já o pudessem se o *dominus* agisse em gestão de negócios. O que faz sentido é que os interessados possam ratificar a revogação, sem que haja necessidade de construções jurídicas indiretas. Deve, por isso admitir-se a possibilidade de os interessados – procurador e terceiro – ratificarem a revogação da procuração naturalmente irrevogável.

Uma das caraterísticas, que se pode retirar do regime da ratificação do negócio celebrado pelo agente na representação sem poderes, consiste na retroatividade dos efeitos da ratificação. Com a ratificação, a eficácia do negócio celebrado retroage ao momento da celebração. Tudo sucede como se esse negócio tivesse sido celebrado por alguém com poderes de representação.

O mesmo deve suceder em todos os casos de ratificação. Não faria sentido a existência de uma ratificação se os seus efeitos não fossem retroativos. Para que o negócio celebrado produzisse efeitos em relação ao *dominus* a partir do momento do seu consentimento, bastaria que este celebrasse o negócio pessoalmente, em vez de o ratificar, ou que o agente cedesse a sua posição ao *dominus*. Tudo sucederia como se de um mandato sem representação se tratasse. A ratificação, enquanto figura jurídica, destina-se a colmatar uma falha no negócio jurídico, de tal modo que, embora sendo posterior à celebração do negócio, tudo suceda como se a falha nunca se tivesse verificado.

Por isso, embora apenas seja prevista expressamente em alguns casos, nomeadamente na representação sem poderes, deve considerar-se que a ratificação tem efeitos retroativos também no caso da revogação ineficaz da procuração naturalmente irrevogável. Apesar dos efeitos retroativos desta, devem ressalvar-se os direitos de terceiros.

---

[654] Como se verá *infra*.

3. Consequências da revogação da procuração naturalmente irrevogável na relação subjacente

A revogação da procuração naturalmente irrevogável pode ter efeitos também na relação subjacente. Como se viu, a irrevogabilidade natural resulta de a procuração ter, para o procurador ou o terceiro, uma utilidade para atingir determinados fins. Esses fins estão relacionados com o negócio que constitui a relação subjacente, consistindo normalmente em obter um instrumento célere e eficaz de executar uma garantia e obter o cumprimento do negócio pelo *dominus*, ou na possibilidade de o próprio procurador poder praticar os atos de cumprimento que caberiam, em princípio, ao *dominus*. Para atingir esses fins, as partes acordam na outorga de uma procuração irrevogável. Ao acordarem nesse sentido, constituem um direito e o correspondente dever obrigacional de o *dominus* não revogar a procuração. Se o *dominus* revogar a procuração, incumprirá esse dever de não revogar.

A prática pelo *dominus* de um ato tendente à revogação da procuração viola o negócio que constitui a relação subjacente. Como tal é um ato ilícito. A ordem jurídica tutela o bom cumprimento dos negócios. O princípio *pacta sunt servanda* traduz o valor que a estabilidade e respeito pelo negócio tem para a ordem jurídica. Um dos meios que a ordem jurídica tem à sua disposição para tutelar o negócio jurídico contra a sua violação por outro negócio jurídico consiste na responsabilidade civil. Este instrumento destina-se a repor a situação que se verificaria caso não tivesse acontecido a violação contratual. Dependendo dos casos, poderá levar à reposição da situação *in natura*, ou através de indemnização em dinheiro.

Mesmo nos casos em que nada conste do negócio que constitui a relação subjacente quanto à obrigação de não revogar a procuração, esta não deixa de ser irrevogável. Também neste caso a irrevogabilidade protege os interesses referidos. Acresce que, se o *dominus* praticar um ato dirigido à revogação da procuração naturalmente irrevogável, estará a procurar impedir, ou a procurar dificultar, a execução do negócio, agindo de má fé e violando, em consequência, o dever de boa fé na execução dos contratos estatuído pelo art. 762º, nº 2, do Código Civil, sendo o seu comportamento ilícito.

Assim, no que respeita aos efeitos da revogação da procuração naturalmente irrevogável no negócio que constitui a relação subjacente, pode concluir-se que a revogação é um ato ilícito, podendo eventualmente haver lugar a responsabilidade civil.

4. A questão da admissibilidade da irrevogabilidade natural face à autonomia privada

Um dos problemas que pode surgir no estudo da procuração irrevogável é o da admissibilidade do regime da irrevogabilidade face à autonomia privada e em especial face ao princípio da inadmissibilidade das vinculações perpétuas.[655]

No caso típico da procuração, o procurador age sempre e exclusivamente no interesse do *dominus*, podendo este não só alterar como revogar livremente a procuração. No caso da procuração naturalmente irrevogável, como se viu, tal não sucede. O *dominus* para além de se encontrar limitado no que diz respeito ao poder de dar instruções no âmbito da relação subjacente, não pode revogar livremente a procuração. Isto leva alguns autores a entender que a procuração irrevogável constitui uma limitação inadmissível da autonomia privada, pois o *dominus* ficaria sujeito à atuação do procurador sobre a sua esfera jurídica, sem a poder controlar ou evitar.[656] Em última análise, segundo esses autores, o *dominus* ficaria desprovido de liberdade de atuação sobre a sua esfera jurídica, passando outrem a deter essa liberdade de atuação. Seria assim constituída uma espécie de servidão pessoal, potencialmente perpétua. Estes argumentos, no entanto, não devem ser seguidos.

Em primeiro lugar, a procuração irrevogável não limita o poder de atuação do *dominus* sobre a sua esfera jurídica. Ao outorgar a procuração irrevogável o *dominus* está a legitimar outrem – o procurador – para atuar sobre a sua esfera jurídica de modo irrevogável, não está a transmitir a sua posição. Deste modo, o *dominus* não pode evitar que o procurador exerça os poderes de representação outorgados, agindo sobre a sua esfera jurídica. Se do negócio que constitui a relação subjacente resultar – o que normalmente sucederá – que o *dominus* não deverá adotar determinado comportamento, não devendo praticar atos que inviabilizem a prática dos atos para os quais a procuração irrevogável foi outorgada, ficará apenas nego-

---

[655] MOTA PINTO, *Teoria Geral*, cit., pág. 623, embora não o refira expressamente nestes termos, entende que o princípio da inadmissibilidade das vinculações perpétuas se funda no valor da liberdade das pessoas. OLIVEIRA ASCENSÃO, *Direito Civil*, cit., Vol. IV, pág. 314, também aceita a vigência do referido princípio.

[656] Neste sentido, e traduzindo parte da opinião sua contemporânea, DERNBURG, *Pandette*, Vol. I, 1ª Parte, Fratelli Bocca, Torino, 1906, § 119, pág. 361, para quem a procuração irrevogável, ou a renúncia à revogação, implicava um abandono da independência jurídica do *dominus*.

cialmente impedido de os praticar, mas se o fizer a sua atuação será eficaz. Constituirá uma violação do negócio que constitui a relação subjacente, mas os atos praticados produzirão os seus efeitos típicos.[657]

Não é possível configurar, na nossa ordem jurídica, uma procuração irrevogável que limite o poder de disposição do *dominus* sobre a sua esfera jurídica. Não só pelos argumentos já apresentados, mas também pelas regras de proteção de terceiros de boa fé. O procurador ou o terceiro apenas adquirem uma posição oponível ao *dominus*, nunca oponível a outros terceiros. A sua posição é meramente obrigacional, não é real. Deste modo, no caso de uma procuração irrevogável para venda de um imóvel, se o *dominus* vender o imóvel a um terceiro de boa fé, violando o negócio que constitui a relação subjacente, essa venda é eficaz, embora o *dominus* seja civilmente responsável perante o procurador ou o terceiro.

Podemos encontrar um regime jurídico semelhante no caso do contrato promessa de compra e venda de bens móveis sem execução específica. Também neste caso a violação do contrato promessa sem eficácia real, mesmo com terceiro de má fé, não impede a plena eficácia do negócio celebrado com o terceiro, apenas implicando a responsabilização do promitente vendedor.[658]

Não se pode dizer que o *dominus* não possa praticar um ato contrário à procuração irrevogável, que impeça o seu funcionamento alegando que isso constitui uma revogação da procuração irrevogável. A prática de um ato contrário ao sentido da procuração irrevogável pode constituir uma violação do negócio que constitui a relação subjacente, mas não é uma revogação da procuração irrevogável. Mesmo após a prática desse ato o procurador continua a ter a procuração irrevogável podendo, eventualmente, usá-la. Dependerá do caso concreto. Se, por exemplo, a procuração irrevogável foi outorgada para a celebração de contratos de compra e venda e resultar da relação subjacente que o procurador deverá vender determinado prédio do *dominus* para pagar aos seus credores e o *dominus* vender esse prédio, nem por isso o procurador deixará de ter poderes para celebrar contratos de compra e venda de imóveis em nome do *dominus*. Caso o procurador use a procuração e venda um outro prédio do *dominus*, embora a atuação

---

[657] Neste sentido, FLUME, *El negocio jurídico*, cit., § 53.6 pág. 1022; Contra THOMAS REINHART, *Die unwiderrufliche*, cit., págs. 86 e segs.
[658] ANA PRATA, *O contrato-promessa e o seu regime civil*, Almedina, Coimbra, 1995, pág. 694.

do procurador neste caso seja uma atuação em abuso de representação, se o terceiro estiver de boa fé, o negócio celebrado será plenamente eficaz.

Pode suceder que a procuração irrevogável esteja construída de tal forma que uma atuação do *dominus* pode inviabilizar de modo absoluto a sua funcionalidade. Nesse caso, a procuração irrevogável extinguir-se-á, mas por caducidade, não por revogação. Naturalmente que uma atuação do *dominus* que ponha em causa a viabilidade da procuração irrevogável para atingir os fins para os quais foi outorgada poderá constituir este em responsabilidade civil, mas por violação do negócio que constitui a relação subjacente, não da procuração irrevogável.

Os argumentos acima apresentados demonstram que o *dominus* não fica efetivamente limitado na sua liberdade. No entanto, em todos os casos apreciados, o *dominus* ao agir no sentido da revogação da procuração irrevogável estaria a violar a relação subjacente, praticando por isso atos ilícitos.

Pareceria, assim, que os argumentos embora válidos seriam fracos, uma vez que a liberdade do *dominus* implicaria uma atuação ilícita.

Em segundo lugar, não é possível afirmar que o *dominus* fique eternamente vinculado à procuração irrevogável. A procuração irrevogável, como qualquer negócio jurídico, extingue-se por diversas causas. A grande diferença em relação à procuração típica está na extinção por revogação. Essa diferença traduz-se numa limitação dos casos em que o *dominus* pode revogar a procuração irrevogável. Apesar do seu *nomen* a procuração irrevogável não é sempre irrevogável. Como resulta do próprio art. 265º, nº 3, do Código Civil, a procuração irrevogável pode ser revogada, por exemplo, por justa causa ou com acordo dos interessados.[659] Embora esta causa de extinção da procuração irrevogável esteja limitada, as restantes causas de extinção de procurações mantêm-se, como é o caso da extinção da relação subjacente. O *dominus* não fica por isso indefinidamente preso à procuração irrevogável.

Em terceiro lugar, não se pode afirmar que o *dominus* fique sujeito à livre atuação do procurador. O procurador deve sempre agir de acordo com o jogo de interesses que funda a procuração, mesmo no caso da procuração irrevogável. Esse jogo de interesses não está na disponibilidade do procu-

---

[659] Neste sentido, Acórdão do Supremo Tribunal de Justiça de 18 de fevereiro de 2014, processo nº 3083/11.4TBFARE.E1.S1, de que foi relator o Senhor Conselheiro FONSECA RAMOS, *in* www.dgsi.pt.

rador, uma vez que resulta do negócio que constitui a relação subjacente. Tendo em consideração que para alterar esse negócio será, em princípio, necessário alterar o negócio que constitui a relação subjacente, o jogo de interesses só poderá ser alterado com o acordo do *dominus*. Assim, embora possa suceder que o *dominus* não tenha o poder de dar instruções ao procurador, este deverá agir de acordo com um jogo de interesses na definição do qual participou o *dominus*. Se o procurador violar esse jogo de interesses agirá ilicitamente, em abuso de representação, o que poderá constituir justa causa para a revogação da procuração irrevogável.

Também não é de aceitar o argumento segundo o qual o *dominus* não pode auto-limitar a sua liberdade através de uma legitimação irrevogável do procurador para agir sobre a sua esfera jurídica, por ser excessiva e juridicamente inadmissível em virtude de contrariar um limite mínimo indisponível de autonomia e de liberdade. Seria, por isso, contrária à ordem pública ou aos bons costumes. Ao outorgar uma procuração irrevogável, o *dominus* limita efetivamente a sua liberdade pois, como se viu, não pode revogar a procuração. No entanto, trata-se apenas de uma limitação. Se o *dominus* pode transmitir a sua posição jurídica ou dispor dela, também poderá limitá-la. Quem pode o mais, pode o menos. Não faz, por isso, sentido argumentar que a irrevogabilidade da procuração terá de implicar apenas a chamada irrevogabilidade convencional, por a chamada irrevogabilidade natural constituir uma limitação inaceitável da liberdade do *dominus*.[660]

5. A chamada irrevogabilidade convencional
Vimos já em que consiste uma procuração naturalmente irrevogável. Importa agora estudar o caso da procuração de cujo texto consta estipulada a sua irrevogabilidade e que obedece a todas as regras de forma aplicáveis às procurações irrevogáveis, mas que não encontra fundamento na relação subjacente, da qual não resulta um interesse juridicamente relevante do procurador ou do terceiro.

No caso em apreço, apenas existe um interesse do *dominus*. Nem o procurador, nem o terceiro são titulares de um interesse juridicamente relevante, que lhes atribua uma posição própria, que possa ser exercida contra

---

[660] VON TUHR, *Tratado*, cit., págs. 242, entende que a outorga de uma procuração poderia dar lugar a grandes perigos, defendendo, pois, a chamada irrevogabilidade convencional.

o *dominus*. No que respeita ao jogo de interesses subjacentes à procuração, trata-se do caso típico da procuração no interesse exclusivo do *dominus*.

O problema pode ser levantado a nível da autonomia privada, procurando saber-se nesse âmbito se o *dominus* tem a possibilidade de se comprometer eficazmente a não revogar a procuração, sem que exista um interesse primário que não o seu. A resposta parece dever ser negativa.

Em primeiro lugar, mesmo a autonomia privada cede perante a lei. Nos termos do art. 280º do Código Civil, o negócio cujo objeto vá contra a lei é nulo. No caso em apreço, a estipulação de irrevogabilidade, desacompanhada de qualquer interesse primário que a justifique – irrevogabilidade nua –, viola o art. 265º, nº 2 e nº 3 do Código Civil. Estes preceitos conjugados estatuem um regime de revogabilidade da procuração, que cede apenas em caso de existência de um interesse do procurador ou do terceiro.

O art. 265º, nº 2 da referida disposição é uma norma imperativa. A própria letra da disposição exclui a possibilidade de alteração com base na autonomia privada, considerando a procuração livremente revogável independentemente de acordo de revogabilidade ou de renúncia ao direito de revogação. Resulta desta disposição, em primeiro lugar, que, quer o acordo de revogabilidade quer a renúncia à livre revogabilidade, no caso da procuração no exclusivo interesse do *dominus*, são ineficazes.

Em segundo lugar, uma apreciação da questão independentemente da previsão legal da nulidade concluiria pela mesma solução.

A razão da imperatividade da norma prende-se com o princípio segundo o qual os poderes outorgados no interesse de uma pessoa podem sempre ser revogados por essa mesma pessoa. A ordem jurídica não pode admitir que alguém possa conceder a outrem a possibilidade de gerir interesses exclusivamente seus de forma irrevogável. A procuração irrevogável no interesse exclusivo do *dominus* viola inadmissivelmente a liberdade deste, uma vez que a restringe sem fundamento, o que é negativamente valorado pela ordem jurídica. Esta admite restrições à liberdade da pessoa, na medida em que prossigam, ou obedeçam ao quadro geral de valores nela vigentes. Nada existindo no negócio que justifique a irrevogabilidade, à exceção da simples estipulação do *dominus*, esta só poderá ser valorada negativamente pela ordem jurídica.[661]

---

[661] Trata-se de uma situação semelhante às limitações voluntárias dos direitos de personalidade que, quando admitidos, são sempre livremente revogáveis nos termos do art. 81º, nº 2, do Código Civil.

O caso da procuração convencionalmente irrevogável é totalmente diferente do caso da procuração naturalmente irrevogável, *supra* analisado, uma vez que o problema já não é de mera legitimidade. A irrevogabilidade natural da procuração resulta de uma falta de legitimidade do *dominus* para a revogar. Assim, não é o *dominus* que atribui a outrem irrevogavelmente o poder de gerir os seus interesses, mas é antes a existência de interesses do procurador ou do terceiro que impede a possibilidade de o *dominus* revogar a procuração outorgada.

Não se verificando uma configuração de interesses em que participem o procurador, ou um terceiro, a estipulação de irrevogabilidade constante da procuração será inválida por falta de causa. Uma declaração de irrevogabilidade da procuração, sem uma causa que a justifique, não é compatível com os valores da ordem jurídica, em especial com o valor da liberdade da pessoa. Verificando-se uma incompatibilidade da estipulação de irrevogabilidade com a ordem jurídica, quer se trate de uma estipulação de irrevogabilidade quer de uma renúncia à revogação, estas são inválidas.[662]

A invalidade que afeta a estipulação de irrevogabilidade e a renúncia à revogação deverão traduzir-se numa nulidade. A gravidade da estipulação de irrevogabilidade e da renúncia à revogação, quando desacompanhados de uma causa que as justifique juridicamente, impede a sua eficácia, uma vez que só assim se pode salvaguardar devidamente o valor da liberdade da pessoa. Se a estipulação de irrevogabilidade ou a renúncia à revogabilidade fossem inválidas, mas eficazes – anulabilidade –, o *dominus* não poderia revogar a procuração enquanto estas não fossem anuladas. Embora em termos puramente teóricos se salvaguardasse a liberdade do *dominus*, permitindo-se que este revogasse a procuração após a anulação da limitação, na prática nada se conseguiria. O tempo que demoraria a anular a estipulação de irrevogabilidade, ou a renúncia à livre revogabilidade, tendo em conta as regras do regime jurídico da procuração, no que respeita às relações com terceiros, permitiriam ao procurador usar a procuração contra o interesse do *dominus*.

A situação não difere pelo facto de constar do negócio que constitui a relação subjacente que o *dominus* deverá outorgar uma procuração irre-

---

[662] Neste sentido, Acórdão do Tribunal da Relação do Porto de 19 de janeiro de 2015, processo nº 1973/09.3T2OVRD.P1, de que foi relator o Senhor Desembargador CARLOS GIL, *in* www.dgsi.pt e Acórdão do Tribunal da Relação de Évora de 18 de novembro de 2009, processo nº 67/1999.E1, de que foi relator o Senhor Desembargador MÁRIO SERRANO, *in* www.dgsi.pt

vogável. Nem será diferente o caso em que conste declarado no negócio que constitui a relação subjacente que o procurador ou terceiro têm um interesse relevante na outorga da procuração. O interesse juridicamente relevante do procurador, ou do terceiro, resulta da relação subjacente e da sua conexão com a procuração. A busca do jogo de interesses deverá ser efetuada através da análise global deste complexo negocial, do seu sentido, da sua economia e equilíbrio internos, dos fins das partes conforme resultam dele e do papel desempenhado pelo procurador na prossecução desses fins. Uma análise parcial ou superficial, que se limite ao texto da procuração, não será suficiente para determinar qual o jogo de interesses que resulta desse negócio e que é relevante para a vigência da procuração.[663]

Tendo em consideração que, quer o acordo quer a declaração de irrevogabilidade, quer ainda a renúncia à revogação são inválidos e ineficazes *ab initio*, o tipo de invalidade em causa é a nulidade. Por isso, a procuração convencionalmente irrevogável é livremente revogável pelo *dominus*.[664]

5.1. Consequências da revogação da procuração convencionalmente irrevogável

A revogação da procuração convencionalmente irrevogável determina a extinção desta com a consequente ineficácia para o futuro.

Fica, no entanto, por saber se a revogação da procuração convencionalmente irrevogável determina a responsabilidade civil do *dominus*. A questão surge normalmente quando se analisa o contrato de mandato. Neste negócio, figura próxima e com grande afinidade genética em relação à procuração, sendo estipulada a irrevogabilidade ou tendo havido renúncia ao direito de revogação, sem que se verifique um interesse relevante do mandatário ou do terceiro, a parte que revogar o negócio deverá indemnizar a outra pelo prejuízo que sofrer[665] – art. 1172º do Código Civil. Importa agora saber se o mesmo sucede na procuração.

---

[663] Neste sentido, Acórdão do Supremo Tribunal de Justiça de 18 de fevereiro de 2014, processo nº 3083/11.4TBFARE.E1.S1, de que foi relator o Senhor Conselheiro FONSECA RAMOS, *in* www.dgsi.pt.
[664] Pressupondo que é possível proceder ao aproveitamento da procuração, não obstante a invalidade da estipulação de irrevogabilidade, ou da renúncia à revogação.
[665] Pelo que a ineficácia do acordo de irrevogabilidade, ou da renúncia à revogação, no contrato de mandato não é total – JANUÁRIO GOMES, *Em tema de revogação*, cit., pág. 205.

Em ambos os casos – mandato e procuração –, a revogação do negócio pelo *dominus*, quando este é o único interessado, é eficaz mesmo que do negócio conste estipulada a sua irrevogabilidade ou tenha havido renúncia à revogação. Mas não é suficiente referir que a revogação é eficaz; ela é também lícita.[666] Na revogação dos negócios referidos, o *dominus* está a agir dentro dos limites da autonomia privada, não violando a Lei, os Bons Costumes ou a Ordem Pública. Tratando-se de uma atuação lícita e eficaz, apenas poderá haver lugar a responsabilidade civil em casos excecionais, com fundamento em norma jurídica específica.[667] Essa norma existe expressa na lei, no regime jurídico do mandato, mas já não existe no regime jurídico da procuração. A razão é por si suficiente para se poder defender que a revogação da procuração não dá lugar a responsabilidade civil, no caso da procuração no interesse exclusivo do *dominus* em que conste do instrumento de representação a sua irrevogabilidade, ou uma renúncia ao direito de revogação. Nesta matéria é mister não confundir revogação da procuração com revogação do mandato.

Poderia levantar-se a questão da eventual aplicação analógica do art. 1172º, al. *b)* do Código Civil à procuração. A semelhança entre as duas figuras – procuração e mandato – existe, quer a nível de génese, quer a nível funcional. No entanto, o art. 1172º, al. *b)* do Código Civil, ao regular uma modalidade de responsabilidade civil por ato lícito, é uma norma excecional e, enquanto tal, insuscetível de aplicação analógica – art. 11º do Código Civil. Acresce que as semelhanças entre as duas figuras negociais não vão ao ponto de permitir um regime de revogação comum. A própria configuração estrutural da procuração como um negócio unilateral de base abstrata o impede. A procuração pode ter como relação subjacente um outro negócio, que não o mandato. Aplicar à procuração o regime do mandato traduz-se no regresso à confusão entre as duas figuras, ficando a procuração sujeita a um regime de revogação possivelmente incompatível com o regime que regula o negócio que constitui a relação subjacente.

---

[666] Januário Gomes, *Em tema de revogação*, cit., pág. 269.

[667] Contra, Januário Gomes, *Em tema de revogação*, cit., pág. 271. O Autor entende que há uma violação de uma obrigação de *non facere*, havendo lugar a responsabilidade civil por prática de um ilícito contratual. Afirma ainda que "não existe [...] qualquer contradição entre esta conclusão e a constatação de que o mandante pode eficazmente revogar o mandato: é que, enquanto a conclusão pela licitude da revogação se centra estritamente na relação gestória, a consideração da ilicitude enfoca o pacto de irrevogabilidade"

A procuração, como negócio de base abstrata, deve adequar-se a qualquer negócio que lhe esteja subjacente, o que implica que deve ter um regime jurídico próprio, que não deve ser construído com base no regime jurídico do contrato de mandato, ou de outro contrato.

No âmbito da relação de representação, pode concluir-se que a procuração no interesse exclusivo do *dominus* em que se prevê a irrevogabilidade, ou em que houve uma renúncia ao direito de revogar a procuração, é livremente revogável,[668] sendo a revogação válida, eficaz e não dando causa a responsabilidade civil do *dominus*.

No entanto, não podemos excluir da análise do assunto a relação que a procuração tem com o negócio que constitui a relação subjacente. A conclusão anterior foi obtida apenas com base na procuração propriamente dita, independentemente do negócio que constitui a relação subjacente. Embora a revogação da procuração, nos casos de interesse exclusivo do *dominus*, não implique o dever de indemnizar por violação da procuração, poderá provocar uma violação da relação subjacente. Importa, por isso, proceder a uma análise das consequências que a revogação da procuração pode trazer para o negócio que constitui a relação subjacente, ao nível do dever de indemnizar. Uma vez que os casos podem ser muito variados, de acordo com as possibilidades de variação do negócio que constitui a relação subjacente, a análise será efetuada em abstrato.

No primeiro caso em análise, consta da procuração a estipulação da sua irrevogabilidade, mas nada resulta nesse sentido da relação subjacente. Nem implicitamente, nem expressamente. Trata-se do caso em que o *dominus*, sem qualquer razão aparente, resolveu outorgar a procuração, fazendo constar dela uma cláusula de irrevogabilidade. Trata-se de um caso paradigmático. Não houve qualquer interesse do procurador nem de terceiro na irrevogabilidade da procuração, nem sequer um acordo nesse sentido. Deste modo, se o *dominus* revogar a procuração, não se levantará sequer a questão da indemnização.

O segundo caso é mais complexo, consistindo numa situação em que a procuração foi outorgada como irrevogável, porque o *dominus* se obrigou a tanto no negócio que constitui a relação subjacente. É uma situação dife-

---

[668] Neste sentido, Acórdão do Supremo Tribunal de Justiça de 13 de julho de 2010, processo nº 67/1999.E1.S1, de que foi relator o Senhor Conselheiro Fonseca Ramos, com voto vencido do Senhor Conselheiro Salazar Casanova, *in* www.dgsi.pt.

rente da procuração naturalmente irrevogável, uma vez que nesse caso a irrevogabilidade resulta do jogo de interesses da relação subjacente. No caso ora em apreço não existe qualquer interesse do procurador nem do terceiro que justifique a irrevogabilidade, apenas existindo um acordo nesse sentido por um motivo que a não justifica. Será o caso, por exemplo, de a relação subjacente consistir num mandato oneroso, em que o mandatário deverá negociar e adquirir um imóvel para habitação do mandante e em que se acordou que a procuração outorgada seria irrevogável para facilitar a atuação do mandatário. Neste caso, a procuração outorgada é no exclusivo interesse do *dominus*. A razão apontada para justificar a irrevogabilidade não atribui ao procurador uma posição própria, não é um interesse primário. Aliás, destina-se a melhorar a posição do procurador de modo a este poder negociar condições mais vantajosas para o *dominus*. Neste caso, o *dominus* pode revogar livremente a procuração, mas se o fizer estará a violar o negócio que constitui a relação subjacente.[669] O dever de indemnizar, neste caso, resulta da violação da relação subjacente – art. 1172º, al. *b)* do Código Civil – e não da violação da cláusula de irrevogabilidade inserida na procuração.

O mesmo sucederá com a renúncia ao direito de revogar. Se esta resultar de um acordo com o procurador ou com o terceiro, no âmbito do negócio que constitui a relação subjacente, poderá haver lugar a responsabilidade civil, por violação desse acordo que constitui a relação subjacente. Mas, se essa renúncia estiver desligada de qualquer acordo, a revogação poderá ser efetuada sem dar lugar a responsabilidade civil.

Assim, o simples acordo de irrevogabilidade ou renúncia ao direito de revogação, embora não impliquem a irrevogabilidade da procuração, podem dar causa a responsabilidade civil por violação do negócio que constitui a relação subjacente, mas nunca por violação da procuração.

---

[669] CARIOTA FERRARA, *Il Negozio*, cit., pág. 696.

XIX
Efeitos da morte na procuração naturalmente irrevogável

"A morte, como fenómeno definitivo e irreversível, é causa de descontinuidade na vida social".[670] A morte influencia inevitavelmente o Direito, obrigando-o a dar resposta aos problemas jurídicos que aquela cria. Também na procuração naturalmente irrevogável a morte levanta questões e problemas, que carecem de uma análise detalhada. Entre essas questões avultam a determinação das consequências da morte do *dominus* e da morte do procurador.

Importa, por isso, saber o que sucede à procuração naturalmente irrevogável quando se verifica a morte do *dominus* ou a morte do procurador, discutindo a possibilidade de produção de efeitos *post mortem*. É ainda importante o estudo da figura da procuração *post mortem*, pelos problemas que levanta, nomeadamente no que respeita à sua admissibilidade face aos princípios e regras do Direito das Sucessões.

Uma vez que se trata de sujeitos diferentes da relação de representação, levantando problemas próprios, estudar-se-ão os problemas criados pela morte do *dominus* separadamente dos problemas levantados pela morte do procurador.

---

[670] OLIVEIRA ASCENSÃO, *Direito Civil – Sucessões*, 5ª ed., Coimbra, 2000, pág. 11.

1. A morte do *dominus*
1.1. Os efeitos *post mortem* da procuração

A morte do *dominus* não é, necessariamente, uma causa de extinção da procuração. As causas específicas de extinção da procuração são a revogação, a resolução por justa causa e a caducidade por cessação da relação subjacente, não se prevendo a morte do *dominus* como causa específica de extinção.

A regra geral relativa à morte, enquanto causa da extinção de relações jurídicas, consta do art. 2025º do Código Civil.[671] Nos termos desta disposição, em caso de morte do titular, as relações jurídicas extinguem-se em razão da sua natureza, da lei ou por efeito da vontade no caso dos direitos renunciáveis.

A lei não considera a morte do *dominus* como uma causa de extinção da procuração. Optou-se, na procuração, por uma solução diferente da de outros negócios, como o mandato. Neste contrato a lei distingue conforme se trate de um mandato no interesse exclusivo do mandante ou de um mandato também no interesse do mandatário ou de terceiro. No primeiro caso o mandato caduca com a morte do mandante, mas mantém-se em vigor nos demais.

Importa, por isso, apurar se a natureza do negócio e a vontade do *dominus* podem determinar a extinção da procuração em caso de morte do *dominus*.

O primeiro problema consiste em saber se o *dominus* pode, por sua vontade, determinar que a procuração se extinga com a sua morte.

No caso típico da procuração, este é o único titular de interesses na procuração. Em consequência, o *dominus* pode revogar livremente a procuração. Podendo o *dominus* revogar livremente a procuração, poderá também prever que esta se extinga por sua morte. O Código Civil, no art. 2025º, nº 2 estatui a possibilidade de o titular de um direito renunciável determinar a sua extinção em caso de morte. Embora o Código Civil apenas se refira a direitos e à renúncia, por maioria de razão abrangerá qualquer situação jurídica[672] que o titular possa extinguir livremente por sua vontade uni-

---

[671] O preceito funciona como exceção à regra da transmissibilidade das situações jurídicas patrimoniais decorrente do art. 2024º do Código Civil – PAMPLONA CORTE-REAL, *Direito da Família e das Sucessões*, Vol. II, Lex, Lisboa, 1993, pág. 37.
[672] OLIVEIRA ASCENSÃO, *Sucessões*, cit., págs. 234 a 236, considera que a herança é constituída por situações jurídicas, excluindo da herança "as situações cuja extinção por morte foi determinada pelo *de cuius*".

lateral. Por esta razão, o *dominus* poderá determinar a extinção da procuração típica em consequência da sua morte.

O mesmo sucederá no caso da procuração convencionalmente irrevogável. Neste caso, o *dominus* é o único titular de um interesse na procuração. Procedem, por isso, aqui os argumentos apresentados para o caso típico da procuração no interesse exclusivo do *dominus*.

Contrariamente, no caso da procuração naturalmente irrevogável não é de admitir a possibilidade de o *dominus* determinar por sua vontade a extinção desta por ocorrência da sua morte. Embora a procuração naturalmente irrevogável seja um negócio unilateral, o *dominus* não tem legitimidade para provocar unilateralmente a sua extinção. Não o podendo fazer, não se deve também admitir que imponha a extinção da procuração naturalmente irrevogável no caso da sua morte.[673] Os argumentos são fundamentalmente os mesmos que determinam a irrevogabilidade da procuração. Não deve assim admitir-se que, por simples vontade do *dominus*, a procuração naturalmente irrevogável se extinga em caso de morte deste. Mesmo que da procuração conste estipulada a sua extinção em caso de morte do *dominus*, esta cláusula deve ser considerada ineficaz, por falta de legitimidade do *dominus* para a impor. Só com base na vontade de todos os interessados será possível dar eficácia a uma estipulação de extinção da procuração em caso de morte do *dominus*.

Por esta razão, apenas no caso típico e no caso da procuração convencionalmente irrevogável o *dominus* pode determinar a extinção da procuração por ocorrência da sua morte, através de uma estipulação exclusivamente sua.

Prosseguindo a análise do problema, importa agora saber se a natureza da procuração impõe a extinção em caso de morte do *dominus*.

A procuração é um negócio jurídico através do qual uma pessoa com legitimidade para afetar determinada situação jurídica confere legitimidade a outrem para agir sobre essa situação jurídica. É por isso, fundamentalmente, um instrumento de legitimação. A procuração está ligada à situação jurídica objeto da legitimação, e não à pessoa do *dominus*. A ligação que tem com a pessoa do *dominus* resulta apenas do facto de ser

---

[673] De modo semelhante, PAMPLONA CORTE-REAL, *Direito da Família*, cit., Vol. II, , págs. 41 e 42, defende que apenas os negócios renunciáveis se podem extinguir *mortis causa* por vontade do *de cujus*.

este que tem legitimidade para afetar a situação jurídica e, por isso, tem legitimidade para outorgar poderes de representação a outrem para agir sobre essa situação. Como negócio de base abstrata, a procuração não tem a natureza de um negócio *intuitu personæ* em relação ao *dominus*.

O que a natureza da procuração exige é a identidade entre *dominus* e titular da legitimidade para afetar determinada situação jurídica. Não exige que seja sempre a mesma pessoa a ocupar a posição de *dominus*. Se a legitimidade para afetar determinada situação jurídica for transmitida, porque foi transmitida a titularidade do direito de propriedade, por exemplo, também a pessoa que ocupa a posição de *dominus* deverá ser alterada em conformidade, quer pela extinção da procuração e outorga de uma nova procuração, quer pela cessão da posição de *dominus* no âmbito da mesma procuração.

Sendo a procuração um negócio que se destina a legitimar outrem para praticar atos jurídicos em nome do *dominus*, não se pode dizer que a concreta pessoa que ocupa a posição de *dominus* seja essencial à relação jurídica em virtude de determinadas caraterísticas pessoais. Se assim sucedesse, e o *dominus* tivesse de ter determinadas caraterísticas pessoais fundamentais para a prática do ato, não poderia outorgar a procuração, pois deixaria de ser ele a praticar o ato quando tal fosse necessário. Assim sucede, por exemplo, no caso do testamento, que não pode ser celebrado por procuração.

Quando se afirma que a procuração se deve extinguir por morte do *dominus*, o que se está normalmente a significar é que o mandato com representação se extingue por morte do *dominus*. Trata-se apenas de mais uma confusão entre mandato e procuração. Deve consequentemente entender-se que a natureza jurídica da procuração não exige a sua extinção em virtude da morte do *dominus* originário.[674]

Uma vez que a procuração se não extingue por morte do *dominus*, a posição deste transmite-se para os sucessores que, a partir dessa data, ocuparão essa posição na relação de representação. No caso de se tratar de uma procuração típica, estes poderão revogá-la, modificá-la, definir o conteúdo do seu interesse e exercer todos os direitos da titularidade do *dominus* nos mesmos moldes em que este o pudesse fazer.

---

[674] Neste sentido, Acórdão do Tribunal da Relação de Lisboa de 12 de novembro de 2009, processo nº 1869/09.9TBTVD.L1-8, de que foi relator o Senhor Desembargador Luís Correia de Mendonça, *in* www.dgsi.pt.

Não obstante isto, a morte do *dominus* pode determinar indiretamente a extinção da procuração. Em sede geral, sendo o *dominus* uma das partes do negócio que constitui a relação subjacente, a sua morte pode determinar a caducidade desse negócio jurídico. Nesses casos, a morte do *dominus*, ao determinar a extinção do negócio que constitui a relação subjacente pode acarretar também a extinção da procuração nos termos do art. 265º, nº 1, do Código Civil. A procuração extingue-se, mas não em razão da morte do *dominus*; antes devido à extinção do negócio que constitui a relação subjacente nos termos do art. 265º, nº 1, do Código Civil. A causa da caducidade da procuração será a cessação da relação subjacente e não a morte do *dominus*. Caso o negócio que constitui a relação subjacente não caduque com a morte do *dominus*, a procuração manter-se-á em vigor.

No caso típico da procuração no interesse exclusivo do *dominus*, em regra a morte deste determina a caducidade da relação subjacente. Assim pode suceder, por exemplo, no caso do contrato de mandato[675] e do contrato de trabalho,[676] embora não necessariamente, como ocorre no caso do contrato de trabalho se os sucessores prosseguirem a atividade do *de cujus*.

No caso da procuração naturalmente irrevogável, a regra não será a extinção da relação subjacente em virtude da morte do *dominus*.[677] A relação subjacente à procuração naturalmente irrevogável é constituída por um negócio do qual resulta uma utilidade para o procurador, ou o terceiro, atingirem fins próprios. Neste negócio, o procurador ou o terceiro, para além de terem um interesse nesse negócio, terão normalmente um direito a determinadas prestações que decorram desse negócio. A relação subjacente à procuração naturalmente irrevogável não constitui para o *dominus* uma situação puramente ativa. Poderá ter elementos de situação ativa, mas terá necessariamente elementos passivos. Uma vez que, regra geral, as situações passivas não se extinguem com a morte do titular,[678] também em regra a relação subjacente à procuração naturalmente irrevogável se não extinguirá com a morte do *dominus*.

---

[675] Art. 1174º, al. *a)* do Código Civil.
[676] Art. 6º, nº 1 do Regime Jurídico da Cessação do Contrato Individual de Trabalho e da Celebração e Caducidade do Contrato de Trabalho a Termo aprovado pelo Decreto-Lei nº 64-A/89, de 27 de fevereiro.
[677] Como sucedeu no caso decidido no Acórdão do Tribunal da Relação de Évora de 10 de janeiro de 2013, processo nº 31/08.2TBELV.E1, de que foi relator o Senhor Desembargador ANTÓNIO M. RIBEIRO CARDOSO, *in* www.dgsi.pt.
[678] OLIVEIRA ASCENSÃO, *Sucessões*, cit., págs. 237 a 239.

Há, no entanto, exceções consistentes em negócios que se extinguem com a morte, quer por imposição legal, quer por assim estar acordado, ou quer ainda pela natureza do negócio. No caso de a relação subjacente ser, por exemplo, um acordo de prestação de alimentos resultante de um divórcio por mútuo consentimento, em que o obrigado autoriza o alimentado a praticar todos os atos necessários à obtenção dos alimentos outorgando-lhe uma procuração com os necessários poderes, falecendo o obrigado, extingue-se o dever de alimentos e, em consequência, o respetivo acordo – art. 2013º, nº 1, al. *a*), e art. 2014º do Código Civil –, pelo que caduca a respetiva procuração.

Num outro exemplo, se o *dominus* for titular de um usufruto sobre um prédio urbano e entregar a administração e os rendimentos desse prédio a um seu credor, para que este obtenha o montante necessário à satisfação do crédito, outorgando-lhe uma procuração com os necessários poderes, o negócio cessará com a morte do *dominus*, uma vez que o usufruto é intransmissível *mortis causa*, embora seja transmissível e onerável *inter vivos*.[679]

No entanto, tendo em consideração a especial configuração do negócio que constitui a relação subjacente à procuração naturalmente irrevogável, as situações de intransmissibilidade *mortis causa* em virtude da lei ou da natureza do negócio serão excecionais.

Por esta razão, em princípio, a relação subjacente à procuração naturalmente irrevogável transmite-se aos sucessores do *dominus* originário, pelo que a procuração se mantém em vigor.

Pode surgir um problema consistente na indeterminação da identidade do *dominus* enquanto a herança não for aceite. Trata-se de um problema específico de Direito das Sucessões, não cabendo neste estudo a sua análise. Refira-se, no entanto, que, enquanto a herança não for partilhada, a atuação do e contra o *dominus* deverá ser feita pelo cabeça-de-casal, ou por todos e contra todos os herdeiros, conforme o conteúdo da atuação – arts. 2079º, e 2087º a 2091º, nº 1 do Código Civil. Durante o período em que a herança está aberta, sem que tenha havido aceitação por sucessíveis, será possível a qualquer destes administrar a posição que o *de cuius* ocupava no negócio que constitui a relação subjacente. Para se permitir a atuação contra o *dominus* e, em alguns casos, a atuação do *dominus*, o Tribunal nomeará um curador à herança jacente.

---

[679] Art. 1444º, nº 1, e 1476º, nº 1, al. *a*) do Código Civil.

No que respeita à procuração, após a partilha, a posição jurídica de *dominus* será ocupada pelo herdeiro ou pelos herdeiros que sucederem ao *de cuius* na titularidade da situação jurídica da qual emerge a legitimidade para afetar a situação jurídica abrangida pela procuração.[680] Se a procuração atribuiu poderes para vender um determinado bem, o herdeiro que receber esse bem em partilha será o novo *dominus*.

Na relação subjacente, a posição que o *de cuius* ocupava passará necessariamente para a titularidade do sucessor que assumir a posição de *dominus* na procuração. Poderão ainda outros sucessores ocupar cumulativamente a posição do *de cuius* no negócio que constitui a relação subjacente, na medida em que esse negócio abranja mais situações jurídicas e nestas sucedam diferentes pessoas.

Pode concluir-se, portanto, que em regra a procuração naturalmente irrevogável não se extingue com a morte do *dominus*.[681]

1.2. A procuração *post mortem*.

São distintos a procuração *post mortem* e os efeitos *post mortem* da procuração irrevogável.

A procuração *post mortem* é aquela cujos efeitos típicos apenas se produzem plenamente a partir do momento da morte do *dominus* originário.[682] Diverge, portanto, dos casos anteriormente analisados em que uma procuração que estava a produzir efeitos se mantém eficaz após a morte do *dominus* originário.

A fundamentação jurídica da produção de efeitos após a morte do *dominus* na procuração *post mortem*, segue a mesma construção que a produção de efeitos *post mortem* na procuração.[683]

---

[680] Neste sentido, Acórdão do Tribunal da Relação de Lisboa de 12 de novembro de 2009, processo nº 1869/09.9TBTVD.L1-8, de que foi relator o Senhor Desembargador Luís CORREIA DE MENDONÇA, in www.dgsi.pt.

[681] No mesmo sentido CARIOTA FERRARA, *Il Negozio*, cit., pág. 695 e Acórdão do Tribunal da Relação do Porto de 2 de maio de 2006, processo nº 0621052, de que foi relator o Senhor Desembargador ALZIRO CARDOSO, in www.dgsi.pt.

[682] Neste sentido, o Acórdão do Supremo Tribunal de Justiça de 22 de janeiro de 2008, processo nº 07A4255, de que foi relator o Senhor Conselheiro NUNO CAMEIRA, in www.dgsi.pt e o Acórdão do Supremo Tribunal de Justiça de 28 de maio de 2015, processo nº 123/06.2TBVS. E1.S1, de que foi relatora a Senhora Conselheira FERNANDA ISABEL PEREIRA, in www.dgsi.pt.

[683] Razão pela qual a partir da morte do *dominus* originário, a sua posição passa a ser ocupada pelos respetivos herdeiros – LEHMANN, *Tratado*, cit., pág. 463.

Existem, no entanto, diferenças de regime entre as duas figuras que justificam um estudo mais detalhado.

Na procuração *post mortem*, os efeitos típicos apenas se produzem após a morte do *dominus* originário,[684] enquanto na procuração irrevogável típica os efeitos se produzem durante a vida e após a morte do *dominus*. Tipicamente, a procuração produz efeitos imediatamente com a outorga. Para que se esteja perante uma procuração *post mortem* é necessário que os poderes de representação não possam ser exercidos antes da morte do *dominus*, o que pode suceder em dois casos. No primeiro caso, a procuração está sujeita a um termo suspensivo. Embora não conste expressamente do regime jurídico legal da procuração, é possível integrar na procuração elementos acidentais como o termo ou a condição. Esta possibilidade justifica-se com base na autonomia privada. Mesmo tendo em consideração o chamado "princípio da tipicidade dos negócios unilaterais" que, como vimos, não é aplicável à procuração, será possível sujeitar um negócio unilateral a um termo ou a uma condição, uma vez que o referido princípio apenas limitaria os tipos de negócios unilaterais, mas não o seu conteúdo, permitindo-se que os "interessados engendrem, negócios não tipificados em lei".[685]

Caso o termo suspensivo conste do próprio texto da procuração, ou dele conste que se trata de uma procuração *post mortem*, esta apenas poderá ser usada a partir do momento da morte do *dominus*. Até esse momento a outorga dos poderes de representação é ineficaz. Em consequência, se o procurador usar a procuração para celebrar um negócio, agirá em representação sem poderes, nos termos do art. 268º do Código Civil, para além de, em princípio, violar o negócio que constitui a relação subjacente.

No segundo caso, embora nada esteja estipulado na procuração quanto ao início da produção do efeito representativo, resulta da relação subjacente que o procurador apenas pode exercer os poderes de representação a partir do momento da morte do *dominus* originário. O procurador é, desde o momento da outorga da procuração, titular do poder de representação. No entanto, encontra-se limitado pela relação subjacente quanto ao momento a partir do qual o pode exercer.

Embora, neste caso, a procuração produza efeitos desde logo, podemos considerar que se trata de uma verdadeira procuração *post mortem*.

---

[684] CARIOTA FERRARA, *Il Negozio,* cit., pág. 695.
[685] MENEZES CORDEIRO, *Tratado – II,* cit., pág. 92.

A procuração *post mortem* é aquela que é outorgada com o fim de ser usada após a morte do *dominus*. O momento da eficácia da outorga dos poderes de representação é irrelevante para a sua qualificação; o que releva é que a procuração se destine a ser usada apenas em caso de morte do *dominus*.

Neste último caso, se o procurador usar os poderes de representação antes da morte do *dominus*, agirá em abuso de representação, nos termos do art. 269º do Código Civil. Este regime implica a proteção dos terceiros de boa fé. Mas se o procurador, com abuso, celebrar o negócio consigo mesmo – estando autorizado a fazê-lo – este será ineficaz em relação ao *dominus*, embora seja válido.[686]

Exemplo de um negócio que constitui a relação subjacente a uma procuração *post mortem* pode ser o caso em que tenha sido prometida a venda de um imóvel, tendo desde logo sido pago todo o preço, e tendo sido acordado que o vendedor poderia manter-se como proprietário desse imóvel até à sua morte. Independentemente de constar ou não da procuração o termo inicial, o comprador, que é também procurador, não pode usar a procuração para celebrar o contrato de compra e venda antes do momento da morte do *dominus*. Mais concretamente, poderia dizer-se que o procurador pode, mas não deve, usar a procuração antes do tempo estipulado.

Como se pode concluir, a importância da qualificação de uma procuração como *post mortem* reside na determinação das consequências da atuação do procurador antes da verificação da morte do *dominus*. Após a morte do *dominus*, a procuração produz necessariamente a totalidade dos seus efeitos próprios. Mas, como vimos, antes da morte poderá não os produzir. Esta caraterística impõe uma análise específica no que respeita à procuração naturalmente irrevogável.

A procuração naturalmente irrevogável típica produz plenos efeitos a partir do momento da sua outorga, entrando em vigor a totalidade do seu regime.

A procuração naturalmente irrevogável *post mortem* apenas não produz os seus efeitos próprios durante a vida do *dominus*, razão pela qual a outorga dos poderes de representação não é eficaz ou o procurador os não pode exercer.

---

[686] A autorização da celebração do negócio consigo mesmo apenas permite ao procurador celebrá-lo consigo, não lhe permitindo a celebração antes do momento da morte do *dominus*. Por esta razão há um abuso de representação, mas o negócio não é anulável nos termos do art. 261º, nº 1 do Código Civil.

Pode, todavia, levantar-se um problema, que consiste em aferir da possibilidade de revogação da procuração naturalmente irrevogável *post mortem* pelo *dominus* antes da verificação do termo. A resposta só pode ser negativa. Mesmo que os poderes de representação ainda não sejam eficazes, a procuração não deixa de representar uma utilidade para o procurador, ou para o terceiro. Tendo estes um interesse na procuração, a revogação da procuração afetaria a sua esfera jurídica. A ineficácia da outorga dos poderes de representação não enfraquece o argumento, pelo que as conclusões sobre a revogação da procuração naturalmente irrevogável se devem manter no caso da procuração naturalmente irrevogável *post mortem*. Assim, a revogação da procuração *post mortem* naturalmente irrevogável é ineficaz, mesmo antes da verificação do termo, por ilegitimidade do *dominus*.

À procuração *post mortem* naturalmente irrevogável aplica-se o regime da procuração naturalmente irrevogável típica, exceto quanto ao momento do início da eficácia dos poderes de representação e às parcelas do regime que dependam da sua eficácia.

A procuração *post mortem* naturalmente irrevogável pode, no entanto, levantar um outro problema no que respeita às regras do Direito das Sucessões. As normas relativas à sucessão por morte são, na sua grande maioria, imperativas. Têm esta natureza, por exemplo, as regras relativas às classes de sucessíveis, as regras de sucessão das várias classes de sucessíveis e as regras relativas à sucessão legitimária. Através de uma procuração naturalmente irrevogável *post mortem*, poder-se-ia evitar ou contornar a aplicação destas regras. Para tanto bastaria que o procurador, após a morte do *dominus* originário, procedesse à distribuição de bens e direitos a pessoas diferentes dos herdeiros, ou violando as regras aplicáveis. Uma vez que os herdeiros não poderiam revogar a procuração, não se poderia evitar esta violação das normas sucessórias. Esta caraterística poderia levar à tendência para não admitir a validade da procuração naturalmente irrevogável *post mortem,* por permitir a violação das regras sucessórias.

Embora a questão seja relevante, não pode ser respondida deste modo. Para que a procuração possa ser qualificada como uma procuração naturalmente irrevogável *post mortem*, para além do termo inicial, é necessário que o procurador, ou o terceiro, tenham um interesse na procuração. O interesse primário deve ser próprio, específico, objetivo e direto na execução do negócio que constitui a relação subjacente, de tal modo que o procurador tenha uma posição autónoma em relação à posição da pessoa que representa no âmbito da relação de representação. Numa situação destas, mesmo que a outorga da procuração influa sobre a herança, diminuindo-a, nem por isso se pode considerar que a procuração viole as regras sucessórias. Se, por exemplo, o *de cuius* for devedor de uma determinada quantia ao terceiro, e estes tiverem acordado que a dívida deverá ser saldada num determinado prazo a contar da morte do devedor, tendo sido outorgada uma procuração irrevogável *post mortem* a pessoa da confiança de ambos que deverá, caso os herdeiros não paguem a dívida no termo do prazo, proceder à dação em função do cumprimento ao terceiro de um imóvel que integra a herança, não se pode considerar que se está a violar as regras de direito sucessório, embora através da procuração se legitime o procurador a celebrar negócios que irão produzir efeitos após a morte do *dominus*, provocando alterações no património da herança.[687]

No entanto, a situação será diferente se o *dominus* outorgar uma procuração naturalmente irrevogável *post mortem* a um dos filhos para que este celebre um contrato de doação a si mesmo de todo o património do *de cuius*. A procuração em causa é naturalmente irrevogável, uma vez que o procurador tem um interesse na procuração. É também uma procuração *post mortem*, uma vez que apenas produz efeitos após a morte do *dominus*. No entanto, colide com várias normas legais imperativas, entre as quais as resultantes do art. 2139º, do Código Civil. Neste caso, o vício reside na relação subjacente que é nula, não produzindo efeitos e, como tal, dela não resulta nenhum jogo de interesses que possa fundar a irrevogabilidade natural da procuração, pelo que esta é livremente revogável.

A procuração naturalmente irrevogável *post mortem* não é necessariamente um instrumento de fraude à lei, especialmente de fraude às regras do Direito das Sucessões. Como tal deve ser admitida, em princípio, a sua validade e eficácia. No entanto, quando a procuração naturalmente irrevogável *post mortem* se destine a permitir alcançar um fim contrário à lei, à ordem pública ou ofensivo dos bons costumes, se esse fim for comum a todos os interessados, a procuração será nula, nos termos do art. 281º do Código Civil.

---

[687] Neste sentido, Acórdão do Supremo Tribunal de Justiça de 18 de fevereiro de 2014, processo nº 3083/11.4TBFARE.E1.S1, de que foi relator o Senhor Conselheiro Fonseca Ramos, *in* www.dgsi.pt.

2. A morte do procurador

O efeito da morte do procurador sobre a procuração naturalmente irrevogável constitui uma questão da maior relevância, quer pela influência ao nível do regime jurídico da procuração, quer pelas diferenças que apresenta em relação aos efeitos da morte do *dominus*.

Diversamente do que sucede no que respeita à morte do *dominus*, o Código Civil regulou os efeitos da morte do procurador sobre a procuração. Não o fez, no entanto, de modo expresso.

Em regra, a procuração no interesse exclusivo do *dominus* caduca com a morte do procurador. Normalmente, no caso típico da procuração no interesse exclusivo do *dominus*, o procurador é escolhido com base em critérios de confiança, quer pessoal, quer de outra natureza – técnica, por exemplo. Neste caso, a única pessoa que tem um interesse na procuração é o *dominus*, limitando-se o procurador a agir segundo esse interesse e não retirando qualquer utilidade da procuração. Esta conjugação entre a relação especial de confiança e a exclusividade do interesse determina a intransmissibilidade do poder de representação, sem permissão do *dominus*. Tal é o regime que resulta do art. 264º do Código Civil. Segundo este regime, o procurador apenas pode transmitir a sua posição com o acordo do *dominus*, quer esse acordo se verifique na procuração, quer se verifique na relação subjacente.

No caso da procuração no interesse exclusivo do *dominus*, o procurador é titular do poder de representação. No entanto, não é titular de qualquer interesse nesse poder, uma vez que este não é útil para prosseguir qualquer fim seu, apenas para prosseguir um fim do *dominus*. Embora com a substituição do procurador a procuração possa manter a utilidade para o *dominus*, não se pode separar esta da relação jurídica que cria – a relação de representação. No caso típico da procuração no interesse exclusivo do *dominus*, a relação de representação está dependente, não só do interesse do *dominus* na procuração, mas também da confiança deste no procurador. O *dominus* escolhe determinada pessoa para procurador por confiar que esta tem as qualidades necessárias para prosseguir os seus fins. Esta confiança não é transmissível, uma vez que é estritamente pessoal, centrando-se naquela pessoa determinada. Uma vez que tipicamente, na procuração no interesse exclusivo do *dominus*, o procurador é escolhido *intuitu personæ*, a sua posição só poderá ser transmitida a outrem se o *dominus* aceitar, se o *dominus* confiar nessa pessoa.

No caso da procuração naturalmente irrevogável, a situação pode ser diferente, conforme o modo de configuração dos interesses em jogo.

Na procuração no interesse exclusivo do procurador, verifica-se uma identidade entre o titular do poder de representação e o titular do interesse na procuração. Segundo a relação subjacente, uma das partes – o procurador – tem direito a usar os poderes de representação. No uso desses poderes, tem apenas de obedecer ao seu próprio interesse, conforme resulta da relação subjacente. Para ele, a procuração apresenta uma utilidade para prosseguir determinados fins próprios que resultam da relação subjacente. A escolha do procurador, no caso agora em análise, não resulta já da confiança do *dominus*. A escolha é imposta ao *dominus* como uma obrigação, pela relação subjacente. A escolha do *dominus* não está, por isso, ligada à pessoa do procurador, mas à posição que este ocupa na relação subjacente. Transmitindo-se essa posição, deve também transmitir-se a posição na relação de representação. Deste modo, em princípio, a morte do procurador não determina a caducidade da procuração no interesse exclusivo do procurador, transmitindo-se essa posição aos seus sucessores.

Nos restantes casos de procuração naturalmente irrevogável, a situação é diferente. Em mais nenhum caso se verifica uma coincidência total entre o titular do poder de representação e o titular dos interesses em jogo, quer por o titular do poder de representação não ter interesse na procuração – caso da procuração no interesse exclusivo de terceiro e da procuração no interesse de *dominus* e terceiro –, quer por não ser o único titular de interesses na procuração – caso da procuração no interesse de *dominus* e procurador, da procuração no interesse de procurador e terceiro e da procuração no interesse de *dominus*, procurador e terceiro. Em todos estes casos, a escolha do procurador pode influenciar o interesse de outrem. Uma vez que o procurador age sobre interesses de vários titulares, deverá obter a confiança de todos esses titulares. Justifica-se por isso que, quer a escolha inicial do procurador, quer a transmissão da sua posição, careçam do consentimento de todos os interessados, mesmo no caso da sucessão *mortis causa*.

Poder-se-ia suscitar a questão da proteção do interessado. Falecendo o procurador e caducando em consequência a procuração, o interessado perderia uma vantagem. Naturalmente, o interessado não pretende perder esse instrumento, preferindo que a procuração não caduque. Mas, mesmo para o interessado, pode ser preferível que a procuração caduque, a que, na posição de procurador, suceda uma pessoa que não tenha a confiança de todos os interessados. Por esta razão, pode concluir-se que a regra, no que respeita aos efeitos da morte do procurador na procuração, consiste na caducidade desta. Esta regra não é aplicável no caso da procuração no interesse exclusivo do procurador, nem nos casos em que conste ou resulte da relação que a procuração não deve caducar.[688]

A desvantagem que resulta para os interessados da caducidade da procuração é atenuada pela relação subjacente. Resulta da relação subjacente que os interessados têm direito à outorga e vigência da procuração, em seu nome ou de terceiro, conforme os casos. Caducando a procuração, se a relação subjacente se mantiver em vigor, o *dominus* deverá outorgar nova procuração a um procurador da confiança de todos os interessados. Só assim respeitará o negócio que constitui a relação subjacente.

Assim, a diferença entre a procuração naturalmente irrevogável e o caso típico da procuração (abrangendo aqui também a procuração convencionalmente irrevogável) consiste fundamentalmente na obrigação de o *dominus* outorgar uma nova procuração para substituir a que caducou com a morte do procurador. Num dos casos de procuração naturalmente irrevogável – no interesse exclusivo do procurador – a natureza da procuração não determina a caducidade, transmitindo-se o poder de representação a quem suceder ao *de cuius* na relação subjacente.

---

[688] Como sucederá, por exemplo, se, desde logo, tiver sido indicado quem será o procurador no caso de morte do procurador originário.

X
A extinção da procuração irrevogável

Um dos argumentos que frequentemente é utilizado por quem não admita a irrevogabilidade da procuração consiste na invocação da inadmissibilidade de uma vinculação *ad æternum* do *dominus* à procuração, com a consequente perda de liberdade.[689] A admissão da procuração irrevogável como instrumento jurídico resultaria numa cedência a outrem da esfera jurídica do *dominus*, ficando este para sempre sujeito à atuação do procurador, sem a poder evitar. Para os defensores desta posição, o *dominus* ficaria numa absurda sujeição, sem defesa perante o procurador que se tornaria titular de um poder arbitrário sobre ele.

Esta argumentação não colhe. A procuração irrevogável, tal como qualquer procuração, não implica uma vinculação definitiva e interminável do *dominus* perante o procurador.

A diferença fundamental de regime entre a procuração típica e a procuração irrevogável, no que respeita à extinção da mesma, prende-se com um regime específico de revogação. No entanto, mantêm-se todas as restantes causas de extinção da procuração. A procuração naturalmente irrevogável não é, por isso, um negócio inextinguível. Pode extinguir-se por várias causas como, por exemplo, a verificação de um termo ou de uma condição resolutiva a que se encontre sujeita. É, aliás, frequente a sujeição da procuração naturalmente irrevogável a um termo ou condição, de modo a

---

[689] DERNBURG, *Pandette*, cit. pág. 361.

que a existência destes se tornem do conhecimento de terceiro. Obtém-se, deste modo, uma maior possibilidade de opor este limite da procuração a terceiros que, ao tomarem conhecimento da procuração, tomam também conhecimento do termo ou da condição. Será, por isso, maior a probabilidade de que os terceiros conheçam ou devam conhecer a verificação do termo ou da condição, não podendo assim invocar o regime do art. 266º, nº 2, do Código Civil. Esta prática, no entanto, é de maior eficácia quando se sujeite a procuração a um prazo, pois se o termo for de outra natureza ou se se tratar de uma condição, o terceiro pode sempre invocar o desconhecimento da sua verificação.

Não se irão analisar, no entanto, todas as formas de extinção da procuração naturalmente irrevogável, mas apenas aquelas que se mostram de maior relevância prática, ou cujo regime implica um estudo mais aprofundado.

1. A revogação da procuração irrevogável

Tratar da revogação da procuração naturalmente irrevogável pode, à primeira vista, parecer contraditório. A revogação da procuração naturalmente irrevogável é ineficaz, parecendo por isso não se justificar um tratamento do problema de modo mais aprofundado.

No entanto, a ineficácia da revogação, na procuração naturalmente irrevogável, diz apenas respeito à sua revogação *ad nutum*. O próprio Código Civil, no art. 265º, nº 3, prevê a possibilidade de o *dominus* revogar a procuração por mútuo acordo ou com justa causa.

Importa, por isso, estudar a problemática da revogação da procuração naturalmente irrevogável, verificando em que circunstâncias é eficaz e qual a fundamentação da eficácia.

1.1. A revogação por mútuo acordo

O Código Civil admite a revogação da procuração naturalmente irrevogável por mútuo acordo. Importa, no entanto, estudar o respetivo fundamento.

A razão para a ineficácia da revogação da procuração naturalmente irrevogável prende-se, como vimos, com a ilegitimidade do *dominus*. No caso da procuração naturalmente irrevogável, o *dominus* apenas tem legitimidade para agir de modo a afetar a sua própria esfera jurídica. Uma vez que a revogação implica uma atuação sobre a esfera jurídica do procurador, ou do terceiro, o *dominus* não pode unilateralmente revogar eficazmente a procuração naturalmente irrevogável.

Mas uma vez que o problema consiste numa questão de falta de legitimidade para a revogação, a resposta passa pela obtenção por parte do *dominus* de legitimidade para agir sobre as esferas jurídicas dos interessados. É, por isso, um problema que se resolve através da legitimação do *dominus*.

De acordo com o art. 265º, nº 3 do Código Civil, o mútuo acordo legitima o *dominus* para revogar a procuração naturalmente irrevogável. Se o *dominus* obtiver da totalidade dos interessados permissão para agir sobre a procuração, revogando-a, a revogação será eficaz. A titularidade é, em princípio, legitimação suficiente para agir sobre determinada situação jurídica. A legitimidade que resulta da titularidade, em princípio, permite tanto a fruição, como a administração, a transmissão e a extinção da situação. Em princípio, permite ainda a legitimação de outrem para agir sobre a situação. Sendo titular de uma situação, segundo o princípio da autonomia privada, o sujeito é livre para afetar essa situação. Assim, os titulares dos interesses na manutenção da procuração podem permitir que o *dominus* a revogue.[690] Justifica-se plenamente, por isso, a admissão pela lei da eficácia da revogação por mútuo acordo da procuração naturalmente irrevogável.

Uma questão que se pode levantar ainda é a de saber se a revogação por mútuo acordo da procuração naturalmente irrevogável é um contrato ou um negócio unilateral. A revogação de um negócio jurídico, como se viu, pode afetar mais esferas jurídicas do que as das suas partes. Na procuração naturalmente irrevogável, embora a única parte seja o *dominus*, a revogação pode afetar também a esfera jurídica do procurador e do terceiro, o que determina a necessidade do acordo destes para a legitimação do *dominus*.

Há, por isso, várias pessoas que intervêm no negócio de revogação, que não se torna perfeito enquanto faltar a participação de qualquer uma delas. Para que a revogação seja eficaz, deverá reunir o acordo de todos os titulares, ou de quem tenha legitimidade para afetar todas as esferas jurídicas sobre as quais irá determinar efeitos jurídicos.

Alguns autores identificam a parte com a titularidade de interesse no negócio.[691] A qualificação do negócio como unilateral ou como bilateral depende de todos os sujeitos serem titulares do mesmo interesse. Exi-

---

[690] Caso o titular não tenha legitimidade, a permissão para o *dominus* revogar a procuração deverá ser dada pelo titular da legitimidade.
[691] Cabral de Moncada, *Lições*, cit., págs. 517 a 520, Carvalho Fernandes, *Teoria Geral*, cit., Vol. II, págs. 55 a 58, Oliveira Ascensão, *Direito Civil*, cit., Vol. II, págs. 25 e 26 e Pais de Vasconcelos, *Teoria Geral*, cit., págs. 378 e 379.

gem, por isso, que apenas exista um único interesse no negócio, embora podendo haver mais do que um interessado. O negócio deverá ter a mesma utilidade para atingir o mesmo fim para todos os sujeitos. Se assim suceder os sujeitos podem ser todos unificados numa única parte, sendo o negócio unilateral. Seguindo as opiniões referidas, a revogação da procuração naturalmente irrevogável por mútuo acordo será um negócio unilateral, embora plural. A revogação tem, no que respeita a todos os intervenientes, a mesma utilidade para atingir o mesmo fim: a extinção da procuração naturalmente irrevogável. Todos os intervenientes têm, por isso, o mesmo interesse na revogação da procuração naturalmente irrevogável, apesar de o não terem na manutenção e vigência da mesma. Em consequência, apenas há uma parte, sendo por isso o negócio unilateral.

Seguindo outra orientação, conclui-se também que a revogação da procuração naturalmente irrevogável é um negócio unilateral. Para estes autores,[692] o critério para a qualificação de um negócio como unilateral depende de haver uma só parte, o que se afere pela existência de uma única declaração, embora possam ser várias pessoas a emiti-la, em lugar de várias declarações. Na revogação da procuração naturalmente irrevogável por mútuo acordo, todos os declarantes emitem uma declaração igual. Não se trata de uma proposta e aceitação de revogação, mas antes de uma única declaração, subscrita por todos os intervenientes, em que todos dizem que pretendem a extinção da procuração naturalmente irrevogável. Existe, por isso, apenas uma única parte, embora seja pluri-subjetiva, sendo o negócio também unilateral.

Recorrendo ainda a um terceiro critério, a revogação da procuração naturalmente irrevogável é também um negócio unilateral. A posição segue a generalidade da doutrina no que respeita à definição do negócio unilateral como o que tem apenas uma parte, identificando as partes no negócio através do número de declarações negociais contrapostas. Recorre, no entanto, aos efeitos desencadeados pelas declarações, como critério para saber se se verifica a referida contraposição entre estas.[693] Haverá contrapo-

---

[692] FERREIRA DE ALMEIDA, *Texto e Enunciado*, cit., Vol. II, págs. 842 a 848, HEINRICH HÖRSTER, *A parte geral*, cit., pág. 427 e MOTA PINTO, *Teoria Geral*, cit., págs. 387 e 388.

[693] FLUME, *El negocio jurídico*, cit., § 11.3 págs. 174 a 178, também usa a ideia de contraposição entre as pessoas intervenientes no negócio como critério para distinguir os negócios plurilaterais dos negócios unilaterais. No entanto, não concretiza como se afere da existência de contraposição.

sição se os efeitos diferenciarem uma ou mais pessoas. Tendencialmente, o tratamento indiferenciado das pessoas no que respeita aos efeitos do negócio corresponde a uma unidade de pessoas, unidade de declarações ou unidade de interesses, embora tal não seja necessário. Embora existam várias pessoas a intervir na revogação da procuração naturalmente irrevogável, os efeitos da mesma não divergem entre eles. Os efeitos da revogação da procuração naturalmente irrevogável são iguais para todos os intervenientes: a extinção da mesma. Em consequência, existe apenas uma parte, sendo a revogação da procuração naturalmente irrevogável por mútuo acordo um negócio unilateral.

Independentemente da posição que se perfilhe, no que respeita à noção de parte, as várias pessoas que intervêm na revogação da procuração naturalmente irrevogável por mútuo acordo podem ser unificadas numa única parte, razão pela qual o negócio é unilateral.

1.2. A reserva de revogabilidade (a livre revogabilidade)

No âmbito da revogação da procuração naturalmente irrevogável, deve ainda estudar-se a possibilidade de uma eventual estipulação contrária à irrevogabilidade natural, de uma reserva ou acordo prévio de livre revogabilidade. O *dominus*, num caso como este, reserva-se o direito de revogar unilateralmente a procuração, ou obtém desde logo do procurador o acordo nesse sentido.

A reserva do direito de revogar só se justifica no caso da procuração naturalmente irrevogável.[694] Assim, importa saber o que sucederá quando do negócio que constitui a relação subjacente resulte um jogo de interesses que determine a irrevogabilidade da procuração, mas, não obstante isso, conste do mesmo negócio subjacente, ou da procuração, uma cláusula segundo a qual o *dominus* pode revogar livremente a procuração.

A dificuldade consiste em a irrevogabilidade não resultar diretamente de estipulação das partes no negócio que constitui a relação subjacente, nem da vontade do *dominus* na procuração, mas antes do interesse na procuração, que resulta da relação subjacente.

Viu-se já que a norma do art. 265º, nº 3, do Código Civil, no que respeita à irrevogabilidade da procuração, se destina a tutelar interesses privados e

---

[694] No caso da procuração convencionalmente irrevogável, poderá justificar-se em alguns casos para evitar o pagamento da indemnização, mas esse é um problema respeitante à relação subjacente e não à procuração.

não interesses públicos ou gerais. Antes tutela o interesse que o procurador, ou o terceiro, têm na manutenção da procuração. Admite, por essa razão, a revogação por mútuo acordo da procuração naturalmente irrevogável.

Parece, numa primeira análise, que a diferença entre a revogação por mútuo acordo e a reserva de revogabilidade incide apenas no momento em que o procurador ou o terceiro aceitam a revogação da procuração. Na reserva de revogabilidade, as partes no negócio que constitui a relação subjacente acordam desde logo na possibilidade de o *dominus* vir a revogar livremente a procuração. Considerando que a ineficácia da revogação da procuração naturalmente irrevogável resulta da falta de legitimidade do *dominus*, o referido acordo supriria *ab initio* a falta de legitimidade, permitindo a plena eficácia da revogação em qualquer momento.

O problema, no entanto, não é tão simples como aparenta, uma vez que as duas situações – revogação por mútuo acordo e reserva de revogabilidade – apresentam diferenças num ponto importante. Na revogação por mútuo acordo, os interessados podem aferir em concreto da existência ou não de interesse em revogar a procuração naquele momento. Esta possibilidade não existe na reserva de revogabilidade, que é estipulada anteriormente. Neste caso, os restantes interessados autorizam, *ab initio*, a livre revogabilidade da procuração pelo *dominus*, afastando o regime de irrevogabilidade do art. 265º, nº 3, do Código Civil. Ficam, por isso, numa situação de sujeição perante o *dominus*, no que respeita à revogação da procuração, não sendo os seus interesses considerados relevantes no momento da revogação. Seria, por isso, possível ao *dominus* revogar a procuração, como se de uma procuração no seu exclusivo interesse se tratasse.

Contra a admissibilidade jurídica da reserva de revogabilidade da procuração poderia opor-se o argumento de que, admitindo a reserva de revogabilidade, se estaria a desproteger o procurador ou o terceiro. Estes, no processo de negociação do negócio que constitui a relação subjacente, poderiam ter sido levados a aceitar a reserva de revogabilidade de modo a obter o acordo. Careceriam, por isso, de uma tutela eficaz, que apenas permitisse um acordo concreto quanto à revogação da procuração e não um acordo abstrato, de modo a evitar que fiquem demasiadamente expostos à vontade do *dominus*.

Este argumento não parece ser de aceitar. Com a norma da irrevogabilidade da procuração, resultante do art. 265º, nº 3, do Código Civil, a ordem jurídica pretende proteger o interesse do procurador, ou do terceiro, face à atuação do *dominus*. Esta norma, no entanto, não tem como fim proteger o procurador e o terceiro da sua própria atuação.

Em primeiro lugar, no domínio do Direito Civil, em princípio verifica-se uma paridade, ou equivalência, de posições negociais.[695] Embora essa paridade se não verifique sempre, não se pode assumir que, na negociação do negócio que constitui a relação subjacente, o *dominus* esteja tipicamente numa posição de vantagem em relação ao procurador ou ao terceiro. A vantagem tanto poderá ser de uma parte como da outra, dependendo do caso concreto. A ordem jurídica só intervém, corrigindo desequilíbrios de posições negociais, através de uma tutela mais forte de uma das partes, nas situações em que uma parte se encontra, tipicamente, numa posição de desvantagem.

Na relação subjacente, não é possível identificar uma parte tipicamente mais fraca do que a outra. A razão prende-se com a pluralidade de negócios e de situações concretas que podem constituir a relação subjacente. Este facto impede que se identifique uma tipicidade quanto às posições que as partes têm uma em relação à outra. Considerando um específico e determinado tipo, ou classe de negócios, é possível identificar essa relação e, em consequência, justificar a existência de regras destinadas a tutelar uma das partes.[696] Não existindo um tipo ou classe negocial de referência para a relação subjacente, não será possível proceder a essa justificação, uma vez que dependerá de caso para caso.

Em segundo lugar, a ordem jurídica normalmente apenas protege pessoas da sua própria atuação, ou das consequências desta, nos casos em que, por alguma razão juridicamente relevante, essas pessoas não estejam em condições de por si mesmas defenderem os seus interesses de modo aceitável. O perigo que os negócios celebrados por essas pessoas podem representar para si mesmas leva a ordem jurídica a valorá-los negativamente. Uma vez que, em abstrato, o problema se traduz numa situação de perigo e não de dano efetivo, a ordem jurídica em regra considera esses negócios anuláveis. Sucede assim, por exemplo, nos casos de incapacidade de exercício, incapacidade acidental e, em geral, nos casos de erro.

O procurador e o terceiro não são, no entanto, incapazes, nem se encontram numa situação em que a sua vontade não esteja livre nem esclare-

---

[695] Pais de Vasconcelos, *Teoria Geral*, cit., págs. 23 a 25 e Oliveira Ascensão, *Direito Civil*, cit., Vol. I, págs. 14 e 15.
[696] Como é o caso do contrato de trabalho, ou dos contratos de adesão.

cida.[697] Deve, por isso, entender-se que estão, em princípio, em condições de tomar as melhores opções no que respeita à proteção do seu interesse. Como tal podem optar, desde logo, por atribuir legitimidade ao *dominus* para revogar a procuração.

Em termos práticos, estarão a renunciar ao seu interesse na manutenção da procuração. No caso, por exemplo, de um contrato de mútuo em que o mutuário oferece em garantia uma hipoteca e outorga uma procuração a favor do mutuante, para poder vender o prédio hipotecado,[698] a hipoteca é útil para atingir um fim de satisfação do seu crédito de modo seguro, embora não seja célere.[699] A procuração é útil para obter, com certeza de celeridade, a satisfação do crédito. Se constar do contrato de mútuo que o mutuante procurador desde logo aceita que o mutuário *dominus* revogue livremente a procuração, estará a renunciar ao fim da certeza de celeridade. Embora a procuração se mantenha útil para atingir o fim da satisfação do crédito, já não será útil para atingir o fim da certeza de celeridade, uma vez que a revogação da mesma pode acontecer a qualquer momento.

É, assim, de admitir que as partes no negócio que constitui a relação subjacente possam, por mútuo acordo, excluir a irrevogabilidade da procuração. No entanto, uma vez que nos casos de procuração em que existe um interesse do procurador, ou do terceiro, esta é naturalmente irrevogável, as partes deverão acordar especificamente sobre a possibilidade de revogação da procuração.

Tendo as partes, no negócio que constitui a relação subjacente, excluído a irrevogabilidade da procuração e permitido ao *dominus* a livre revogação, não deverá constar qualquer referência à irrevogabilidade do texto da procuração. No entanto, mesmo que conste a referência à irrevogabilidade, o *dominus* pode revogar livremente a procuração.

---

[697] Pelo menos tipicamente. Caso tal não suceda, terão aplicação as regras relativas a essas situações.

[698] Desde que não constitua um pacto comissório, conforme resulta do Acórdão do Supremo Tribunal de Justiça de 21 de dezembro de 2005, processo nº 04B4479, de que foi relator o Senhor Conselheiro PEREIRA DA SILVA, *in* www.dgsi.pt.

[699] Ou, no caso de, para garantia de um mútuo, celebrar um contrato promessa de venda a favor do mutuante, com registo provisório de aquisição de propriedade, sendo outorgada em garantia do pagamento do mútuo, uma procuração a favor do mutuante / beneficiário da promessa de venda, como sucedeu no caso julgado no Acórdão do Supremo Tribunal de Justiça de 20 de novembro de 2003, de que foi relator o Senhor Conselheiro LUÍS FONSECA, *in* www.dgsi.pt.

As partes podem ainda admitir, no negócio que constitui a relação subjacente, a livre revogabilidade da procuração pelo *dominus*, prevendo consequências específicas para o caso da revogação, nomeadamente um dever de indemnização. Poderão assim, no negócio que constitui a relação subjacente, aplicar por mútuo acordo o regime da procuração convencionalmente irrevogável ou o da procuração típica a uma procuração que seria naturalmente irrevogável.

Embora normalmente o acordo de livre revogabilidade surja originariamente no negócio que constitui a relação subjacente, pode ser obtido num momento posterior, pode ser superveniente. Uma vez que as partes podem, no negócio que constitui a relação subjacente, acordar desde logo na livre revogabilidade de uma procuração que, em princípio, seria naturalmente irrevogável, poderão também, por maioria de razão, acordar na livre revogabilidade num momento posterior. Deste modo, é possível, por simples acordo, transformar uma procuração naturalmente irrevogável numa procuração convencionalmente irrevogável ou numa procuração típica, embora o inverso não seja de admitir.

2. A revogação por justa causa (resolução)

Para além do mútuo acordo, o art. 265º, nº 3, do Código Civil, prevê ainda outro fundamento para a revogação da procuração. Trata-se da justa causa. Segundo a referida disposição, verificando-se uma situação de justa causa, o *dominus* poderá revogar a procuração sem necessidade de acordo do procurador ou do terceiro.

A primeira questão que se pode suscitar, quanto a esta causa de extinção da procuração, consiste em saber se consiste efetivamente numa revogação, ou se se trata antes de uma resolução. O problema é complexo, especialmente em virtude da falta de consenso na doutrina sobre a distinção entre as duas figuras ou, muito frequentemente, sobre a terminologia a usar.[700]

---

[700] GALVÃO TELLES, *Dos contratos*, cit., págs. 349 a 354, distingue a revogação da rescisão. A revogação é, para o Autor, uma causa de ineficácia superveniente do negócio, que se caracteriza pela "livre destruição dos efeitos de um ato jurídico pelo seu próprio autor ou autores" (pág. 350 – em itálico no original). A rescisão é, também, uma causa de ineficácia superveniente do negócio. Mas, enquanto a revogação é discricionária, a rescisão é vinculada. Na rescisão, o agente necessita de fundamento, consistindo este numa "lesão de um interesse próprio" (pág. 352 – em itálico no original). ANTUNES VARELA, *Das obrigações em Geral*, Vol. II, 4ª ed., Almedina, Coimbra, 1990, págs. 264 a 269, procura identificar a "ideia básica" por

Face à pluralidade de posições na doutrina, é necessário definir qual a terminologia a usar neste campo.

Analisando a doutrina e a lei, no que respeita à diferença entre a revogação e a resolução, pode identificar-se um critério que, embora não seja unânime, exprime a diferença fundamental entre as duas figuras.

O critério para distinguir entre a revogação e a resolução prende-se, fundamentalmente, com a causa da legitimidade para extinguir o negócio. A revogação decorre da autonomia privada, enquanto a resolução é

detrás das causas extintivas da relação contratual. No que respeita à resolução, esta consiste na "destruição da relação contratual, operada por um dos contraentes, com base num facto posterior à celebração do contrato" (pág. 265). Para o Autor, o direito de resolver o contrato tanto pode nascer da lei, como de contrato, sendo, em princípio, vinculada e retroativa. Na revogação, a destruição da relação contratual resulta da vontade dos contraentes, sendo em princípio um poder discricionário. Para MOTA PINTO, *Teoria Geral*, cit., págs. 618 a 621, a resolução resulta dum facto posterior à celebração do negócio jurídico que, normalmente, "vem iludir a legítima expectativa duma parte contratante" (pág. 619). No que respeita aos efeitos, o Autor remete para o regime do Código Civil. A revogação funda-se na vontade das partes, embora o Autor aponte casos em que o negócio jurídico apenas possa ser revogado, verificando-se um motivo previsto na lei. Para OLIVEIRA ASCENSÃO, *Direito Civil*, cit., Vol. VI, págs. 316 a 323, a revogação consiste na extinção discricionária da situação jurídica pelos seus autores. A rescisão, ou resolução, consiste na "faculdade de pôr termo a um negócio com fundamento em justa causa. É, pois, potestativa, mas não discricionária" (pág. 319). CARVALHO FERNANDES, *Teoria Geral*, cit., Vol. II, págs. 450 a 452, carateriza a revogação como uma forma de cessação dos efeitos do negócio por vontade das partes. O Autor constrói a figura com base na revogação unilateral, exigindo previsão legal, mas admite a revogação contratual – distrate. Para o Autor, a revogação pode ser livre ou vinculada. A resolução consiste, segundo este Autor, numa figura residual para o Código Civil. Identifica, no entanto, como caraterísticas comuns às várias previsões de resolução a verificação de um facto superveniente que "iludir as legítimas expectativas que uma das partes nele depositava" (pág. 450) e que torna o negócio ineficaz. Esta figura pode, também, ser de origem legal ou convencional. JANUÁRIO GOMES, *Em tema de revogação*, cit., págs. 41 a 56 (revogação) e 57 a 74 (resolução), segue GALVÃO TELLES no que respeita ao conceito de revogação. A revogação será unilateral ou bilateral, de acordo com a natureza do ato revogando. Segundo o Autor, "se se questiona a legitimidade duma revogação unilateral, tal significará, normalmente, que o ato revogado é bilateral" (pág. 49). Para o Autor, a resolução pode fundar-se normalmente no incumprimento de obrigações, em justa causa ou em convenção, causando a extinção de obrigações, em regra retroativamente. JOÃO MENEZES LEITÃO, *Da revogação do testamento e de disposições testamentárias*, dissertação, Lisboa, 1992, págs. 246 a 258 (revogação) e 258 a 262 (resolução), considera que a revogação traduz uma retratação. Através dela, pode eliminar-se um ato anterior, com o fim de reapreciar os interesses. É, por isso, um ato discricionário e livre. A resolução permite a um sujeito reagir contra evoluções injustas ou inexigíveis do negócio. Constitui um "remédio" para sanar perturbações da configuração do negócio.

uma figura residual, podendo resultar de uma pluralidade de razões (com exceção da autonomia privada e da inadmissibilidade de vinculações perpétuas que, como se verá *infra*, funda a denúncia).

A possibilidade de revogar um negócio prende-se com a autodeterminação da pessoa. Esta consiste no "poder de cada indivíduo gerir livremente a sua esfera de interesses, orientando a sua vida de acordo com as suas preferências".[701] É um valor ligado à liberdade da pessoa e, em última análise, à essencial dignidade da pessoa humana.

A ordem jurídica reconhece e tutela a liberdade da pessoa e, por sua vez, a autodeterminação, enquanto valores fundamentais. Um dos princípios que estabelece orientações destinadas ao reconhecimento jurídico da liberdade da pessoa e da autodeterminação é o princípio da autonomia privada. Enquanto "processo de ordenação que faculta a livre constituição e modelação de relações jurídicas pelos sujeitos que nelas participam",[702] a autonomia privada traduz um espaço de liberdade, em que a pessoa tem a possibilidade de decidir livremente como agir. A autonomia privada é, por essa razão, um instrumento ao serviço da liberdade da pessoa e da autodeterminação. Através desta, as pessoas podem auto-vincular-se através de negócios jurídicos, regulando assim os seus interesses.

Tal como as pessoas se podem auto vincular, também se podem auto-desvincular. A liberdade, a autodeterminação e a autonomia privada não se limitam às atuações criadoras ou constitutivas, abrangem também a extinção ou destruição de situações jurídicas. A autonomia privada é, como resulta da própria expressão, reflexa. Através da autonomia privada, o sujeito pode agir sobre si, sobre a sua esfera jurídica. Nestes termos, para que alguém possa destruir livremente um negócio jurídico com fundamento na autonomia privada, é necessário que seja o único interessado nesse negócio. Caso existam mais interessados, o negócio deverá, em princípio, ser destruído através de uma atuação que envolva todos.

Nisto consiste o fundamental da revogação. Na possibilidade de, supervenientemente, extinguir um negócio, com fundamento na autonomia privada.

A resolução difere da revogação por não se fundar na autonomia privada. Quando se resolve um negócio, não se está a agir sobre este dentro

---

[701] Sousa Ribeiro, *O problema do contrato – As cláusulas contratuais gerais e o princípio da liberdade contratual*, Almedina, Coimbra, 1999, pág. 22.
[702] Sousa Ribeiro, *O problema do contrato*, cit., pág. 21.

dos limites da autodeterminação. A resolução funda-se sempre numa razão própria, diferente da autonomia privada. Para que se possa resolver um negócio, é necessário que se verifique um facto superveniente, que implique uma reapreciação do negócio jurídico. O resultado dessa reapreciação determina a extinção ou a criação da possibilidade de certo sujeito poder extinguir o negócio. Esse facto tanto pode consistir num incumprimento da outra parte, como num facto externo ao negócio.

Tanto na revogação, como na resolução, o regime concreto pode variar, mas o fundamental mantém-se em todos os casos de ambas as figuras. É necessário, no entanto, atentar que o Código Civil nem sempre usa um critério e uma terminologia uniformes quando se refere a estas figuras, o que pode resultar na referência a revogações que são efetivamente resoluções e vice-versa.

A *revogação* por justa causa prevista no art. 265º, nº 3, do Código Civil, é por isso uma resolução e não uma revogação. O *dominus*, ao proceder à extinção da procuração com fundamento em justa causa, não está a agir com fundamento na sua liberdade de afetar a própria esfera jurídica, uma vez que, como vimos, a extinção da procuração naturalmente irrevogável afeta a esfera jurídica do procurador ou do terceiro. Para fundar na autonomia privada a extinção da procuração naturalmente irrevogável, seria necessário que se verificasse a anuência de todos os interessados na manutenção da procuração.[703] A possibilidade de resolução da procuração naturalmente irrevogável com fundamento em justa causa prende-se com a verificação de um facto que possa ser qualificado como justa causa.

Na procuração naturalmente irrevogável, independentemente de o *dominus* ter ou não um interesse na procuração, também o procurador, o terceiro, ou ambos, têm um interesse nesta. Em razão desse interesse, a procuração é irrevogável, uma vez que o *dominus* não tem, em princípio, legitimidade para agir, afetando os interesses do procurador ou do terceiro. Acresce que, normalmente, o próprio *dominus* terá também um interesse na manutenção da procuração e, quando tal não suceder, a sua posição será neutra ao nível dos interesses. Levantou-se ainda a questão de saber o que sucede quando o *dominus* pratica um ato de revogação da procuração naturalmente irrevogável, concluindo-se pela simples ineficácia do mesmo.

---

[703] CASTRO MENDES, *Teoria Geral*, cit., Vol. II, pág. 262.

Importa ter em consideração, antes de tudo, que, em princípio, quando o *dominus* pratica um ato de revogação da procuração naturalmente irrevogável, adota esse comportamento por entender, o que pode ser verdade, que a procuração deixou de constituir uma utilidade para atingir fins seus, ou por entender que passou a ser contraproducente. Independentemente da falta originária de interesse do *dominus*, da quebra desse interesse ou do surgimento de um interesse contrário, em princípio, a procuração mantém-se irrevogável. A existência de interesses de outrem – procurador ou terceiro – a isso conduz, não se justificando que a mera existência de um qualquer interesse contrário do *dominus* ou de falta ou desaparecimento do interesse deste na procuração permita a revogação da procuração naturalmente irrevogável.

No entanto, será possível ao *dominus* pôr termo à procuração naturalmente irrevogável, afetando negativamente os interesses do procurador, ou do terceiro, quando surja um facto novo que determine um interesse do *dominus* que a ordem jurídica valore como superior aos referidos interesses – uma justa causa. Existindo justa causa, o *dominus* terá legitimidade para proceder à extinção unilateral da procuração naturalmente irrevogável.

A dificuldade, no que respeita a saber em que situações terá o *dominus* legitimidade para resolver a procuração naturalmente irrevogável com fundamento em justa causa, prende-se com a natureza indeterminada do conceito. A justa causa verifica-se quando, surgindo um facto, situação ou circunstância novos, deixa de ser exigível ao sujeito manter-se vinculado.

O novo facto tanto se pode verificar no âmbito da relação de representação, como no da relação subjacente. É ainda de admitir a possibilidade de esse facto se verificar externamente a qualquer destas relações, embora isso seja menos frequente. Mesmo que o facto seja imputável ao procurador, ou ao terceiro, para que haja justa causa, não é de exigir culpa. A resolução por justa causa não se destina a responsabilizar ou a sancionar o procurador, ou o terceiro, por qualquer comportamento destes. Destina-se, antes, a permitir ao *dominus* extinguir a procuração, para proteger os seus interesses.

A ordem jurídica, na justa causa para a resolução da procuração naturalmente irrevogável, procede a uma análise relativa entre, por um lado, os interesses do procurador ou do terceiro na vigência da procuração e, por outro lado, o interesse do *dominus* em fazer cessar a procuração face às alterações trazidas pelo novo facto. Nos casos de justa causa, para o *domi-*

nus, a resolução da procuração naturalmente irrevogável é útil para atingir um determinado fim. Esse fim é valorado como superior aos fins que integram o interesse do procurador ou do terceiro, de tal modo que a ordem jurídica o faz prevalecer sobre estes.

Não é possível proceder a uma análise de todos os casos de justa causa para a resolução da procuração naturalmente irrevogável. No entanto, existe um caso que sobressai, merecendo uma atenção mais cuidada.

A outorga de qualquer procuração acarreta, naturalmente, um certo nível de perigo e insegurança para o *dominus*. Este perigo e insegurança são ainda maiores no caso da procuração irrevogável. Numa procuração irrevogável, o procurador pode agir em nome e representação de outrem, sem que este – o *dominus* – tenha possibilidade de evitar ou, até certa medida, de conformar essa atuação.

Se, por exemplo, a procuração irrevogável foi outorgada para celebrar vários contratos de compra e venda de bens do *dominus,* de modo a que o procurador obtenha a quantia necessária ao pagamento de um crédito que tem sobre ele, resultando do negócio que constitui a relação subjacente quais os limites mínimos do preço de venda, se o procurador violar esse limite logo no primeiro contrato que celebrar, verificar-se-á de imediato justa causa para resolver a procuração. Não é exigível que o *dominus* fique vinculado a uma procuração quando o procurador a usa para delapidar o seu património. Neste caso, a utilidade da procuração para o procurador obter o pagamento não pode justificar a delapidação, não permitida, do património do *dominus*. Resolvendo-se a procuração naturalmente irrevogável, impede-se que o procurador use a procuração para celebrar os restantes negócios, precludindo a possibilidade de novas violações que se tornaram previsíveis ou que, pelo menos, constituem um risco acrescido e inaceitável.

Do mesmo modo, se o procurador, mesmo antes de usar a procuração irrevogável, afirmar publicamente que irá agir de determinado modo que consubstancia uma violação da relação subjacente, ou da própria procuração, o *dominus* poderá, desde logo, resolver a procuração, impedindo-o assim de usar ilicitamente o instrumento de representação.

Em todos estes casos existe um elemento comum, que fundamenta a justa causa – a inexigibilidade.

Independentemente do jogo de interesses na procuração, o procurador deverá sempre pautar a sua atuação por esses interesses, respeitando quer o âmbito e os limites da procuração, quer a relação subjacente. Caso o procurador atue de modo a quebrar esse equilíbrio de interesses, quer por violar o sentido ou os limites ao exercício dos poderes outorgados, que são ditados pela relação subjacente, quer por desrespeitar os poderes em si, que são ditados pela procuração, verificar-se-á então uma situação de justa causa[704] para a resolução da procuração, nos termos gerais do art. 265º, nº 3, do Código Civil.

A apreciação da inexigibilidade não deve ser puramente subjetiva. A admissão de critérios puramente subjetivos na sua apreciação colide com o regime da procuração irrevogável, uma vez que seria, na prática, o mesmo que admitir a revogação *ad nutum* da procuração irrevogável, pois não pode ser o *dominus* a determinar em que situações existe inexigibilidade. Por esta razão, a inexigibilidade não se confunde com a quebra de confiança. Embora uma situação que produza uma quebra de confiança possa também criar uma situação de inexigibilidade, o critério é o da inexigibilidade.

Por esta razão, o *dominus* pode resolver a procuração com base em justa causa, mesmo nos casos da procuração naturalmente irrevogável.[705]

A resolução da procuração é independente da resolução do negócio que constitui a relação subjacente.[706] Pode suceder que o comportamento do procurador ou do terceiro, que conduziu à inexigibilidade, constitua também uma justa causa de resolução do negócio que constitui a relação subjacente, mas tal não é necessário. Por exemplo, se a procuração outorgar poderes mais amplos do que os necessários ao procurador, face a um eventual abuso de representação deste, poderá não ser exigível ao *dominus* a manutenção da vinculação à procuração, mas o comportamento não ser suficiente para permitir a desvinculação do negócio que constitui a relação subjacente. No entanto, se existir justa causa de resolução do negócio

---

[704] Como conceito indeterminado que é, a justa causa levanta problemas de concretização. No entanto, é sempre de considerar a justa causa como uma inexigibilidade de manutenção do vínculo jurídico. Neste sentido, quanto ao mandato, JANUÁRIO GOMES, *Em Tema de Revogação*, cit., pág. 220.

[705] Neste sentido STAUDINGERS – DILCHER, *Staudingers Kommentar*, cit., § 168.3 e ANDREAS FUCHS, *Zur Disponibilität*, cit., pág. 362, segundo os quais a revogação pode sempre ser feita com justa causa. Contra, FLUME, *El negocio jurídico*, cit., § 53.4 págs. 1019 e 1020; o Autor considera que não é configurável uma revogação da procuração irrevogável por justa causa, uma vez que, a verificar-se, esta sucederá no âmbito da relação subjacente, permitindo a sua resolução com a consequente caducidade da procuração por cessação da causa.

[706] WITZ, *Droit Privé*, cit., pág. 399.

que constitui a relação subjacente, já não fará sentido falar em resolução da procuração, uma vez que esta caducará de acordo com o art. 265º, nº 1, do Código Civil, por ter cessado o negócio que lhe serve de base.[707]

Analisada a fundamentação da resolução por justa causa, importa estudar qual o seu regime jurídico.

O primeiro problema que surge, no que respeita à concretização do regime jurídico da resolução da procuração naturalmente irrevogável, prende-se com a aplicabilidade dos arts. 432º a 436º do Código Civil. Estas disposições contêm o regime da resolução do Código Civil. No entanto, como resulta do seu texto, este regime está construído a pensar no contrato e não nos negócios unilaterais. Trata-se, no entanto, de uma mera consequência de, no Código Civil, o direito das obrigações ter sido estruturado com base no contrato. Não existindo, no Código Civil, qualquer regime jurídico respeitante à resolução dos negócios unilaterais, parece ser de admitir a aplicação do regime dos arts. 432º a 436º, com as devidas alterações.

A resolução é, em princípio, retroativa. Em regra, a resolução da procuração naturalmente irrevogável provoca a extinção retroativa da procuração, tudo se passando como se de uma anulação se tratasse. A retroatividade, no entanto, não prejudica direitos adquiridos por terceiros. Deste modo, se, no momento em que a procuração for resolvida, o procurador já tiver celebrado negócios jurídicos, estes mantêm-se em vigor. A única ressalva prevista na lei prende-se com a ação de resolução de negócios relativos a factos sujeitos a registo. Mas, uma vez que a procuração não está sujeita a registo,[708] esta disposição não se deve considerar aplicável.

A proteção do *dominus*, no que respeita à extinção retroativa da procuração resultante da resolução, é obtida através do regime da representação sem poderes. Considerando que, com a resolução, o procurador deixa de ter poderes de representação, mesmo que não entregue o documento onde está exarada a procuração, o negócio não produz efeitos face ao *dominus*.

---

[707] Para MEDICUS, *Allgemeiner Teil*, cit., § 57, pág. 351, o meio privilegiado de libertação do *dominus* da procuração naturalmente irrevogável consiste na resolução, ou anulação, da relação subjacente com justa causa e este Autor considera duvidoso que a justa causa seja hábil para a revogação da própria procuração, independentemente da relação subjacente.

[708] Embora o mandato comercial e a agência estejam sujeitos a registo – art. 10º, al. *a*) e al. *e*) do Código do Registo Comercial.

3. Inadmissibilidade de denúncia da procuração naturalmente irrevogável

A denúncia, tal como a revogação e a resolução, é uma causa de extinção de negócios jurídicos, sendo normalmente limitada, pela doutrina, aos contratos.[709] A diferença fundamental, em relação à revogação e à resolução, prende-se com o seu fundamento. A denúncia justifica-se com base no princípio da proibição de vinculações perpétuas, ou de duração indefinida.[710] Uma vez que podem comprometer a liberdade da pessoa, são em princípio valoradas negativamente. Essa valoração negativa implicaria a invalidade do negócio.[711] Admitindo-se a possibilidade de denúncia nos negócios de duração perpétua, ou indefinida, evita-se essa valoração, uma vez que, embora o negócio possa vigorar por um longo período, só se manterá enquanto as partes o desejarem, o que evita a perpetuidade da vinculação.

Como vimos, tipicamente, os negócios de duração indeterminada estão sujeitos a denúncia, sob pena de serem considerados inválidos. No entanto, nem todos os negócios de duração indeterminada são suscetíveis de denúncia. Há casos em que o negócio não é suscetível de denúncia, ou uma das partes não o pode denunciar. São casos em que, ao valor da liberdade da pessoa, se sobrepõe outro valor. Em consequência, não se justifica a possibilidade de denúncia, uma vez que esta iria pôr em causa o outro valor. É o caso, por exemplo, do contrato de trabalho típico, em que o empregador não pode, regra geral, denunciar o contrato.[712]

---

[709] ALMEIDA COSTA, *Direito das Obrigações*, cit., pág. 284; OLIVEIRA ASCENSÃO, *Direito Civil*, Vol. IV, pág. 314, MOTA PINTO, *Teoria Geral*, cit., pág. 622.

[710] Neste sentido, OLIVEIRA ASCENSÃO, *Direito Civil*, Vol. IV, pág. 314, que considera de duração indeterminada os negócios duradouros, mas em que não exista uma duração determinada, como sucede nos contratos sujeitos a termo final com possibilidade de renovação sem limite. Também BRANDÃO PROENÇA, *A Resolução do Contrato no Direito Civil*, Coimbra, 1996, pág.40, liga a denúncia à problemática dos contratos duradouros.

[711] Neste sentido, MOTA PINTO, *Teoria Geral*, cit., pág. 623, para quem a falta da possibilidade de denúncia implicaria a nulidade do negócio.

[712] Exceto durante o período experimental – ROMANO MARTINEZ, *Direito do Trabalho*, Vol. II, *Contrato de Trabalho*, Tomo II, 3ª ed., Lisboa, 1999, pág. 271. A razão que conduz à inadmissibilidade de denúncia do contrato de trabalho pelo empregador prende-se com o princípio da estabilidade do emprego, que estabelece uma orientação dirigida à defesa da dignidade da pessoa humana.

Uma vez que a denúncia é admitida apenas nos contratos, não se levantaria o problema no caso da procuração. Mas, aparentemente, as razões que levam à admissibilidade da denúncia nos contratos verificam-se também na procuração naturalmente irrevogável de duração indeterminada. Contrariamente ao caso típico da procuração no interesse exclusivo do *dominus*, este não tem legitimidade para revogar esta procuração unilateralmente. Parece, por isso, ficar eternamente vinculado à procuração,[713] o que implicaria a necessidade de se admitir a denúncia.

Uma análise mais aprofundada impõe uma conclusão diferente. Como se referiu, a denúncia destina-se a evitar vinculações perpétuas. No entanto, e apesar da aparência, a procuração naturalmente irrevogável não cria uma vinculação perpétua. Mesmo nos casos em que da procuração não conste uma duração determinada, ela cessará em regra com a extinção da relação subjacente. Embora a procuração propriamente dita não tenha uma duração determinada, ser-lhe-á indiretamente imposta uma duração pela relação subjacente. Se, porventura, o próprio negócio que constitui a relação subjacente for um negócio de duração indeterminada, será possível ao *dominus*, enquanto parte na relação subjacente, denunciar este negócio. O único caso em que poderia justificar-se, em abstrato, a denúncia, seria no caso de uma procuração desacompanhada de relação subjacente. Tal situação poderia suceder no caso de o *dominus* não querer a extinção da procuração em virtude da cessação da relação subjacente – art. 265º, nº 1, in fine, do Código Civil – ou no caso em que o *dominus* outorgasse uma procuração irrevogável para o caso de uma futura relação subjacente. Nestes casos, no entanto, uma vez que não existe relação subjacente, quer por já ter cessado, quer porque ainda não existe, não há também um interesse do procurador, ou do terceiro, necessários à irrevogabilidade da procuração. Por esta razão, a procuração irrevogável desacompanhada de relação subjacente é livremente revogável pelo *dominus*, não criando uma vinculação perpétua.

Por isso, não se deve admitir a denúncia da procuração naturalmente irrevogável, por não ser necessária.

---

[713] IRENE DE SEIÇA GIRÃO, *O Mandato*, cit., pág. 158, entende que uma procuração naturalmente irrevogável por tempo indeterminado seria nula, por violação do "princípio, universalmente reconhecido, segundo o qual ninguém pode privar-se ilimitadamente da sua liberdade de acção e negociação".

4. A extinção da relação de base (caducidade)

A procuração irrevogável extingue-se ainda em virtude da cessação da relação que lhe serve de base, nos termos do art. 265º, nº 1, do Código Civil. Importa analisar em que consiste esta modalidade de extinção da procuração.

O regime de extinção ora em análise opera automaticamente. Cessando a relação subjacente, extingue-se a procuração. Não é, por isso, necessário qualquer negócio extintivo, bastando apenas a verificação de um mero facto. Esta caraterística aponta, com alguma clareza, para a caducidade.

A caducidade é uma causa de cessação dos negócios jurídicos que se verifica quando o negócio se extingue para o futuro, em consequência da verificação de um facto jurídico *stricto sensu*.[714] Em virtude da pluralidade de factos jurídicos que provocam a caducidade, a figura abrange uma pluralidade de situações.[715] O facto mais frequente que determina a caducidade é o decurso de um prazo. No entanto, podem constar da lei ou de negócio jurídico outras causas de caducidade.

A cessação da relação subjacente determina automaticamente a extinção da procuração,[716] devendo por isso ser considerada como uma causa de caducidade. A razão que leva a lei a atribuir estes efeitos à cessação da relação subjacente prende-se com a ligação deste negócio com a procuração. A relação subjacente é, como vimos, a causa da procuração. Embora seja um negócio de base abstrata, a procuração não é um negócio abstrato, sendo influenciado em algumas matérias pela sua causa. Uma dessas matérias é, como se viu, a sua extinção. Funcionando de modo quase causal em matéria de extinção, não faria sentido admitir a eficácia do negócio após a cessação da sua causa. Assim, tipicamente a procuração extingue-se com a cessação da relação subjacente.

O regime não é, no entanto, puramente causal nesta matéria. Em primeiro lugar, o art. 265º, nº 1, do Código Civil admite uma exceção a esta regra, que consiste na diferente vontade do *dominus*. Esta exceção justifica-se para os casos em que o *dominus* pretenda que a procuração se mantenha em vigor, para ser usada juntamente com uma futura relação subjacente,

---

[714] Brandão Proença, *A Resolução*, cit., págs. 53 a 56.
[715] Mota Pinto, *Teoria Geral*, cit., pág. 621.
[716] Neste sentido, num caso de resolução da relação subjacente, o Acórdão do Supremo Tribunal de Justiça de 18 de dezembro de 2012, processo nº 5608/05.5TBVNG.P1.S1, de que foi relator o Senhor Conselheiro Granja da Fonseca, *in* www.dgsi.pt.

mesmo que não exista causa. Em segundo lugar, a mera outorga da procuração é eficaz, mesmo que não exista uma relação subjacente. Em terceiro lugar, a caducidade da procuração não é oponível a terceiros de boa fé – art. 266º, nº 2, do Código Civil.

No que respeita à procuração naturalmente irrevogável, a dúvida consiste em saber se se justifica a continuação da sua vigência para além da cessação da relação subjacente. Numa primeira análise, a possibilidade de continuação da vigência da procuração verifica-se em todos os casos de procuração, uma vez que no art. 265º, nº 1, *in fine*, não se diferencia. No entanto, a aplicação desta regra à procuração naturalmente irrevogável importa algumas considerações.

A exceção à caducidade da procuração agora em análise está estruturada de modo a conferir em exclusivo ao *dominus* o direito de optar pela manutenção da procuração.

O problema, no caso da procuração naturalmente irrevogável, não consiste na possibilidade de o *dominus* optar pela manutenção da procuração, mas antes no regime da irrevogabilidade. Com a cessação da relação subjacente, extinguem-se também os interesses do procurador ou do terceiro. Cessando o negócio que constitui a relação subjacente, a procuração deixa de ter qualquer utilidade para prosseguir um fim destes que resultasse do âmbito da relação subjacente. Mesmo em relação ao *dominus*, a utilidade que a procuração pode ter é mínima. A procuração será útil, pois permitirá que outrem se encontre previamente legitimado para agir, bastando apenas ao *dominus* celebrar o negócio que constitui a relação subjacente com o procurador. Extinto o negócio que constitui a relação subjacente, se o *dominus* pretender que o mesmo procurador celebre mais um negócio, não precisa de outorgar uma nova procuração, podendo aproveitar a mesma procuração que já havia sido outorgada inicialmente. Uma vez que, com a cessação da relação subjacente, o único interesse na procuração passa a ser o do *dominus*, a procuração naturalmente irrevogável passa a ser uma procuração exclusivamente no interesse do *dominus* e, enquanto tal, livremente revogável. Eventualmente constará do texto da procuração a referência à sua irrevogabilidade, mas o regime aplicável será o da procuração no interesse exclusivo do *dominus*, de que conste uma estipulação de irrevogabilidade sem fundamento que resulte da relação subjacente.

Deste modo, cessando, por qualquer motivo, a relação subjacente, a procuração naturalmente irrevogável caduca – regime regra –, mas, se o *dominus* assim o desejar, poderá manter-se em vigor. A continuação em vigor da procuração importa a sua conversão numa procuração típica. Só não se dará a conversão se a procuração for de imediato associada a uma nova relação subjacente, que determine a existência de um novo interesse do procurador, ou do terceiro, na procuração.

5. A renúncia

Uma das modalidades de extinção das procurações consiste na renúncia do procurador. Importa saber se, na procuração irrevogável, o regime da renúncia é idêntico ao regime geral ou é um regime especial.

A renúncia consiste, segundo Castro Mendes, na "perda absoluta dum direito pela manifestação de vontade nesse sentido do respetivo titular".[717]

Embora a procuração seja um negócio jurídico unilateral, e como tal não careça de aceitação do procurador para produzir efeitos, este pode renunciar aos poderes que lhe são outorgados, provocando a extinção da procuração. A diferença do jogo de interesses na procuração naturalmente irrevogável em relação ao caso típico determina um regime jurídico diverso. No entanto, não se pode considerar, sem mais, que esse regime se deve estender a todas as modalidades de extinção. No que respeita à renúncia, é necessário verificar se as razões que determinam a alteração do regime de revogabilidade também existem nela. A possibilidade de renúncia é fundamental para a admissibilidade da procuração face à ordem jurídica. A ordem jurídica apenas admite que o *dominus* crie unilateralmente na esfera jurídica do procurador um poder, por o procurador não estar obrigado a exercê-lo, podendo mesmo renunciar a ele. O poder de renunciar é conferido ao procurador no seu próprio interesse, pelo que lhe caberá em exclusivo a decisão sobre se renuncia ou não ao poder de representação. O procurador, ao renunciar à procuração naturalmente irrevogável, poderá afetar um interesse do *dominus* na manutenção daquela. Mas esse interesse não se pode sobrepor à tutela da esfera jurídica do procurador, à proteção da sua liberdade.[718]

A diferença, no que respeita à renúncia da procuração naturalmente irrevogável, surge na influência que esta pode ter sobre o negócio que

---

[717] Castro Mendes, *Teoria Geral do Direito Civil*, Vol. I, AAFDL, Lisboa, 1978, pág. 343.
[718] Uma vez que o *dominus* poderá sempre praticar os atos pessoalmente ou constituir outro procurador, ao contrário do procurador ou do terceiro, que só poderão praticar os atos se existir procuração.

constitui a relação subjacente e não no regime jurídico da renúncia propriamente dito.

Renunciando o procurador à procuração irrevogável, não poderá praticar os atos que resultavam da relação subjacente. Neste caso, podem suceder três coisas: ou a prática desses atos não é essencial à relação subjacente e esta mantém-se; ou a prática desses atos é essencial ao negócio que constitui a relação subjacente, caso em que tudo dependerá de saber se esse negócio admite que os atos possam ser praticados pelo *dominus*; ou, neste último caso, o negócio subjacente não admite que os referidos atos sejam praticados pelo *dominus*.

Se a relação subjacente admitir que os atos que o procurador estava legitimado para praticar podem ser praticados pelo *dominus* e se resultar desse negócio que este pode ser obrigado a praticá-los, o negócio que constitui a relação subjacente poderá manter-se em vigor, devendo então ser o *dominus* a praticar os referidos atos. No caso, por exemplo, de a relação subjacente consistir num mútuo, segundo o qual terminado o prazo, se o mutuário (*dominus*) não pagar, o mutuante (procurador) pode usar a procuração irrevogável para proceder ao levantamento do montante em dívida da conta bancária do devedor, a renúncia do procurador não impede a execução do negócio, devendo o *dominus* entregar ao procurador o montante em dívida.

Se a relação subjacente não admitir que esses atos podem ser praticados pelo *dominus*, então a renúncia do procurador corresponderá a uma renúncia aos poderes para cuja execução a procuração irrevogável era necessária, o que poderá pôr em causa a manutenção do negócio subjacente.

Se a relação subjacente consistir num mútuo em que se prevê que, caso o *dominus* não entregue a quantia acordada no fim do prazo, o procurador pode vender património do *dominus* e assim obter o pagamento, mas em que a procuração foi outorgada para vender um prédio determinado, a procuração irrevogável outorgada é o único instrumento de execução da garantia sobre esse imóvel específico – embora meramente obrigacional. Se o procurador renunciar à procuração irrevogável, o *dominus* não poderá ser obrigado, com base no negócio que constitui a relação subjacente, a vender o referido imóvel para proceder ao pagamento da dívida, podendo optar por qualquer meio ao seu dispor para obter o montante necessário para pagar.

XI
A forma da procuração irrevogável

I. Em matéria de forma da procuração, o Código Civil impõe a forma adotada pelo negócio que, com ela, o procurador deva celebrar.[719] Este regime de unidade de forma corresponde a uma solução legal que se pode considerar natural.[720] Fica assim assegurado que, sempre que um negócio seja celebrado por procuração, não exista deficiência de dignidade formal da procuração em relação a esse negócio. As razões da exigência legal de forma do negócio celebrado por procuração comunicam-se à própria procuração. Esta solução é razoável, pois a cautela formal que se destina a assegurar a ponderação do celebrante, a certeza quanto ao conteúdo e a publicidade comunicam-se à própria procuração, sempre que o negócio seja celebrado por seu intermédio.

Em 1990, algumas décadas após a entrada em vigor do Código Civil, o legislador veio a intervir nesta matéria com o estabelecimento de exigências especiais de forma para as procurações irrevogáveis. A exigência de forma especial para as procurações naturalmente irrevogáveis só veio a surgir com o Decreto-Lei nº 67/90, de 1 de março. Até essa data, as regras

---

[719] Neste sentido, Acórdão do Supremo Tribunal de Justiça de 17 de setembro de 2013, processo nº 117/07.0TBFAL.E1.S1, de que foi relatora a Senhora Conselheira ANA PAULA BOULAROT, *in* www.dgsi.pt e Acórdão do Supremo Tribunal de Justiça de 4 de junho de 2013, processo nº 4117/06.0TVLSB.L1, de que foi relator o Senhor Conselheiro FERNANDES DO VALE, *in* www.dgsi.pt.

[720] Já o Código Civil italiano adota a mesma solução no art. 1392º.

relativas à forma das procurações eram as do Código Civil completadas pelas dos arts. 127º e 129º do Código do Notariado, na versão aprovada pelo Decreto-Lei nº 47.619, de 31 de março de 1967. Na sua redação original, o Código do Notariado apenas concretizava as regras do Código Civil relativas à forma das procurações, sem alterar ou estabelecer exigências diversas daquelas que resultavam do Código Civil.

Com o Decreto-Lei nº 67/90 foi introduzido no artigo 116º um novo nº 3, exigindo que as procurações conferidas também no interesse de procurador ou de terceiro sejam lavradas por instrumento público,[721] ficando o original arquivado no *Notário*. Este diploma pretendeu antecipar algumas das reformas urgentes que vieram depois a constar do novo Código do Notariado aprovado pelo Decreto-Lei nº 207/95, de 14 de agosto. De facto, a nova regra relativa à forma das procurações conferidas também no interesse de procurador ou de terceiro transitou sem alterações para o texto do novo diploma, constando o atual art. 116º, nº 2.

O regime de forma legal das procurações, que era unitário, passou a ser distinto consoante a procuração fosse outorgada no interesse exclusivo do *dominus* ou também no interesse do procurador ou de terceiro. Esta foi a segunda intervenção legislativa com que a procuração irrevogável foi sendo distinta do caso típico da procuração no interesse exclusivo do *dominus*. A primeira fora a admissão, no art. 265º, nº 3 do Código Civil, de um regime especial de revogação da procuração no caso em que fosse outorgada também no interesse do procurador ou de terceiro; a segunda, a estatuição de um regime especial de forma para esse subtipo de procuração.

Importa atentar um pouco na *ratio legis* e no sentido desta intervenção legislativa. O regime diferenciado de revogabilidade estatuído especialmente no nº 3 do art. 265º do Código Civil, ao restringir a livre revogabilidade da procuração à ocorrência de justa causa, veio agravar a perigosidade para o *dominus* da procuração irrevogável. A privação da faculdade de livre revogação obriga a uma maior ponderação e cautela por parte do outorgante da procuração. Ademais, uma certa prática de solicitar procurações irrevogáveis de pessoas juridicamente impreparadas e sem a mediação da

---

[721] Neste sentido, Acórdão do Supremo Tribunal de Justiça de 25 de outubro de 2011, processo nº 1961/09.0TBSTB.E1.S1, de que foi relator o Senhor Conselheiro ALVES VELHO, *in* www.dgsi.pt.

necessária ponderação,[722] e finalmente alguma incerteza sobre o conteúdo e o regime de irrevogabilidade, vieram a tornar patente a necessidade de uma maior formalização da procuração e até da intervenção notarial presencial na sua outorga e do arquivamento do seu original no cartório notarial. Acresce que o regime especial da procuração irrevogável exigia uma certeza quanto à garantia de conformidade com a vontade do *dominus*, que não era suficientemente satisfeita com uma declaração que constasse de documento simples e, muito menos, de uma procuração verbal.

A procuração irrevogável tinha-se revelado de algum perigo, reclamando cautelas acrescidas. A *ratio* do nº 2 do art. 116º do Código do Notariado e o seu sentido jurídico traduzem-se num agravamento do regime formal da procuração irrevogável, em relação ao regime geral. Este agravamento tem uma finalidade de tutela da liberdade e discernimento do *dominus* na outorga da procuração, de certeza quanto ao conteúdo e regime da procuração e de publicidade no interesse dos terceiros, designadamente aqueles com quem o procurador venha a contratar no uso da procuração. A intervenção do Notário, agora exigida, permite que o *dominus*, ao outorgar a procuração irrevogável, o faça com suficiente ponderação e consciência do que está a fazer, e tanto quanto possível livre de pressões e de precipitações.

A intervenção notarial promove a clarificação da situação, de modo a tornar claro que se trata de uma procuração irrevogável, que a mesma é outorgada no interesse do procurador ou de terceiro e não de uma típica procuração no interesse exclusivo do *dominus* e, finalmente, permite ainda guardar em arquivo, no cartório notarial, o original do instrumento que titula a procuração, o que acarreta inegáveis vantagens de publicidade e segurança.

No entanto, apesar de a procuração irrevogável estar sujeita a um regime de forma mais exigente, não é exigido que conste da procuração expressamente que esta é irrevogável, ou que é outorgada no interesse do procurador ou terceiro. Apenas se exige que, sendo irrevogável, esteja sujeita à forma legalmente exigida.[723]

---

[722] Em especial no meio bancário, tendo como relação subjacente um contrato promessa de constituição de hipoteca – ROMANO MARTINEZ – FUZETA DA PONTE, *Garantias de Cumprimento*, Almedina, Coimbra, 1997, pág. 29.
[723] Neste sentido, Acórdão do Supremo Tribunal de Justiça de 25 de outubro de 2011, processo nº 1961/09.0TBSTB.E1.S1, de que foi relator o Senhor Conselheiro ALVES VELHO, *in* www.dgsi.pt.

Deste modo, evita-se a eficácia jurídica de uma procuração que, sendo irrevogável, poderia ter qualquer forma, mesmo não escrita, o que causaria incontestáveis problemas de segurança jurídica. Com este regime, caso uma procuração venha a ser qualificada como irrevogável, mas não tenha respeitado a forma legal, será nula, não produzindo o seu efeito típico, que consiste na outorga do poder de representação. Sendo nula, poderá, contudo, apreciar-se a sua eventual convertibilidade em procuração revogável, dependendo do que porventura resulte da relação subjacente.

Para além da finalidade e da utilidade desta intervenção legislativa, é importante ter ainda em atenção que ela contribui para a estruturação jurídica da procuração irrevogável. A progressiva estruturação desta figura, da qual esta inovação legislativa constitui mais um passo, foi, como quase sempre, sequência e consequência da sua consolidação na prática, como tipo social na vida dos negócios.

II. O art. 116º, nº 2, do Código do Notariado refere apenas os casos de procuração outorgada no interesse também do procurador ou de terceiro e, na sua letra, não menciona o caso da procuração no interesse exclusivo do procurador ou de terceiro. Perante esta omissão, suscita-se a questão da determinação do regime formal destes subtipos de procuração.

Esta interrogação permite, em princípio, três respostas diferentes: a submissão ao regime geral de liberdade de forma dos negócios jurídicos, ao regime formal geral da procuração, ou ao regime formal da procuração no interesse também do procurador ou de terceiro. Tem interesse apreciar esta questão.

A primeira das possíveis soluções apontadas assenta na desqualificação da procuração no interesse exclusivo do procurador ou do terceiro. Se estas figuras negociais forem consideradas como negócios *sui generis* e se for recusada a sua qualificação como procuração, não lhes será consequentemente aplicada a regra de forma do art. 262º, nº 2, do Código Civil nem, por maioria de razão, a do art. 116º, nº 2, do Código do Notariado. Tratar-se-á então de negócios jurídicos atípicos, celebrados de acordo com o princípio da autonomia privada (art. 405º do Código Civil) e sujeitos à regra geral da liberdade de forma consagrada no art. 219º do Código Civil[724].

---

[724] Pais de Vasconcelos, *Contratos Atípicos*, cit., págs. 463 e segs..

A segunda solução decorre da qualificação de ambos os casos como procurações, mas com a recusa da sua subsunção ao nº 2 do art. 116º do Código do Notariado. Tratar-se-ia então de procurações, mas o facto de não serem outorgadas também no interesse do *dominus* afastaria a aplicação do respetivo regime especial de forma. Como regime restritivo da liberdade de forma e da autonomia privada, não seria lícito alargá-lo para além dos seus precisos limites. Não cabendo no âmbito material da regra especial, ambos os casos seriam então subsumíveis à regra geral do art. 262º, nº 2, do Código Civil.

A terceira solução exigiria um alargamento do âmbito de aplicação do nº 2 do art. 116º do Código do Notariado para além da sua letra, mas de acordo com o seu sentido. Esta aplicação poderia conseguir-se por aplicação extensiva do referido preceito.

O problema posto exige agora o discernimento da razão de ser da redação do nº 2 do art. 116º do Código do Notariado. Perante a letra do preceito perguntar-se-á, desde logo, se a referência "às procurações conferidas também no interesse do procurador ou de terceiro" implica uma exclusão das procurações conferidas apenas no interesse exclusivo do procurador, de terceiro, ou de procurador e terceiro. A diferença está apenas na exclusividade, por um lado, ou na comunhão ou concurso dos interesses, por outro. Esta diferença será de molde a justificar que num dos casos se aplique a forma especial do instrumento notarial arquivado (art. 116º, nº 2, do Código do Notariado) e noutro o simples regime de unidade de forma com o negócio a celebrar (art. 262º, nº 2, do Código Civil)?

A resposta a esta questão impõe que previamente se interrogue qual o sentido, se é que algum existe, na restrição que é feita na letra da lei às procurações conferidas também no interesse do procurador ou de terceiro. Haverá uma intencionalidade normativa de exclusão? É de crer que não. A omissão da referência à procuração no interesse exclusivo do procurador ou de terceiro está tanto no art. 116º, nº 2, do Código do Notariado como no art. 265º, nº 2, do Código Civil. O Código do Notariado limita-se a reproduzir a previsão do Código Civil sem nada adiantar nem alterar em relação a ele.

De todo o modo, vale ainda a pena comparar as duas soluções possíveis. Numa solução estritamente formal, da redação literal do nº 2 do art. 116º resultaria a exclusão da sua aplicação às procurações conferidas no exclusivo interesse do procurador ou de terceiro e a sua submissão à regra geral da forma legal da procuração, com o consequente desagravamento formal.

Da outra solução, de aplicar ao caso a regra do art. 116º, nº 2, do Código do Notariado, resultaria a igualdade de forma de todas as procurações outorgadas no interesse do procurador ou de terceiros, quer o sejam, ou não, também no interesse do *dominus*.

Parece fora de dúvida que constitui uma melhor solução a unificação do regime formal das procurações outorgadas no interesse do procurador ou de terceiro, independentemente de o serem também no do *dominus*, do que a separação em dois regimes de forma, um respeitante às que são conferidas também no interesse do *dominus*, que teriam uma forma mais solene, e outro aplicável às que o não são e que deveriam seguir o regime formal mais ligeiro das procurações em geral. Na verdade, se alguma razão pudesse existir para diferenciar estes regimes formais, ela deveria conduzir a um agravamento, e não ao desagravamento, da forma da procuração conferida exclusivamente no interesse do procurador ou de terceiro. As razões que sustentam o regime do art. 116º, nº 2, do Código do Notariado em relação às procurações conferidas também no interesse do procurador ou de terceiro verificam-se também, e porventura mais intensamente ainda, no que concerne às procurações conferidas no interesse exclusivo do procurador ou de terceiro. A haver razão para distinguir regimes formais entre os dois casos, a distinção deveria conduzir ao agravamento da solenidade formal e não ao contrário.

Esta solução enfrenta, todavia, uma objeção que merece ser apreciada. Entendida a regra do art. 116º, nº 2, do Código do Notariado como uma norma excecional em relação à regra geral da liberdade de forma contido no artigo 219º, ou como uma norma especial em relação ao regime geral da forma da procuração expresso no art. 265, nº 2, do Código Civil, a sua aplicação à procuração no interesse exclusivo do procurador ou de terceiro iria contra as regras dos arts. 10º e 11º do Código Civil, traduzindo-se no preenchimento de uma lacuna da lei por aplicação analógica de uma regra excecional, em detrimento de uma regra geral.

Esta objeção deve ser afastada por a aplicação do art. 116º, nº 2, do Código do Notariado à procuração no interesse exclusivo do procurador ou de terceiro não ser obtida por analogia, mas antes através de uma simples interpretação extensiva.

É razoável concluir que, no nº 2 do art. 116º do Código do Notariado, a letra ficou aquém do espírito. Não encontra razoabilidade nem colhe sentido atribuir à restrição da letra do preceito uma intencionalidade normativa de excluir o caso e muito menos de o submeter a um regime de forma mais ligeiro, como é o regime geral da forma da procuração. Não se vislumbra, na especificidade do caso da procuração no exclusivo interesse do procurador ou de terceiro, razão para diferenciar em relação ao regime formal da procuração no interesse comum ou concorrente do *dominus* e do procurador ou de terceiro. Pelo contrário, como se disse já, a haver razão para uma diferença de regime formal, ela imporia, não um aligeiramento, mas um agravamento da solenidade formal. As razões que justificam o regime do art. 116º, nº 2, do Código do Notariado estão também presentes, e até agravadas, no caso da procuração no exclusivo interesse do procurador ou de terceiro. Justifica-se, por isso, e até se impõe, uma interpretação extensiva daquele preceito legal.

As razões que levam à exigência de forma nas procurações naturalmente irrevogáveis não se verificam, no entanto, nas procurações convencionalmente irrevogáveis. Nestas procurações não está em causa uma limitação da autonomia privada no sentido em que tal sucede nas procurações naturalmente irrevogáveis. No caso das procurações convencionalmente irrevogáveis, como se viu, não existe uma verdadeira irrevogabilidade. Uma vez que as exigências de forma que resultam do art. 116º, nº 2, do Código do Notariado são consequência e apenas se justificam no caso de irrevogabilidade que derive de um interesse primário de procurador ou de terceiro, não há, pois, fundamento para exigir uma forma especial para o caso das procurações convencionalmente irrevogáveis em que esse interesse não existe. Assim, as procurações convencionalmente irrevogáveis devem seguir a regra geral do art. 262º, nº 2 do Código Civil.

Deste modo, enquanto as procurações naturalmente irrevogáveis devem revestir forma escrita, sendo outorgadas por instrumento público e ficando o original arquivado no Cartório Notarial, nos termos do art. 166º, nº 2, do Código do Notariado, as procurações convencionalmente irrevogáveis apenas deverão seguir a forma do negócio que o procurador deva realizar, de acordo com a regra geral do art. 262º, nº 2, do Código Civil.

III. Uma terceira questão, que se coloca a propósito da forma da procuração, consiste em apurar se as exigências de forma que resultam do art. 166º, nº 2, do Código do Notariado o são *ad probationem* ou *ad substantiam*.[725]

---

[725] Sobre as duas figuras, PAIS DE VASCONCELOS, *Teoria Geral*, cit., págs. 621 e 622.

A questão prende-se com a determinação das consequências da violação da forma legal. Conjugando o art. 220º do Código Civil com o art. 364º do Código Civil, resulta que as exigências de forma podem ser *ad probationem* ou *ad substantiam*. Serão exigências de forma *ad probationem* as que, nos termos do art. 364º, nº2, apenas se destinem à prova da declaração. A finalidade das exigências de forma deve resultar da lei. Se não resultar claramente da lei que as exigências de forma se destinam apenas a provar a declaração, essas exigências deverão ser consideradas *ad substantiam*, e a sua preterição provocará a nulidade do negócio nos termos do art. 220º do Código Civil. Em princípio, a preterição de formalidades *ad substantiam* importa a nulidade[726] do negócio (art. 220º do Código Civil), enquanto o desrespeito de formalidades *ad probationem* não põe em causa a validade do ato e apenas limita os meios através dos quais se pode fazer a sua prova (art. 364º, nº 2, do Código Civil).

Do art. 116º, nº 2, do Código do Notariado nada resulta no sentido de que a forma exigida o seja apenas para efeitos de prova da declaração. Esse preceito nada contém que expressamente disponha quanto à finalidade das exigências que faz em matéria de forma, nem dele resulta implicitamente que essas exigências se destinem apenas à prova da procuração. Naquilo em que permite assegurar ou proteger a liberdade e discernimento na outorga da procuração, o preceito do art. 116º, nº 2, do Código do Notariado revela um interesse de tutela da autonomia privada que justifica a invalidade como consequência da sua preterição.

Deve assim concluir-se que as exigências de forma que resultam do art. 116º, nº 2 do Código do Notariado para as procurações naturalmente irrevogáveis devem ser qualificadas como *ad substantiam*.[727] Isto implica que, caso uma procuração naturalmente irrevogável seja outorgada sem respeitar o regime formal do art. 116º, nº 2, do Código do Notariado, a consequência será a nulidade, aplicando-se os arts. 285º e seguintes do Código Civil.

1. Consequências da falta de forma da procuração irrevogável

A preterição da forma legal, prevista no art. 166º, nº 3, do Código do Notariado, tem como consequência a nulidade da procuração irrevogável.

---

[726] Vaz Serra, *Forma dos negócios jurídicos*, BMJ n º 86, pág. 181.
[727] Neste sentido, Acórdão do Supremo Tribunal de Justiça de 25 de outubro de 2011, processo nº 1961/09.0TBSTB.E1.S1, de que foi relator o Senhor Conselheiro Alves Velho, *in* www.dgsi.pt.

As consequências da nulidade da procuração podem ser muito graves, independentemente de ter sido praticado o ato, ou celebrado o negócio jurídico, que resulta da relação subjacente, ou seja, independentemente de a procuração já ter sido usada.

Antes de aferir as consequências da invalidade formal, é necessário apreciar se a procuração irrevogável é suscetível de redução ou de conversão.

O Código Civil prevê a redutibilidade e a convertibilidade dos negócios jurídicos nos arts. 292º e 293º. A declaração de nulidade da procuração naturalmente irrevogável por defeito de forma tem efeitos retroativos nos termos do art. 289º do Código Civil. Deve consequentemente ser restituído tudo o que tiver sido prestado ou o seu valor, se tal não for possível. Esta regra pode suscitar alguns problemas. Especialmente, como se verá, quando os poderes de representação que resultam da procuração já tiverem sido usados, tendo sido celebrado um negócio jurídico. A retroatividade pura dos efeitos da declaração de nulidade será, pelo menos em alguns casos, uma violência, pondo em causa a confiança e a estabilidade negocial.

Por isso, a ordem jurídica, mesmo no caso dos negócios nulos, tenta salvar o possível, em nome do aproveitamento dos atos jurídicos e do menor dano à autonomia privada, de acordo com o princípio do *favor negotii*.[728] Mesmo que um determinado negócio jurídico seja nulo – parcialmente ou totalmente nulo –, é, por vezes, possível aproveitar parte desse negócio ou valorizar a vontade das partes de outra maneira[729], reduzindo o negócio ou convertendo-o, de modo a evitar a totalidade das consequências da nulidade. Consegue-se, através destas figuras, aproveitar algo do negócio jurídico enquanto manifestação da autonomia privada, no que não colida com a ordem jurídica.

2. A indivisibilidade da procuração irrevogável e as suas consequências

A primeira questão a abordar nesta matéria consiste em saber se a procuração naturalmente irrevogável nula por falta de forma constitui um caso de possível redução ou de possível conversão. Para tanto, é necessário aferir da sua divisibilidade.

---

[728] Num entendimento amplo desse princípio, CARVALHO FERNANDES, *A conversão dos negócios jurídicos civis*, Quid Juris, Lisboa, 1993, pág. 517, embora não funde o instituto da conversão no princípio do *favor negotii*, considera que este pode abranger o fenómeno.

[729] CARVALHO FERNANDES, *A conversão*, cit., págs. 484 a 488.

Segundo resulta dos artigos 292º e 293º do Código Civil, a redução aplica-se aos casos de invalidade parcial, enquanto a conversão se aplica aos casos de invalidade total. No caso da procuração naturalmente irrevogável nula por falta de forma, suscita-se a questão de se saber se a forma legal imposta pelo art. 116º, nº 2, do Código do Notariado é apenas relativa ao regime de irrevogabilidade ou se abrange toda a procuração. Para tanto é necessário saber se a irrevogabilidade é apenas uma cláusula da procuração naturalmente irrevogável, uma especial *cláusula de irrevogabilidade* que carece de uma forma especial ou se a procuração naturalmente irrevogável é uma figura jurídica una.

A procuração naturalmente irrevogável, embora tenha pontos de contato óbvios com a procuração comum, tem um regime próprio em várias matérias, de tal maneira que não é possível retirar a uma procuração naturalmente irrevogável o seu elemento de irrevogabilidade, sem alterar todo o seu regime jurídico. Já se viu que a irrevogabilidade da procuração afeta todo o seu regime, não se limitando a ser apenas algo que acresce à procuração.

A questão resolve-se numa alternativa entre dois modos de entender a procuração naturalmente irrevogável: como uma procuração típica à qual foi aditada uma cláusula de irrevogabilidade tida como um elemento acidental, que não influi na sua natureza e apenas acresce ao seu regime; ou como uma procuração de um outro tipo, com uma diferente natureza jurídica, em que o regime da irrevogabilidade não é acidental, mas antes natural, integrando o seu tipo jurídico. A doutrina não tem enfrentado claramente este problema, embora seja possível discernir em FLUME[730] uma posição mais próxima da segunda alternativa que nos parece ser a mais correta.

Não parece possível configurar a procuração naturalmente irrevogável como uma procuração comum à qual se acrescentou algo – a irrevogabilidade –, mas antes deve-se considerá-la como uma figura autónoma, como um tipo diferente de procuração.

Subjacente à redutibilidade tem sempre de estar a sua divisibilidade. Para poder ser reduzido, o negócio tem que ser dividido numa parte inválida, que possa ser expurgada, e numa parte, válida que possa manter-se sem a outra.

---

[730] FLUME, *El negocio jurídico*, cit., § 34.1, págs. 1014 e 1015.

Não sendo possível autonomizar a irrevogabilidade da procuração do resto da figura, a falta de forma não implica apenas a nulidade parcial da procuração naturalmente irrevogável. Não é possível reduzir a figura, amputando-a do elemento de irrevogabilidade, sem perturbar inadmissivelmente a autonomia privada e a sua conexão com a relação subjacente. Perturbada a autonomia privada e a ligação com a relação subjacente, seria gravemente afetado o suporte causal do negócio, o qual, embora de base abstrata, não é abstrato.

Afetada a ligação com a relação subjacente, também esta sofreria uma perturbação grave no seu equilíbrio interno de funcionamento. Na verdade, a irrevogabilidade da procuração é exigida pela relação subjacente que, sem ela, é inevitavelmente perturbada.

Deve, portanto, considerar-se que as exigências de forma que resultam do art. 116º, nº 2, do Código do Notariado se aplicam à procuração naturalmente irrevogável, como figura autónoma, e não apenas a uma sua parcela de regime, a um acidental elemento de irrevogabilidade da procuração, a uma cláusula de irrevogabilidade que nela tenha sido inserida como um *elemento acidental*. Razão pela qual a nulidade da procuração naturalmente irrevogável por violação da forma legalmente prescrita implica a nulidade de todo o negócio e não apenas de parte, não sendo suscetível de redução.

3. A conversão da procuração irrevogável

De acordo com o art. 293º do Código Civil, o negócio nulo pode converter-se num negócio de tipo ou conteúdo diferente do qual contenha os requisitos essenciais de substância e de forma, desde que o fim prosseguido pelas partes permita supor que o teriam querido se houvessem previsto a nulidade.

O recurso ao art. 293º do Código Civil exige uma tomada de posição prévia no que respeita a parte do seu regime. Refere o preceito que o negócio só pode ser convertido num outro negócio se for respeitado o "fim prosseguido pelas partes". A procuração é um negócio unilateral, pelo que apenas tem uma parte. No entanto, no caso da procuração naturalmente irrevogável, para além da parte única, existem outras pessoas com um interesse juridicamente relevante no negócio. Acresce que a parte – o *dominus* – pode não ser titular de um interesse juridicamente relevante na vigência da procuração. É necessário precisar se a disposição exige apenas a conformidade da conversão com o fim da parte – *dominus* – ou se exige a conformidade com o fim dos interessados.

O fim do *dominus* ao outorgar uma procuração e o interesse que este possa ter na sua vigência não são o mesmo. Para o art. 293º do Código Civil, o fim consiste naquilo que o *dominus* pretende conseguir através da outorga da procuração. Consiste no "*para quê*"[731] da procuração. Por seu lado, o interesse do *dominus* na procuração consiste na utilidade desta para atingir fins próprios daquele, conforme resultam da relação subjacente. Outorga da procuração e vigência da procuração são duas matérias diferentes, que não devem ser confundidas.

Para discernir o fim do *dominus* na outorga da procuração é necessário ter em conta a sua "vontade conjetural objetiva".[732] Esta não consiste na vontade real do *dominus*, mas no "fim prático visado".[733] A vontade conjetural objetiva do *dominus* pode ser determinada de acordo com o comportamento deste "com o sentido que segundo as regras da hermenêutica negocial lhe seja atribuível, as circunstâncias da celebração do negócio, o tipo negocial e, em particular, o fim económico-social que a determinou".[734] Por essa razão, é necessário ter em conta, não só o conteúdo da procuração, como os interesses em jogo nesta e mesmo a própria relação subjacente. Só perante o caso concreto será possível conhecer o fim do *dominus* na outorga da procuração. Uma vez que esse fim abrange também a totalidade dos interesses em jogo, estão já incluídos os eventuais interesses do procurador e do terceiro. Deste modo, quando o art. 293º do Código Civil exige que na conversão se respeite o fim prosseguido pelas partes, deve entender-se que exige o respeito de todos os interesses em jogo.

A procuração é um negócio de legitimação. Através dela o *dominus* atribui um poder de representação ao procurador que o legitima para agir sobre a sua esfera jurídica. Com base nesse poder e dentro dos seus limites, os atos jurídicos praticados pelo procurador em nome do *dominus* produzem efeitos diretamente na sua esfera jurídica.

A procuração é outorgada para legitimar o procurador, de modo que este possa praticar, em nome e representação do *dominus*, um ou mais atos jurídicos, conforme resulta da relação subjacente.[735] Será, por isso, funda-

---

[731] OLIVEIRA ASCENSÃO, *Direito Civil*, cit., Vol. II, pág. 270.
[732] CARVALHO FERNANDES, *A conversão*, cit., págs. 320 a 324.
[733] CARVALHO FERNANDES, *A conversão*, cit., pág. 323.
[734] CARVALHO FERNANDES, *A conversão*, cit., pág. 327.
[735] E da própria procuração, embora o critério de atuação do procurador resulte fundamentalmente da relação subjacente.

mentalmente na relação subjacente que se deverá procurar a resposta para a convertibilidade da procuração naturalmente irrevogável, nula por falta de forma. Tendo em consideração que os fins prosseguidos pelo *dominus* podem ser muito diversos, o estudo do problema deve ser feito em termos genéricos. No entanto, tal não impede que, num esforço de abstração, se tente indicar quais os elementos mais importantes na determinação do fim do *dominus* na outorga da procuração naturalmente irrevogável, nula por falta de forma.

O fim do *dominus* na outorga da procuração naturalmente irrevogável pode variar conforme os casos, sendo mais ou menos complexos e abrangendo mais ou menos objetivos a atingir.

A primeira variação, no que respeita à procuração naturalmente irrevogável, depende de o fim do *dominus* abranger a irrevogabilidade ou não. Para tal é necessário ter em consideração a relação subjacente. É através desta que se sabe se a irrevogabilidade da procuração era um fim do *dominus* ao outorgar a procuração. Tal sucederá, por exemplo, se resultar expresso da relação subjacente que o *dominus* está obrigado a outorgar uma procuração irrevogável[736] ou se resultar da configuração do negócio que a procuração a ser outorgada se destina a ser usada no interesse do procurador ou do terceiro. Tendo em conta o que se disse no que respeita à relação subjacente da procuração naturalmente irrevogável, estes casos constituirão a regra.

Em segundo lugar, é necessário saber em que casos o procurador pode usar a procuração. Por exemplo, se pode usar a procuração apenas no caso de o *dominus* não cumprir uma determinada obrigação, se pode usar a procuração conforme entender, se apenas a pode usar em caso de se verificar um termo ou uma condição. Trata-se, pois, de saber se a procuração se destina a ser usada como um instrumento de substituição do *dominus* em caso de incumprimento do negócio que constitui a relação subjacente (procuração em garantia), ou se é um instrumento principal de execução da relação subjacente (procuração para cumprimento).

É ainda relevante saber para a prática de que ato jurídico é que a procuração foi outorgada. A identificação desse negócio resulta da relação subjacente e da própria procuração, podendo o procurador estar mais ou menos limitado no que respeita à sua celebração. Uma vez que é possível deixar ao procurador um poder de decisão muito amplo sobre o negócio a realizar, as possibilidades de variação são inúmeras.

---

[736] Obrigação essa suportada pela existência de interesses do procurador ou do terceiro.

Outro elemento que não se pode desatender na determinação do fim do *dominus* consiste em saber se é fundamental a outorga do poder de representação. Saber se para se atingir o fim do *dominus* é necessário o recurso a um poder de representação, ou se é possível atingi-lo de outro modo. Este elemento é fundamental na possibilidade de conversão da procuração.

A relação subjacente tem, por isso, uma influência determinante na definição do fim do *dominus* na outorga da procuração.

Todos os elementos *supra* referidos são importantes na determinação do fim do *dominus*. Mas não são os únicos, podendo ser relevantes outros elementos. São, apesar de tudo, os elementos que tipicamente se mostram de maior relevância na determinação desse fim.

Em termos gerais, quando se procede à conversão de uma procuração naturalmente irrevogável, nula por falta de forma, é ainda necessário distinguir os casos em que já foi celebrado um negócio jurídico pelo procurador, daqueles casos em que não foi ainda celebrado qualquer negócio.

3.1. Tendo sido celebrado um negócio jurídico

Se o procurador celebrar um negócio jurídico com base na procuração naturalmente irrevogável nula por falta de forma, aplicar-se-á o regime da representação sem poderes. Não obstante a convicção que os interessados tivessem quanto à validade e eficácia da procuração, a nulidade da procuração implica a falta de poderes de representação. O problema consiste, por isso, na ineficácia do negócio celebrado em relação ao *dominus*. No entanto, o problema apenas surgirá se o *dominus* se recusar a ratificar o negócio, uma vez que a ratificação voluntária torna o negócio celebrado plenamente eficaz.

Quando a questão da convertibilidade da procuração naturalmente irrevogável nula por falta de forma surja depois de celebrado o negócio, o fim está já atingido na sua quase totalidade. Apenas falta a plena eficácia do negócio que foi celebrado pelo procurador, de acordo com a relação subjacente em nome do *dominus*, embora sem poderes de representação. A relação subjacente já não exige, neste momento, a irrevogabilidade, uma vez que o procurador ou o terceiro já não têm um interesse na vigência da procuração que impeça o *dominus* de a revogar, inviabilizando assim a prática do ato tido em vista pela relação subjacente.

A razão da ineficácia desse negócio prende-se com a falta de legitimidade do procurador para o celebrar. Nos casos em que o procurador celebrou um negócio jurídico com base na procuração naturalmente irrevogável nula, apenas há que salvaguardar aquilo que já se fez. É preciso tentar evitar a ineficácia do negócio celebrado.

A melhor opção de conversão, no caso de procuração naturalmente irrevogável nula por falta de forma em que tenha já sido celebrado um negócio jurídico com base na procuração, será a conversão da procuração naturalmente irrevogável nula numa procuração típica. A procuração típica tem exatamente os mesmos efeitos no que respeita à outorga dos poderes de representação e, por isso, no que concerne à legitimação do procurador. Assim, a atuação do procurador, quando celebra o negócio jurídico, será plenamente eficaz, pois atuará com base em poderes de representação existentes. A eficácia representativa mantém-se. A conversão da procuração naturalmente irrevogável nula por falta de forma numa procuração normal, no caso de já ter sido celebrado o negócio jurídico pelo procurador, permite atingir os fins prosseguidos pelo *dominus* e pelas partes na relação subjacente, salvaguardando o cumprimento do negócio que constitui a relação subjacente através da eficácia plena do negócio celebrado.[737]

A procuração típica é um negócio jurídico próximo da procuração naturalmente irrevogável. A conversão suscita o problema de determinar "até onde"[738] pode ir. Embora não caiba neste estudo a análise desse problema, pode afirmar-se que quanto menor for a diferença entre os dois negócios, menos problemas surgirão quanto à admissibilidade da conversão. Assim, a proximidade que existe entre os dois negócios constitui uma vantagem no que respeita à conversão da procuração naturalmente irrevogável nula por falta de forma numa procuração típica.

Poderia ainda levantar-se a hipótese de se converter a procuração naturalmente irrevogável nula por falta de forma numa procuração convencionalmente irrevogável. Através desta conversão obter-se-ia a legitimidade e também a aplicação do regime da irrevogabilidade convencional. No entanto, o regime da irrevogabilidade convencional nada traz de novo ao problema. A irrevogabilidade não é eficaz. Sucede que, se resultar da relação subjacente que o *dominus* deve outorgar uma procuração naturalmente irrevogável e este não o fizer, ou não o fizer eficazmente, estará a violar a

---

[737] Partindo do princípio que o negócio celebrado pelo procurador está de acordo com a relação subjacente.
[738] CARVALHO FERNANDES, *A conversão*, cit., pág. 417.

relação subjacente, havendo desde logo eventualmente responsabilidade civil contratual. Por esta razão, já existindo uma causa de responsabilidade civil, a procuração convencionalmente irrevogável nada traria de novo,[739] sendo a sua utilidade como "segundo" negócio igual à da procuração típica. Ambas são possíveis.

Para que se possa converter a procuração naturalmente irrevogável nula por falta de forma numa procuração típica, é necessário que aquele negócio contenha os seus elementos essenciais substanciais e de forma. Quanto aos elementos essenciais de substância, estes serão os que permitem que o "segundo"[740] negócio seja plenamente válido e eficaz com exceção das questões de forma. A procuração naturalmente irrevogável nula por falta de forma, mas sem qualquer outro vício, reúne todos os elementos essenciais de substância necessários à procuração simples.

No que diz respeito aos requisitos de forma necessários para a procuração típica, a questão é mais complexa.

No que respeita à procuração típica, as regras de forma são as que resultam do art. 262º, nº 2, do Código Civil. A forma da procuração é a mesma que é exigida para o negócio a realizar. Assim, se o negócio a celebrar for meramente consensual a procuração comum também o será, e se o negócio houver de respeitar a forma escrita também a procuração a deverá respeitar. No que concerne aos negócios com intervenção notarial, nos termos do art. 116º, nº 1, do Código do Notariado, a procuração comum deverá ser outorgada também com intervenção notarial, podendo ser outorgada por instrumento público, por documento escrito e assinado pelo *dominus* com reconhecimento presencial da letra e assinatura, por documento autenticado ou por documento assinado pelo *dominus* com reconhecimento da assinatura. Caso se trate de uma procuração com poderes gerais de administração civil ou de gerência comercial, para contrair obrigações cambiárias, para fins que envolvam confissão, desistência ou transação em pleitos judiciais, ou a representação em atos que devam realizar-se por escritura pública ou outro modo autêntico ou para cuja prova seja exigido um documento autêntico, a procuração comum deverá ser outorgada por

---

[739] Pois a responsabilidade civil resulta da relação subjacente e essa é válida, não sendo convertida.

[740] A terminologia é de CARVALHO FERNANDES, *A conversão*, cit., no qual o "primeiro" negócio é o negócio a converter enquanto que o "segundo" negócio é o negócio convertido.

instrumento público, por documento escrito e assinado pelo *dominus* com reconhecimento presencial da letra e assinatura, ou por documento autenticado, não podendo ser outorgada por documento assinado pelo *dominus* com reconhecimento da assinatura.

Para que se possa converter a procuração naturalmente irrevogável nula por falta de forma numa procuração comum, no que respeita aos requisitos de forma, é necessário que essa procuração, embora nula por falta de forma, respeite as regras de forma aplicáveis à procuração comum que resultam do art. 262º, nº 2, do Código Civil e do art. 116º, nº 1, do Código do Notariado. Caso não respeite essa forma, não será possível a conversão, devendo aplicar-se o regime geral da representação sem poderes.

Embora no caso *supra* referido, que constitui o caso principal, a irrevogabilidade não seja relevante, casos há em que esta tem de ser tomada em consideração.

No caso *supra* analisado, a irrevogabilidade não era relevante, porque o fim do *dominus*, nessa matéria, já tinha sido atingido. Mas, se o *dominus*, antes de celebrado o negócio, revogar a procuração naturalmente irrevogável nula por falta de forma, o problema será diferente. A revogação da procuração naturalmente irrevogável será, pelo menos, ineficaz pois o negócio que se pretende revogar não produz efeitos. No entanto, se esse negócio for convertido numa procuração típica, a revogação será eficaz. A conversão não opera pela substituição de um negócio, não é uma novação legal. Na conversão há apenas um negócio, no entanto, este é "*re-valorado de modo a constituir a fonte de outros efeitos de direito*".[741] Acresce que a conversão opera, em regra, retroativamente. Estas duas caraterísticas da conversão conduzem a uma eficácia da revogação operada pelo *dominus* em relação ao "segundo" negócio, porque a "segunda" procuração já não será irrevogável.

Por esta razão, nestes casos, não é possível converter a procuração naturalmente irrevogável numa procuração típica, uma vez que se não atingiria o fim de legitimação irrevogável do procurador e, em consequência, não se obteria a plena eficácia do negócio já celebrado, com detrimento da relação subjacente.

---

[741] Carvalho Fernandes, *A conversão*, cit., pág. 486.

3.2. Não tendo sido celebrado um negócio jurídico

A conversão da procuração naturalmente irrevogável nula por falta de forma pode levantar problemas diferentes dos anteriormente referidos nas situações em que seja operada num momento anterior à celebração do negócio jurídico pelo procurador.

Como se viu, no caso de já ter sido celebrado um negócio jurídico, o fim a atingir com a conversão era permitir a eficácia plena do negócio celebrado, razão pela qual se defendeu a conversão numa procuração normal, assim se aproveitando a legitimação do procurador.

Nas situações em que o problema da conversão surja antes de o procurador ter celebrado qualquer negócio em nome e representação do *dominus*, o fim a atingir é mais complexo. Nestes casos, não só se pretende salvaguardar a legitimidade do procurador, como se pretende impedir que o *dominus* possa evitar a sua atuação.

O melhor modo de atingir esse fim é a outorga de uma procuração naturalmente irrevogável. No entanto, é da outorga dessa procuração naturalmente irrevogável que nasce o problema da nulidade por falta de forma. Deve por isso, procurar resolver-se o problema recorrendo a um negócio cujas regras de forma sejam menos exigentes.

O negócio mais próximo da procuração naturalmente irrevogável, e que não está vinculado às regras de forma desta, é a procuração convencionalmente irrevogável.

A procuração convencionalmente irrevogável tem como elemento caraterístico a existência de um elemento de irrevogabilidade. No entanto, essa irrevogabilidade é diferente da irrevogabilidade da procuração naturalmente irrevogável.

Como vimos, nas procurações naturalmente irrevogáveis a irrevogabilidade nasce dos interesses em jogo emergentes da relação subjacente. Nestes casos, a revogação da procuração é ineficaz. Nas procurações convencionalmente irrevogáveis, a irrevogabilidade resulta de simples convenção. Nestas não há um interesse relevante do procurador ou do terceiro emergente da relação subjacente que fundamente a irrevogabilidade. Como tal, a procuração é livremente revogável. Uma vez que a procuração convencionalmente irrevogável não é outorgada tendo em consideração o interesse do procurador, nem de terceiro, mas antes no exclusivo interesse do *dominus*, as regras de forma aplicáveis à procuração não poderão ser as do art. 116º, nº 2 do Código do Notariado. Esta disposição prevê apenas casos de procurações outorgadas tendo em consideração o interesse do procurador ou de terceiro. Apenas a estes casos é que se aplicam as exigências de forma nela prescritas. Sendo a procuração convencionalmente irrevogável outorgada no exclusivo interesse do *dominus*, seguirá as regras gerais de forma que resultam do art. 262º, nº 2, do Código Civil.

Vimos, no entanto, que a procuração convencionalmente irrevogável pouco ou nada traz de diferente em relação à conversão numa procuração típica, pelo que a opção entre uma ou outra será virtualmente indiferente. Mesmo nos casos em que não resulte expressamente da relação subjacente que o *dominus* não pode revogar a procuração, tendo em conta os interesses do procurador, ou do terceiro, a revogação implicaria sempre uma violação da regra do art. 762º, nº 2, do Código Civil. Haveria também consequentemente lugar a eventual responsabilidade civil

Outra questão que se pode levantar, no que respeita à conversão de uma procuração naturalmente irrevogável nula por falta de forma numa procuração convencionalmente irrevogável, é a de aferir da possibilidade de conversão, face ao "fim prosseguido pelas partes".

Na procuração naturalmente irrevogável pretendeu-se atribuir poderes representativos a alguém de forma irrevogável. No entanto, as razões por que se pretendeu fazê-lo não são desprovidas de efeitos jurídicos. Aliás, só se compreende verdadeiramente a irrevogabilidade natural se se atentar nessas razões.

Quanto à atribuição de poderes de representação, ambas, – procuração convencionalmente irrevogável e procuração típica – satisfazem totalmente os "fins prosseguidos pelas partes". A diferença – e o problema – surge no que respeita à irrevogabilidade. No caso da procuração naturalmente irrevogável, não é, em regra, possível ao *dominus* revogar unilateralmente a procuração de modo eficaz. Contrariamente, tanto na procuração convencionalmente irrevogável, como na procuração típica, o *dominus* pode revogar eficazmente a procuração.

Tratando-se de uma procuração convencionalmente irrevogável, há ainda algo de irrevogabilidade que protege, de certo modo, a manutenção dos poderes de representação e "os fins prosseguidos pelas partes". Protege-os até ao nível da responsabilidade civil contratual. O que, embora não seja um nível de tutela tão forte quanto a que existe na procuração naturalmente irrevogável é, ainda assim, uma tutela relevante e, em grande número de casos, eficaz. No caso da procuração típica, nada existe de irrevogabilidade.

Se, no caso concreto, a irrevogabilidade convencional for suficiente para a tutela dos interesses que relevaram na outorga da procuração, então será possível converter a procuração naturalmente irrevogável nula por falta de forma numa procuração convencionalmente irrevogável. Deste modo consegue-se salvaguardar a existência de poderes de representação e um certo nível de irrevogabilidade.

Ao converter uma procuração naturalmente irrevogável nula por falta de forma numa procuração convencionalmente irrevogável, poder-se-á estar, também, a agir sobre o negócio que constitui a relação subjacente, convertendo-o também em algo de diferente.

Se as especificidades do caso concreto implicarem que é essencial para "o fim prosseguido pelas partes" que o *dominus* não possa impedir o procurador de celebrar o negócio para o qual a procuração foi outorgada, então não será possível converter a procuração naturalmente irrevogável nula por falta de forma numa procuração convencionalmente irrevogável nem numa procuração típica. Só assim se respeitará a parte final do art. 293º do Código Civil, pois não é possível converter um negócio noutro negócio que as partes nunca teriam querido por não satisfazer minimamente o fim prosseguido.

4. Impossibilidade de conversão da procuração

Apesar de, em alguns casos, se poder converter a procuração naturalmente irrevogável nula por falta de forma, aproveitando-se assim o que se puder do negócio jurídico celebrado, nem sempre será possível proceder a essa operação.

A conversão da procuração naturalmente irrevogável nula por falta de forma pode ser impedida por uma diversidade de causas. Tal sucederá, por exemplo, no caso de o único negócio em que seria possível converter a procuração de modo eficaz ter exigências de forma que não sejam cumpridas pela procuração nula. Se, por exemplo, a procuração naturalmente irrevogável for nula porque foi outorgada verbalmente e através dela se outorguem poderes para celebrar uma compra e venda de um imóvel, não será possível converter noutro negócio sobre o imóvel, pois careceria sempre, pelo menos, de forma escrita. Neste caso, não se poderia proceder à conversão, uma vez que o art. 293º do Código Civil exige que o "primeiro" negócio contenha os requisitos essenciais de forma do "segundo" negócio. Assim, não sendo possível a conversão da procuração naturalmente irrevogável nula por falta de forma, esta manter-se-ia nula.

Outro dos casos em que se verifica a impossibilidade da conversão da procuração naturalmente irrevogável nula por falta de forma é de o "fim prosseguido pelas partes" não permitir supor que elas teriam querido o "segundo" negócio se tivessem previsto a invalidade. Trata-se dos casos em que resulte do fim prosseguido que as partes apenas queriam celebrar uma procuração naturalmente irrevogável e não aceitariam celebrar um negócio de conteúdo diferente. Nos casos em que resulte do fim prosseguido que apenas a procuração naturalmente irrevogável é eficiente para atingir esse fim, então não será possível proceder à conversão da procuração naturalmente irrevogável nula por falta de forma.[742]

Como refere CARVALHO FERNANDES,[743] na conversão pretende-se aproveitar a vontade funcional das partes, em regra dirigida a determinados efeitos socio-económicos, a determinados efeitos práticos. Com a conversão, recorre-se a outro instrumento jurídico para atingir efeitos socio-económicos aceitáveis pelas partes. No entanto, se as partes dirigiram *"a sua vontade a efeitos específicos"* e "elegeram um determinado meio jurídico como instrumento qualificado de realização do seu intento", se "só esse meio permite atingir uma composição de interesses para eles satisfatória, atento o fim visado", não será possível proceder à conversão, pois a vontade funcional não é dirigida a determinados efeitos socio-económicos. É dirigida a efeitos jurídicos e permite apenas esses efeitos jurídicos. Nestes casos, não será possível converter a procuração naturalmente irrevogável nula por falta de forma num outro negócio, pois a vontade funcional é exclusivamente dirigida à procuração naturalmente irrevogável.

4.1. Nulidade da procuração

De acordo com o regime geral da nulidade, resultante dos arts. 285º e seguintes do Código Civil, a declaração de nulidade do negócio jurídico tem efeitos retroativos, devendo ser restituído tudo o que tiver sido prestado. "Tudo se deve passar como se o ato não existisse".[744]

No caso da procuração naturalmente irrevogável declarada nula, o dever de restituição do que houver sido prestado tem uma aplicação muito limitada. Na procuração naturalmente irrevogável nada é prestado, uma vez que a procuração não é um negócio de prestação de facto nem de presta-

---

[742] CARVALHO FERNANDES, *A conversão*, cit., pág. 526.
[743] CARVALHO FERNANDES, *A conversão*, cit., págs. 515 a 529, especialmente pág. 526.
[744] CARVALHO FERNANDES, *Teoria Geral*, cit., Vol. II, pág. 475.

ção de coisa. O negócio que constitui a relação subjacente poderá ser um negócio desse tipo, mas a procuração não o é. A procuração, naturalmente irrevogável ou não, apenas atribui poderes de representação. Não há transmissão de coisas nem de direitos que resultem diretamente dela. Apenas há a constituição, na esfera jurídica do procurador, de poderes de representação em relação ao *dominus*. A única transferência que sucede é a entrega pelo *dominus* ao procurador do instrumento de representação, do suporte físico da procuração, se este existir. Segundo o art. 267º do Código Civil, o dever do procurador de restituir o documento de onde constam os seus poderes verifica-se apenas no caso de caducidade da procuração. Parece, no entanto, que esta regra deve ser estendida a todos os casos de ineficácia superveniente definitiva da procuração, independentemente da sua causa.

O principal efeito da declaração de nulidade da procuração naturalmente irrevogável é a destruição retroativa da outorga dos poderes de representação. Tudo se passa como se não tivessem sido outorgados poderes de representação ao procurador pelo *dominus*. Esta consequência da declaração de nulidade da procuração naturalmente irrevogável terá efeitos não só no que respeita à procuração, mas também no que respeita ao negócio a realizar e ao negócio que constitui a relação subjacente.

Assim, embora a principal consequência da declaração de nulidade da procuração naturalmente irrevogável seja a destruição *ab initio* do poder de representação, também podem resultar consequências a outros níveis.

4.2. Efeitos quanto ao negócio a realizar

As consequências da declaração de nulidade da procuração naturalmente irrevogável não afetam apenas a procuração. Embora o vício se verifique apenas na procuração naturalmente irrevogável, a declaração de nulidade deste negócio vai implicar consequências no negócio a realizar através da procuração.

Como vimos, a declaração de nulidade da procuração naturalmente irrevogável implica a extinção dos poderes representativos, com efeito retroativo. Cumulativamente, recai sobre o procurador o dever de devolver o instrumento de representação. A partir desse momento, o procurador não só não terá poderes de representação,[745] como já não deverá ter um documento do qual constem esses poderes.

---

[745] Em bom rigor, o procurador nunca teve poderes de representação.

Assim, sendo declarada nula a procuração naturalmente irrevogável, não será possível celebrar um negócio em representação de outrem com base na procuração.

Como se viu já, o problema surge quando, à data da declaração de nulidade da procuração naturalmente irrevogável, já foi celebrado um negócio jurídico com base na procuração nula. Nestes casos, uma vez que a declaração de nulidade extingue, com efeitos retroativos os poderes de representação, não há poderes de representação. Deste modo, não havendo poderes de representação, o negócio celebrado deverá considerar-se como celebrado em representação sem poderes, nos termos do art. 268º do Código Civil. O mesmo sucederá se, após a declaração de nulidade da procuração naturalmente irrevogável, for celebrado um negócio jurídico com base na procuração nula.

Assim, as consequências da nulidade da procuração naturalmente irrevogável atingem o negócio a realizar, ou já realizado, que nos termos do art. 268º, nº 1, do Código Civil, será ineficaz em relação ao *dominus*.

O regime da representação sem poderes pode suscitar um outro problema. Se o negócio for realizado com base na procuração nula com um terceiro de boa fé, este não será protegido.[746] Poder-se-ia defender que a proteção deste implicaria necessariamente a desproteção do *dominus* e que a lei tinha optado pela proteção deste último. No entanto há casos em que essa opção se não justifica. A nulidade da procuração naturalmente irrevogável por falta de forma só pode ser imputada ao *dominus*. Uma vez que este é a única parte no negócio, o único agente, a ele compete em exclusivo obedecer às regras legais relativas à forma da procuração.

O não cumprimento das regras de forma pode suceder inadvertidamente ou propositadamente. No caso de a violação ser propositada não faz sentido que o *dominus* possa mais tarde invocar essa nulidade contra o terceiro de boa fé. Se o *dominus* não cumpre as regras de forma propositadamente, para mais tarde poder invocar a ineficácia do negócio, age em abuso de direito, na modalidade de *venire contra factum proprium*, não devendo ser admitida a invocação da nulidade da procuração. O seu comportamento, embora formalmente admissível, é materialmente contradi-

---

[746] O preceito do art. 266º do Código Civil não é aplicável a este caso, uma vez que só se justifica o seu regime quando a modificação ou a extinção da procuração seja superveniente e se traduza em algo de novo. Ora, a nulidade é originária, afetando o negócio desde o início.

tório com os valores da ordem jurídica, sendo por isso substancialmente inadmissível. Trata-se de um caso de inalegabilidade formal.[747]

Obtém-se deste modo a tutela da confiança do terceiro de boa fé na procuração naturalmente irrevogável nula por falta de forma, impedindo a utilização abusiva das regras de forma pelo *dominus* para evitar a vinculação ao negócio celebrado.

4.3. Efeitos quanto à relação subjacente

A impossibilidade de conversão da procuração naturalmente irrevogável declarada nula pode, também, ter consequências sobre o negócio que constitui a relação subjacente.

A questão prende-se com as ligações existentes entre a procuração naturalmente irrevogável e a relação subjacente. Dependendo do tipo de relação existente, a nulidade da procuração naturalmente irrevogável poderá influenciar a subsistência da relação subjacente.

A procuração naturalmente irrevogável tem sempre uma relação subjacente. A procuração típica pode ser outorgada sem que exista uma relação subjacente para o caso de esta vir a ser constituída, ou por se ter outorgado a procuração antes da celebração do negócio que constitui a relação subjacente, ou por a procuração se ter mantido em vigor após a cessação desse negócio. Mas a procuração naturalmente irrevogável exige necessariamente uma relação subjacente, pois é dessa que resultam os interesses que justificam a sua irrevogabilidade natural. Sem relação subjacente a procuração não é naturalmente irrevogável.

Uma vez que os negócios que podem constituir a relação subjacente são extremamente variados, a análise será efetuada em abstrato, com base na combinação entre a procuração naturalmente irrevogável e a relação subjacente independentemente do negócio, ou negócios, que constituam esta.

A relação subjacente e a procuração naturalmente irrevogável podem encontrar-se numa situação de união de negócios. Enquanto tal, ambos os instrumentos mantêm a sua autonomia, existindo dois negócios jurídicos.

---

[747] Sobre o assunto, MENEZES CORDEIRO, *Da Boa Fé no Direito Civil*, Almedina, Coimbra, 1997, § 29, págs. 771 a 796 e *Tratado*, cit., págs. 255 a 258. Não obstante algumas cautelas recomendadas pela Doutrina, a Jurisprudência, "remando contra a corrente" (pág. 257), admite-a com alguma frequência.

Vimos já que, em regra, a cessação da relação subjacente implica a extinção da procuração naturalmente irrevogável. A união entre a relação subjacente e a procuração naturalmente irrevogável é, por essa razão, uma união interna.[748] A dificuldade está em saber se a dependência é meramente unilateral ou se é bilateral.

Da lei não resulta nenhuma regra sobre a dependência da relação subjacente face à procuração naturalmente irrevogável. Essa dependência, a existir, terá origem na própria relação subjacente, resultando diretamente do seu conteúdo, ou resultando naturalmente desse negócio.

No primeiro caso, resulta do negócio que constitui a relação subjacente que a cessação, ou a ineficácia superveniente, da procuração naturalmente irrevogável determina a extinção do próprio negócio. As partes na relação subjacente podem entender que a procuração naturalmente irrevogável é essencial para o negócio que irão celebrar, acordando em que a vigência desse negócio dependa da vigência da procuração naturalmente irrevogável.

O segundo caso é mais complexo, uma vez que as partes na relação subjacente não acordaram na extinção desse negócio em caso de cessação de vigência da procuração naturalmente irrevogável, ou da sua ineficácia superveniente. Para aferir da extinção da relação subjacente, será necessário proceder à análise do negócio em todo o seu âmbito, incluindo os interesses em jogo, os fins das partes, as circunstâncias do negócio e todos os elementos que se mostrem relevantes.

Em regra, a relação subjacente cessará se a procuração naturalmente irrevogável se mostrar essencial ao seu funcionamento. Se, por exemplo, a procuração naturalmente irrevogável for o único instrumento de execução do negócio que constitui a relação subjacente, este não poderá vigorar sem ela, caducando com a sua cessação. Mas não é necessário que a procuração naturalmente irrevogável seja o único instrumento de execução da relação subjacente, para que esta seja afetada pela nulidade daquela. O interessado na procuração naturalmente irrevogável, enquanto parte na relação subjacente, tem também um interesse nesta. A relação subjacente é útil para atingir um fim próprio dessa parte. A relação subjacente caducará se, sem a procuração naturalmente irrevogável, deixar de apre-

---

[748] PAIS DE VASCONCELOS, *Contratos Atípicos*, cit., pág. 215 a 222; MENEZES LEITÃO, *Direito das Obrigações*, cit., Vol. I, págs. 188 e 189.

sentar uma utilidade para atingir esse fim. Se puser em causa o interesse dessa parte. Se, por exemplo, o fim da parte for o de obter a propriedade de determinado bem em determinado prazo, tendo celebrado um contrato promessa de compra e venda desse bem e tendo-lhe sido outorgada uma procuração naturalmente irrevogável para a celebração do contrato definitivo, a nulidade desta poderá inviabilizar o fim em causa. O recurso à execução específica do contrato promessa poderá inviabilizar a aquisição do bem em tempo útil. Neste caso, a nulidade da procuração naturalmente irrevogável implicaria a cessação da relação subjacente.

No entanto, este caso não será o mais frequente, uma vez que, normalmente, extinguindo-se a procuração naturalmente irrevogável, mantém-se o interesse no negócio que constitui a relação subjacente. O interesse do procurador ou do terceiro na relação subjacente resulta, em regra, de um direito deste exercível mesmo contra o *dominus*. A procuração naturalmente irrevogável é outorgada para o exercício desse direito. Se essa procuração for nula por falta de forma, nem por isso cessa o referido direito. Em regra, nestes casos, consta do negócio que constitui a relação subjacente que o procurador, ou o terceiro, têm direito a que o *dominus* outorgue a procuração, direito este que também se não extingue com a nulidade da procuração, mantendo-se esse dever na esfera jurídica do *dominus*. Uma vez que, na relação subjacente, o *dominus* promete outorgar a procuração naturalmente irrevogável, será possível, embora de eficácia prática duvidosa, recorrer à execução específica dessa promessa.

Poderá também suceder que a procuração naturalmente irrevogável seja o instrumento de execução de mais uma garantia do negócio ou um dos vários meios possíveis de obter o cumprimento do negócio. Faltando a procuração naturalmente irrevogável, mantêm-se as restantes garantias especificamente previstas no negócio que constitui a relação subjacente ou os outros meios para obter o cumprimento. Assim, a procuração naturalmente irrevogável não surgirá como algo de indispensável à manutenção do negócio que constitui a relação subjacente, embora seja coadjuvante.

Nestes casos, a declaração de nulidade da procuração naturalmente irrevogável não afeta a subsistência da relação subjacente, sendo a dependência meramente unilateral da procuração naturalmente irrevogável face à relação subjacente.

O complexo negocial formado pela procuração naturalmente irrevogável e o negócio jurídico subjacente pode ser construído como um único negócio. Tratar-se-ia então de um negócio misto e não de uma união de negócios, surgindo a procuração naturalmente irrevogável como uma parcela do negócio. Trata-se de um negócio misto de tipo múltiplo, em que ao núcleo do negócio é acrescentado um tipo negocial – a procuração naturalmente irrevogável – que o não modifica, limitando-se a acrescentar a outorga do poder de representação. O negócio amalgama "na unidade contratual dois ou mais tipos de referência".[749] A forma que este negócio deve seguir deverá respeitar a forma legalmente exigida para todos os tipos de referência que compõem o negócio.[750] Deve por isso respeitar o art. 116º, nº 2, do Código do Notariado, sob pena de nulidade. Deverá ainda respeitar a forma legal exigida para o restante conteúdo do negócio. Assim, a forma global do negócio deve corresponder à forma mais solene exigida por lei para os tipos de referência.[751] A violação das regras de forma poderá, por isso, determinar a nulidade total ou parcial do negócio. Para o presente estudo interessa-nos apenas, no entanto, o caso em que só as regras de forma respeitantes à procuração naturalmente irrevogável não tenham sido respeitadas. Prosseguiremos a análise limitada a este caso.

Verificando-se que o negócio jurídico não respeita, na sua globalidade, a forma exigida no art. 116º, nº 2, do Código do Notariado, este será parcialmente nulo. Importa tentar salvar o negócio que, em consequência dessa nulidade de um dos tipos que o integram, será considerado na totalidade como nulo. A primeira questão consiste em saber se a salvaguarda do negócio deverá ser feita pela redução ou pela conversão do mesmo.

A redução e a conversão não são reciprocamente excluíveis. Segundo CARVALHO FERNANDES[752] o "diferente modo de atuação da redução e da conversão, que é próprio de cada um desses institutos, faz com que seja perfeitamente admissível que ambos atuem simultaneamente quanto a um mesmo negócio "parcialmente" inválido"; "de admitir é também que a redução e a conversão operem *sucessivamente*". É por isso necessário analisar a possibilidade de reduzir e de converter o negócio jurídico em causa.

---

[749] PAIS DE VASCONCELOS, *Contratos Atípicos*, cit., pág. 473.
[750] PAIS DE VASCONCELOS, *Contratos Atípicos*, cit., pág. 473.
[751] Não parece ser aqui de aplicar o preceito do art. 221º do Código Civil, uma vez que a procuração não pode ser considerada como uma estipulação acessória anterior, contemporânea, ou posterior ao negócio. Todavia, se assim for entendido, será quebrado o regime de unidade de forma.
[752] CARVALHO FERNANDES, *A conversão*, cit., pág. 579.

Começando pela redução, esta parece não ser de admitir. O negócio jurídico em causa é um negócio misto de tipo múltiplo. Estes negócios são normalmente indivisíveis, razão pela qual não são compatíveis com o regime da redução.[753]

No entanto, a inadmissibilidade da redução qualitativa do negócio em causa, em virtude da nulidade da procuração naturalmente irrevogável, não resulta meramente da sua qualificação como negócio misto. Importa relembrar que a necessidade de tentar aproveitar o negócio jurídico em causa resulta da nulidade da procuração naturalmente irrevogável. Por essa razão, surge logicamente após a tentativa gorada de conversão desta, em que não foi possível converter a procuração naturalmente irrevogável numa procuração típica ou numa procuração convencionalmente irrevogável. A impossibilidade de conversão é devida a ser essencial, à relação subjacente, que a procuração seja irrevogável.

Se o negócio não pode vigorar com uma procuração típica, ou com uma procuração convencionalmente irrevogável, muito menos poderá vigorar sem qualquer procuração. Por esta razão, não é possível proceder à redução do negócio jurídico misto, constituído por procuração naturalmente irrevogável e relação subjacente, através da manutenção da vigência do negócio sem a procuração naturalmente irrevogável.

A conversão, no entanto, será possível. As possibilidades de alteração do negócio jurídico através da conversão permitem uma maior flexibilidade do negócio, o que facilita o respeito pelo fim das partes. Embora a procuração naturalmente irrevogável seja fundamental no negócio jurídico em causa, "pode, contudo, acontecer que o impulso negocial das partes não seja de todo inaproveitável".[754] É possível conceber que, através de um negócio diferente – quer quanto ao tipo negocial quer quanto ao conteúdo –, se consiga realizar os fins das partes. Tudo dependerá de quais os interesses das partes e da aptidão de outro negócio para os atingir sem necessidade de recurso a uma procuração. O "segundo" negócio terá uma estrutura muito diferente do "primeiro", uma vez que não recorrerá à outorga de uma procuração. Mas isso não significa que não seja possível atingir os mesmos fins através de outro meio, de outro negócio jurídico, que não tenha as mesmas exigências de forma da procuração naturalmente irrevogável.

---

[753] PAIS DE VASCONCELOS, *Contratos Atípicos*, cit., pág. 459.
[754] CARVALHO FERNANDES, *A conversão*, cit., pág. 577.

Será, por isso, possível proceder à conversão do contrato misto formado pela relação subjacente e procuração, num negócio diferente, se as exigências formais e substanciais e a vontade funcional das partes o permitirem.[755]

---

[755] CARVALHO FERNANDES, *A Conversão*, cit., págs. 522 a 529.

XII
Prestação de contas *versus* prestação de informações

Um dos problemas que pode surgir em matéria de procuração irrevogável é o da chamada "prestação de contas". O problema consiste, em suma, em saber se o procurador que beneficie de uma procuração irrevogável está vinculado a prestar contas ao *dominus*.

Esta questão divide-se em duas, que devem ser analisadas sequencialmente. Antes de mais, é necessário saber o que se deve entender por "prestar contas". Em segundo lugar, importa aferir se incide sobre o procurador alguma vinculação desta natureza, ou de natureza próxima.

Relacionada com este problema, encontra-se a questão da prestação de informações, que será também analisada seguidamente.

1. Obrigação de prestação de contas

Surgem com alguma frequência, litígios judiciais nos quais se discute uma eventual obrigação de prestação de contas de um procurador. Assim sucedeu, por exemplo nos Acórdãos do Supremo Tribunal de Justiça, de 13 de novembro de 2003,[756] de 5 de julho de 2007,[757] de 16 de abril de 2009[758] e

---

[756] Acórdão do Supremo Tribunal de Justiça de 13 de novembro de 2003, processo nº 03B2826, de que foi relator o Senhor Conselheiro Santos Bernardino, *in* www.dgsi.pt.

[757] Acórdão do Supremo Tribunal de Justiça de 5 de julho de 2007, processo nº 07A1465, de que foi relator o Senhor Conselheiro João Camilo, *in* www.dgsi.pt.

[758] Acórdão do Supremo Tribunal de Justiça de 16 de abril de 2009, processo nº 77/07.8TBC-TBCTB.C1.S1, de que foi relatora a Senhora Conselheira Maria dos Prazeres Beleza, *in* www.dgsi.pt.

de 30 de janeiro de 2013.⁷⁵⁹ A matéria apresenta o maior interesse, muito particularmente quando se trate de uma procuração irrevogável. Além do inegável interesse desta questão, ela é mais ampla e complexa do que aparenta.

Um procurador – enquanto tal – nunca está obrigado a prestar contas. Esta obrigação, quando existe, decorre da relação subjacente, mas nunca da procuração, que não é um negócio obrigacional.⁷⁶⁰ Importa, no entanto, apreciar devidamente esta questão, de modo a determinar a correta relação entre a procuração e a obrigação de prestação de contas.

I. O primeiro problema relativo à obrigação de prestação de contas por procuradores é, antes de mais, terminológico. Existe efetivamente, no nosso ordenamento, uma obrigação de prestação de contas, existindo mesmo uma ação judicial especial de prestação de contas.⁷⁶¹ No entanto, estas duas figuras não têm aplicação aos procuradores. Os procuradores não administram; os procuradores representam.

---

⁷⁵⁹ Acórdão do Supremo Tribunal de Justiça de 30 de janeiro de 2013, processo nº 1705/08.3TBVNO.C1.S1, de que foi relator o Senhor Conselheiro SALAZAR CASANOVA, *in* www.dgsi.pt.

⁷⁶⁰ No mesmo sentido Acórdão do Supremo Tribunal de Justiça de 5 de julho de 2007, processo nº 07A1465, de que foi relator o Senhor Conselheiro JOÃO CAMILO, *in* www.dgsi.pt., no qual se pode ler: "No entanto, quer o negócio unilateral de procuração tenha como substrato o referido contrato de mandato ou qualquer outro negócio ou ato jurídico, a consequência jurídica é sempre a mesma, da inexistência da obrigação de prestar as contas." O mesmo é afirmado no Acórdão do Supremo Tribunal de Justiça de 16 de abril de 2009, processo nº 77/07.8TBCTBCTB.C1.S1, de que foi relatora a Senhora Conselheira MARIA DOS PRAZERES BELEZA, *in* www.dgsi.pt, no qual se pode ler: "2. É porque o mandatário se obriga a praticar atos jurídicos por conta de outrem que a lei lhe impõe que preste contas, se a execução do mandato tiver repercussões patrimoniais entre as partes. 4. Da procuração em si mesma não resulta nenhuma obrigação de prestar contas.". Em sentido contrário, o Acórdão do Supremo Tribunal de Justiça de 30 de janeiro de 2013, processo nº 1705/08.3TBVNO.C1.S1, de que foi relator o Senhor Conselheiro SALAZAR CASANOVA, *in* www.dgsi.pt, no qual se pode ler: "A procuração não impõe a obrigação de celebrar atos jurídicos por conta de outrem, confere o poder de os celebrar em nome de outrem e, por conseguinte, a obrigação de prestação de contas apenas advém para o procurador quando pratica atos de administração ao abrigo da procuração que lhe foi conferida (art. 1014º do CPC)"; pode ainda ler-se que "A obrigação de a ré prestar contas resultou da outorga da procuração e dos atos de administração realizados ao abrigo dessa procuração.".

⁷⁶¹ Regulada nos arts. 941º a 947º do Código de Processo Civil.

Claro está que, dependendo da relação subjacente, a pessoa do procurador pode administrar interesses alheios. Contudo, nesta situação, a administração é exercida com base no regulamento jurídico que resulta do negócio que constitui a relação subjacente. Assim, a pessoa do procurador pode ser também administrador. Enquanto administrador, poderá estar vinculado à obrigação de prestar contas, mas não enquanto procurador.

O problema prático decorre do facto de, por vezes, se usar a expressão "prestação de contas" com um significado muito mais amplo do que o típico, normalmente abrangendo uma verdadeira prestação de informações,[762] mais do que uma prestação de contas. Este problema resulta de se entender – sem razão – que existe um princípio que "tem lugar todas as vezes que alguém trate de negócios alheios ou de negócios, ao mesmo tempo, alheios e próprios".[763] Existe um princípio que obriga à prestação de contas as pessoas incumbidas de tratar de negócios alheios, mas o conteúdo deste princípio não é tão amplo como o referido.

A obrigação de prestação de contas consiste numa vinculação de um sujeito, perante outro, de demonstrar as receitas e despesas havidas com determinada atividade, de modo a ser possível apurar um saldo, que será pago a favor de quem se apurar credor.[764] É nisto, e em nada mais do que isto que, no Direito Civil, tipicamente consiste a obrigação de prestação de contas. Como tal, o princípio apenas se verifica se a administração efetuada envolver despesas e receitas.[765] Quando uma pessoa trata do negócio

---

[762] Como sucedeu no Acórdão do Supremo Tribunal de Justiça de 9 de fevereiro de 2006, processo nº 05B4061, de que foi relator o Senhor Conselheiro Araújo de Barros, in www.dgsi.pt.

[763] Vaz Serra, Obrigação de Prestação de Contas e Outras Obrigações de Informação, in BMJ nº 79, cit: "Prestação de Contas", pág. 150.

[764] Neste sentido, o Acórdão do Supremo Tribunal de Justiça de 12 de janeiro de 2012, processo nº 357/06.0TBCMN, de que foi relator o Senhor Conselheiro João Trindade, in www.dgsi.pt, o Acórdão do Supremo Tribunal de Justiça de 16 de junho de 2011, processo nº 3717/05.0TVLSB.L1, de que foi relator o Senhor Conselheiro Tavares de Paiva, in www.dgsi.pt., o Acórdão do Supremo Tribunal de Justiça de 9 de fevereiro de 2006, processo nº 05B4061, de que foi relator o Senhor Conselheiro Araújo de Barros, in www.dgsi.pt, o Acórdão do Supremo Tribunal de Justiça de 23 de abril de 2002, processo nº 02A916, de que foi relator o Senhor Conselheiro Lopes Pinto, in www.dgsi.pt e o Acórdão do Tribunal da Relação de Lisboa de 17 de fevereiro de 2005, processo nº 289/20056, de que foi relatora a Senhora Desembargadora Fátima Galante, in www.dgsi.pt.

[765] Como, por exemplo, sucede no caso decidido pelo Acórdão do Tribunal da Relação de Lisboa de 27 de fevereiro de 2014, processo nº 30066/11.1T2SNT.L12, de que foi relatora a

de outra, mas sem que tal envolva despesas e receitas, nenhum sentido há em afirmar que vigora uma obrigação de prestação de contas.[766] Por outro lado, o princípio deve ser temperado pela identificação do interesse no qual se age. Se uma pessoa tratar de negócios alheios, mas no seu exclusivo interesse, de tal modo que os proveitos ou prejuízos resultantes desses negócios fiquem para si próprio, não há lugar à obrigação de prestação de contas ao dono do negócio (que não é dono do interesse). Por outro lado, se uma pessoa tratar de negócios alheios, mas no interesse de um terceiro, poderá existir uma obrigação de prestar contas, mas perante o terceiro e não perante o dono do negócio.

De certo modo, o que sucede com a afirmação de VAZ SERRA acima transcrita, é que este Autor trabalhou apenas o caso típico, no qual uma pessoa trata de negócio alheio que envolva o interesse do dono do negócio. Sucede, no entanto, que por vezes uma pessoa trata de negócios alheios, mas no seu próprio interesse, no interesse de terceiros, ou com combinações diversas de interesse. Assim, o princípio referido deve ser corrigido, sendo apenas de aplicar:

- Se o negócio tratado envolver despesas e receitas.
- Sendo as contas prestadas perante o titular do interesse subjacente ao negócio e não necessariamente perante o titular do negócio.

Porquanto, prestadas as contas, poderá haver lugar ao pagamento de uma determinada quantia, entre a pessoa que tratou do negócio e o titular do interesse subjacente ao negócio tratado, podendo ser paga por um ao

---

Senhora Desembargadora ONDINA CARMO ALVES, *in* www.dgsi.pt, no qual estava em litígio a responsabilidade pelo eventual pagamento das mais-valias geradas pela venda do imóvel pelo procurador irrevogável, que haviam sido cobrados pela Autoridade Tributária ao *dominus*. No entanto, neste caso, a eventual obrigação resulta da relação subjacente e não da procuração.

[766] No mesmo sentido, o Acórdão do Supremo Tribunal de Justiça de 13 de novembro de 2003, processo nº 03B2826, de que foi relator o Senhor Conselheiro SANTOS BERNARDINO, *in* www.dgsi.pt, no qual se pode ler: "O mandatário é obrigado a prestar contas, findo o mandato ou quando o mandante as exigir. Tal obrigação tem apenas como pressuposto que os atos jurídicos objeto do mandato tenham reflexos patrimoniais nas relações entre mandante e mandatário.". Também no Acórdão do Supremo Tribunal de Justiça de 9 de fevereiro de 2006, processo nº 05B4061, de que foi relator o Senhor Conselheiro ARAÚJO DE BARROS, *in* www.dgsi.pt, se pode ler "a prestação de contas só tem interesse para o requerente (mandante) quando haja, em relação às partes, créditos e débitos recíprocos, não sendo de aplicar este processo quando do ato não tenha tido, nas relações entre mandatário e mandante, reflexos patrimoniais."

outro, ou vice-versa, conforme o saldo apurado. Claro está que, havendo vários titulares do interesse gerido, poderá esta parte ser plurisubjetiva, tal como sucederá no caso de serem várias pessoas a tratar do negócio.

Como podemos concluir, a obrigação de prestação de contas tem natureza obrigacional.[767] Ou seja, consiste numa obrigação: um vínculo jurídico por virtude do qual uma pessoa fica adstrita para com outra à realização de uma prestação (art. 397º do Código Civil). Obrigação esta que consiste, não só na apresentação das receitas e despesas, mas também no pagamento do montante necessário para levar o saldo final a zero.

A natureza obrigacional desta vinculação exclui-a do regime da procuração. As procurações não são – nunca – negócios obrigacionais. Uma procuração nunca é fonte de obrigações. É, antes, fonte de um poder potestativo: o poder de representação. O procurador – mesmo no caso de procuração irrevogável – não fica obrigado a nada em resultado da procuração. Aliás, o procurador não só não fica obrigado a nada, como não fica titular de qualquer situação jurídica passiva. Fica "apenas" titular de um poder potestativo de representação que, em alguns casos, será irrevogável. Mas que, mesmo nos casos em que seja revogável, continua a ser uma situação jurídica ativa, embora revogável. Assim, nos casos de procuração irrevogável, o procurador é titular de um verdadeiro poder potestativo de representação, oponível ao próprio *dominus*, enquanto nos casos de procuração revogável, o procurador é titular de um poder potestativo, mas que cede quando em confronto com o *dominus*.

A razão de ser deste regime está, como já se referiu, intimamente ligada com a natureza unilateral da procuração. Não seria possível que o *dominus*, por sua vontade unilateral, pudesse obrigar o procurador a prestar contas. Ou seja, a apresentar as despesas e receitas e, depois, a pagar o saldo negativo (ou receber o saldo positivo). Para se poder obrigar o procurador deste modo, seria necessária a sua vontade na celebração da procuração. Ou seja, seria necessário que a procuração fosse um contrato, e não um negócio unilateral. Assim, sendo a procuração um negócio unilateral, que se torna perfeito sem a vontade do procurador, não pode este ficar obrigado a nada, nem mesmo a prestar contas.

Do mesmo modo, a ação judicial de prestação de contas tem por objeto "o apuramento e aprovação das receitas obtidas e das despesas realizadas

---

[767] Vaz Serra, *Prestação de Contas*, pág. 149.

por quem administra bens alheios e a eventual condenação no pagamento do saldo que venha a apurar-se" – art. 941º do Código de Processo Civil.

Por esta razão, só existe obrigação de prestar contas quando uma pessoa tenha "obtido receitas ou realizado despesas ou tenham ocorrido ambas as situações, visto que o processo especial da prestação de contas visa exatamente o apuramento de umas e outras e a determinação do eventual saldo resultante".[768]

II. A obrigação de prestação de contas do procurador não resulta da procuração, mas sim da relação subjacente. O procurador, enquanto mero procurador, nunca está sujeito a qualquer obrigação de prestação de contas.[769] No entanto, do negócio que consubstancia a relação subjacente poderá resultar para a pessoa que é procurador, uma obrigação de prestar contas. Ou seja, uma obrigação de apresentar as receitas e despesas da sua atividade, de modo a se obter um saldo, procedendo então ao pagamento do valor do saldo, se negativo, ou à obtenção desse valor, se positivo. Tudo dependerá da natureza da relação subjacente.

Algumas relações subjacentes incluem no seu regime a obrigação de prestação de contas. Assim sucede, por exemplo, no caso da gestão de negócios (art. 465º al. c) e s) do Código Civil), do mandato (art. 1161º, al. d) do Código Civil), da agência (art. 7º, al. d) do Decreto-Lei nº 178/86, de 3 de julho), da associação em participação[770] ou conta em participação.[771] Para além destes casos, podem as partes acordar na obrigação de prestação de contas em qualquer contrato que, pela natureza das coisas, implica uma atividade com receitas e despesas.

No entanto, também pela natureza das coisas,[772] não poderá existir uma obrigação de prestação de contas nos casos em que da relação subja-

---

[768] Acórdão do Supremo Tribunal de Justiça de 3 de abril de 2003, processo nº 03A073, de que foi relator o Senhor Conselheiro MOREIRA ALVES (in www.dgsi.pt).

[769] Acórdão do Supremo Tribunal de Justiça de 2 de dezembro de 2013, processo nº 468/09.0TBPFR.P1.S1, de que foi relator o Senhor Conselheiro AZEVEDO RAMOS, in www.dgsi.pt,

[770] Neste sentido, Acórdão do Supremo Tribunal de Justiça de 6 de outubro de 2011, processo nº 5365/03.0TVLSB.L1.S1, de que foi relator o Senhor Conselheiro ORLANDO AFONSO, in www.dgsi.pt.

[771] Acórdão de Fixação de Jurisprudência (Assento) do Supremo Tribunal de Justiça de 2 de fevereiro de 1988, processo nº 1378/11.6TVLSB.L1.S1, de que foi relator o Senhor Conselheiro MENÉRES PIMENTEL, in www.dgsi.pt.

[772] PAIS DE VASCONCELOS, Natureza das Coisas, cit. págs. 707 a 764.

cente não resultam receitas e despesas. Nos casos, por exemplo, em que os atos a praticar (ou praticados) em representação do *dominus* se limitem à transmissão da propriedade de um imóvel, mas em que o preço já tenha sido integralmente pago, não se gerando nem receitas, nem despesas, não há obrigação de prestar contas.

Por estas razões impõe-se concluir que um procurador – nessa qualidade – nunca está obrigado a prestar contas.

Também por estas razões, o procurador – nesta qualidade – nunca pode ser autor nem réu em ação de prestação de contas. Poderá sê-lo, mas na qualidade que resultar da relação subjacente, se esta comportar uma atividade compatível com a obrigação de prestação de contas. Mas, neste caso, será necessário alegar (e provar) os factos relativos à relação subjacente.

III. Outro problema associado a esta questão, resulta da prática, algo frequente, de incluir em procurações, especialmente procurações irrevogáveis, uma cláusula de dispensa de prestação de contas.

Sucede com alguma frequência que, em procurações com cláusula de irrevogabilidade, conste também uma cláusula de dispensa de prestação de contas. Noutros casos, sucede que a mesma cláusula esteja incluída numa procuração naturalmente irrevogável, mesmo sem que esta inclua uma cláusula expressa de irrevogabilidade.

Este é fundamentalmente um problema de interpretação, sendo que a dificuldade prende-se com a imputação da cláusula à procuração ou à relação subjacente.

III.a. Se a cláusula for verdadeiramente de isenção da obrigação de prestação de contas, mesmo que se encontre na procuração, podem suceder três casos. Ou é uma cláusula que integra o conteúdo do negócio subjacente, ou a relação subjacente e a procuração constituem um único negócio misto (sendo que a cláusula será imputável à parte deste negócio misto que constitui a relação subjacente), ou é uma cláusula inútil, o que deverá ser aferido por via de interpretação dos negócios em causa. Como o procurador nunca está – nessa qualidade – obrigado a prestar contas, a isenção desta obrigação (inexistente) é inútil. Pode, no entanto, ser útil se for dirigida à pessoa do procurador, não nessa qualidade, mas na qualidade que para ele resulte da relação subjacente.

A obrigação de prestação de contas, nos casos em que é admissível, é disponível pelas partes. No entanto, para a sua dispensa, é essencial o acordo de ambas as partes afetadas. Nem o "credor", nem o "devedor", têm só por si legitimidade para, sozinhos, dispensar a prestação de contas.

A razão torna-se patente quando se atenta no fim da prestação de contas: o pagamento do saldo. O direito de crédito ao saldo, que resulta da prestação de contas, tanto pode ser a favor de uma parte, como da outra, conforme o que resultar do apuramento de resultados. Assim, não é possível afirmar, *ab initio*, que é a pessoa que administra ou gere os interesses, que está obrigada a prestar contas. Esta pessoa está efetivamente obrigada a apresentar as receitas e as despesas.[773] Mas, qualquer um dos dois (administrador e administrado) pode ficar obrigado a pagar o saldo. Por esta razão, a obrigação de prestação de contas é uma situação jurídica complexa que, numa primeira fase, tem como devedor a pessoa que administra ou gere o interesse alheio, mas que, numa segunda fase, qualquer um dos dois pode estar obrigado a pagar o saldo ao outro.

Dito de outro modo, esta situação jurídica, tanto é uma obrigação de prestação de contas, como é um direito à prestação de contas. Com a agravante de, apenas a final, depois de apurado o saldo, se poder saber se estamos perante um direito ou uma obrigação, ou, saber quem é o credor e o devedor da prestação de contas.

Assim, a renúncia ao direito de crédito à prestação de contas, quando conste na procuração, e seja dirigida à relação subjacente, tem apenas como efeito isentar a pessoa que é procurador da obrigação de prestar contas.[774] Mas não extingue o seu direito a prestar contas. Só assim sucederá caso este aceite dispensar o *dominus* da obrigação de prestação de contas, caso o saldo lhe seja desfavorável. Pode, como tal suceder o seguinte:

- A cláusula de dispensa de prestação de contas é dirigida à procuração, sendo como tal ineficaz, pois não é logicamente possível dispensar uma obrigação que não existe.
- A cláusula de dispensa de prestação de contas, apesar de constar na procuração, é dirigida à relação subjacente. Neste caso pode ocorrer o seguinte:

---

[773] Factos que, em regra, são apenas do seu conhecimento.

[774] Por uma questão de mais simples compreensão, vamos referir-nos ao procurador e ao *dominus*, como modo de identificar as pessoas em causa, apesar de as qualidades relevantes serem as que resultam da relação subjacente e não da procuração.

- A cláusula de dispensa de prestação de contas consiste numa renúncia do *dominus* ao seu direito à prestação de contas, caso em que o procurador fica dispensado dessa obrigação, mas mantém o direito a prestar contas, de modo a obter o pagamento do eventual saldo por parte daquele.
- A cláusula de dispensa de prestação de contas é uma das declarações negociais que compõem um acordo de dispensa desta parcela de regime. Neste caso, esta cláusula apenas operará caso venha a merecer a concordância do procurador, que poderá manifestar-se expressa ou tacitamente, caso em que não haverá nunca lugar a prestação de contas e pagamento do saldo final.

Para além destes dois casos, pode ainda suceder uma hipótese na qual, numa procuração irrevogável (com ou sem cláusula de irrevogabilidade) se faz incluir uma cláusula de dispensa de prestação de contas, como modo de reforçar que o interesse subjacente à procuração já não é do *dominus*. De certo modo, através desta cláusula pretende-se significar que, tendo o *dominus* visto o seu interesse inteiramente satisfeito, sendo a procuração no interesse do procurador ou de terceiros, não faria sentido que o procurador prestasse contas ao *dominus*. Em consequência, faz-se incluir esta cláusula, que traduz um equilíbrio de poderes claramente favorável ao procurador ou, pelo menos, desfavorável ao *dominus*. De tal modo que o *dominus* não domina a execução da procuração.

Ou seja, de certo modo, a inserção desta cláusula na procuração traduz um equilíbrio de poderes que é típico de uma procuração irrevogável. De tal modo que, esta cláusula pode operar como um índice de qualificação de uma procuração como irrevogável, ou seja, como manifestação – na procuração – do conteúdo da relação subjacente, sendo possível usar esta cláusula como elemento de uma presunção judicial, que permita aferir do conteúdo da relação subjacente.[775]

No entanto, o simples facto de uma procuração ser irrevogável, nada diz sobre qualquer obrigação de prestação de contas decorrente da relação subjacente. Mesmo num caso de procuração irrevogável, tanto pode suceder que resulte da relação subjacente que não há lugar à prestação de con-

---

[775] Como sucedeu no Acórdão do Supremo Tribunal de Justiça de 22 de janeiro de 2008, processo nº 07A4255, de que foi relator o Senhor Conselheiro NUNO CAMEIRA, *in* www.dgsi.pt.

tas, como pode resultar que há lugar a esta obrigação,[776] como pode ainda suceder que exista uma obrigação de prestação de contas, mas limitada a determinadas despesas e receitas. Sendo possível que certas despesas ou receitas sejam assumidas por uma ou outra parte na relação subjacente, ficando a obrigação de prestar contas limitada às restantes despesas e receitas.

2. Dever de informação

I. Figura próxima da obrigação de prestação de contas, é o dever de informação. A proximidade entre as duas figuras é muito relevante, de tal modo que é comum afirmar-se que a obrigação de prestação de contas é uma sub-modalidade do dever de informação.[777] No entanto, existem diferenças fundamentais entre ambas.

O dever de informação (*stricto sensu*) não é uma obrigação, sendo antes um dever legal. As partes podem, se assim acordarem, criar obrigações de prestação de informação, mas, mesmo que não o façam, vigora sempre o dever legal de informação do art. 573º do Código Civil.

Malgrado a sua inserção no art. 573º do Código Civil, no Livro II, dedicado às obrigações, e apesar da letra da referida disposição, que identifica este dever como uma obrigação, a figura não tem natureza obrigacional.

Antes de mais, o dever de informação de art. 573º do Código Civil, não resulta de contrato, negócio unilateral, gestão de negócios, responsabilidade civil nem de enriquecimento sem causa. Ou seja, não resulta de uma fonte de obrigações. Resulta da Lei.

Claro está que este argumento podia ser apelidado de meramente formal. O dever não resultaria de nenhuma fonte de obrigações, mas operaria sempre em conjunção com uma fonte de obrigações. No entanto, esta afirmação não é correta. O dever de informação do art. 573º do Código Civil opera sempre que um titular de uma situação jurídica, de qualquer natureza e conteúdo, tenha "fundada dúvida acerca da sua existência ou conteúdo".

---

[776] Como sucedeu no Acórdão do Tribunal da Relação de Lisboa de 31 de outubro de 2013, processo nº 792/10.9TBPDL.L16, de que foi relatora a Senhora Desembargadora MARIA MANUELA GOMES, *in* www.dgsi.pt.
[777] Neste sentido, Acórdão do Supremo Tribunal de Justiça de 23 de abril de 2002, processo nº 02A916, de que foi relator o Senhor Conselheiro LOPES PINTO, *in* www.dgsi.pt.

Há direito à informação quando haja dúvida sobre direitos reais, pessoais, de personalidade, familiares, sucessórios e quaisquer outros. Mas o mesmo sucede com qualquer outra situação jurídica, que não um direito, quer seja ativa ou passiva, nomeadamente, sempre que uma pessoa tenha fundada dúvida sobre a existência de uma obrigação, de um ónus, de um interesse protegido, de um poder, de uma possibilidade, de uma expetativa jurídica, de um dever funcional, de uma exceção, de uma sujeição, ou de qualquer outra situação jurídica.

O que sucede com o art. 573º do Código Civil é que tem uma estrutura idêntica a uma obrigação: um vínculo jurídico, por virtude do qual uma pessoa fica adstrita para com outra à realização de uma prestação. Sucede, contudo, que a fonte deste vínculo é a Lei, e que este vínculo se verifica mesmo que não vigore entre as partes qualquer relação obrigacional, o que é caraterístico dos deveres legais. Sucede ainda, que a posição passiva correspetiva é absoluta. Ou seja, o direito que resulta do art. 573º do Código Civil pode ser exigido de qualquer pessoa que tenha a informação necessária. O direito à informação do art. 573º do Código Civil não opera nos estritos limites de uma relação jurídica, sendo exigível de qualquer pessoa. Claro está que essa pessoa terá de ter conhecimento da informação em causa. Mas, mesmo assim, qualquer pessoa do Mundo pode ser demandada para prestar informações em cumprimento do dever legal de informação do art. 573º do Código Civil. Esta figura não corresponde – manifestamente – a uma obrigação, que é necessariamente uma situação relacional. Estamos, portanto, perante um dever de informação e não perante uma obrigação de informação. Dever este que é de fonte legal, sendo autónomo relativamente a todas as fontes de obrigações, de tal modo que opera mesmo sem vontade das partes, sem responsabilidade civil, sem enriquecimento sem causa e sem gestão de negócios. Mesmo que, por exemplo, um negócio jurídico não preveja qualquer vinculação a prestar informações, verificando-se fundada dúvida, há sempre lugar ao dever de informação do art. 573º do Código Civil, que incide não só sobre a outra parte do negócio, como sobre qualquer pessoa do Mundo que tenha as informações necessárias.

Por outro lado, este dever é fundamental ao bom funcionamento da Ordem Jurídica e da Sociedade. Não é possível viver corretamente em sociedade se, numa situação em que uma pessoa tem dúvidas fundadas sobre um seu direito ou dever, não possa perguntar a quem sabe. Ou melhor, que não possa ver a sua pergunta tutelada pelo Direito, de tal modo que a pessoa que tem esse conhecimento esteja vinculada juridicamente a prestar a informação. Que sentido existiria se a pessoa não pudesse aproveitar o seu direito, por não o conhecer, sendo que outrem o conhece. Esta situação equivaleria à negação do direito. O mesmo sucede com um dever (ou outra situação passiva). Que sentido existiria em impedir uma pessoa de cumprir um dever, por ter fundadas dúvidas sobre o conteúdo do mesmo, sem que pudesse obter a informação de outra pessoa que está em condições de a dar, com tutela jurídica.

Por estas razões, o dever legal de informação do art. 573º do Código Civil, é um dever de Ordem Pública, não estando na disponibilidade das partes excluírem a sua vigência. As partes podem não usar este Direito, mas não podem excluir a sua vigência através de um negócio jurídico. Podem ampliá-lo para além do que resulta do art. 573º do Código Civil, nomeadamente, removendo a exigência da "fundada dúvida". Podem também concretizar o dever, ou regular o seu exercício. Mas não o podem excluir *ab initio*. Podem mesmo criar diferentes obrigações de informação, desde que respeitando o conteúdo mínimo do art. 573º do Código Civil.

Por outro lado, existem outros deveres de informação, com causa noutras fontes, como por exemplo no art. 6º da Lei das Cláusulas Contratuais Gerais, ou nos arts. 312º e seguintes do Código dos Valores Mobiliários, que são também de Ordem Pública. Mas, acima de tudo, nos casos de contratos, existe um dever de informação que resulta da influência que o princípio da boa fé tem sobre o contrato, e que é um dever específico de boa fé para efeitos de cada concreta relação contratual.

No entanto, estes deveres de informação são autónomos relativamente ao dever de informação do art. 573º do Código Civil, que opera no nosso ordenamento jurídico como o dever de informação de base, com o conteúdo mínimo necessário ao respeito pela Ordem Pública.

II. O dever legal de informação é fundamental para a procuração, em particular para a procuração irrevogável. Não se tratando de uma obrigação e, acima de tudo, não resultando da vontade das partes, o dever de informação do art. 573º do Código Civil pode ser usado pelo *dominus* para exigir do procurador informações sobre o direito objeto da atividade representativa.

Sucede com frequência que, numa procuração irrevogável, especialmente quando não é no interesse do *dominus*, o procurador nada diga ao *dominus* sobre o uso dos poderes representativos. Em consequência, o *domi-*

nus pode ter uma dúvida fundada sobre se o bem foi ou não vendido, ou arrendado, por exemplo. Mas pode também suceder que o bem seja vendido a um terceiro, ficando a constar na escritura pública uma confissão de recebimento do preço, que é declarada pelo *dominus* representado pelo procurador. Sucede, no entanto, que apesar da confissão do *dominus*, declarada pelo procurador, o preço poderá ter sido recebido pelo procurador ou por um terceiro interessado. Nestas situações, e em muitas outras análogas, é fundamental para o *dominus* saber se alguém efetuou alguma declaração de recebimento do preço em seu nome. Nos casos de negócios que tenham de ser celebrados por escritura pública e que estejam sujeitos a inscrição em registo público, o *dominus* consegue normalmente aceder aos registos e escrituras. Nestes casos, se tiver uma "fundada dúvida" pode aceder à informação respetiva. Mas casos há em que o *dominus* apenas consegue ver esclarecidas as dúvidas através de informações do procurador, ou de um terceiro, que tenham conhecimento do sucedido.

Para tanto, poderá o *dominus* recorrer ao direito à informação do art. 573º do Código Civil, para exigir do procurador, ou de um interessado na procuração, ou de uma pessoa que tenha celebrado o negócio com o procurador, ou de qualquer outra pessoa (nomeadamente, da Autoridade Tributária e Aduaneira) informações sobre se, por exemplo, ainda é ou não titular do direito em causa, ou em que data foi celebrado o negócio, ou se alguém declarou que lhe pagou alguma quantia, ou se ficou credor de alguém.

Estes são casos de dever de informação e não de obrigação de prestação de contas. Dever de informação este, que não é disponível. Por esta razão, o *dominus* não pode prescindir do mesmo, embora possa não o exercer. Também por esta razão, este direito existe mesmo nos casos em que da procuração conste uma cláusula de dispensa do dever de prestação de contas. Caso em que poderá não haver obrigação de prestar contas, mas vigorando, no entanto, o dever de informação.

JURISPRUDÊNCIA CITADA

Supremo Tribunal de Justiça
- Acórdão de Fixação de Jurisprudência (Assento) de 2 de fevereiro de 1988, processo nº 1378/11.6TVLSB.L1.S1, de que foi relator o Senhor Conselheiro MENÉRES PIMENTEL, *in* www.dgsi.pt.
- Acórdão de 13 de fevereiro de 1996, processo nº 88128, de que foi relator o Senhor Conselheiro MARTINS DA COSTA, in CJ-STJ, 1996-I-86 e www.dgsi.pt.
- Acórdão de 5 de março de 1996, processo nº 088276, de que foi relator o Senhor Conselheiro TORRES PAULO, *in* CJ-STJ, 1996-I-111 e www.dgsi.pt.
- Acórdão do Supremo Tribunal de Justiça de 16 de abril de 1996, processo nº 085928, de que foi relator o Senhor Conselheiro MATOS CANAS, *in* www.dgsi.,
- Acórdão de 23 de abril de 2002, processo nº 02A916, de que foi relator o Senhor Conselheiro LOPES PINTO, *in* www.dgsi.pt.
- Acórdão de 3 de abril de 2003, processo nº 03A073, de que foi relator o Senhor Conselheiro MOREIRA ALVES, in www.dgsi.pt.
- Acórdão de 9 de outubro de 2003, processo nº 03B2201, de que foi relator o Senhor Conselheiro ARAÚJO BARROS, *in* wwww.dgsi.pt.
- Acórdão de 13 de novembro de 2003, processo nº 03B2826, de que foi relator o Senhor Conselheiro SANTOS BERNARDINO, in www.dgsi.pt.
- Acórdão de 20 de novembro de 2003, de que foi relator o Senhor Conselheiro LUÍS FONSECA, *in* www.dgsi.pt.
- Acórdão de 2 de março de 2004, processo nº 03A4441, de que foi relator o Senhor Conselheiro ALVES VELHO, *in* www.dgsi.pt.
- Acórdão de 22 de fevereiro de 2005, processo nº 04A4824, de que foi relator o Senhor Conselheiro AZEVEDO RAMOS, *in* www.dgsi.pt.
- Acórdão de 21 de dezembro de 2005, processo nº 04B4479, de que foi relator o Senhor Conselheiro PEREIRA DA SILVA, *in* www.dgsi.pt.
- Acórdão de 9 de fevereiro de 2006, processo nº 05B4061, de que foi relator o Senhor Conselheiro ARAÚJO DE BARROS, *in* www.dgsi.pt.
- Acórdão de 21 de fevereiro de 2006, processo nº 05B3984 de que foi relator o Senhor Conselheiro CUSTÓDIO MONTES, in www.dgsi.pt.
- Acórdão de 3 de junho de 2006, processo nº 03A1284, de que foi relator o Senhor Conselheiro ALVES VELHO, *in* www.dgsi.pt.

- Acórdão de 17 de abril de 2007, processo nº 07A408, que teve como relator o Senhor Conselheiro NUNO CAMEIRA, in www.dgsi.pt.
- Acórdão de 5 de julho de 2007, processo nº 07A1465, de que foi relator o Senhor Conselheiro JOÃO CAMILO, in www.dgsi.pt.
- Acórdão de 22 de janeiro de 2008, processo nº 07A4255, de que foi relator o Senhor Conselheiro NUNO CAMEIRA, in www.dgsi.pt.
- Acórdão de 23 de setembro de 2008, processo nº 08B1711, de que foi relator o Senhor Conselheiro SERRA BAPTISTA, in www.dgsi.pt.
- Acórdão de 16 de abril de 2009, processo nº 77/07.8TBCTBCTB.C1.S1, de que foi relatora a Senhora Conselheira MARIA DOS PRAZERES BELEZA, in www.dgsi.pt.
- Acórdão de 7 de julho de 2009, processo nº 63/2001.C1.S1, de que foi relator o Senhor Conselheiro SERRA BAPTISTA, in www.dgsi.pt.
- Acórdão de 13 de julho de 2010, processo nº 67/1999.E1.S1, de que foi relator o Senhor Conselheiro FONSECA RAMOS, com voto vencido do Senhor Conselheiro SALAZAR CASANOVA, in www.dgsi.pt.
- Acórdão de 17 de maio de 2011, processo nº 2766/03.7TBPTM.E1.S1, de que foi relator o Senhor Conselheiro ALVES VELHO, in www.dgsi.pt.
- Acórdão de 16 de junho de 2011, processo nº 3717/05.0TVLSB.L1, de que foi relator o Senhor Conselheiro TAVARES DE PAIVA, in www.dgsi.pt.,
- Acórdão de 6 de outubro de 2011, processo nº 5365/03.0TVLSB.L1.S1, de que foi relator o Senhor Conselheiro ORLANDO AFONSO, in www.dgsi.pt.
- Acórdão de 25 de outubro de 2011, processo nº 1961/09.0TBSTB.E1.S1, de que foi relator o Senhor Conselheiro ALVES VELHO, in www.dgsi.pt.
- Acórdão de 12 de janeiro de 2012, processo nº 357/06.0TBCMN, de que foi relator o Senhor Conselheiro JOÃO TRINDADE, in www.dgsi.pt.
- Acórdão de 18 de dezembro de 2012, processo nº 5608/05.5TBVNG.P1.S1, de que foi relator o Senhor Conselheiro GRANJA DA FONSECA, in www.dgsi.pt.
- Acórdão de 13 de novembro de 2012, processo nº 130/10.0TCFUN.L1.S1, de que foi relator o Senhor Conselheiro GABRIEL CATARINO, in www.dgsi.pt.
- Acórdão de 30 de janeiro de 2013, processo nº 1705/08.3TBVNO.C1.S1, de que foi relator o Senhor Conselheiro SALAZAR CASANOVA, in www.dgsi.pt.
- Acórdão de 4 de junho de 2013, processo nº 4117/06.0TVLSB.L1, de que foi relator o Senhor Conselheiro FERNANDES DO VALE, in www.dgsi.pt.
- Acórdão de 11 de julho de 2013, processo nº 4244/09.1TBSXL.L1.S1, de que foi relator o Senhor Conselheiro SILVA GONÇALVES, in www.dgsi.pt.
- Acórdão de 17 de setembro de 2013, processo nº 117/07.0TBFAL.E1.S1, de que foi relatora a Senhora Conselheira ANA PAULA BOULAROT, in www.dgsi.pt.
- Acórdão de 28 de novembro de 2013, processo nº 873/05.0TBVLN.G1.S1, de que foi relator o Senhor Conselheiro ABRANTES GERALDES, in www.dgsi.pt.
- Acórdão de 2 de dezembro de 2013, processo nº 468/09.0TBPFR.P1.S1, de que foi relator o Senho Conselheiro AZEVEDO RAMOS, in www.dgsi.pt.
- Acórdão de 18 de fevereiro de 2014, processo nº 3083/11.4TBFARE.E1.S1, de que foi relator o Senhor Conselheiro FONSECA RAMOS, in www.dgsi.pt.
- Acórdão de 18 de junho de 2014, processo nº 315/05.1TCGMR.G2.S1, de que foi relator o Senhor Conselheiro ABRANTES GERALDES, in www.dgsi.pt.

JURISPRUDÊNCIA CITADA

- Acórdão de 26 de junho de 2014, processo nº 2889/08.6TBCSC-B.L1.S1, de que foi relator o Senhor Conselheiro GRANJA DA FONSECA, *in* www.dgsi.pt
- Acórdão de 9 de dezembro de 2014, processo nº 1378/11.6TVLSB.L1.S1, de que foi relator o Senhor Conselheiro SEBASTIÃO PÓVOAS, *in* www.dgsi.pt.
- Acórdão de 20 de maio de 2015, processo nº 1869/12.1TVLSB.L1.S1, de que foi relator o Senhor Conselheiro OLIVEIRA VASCONCELOS, *in* www.dgsi.pt.
- Acórdão de 28 de maio de 2015, processo nº 123/06.2TBVS.E1.S1, de que foi relatora a Senhora Conselheira FERNANDA ISABEL PEREIRA, *in* www.dgsi.pt.
- Acórdão de 2 de junho de 2015, processo nº 505/07.2TVLSB.L1.S1, de que foi relator o Senhor Conselheiro HÉLDER ROQUE, *in* www.dgsi.pt.

Tribunal da Relação de Évora
- Acórdão de 17 de janeiro de 1991, processo nº 218, de que foi relator o Senhor Desembargador MATOS CANAS, *in* CJ, 1991-I-286.
- Acórdão de 18 de novembro de 2009, processo nº 67/1999.E1, de que foi relator o Senhor Desembargador MÁRIO SERRANO, *in* www.dgsi.pt.
- Acórdão de 10 de janeiro de 2013, processo nº 31/08.2TBELV.E1, de que foi relator o Senhor Desembargador ANTÓNIO M. RIBEIRO CARDOSO, *in* www.dgsi.pt.
- Acórdão de 17 de outubro de 2013, processo nº 539/12.5TBLLEA.E1, de que foi relator o Senhor Desembargador PAULO AMARAL, *in* www.dgsi.pt.

Tribunal da Relação de Guimarães
- Acórdão de 7 de maio de 2013, processo nº 873/05.0TBVLN.G1, de que foi relatora a Senhora Desembargadora ROSA TCHING, *in* www.dgsi.pt.

Tribunal da Relação de Lisboa
- Acórdão de 11 de outubro de 1990, processo nº 0033542 de que foi relator o Senhor Desembargador LOPES PINTO, *in* www.dgsi.pt e CJ, 1990-IV-145.
- Acórdão de 17 de fevereiro de 2005, processo nº 289/20056, de que foi relatora a Senhora Desembargadora FÁTIMA GALANTE, *in* www.dgsi.pt.
- Acórdão de 12 de maio de 2005, processo nº 3651/20056, de que foi relatora a Senhora Desembargadora FÁTIMA GALANTE, *in* www.dgsi.pt.
- Acórdão de 12 de novembro de 2009, processo nº 1869/09.9TBTVD.L1-8, de que foi relator o Senhor Desembargador LUÍS CORREIA DE MENDONÇA, *in* www.dgsi.pt.
- Acórdão de 31 de outubro de 2013, processo nº 9TBPDL.L16, de que foi relatora a Senhora Desembargadora MARIA MANUELA GOMES, *in* www.dgsi.pt.
- Acórdão de 27 de fevereiro de 2014, processo nº 30066/11.1T2SNT.L12, de que foi relatora a Senhora Desembargadora ONDINA CARMO ALVES, *in* www.dgsi.pt

Tribunal da Relação do Porto
- Acórdão de 1 de fevereiro de 1993, processo nº 9250764 de que foi relator o Senhor Desembargador AZEVEDO RAMOS, *in* www.dgsi.pt e CJ, 1993-I-219.
- Acórdão de 2 de maio de 2006, processo nº 0621052, de que foi relator o Senhor Desembargador ALZIRO CARDOSO, *in* www.dgsi.pt.
- Acórdão de 18 de junho de 2013, processo nº 468/09.0TBPFR.P1, de que foi relator o Senhor Desembargador VIEIRA E CUNHA, *in* www.dgsi.pt.
- Acórdão de 19 de janeiro de 2015, processo nº 1973/09.3T2OVRD.P1, de que foi relator o Senhor Desembargador CARLOS GIL, *in* www.dgsi.pt.

BIBLIOGRAFIA

ABREU, Teixeira de
- *Summario do Codigo Civil Português*, Imprensa Académica, Coimbra, 1908, cit: *"Summario"*.

ALARCÃO, Rui de
- *Invalidade dos Negócios Jurídicos*, BMJ nº 89, págs. 199 e segs., cit: *"Invalidade"*.
- *Breve Motivação do Anteprojecto sobre o Negócio Jurídico na parte relativa ao Erro, Dolo, Coação, Representação, Condição e Objecto Negocial*, BMJ nº 138, págs. 71 e segs., cit: *"Breve Motivação"*.

ALBALADEJO, Manuel
- *Compendio de Derecho Civil*, 4ª ed., Bosch, Barcelona, 1981, cit: *"Compendio"*.

ALBUQUERQUE, PEDRO de
- *A Representação Voluntária em Direito Civil (Ensaio de Reconstrução Dogmática)*, Almedina, Coimbra, 2004, cit: *"A Representação Voluntária"*.

ALMEIDA, Carlos Ferreira de
- *Texto e Enunciado na Teoria do Negócio Jurídico*, Vol. II, Almedina, Coimbra, 1992, cit: *"Texto e Enunciado"*.

ALONSO, León
- *Instituciones de Derecho Civil*, Tomo I, Civitas, 1988, cit: *"Instituciones"*; v. CORRAL, Cossio y – MARTINEZ, Cossio y.

AMARAL, Francisco
- *Direito Civil Brasileiro – Introdução*, Forense, Rio de Janeiro, 1991, cit: *"Direito Civil"*.

ANDRADE, Manuel de
- *Teoria Geral da Relação Jurídica*, Coimbra, 1953, cit: *"Teoria Geral – 1953"*.
- *Teoria Geral da Relação Jurídica*, Vol. II, 3ª Reimp., Almedina, Coimbra, 1972, cit: *"Teoria Geral"*.

ARANGIO-RUIZ, Vincenzo
- *Il mandato in diritto romano*, CEDEJ, Nápoles, 1965, cit: *"Il mandato"*.

ASCENSÃO, José de Oliveira
- *Teoria Geral do Direito Civil*, Vol. III, Acções e Factos Jurídicos, Lisboa, 1992, cit: *"Teoria Geral"*.
- *Direito Civil – Teoria Geral*, Vol. VI, Tít. V, Relações e situações jurídicas, Lisboa, 1993, cit: *"Direito Civil"*.
- *Contrato celebrado por agente de pessoa colectiva – Representação, responsabilidade e enriquecimento sem causa*, separata da Revista de Direito e Economia, 16 a 19, 1990 a 1993, cit: *"Contrato"*; v. FRADA, Carneiro da.
- *O Direito – Introdução e Teoria Geral*, 10ª Ed., Almedina, Coimbra, 1997, cit: *"O Direito"*.
- *Direito Civil – Teoria Geral*, Vol. II, *Acções e Factos Jurídicos*, Coimbra, 1999, cit: *"Direito Civil"*.
- *Teoria Geral do Direito Civil*, Vol. I, 2ª ed., Coimbra, 2000, cit: *"Teoria Geral"*.
- *Direito Civil – Sucessões*, 5ª ed., Coimbra Ed., 2000, cit: *"Sucessões"*.

AYNÈS
- *Cours de Droit Civil*, Tome VI, Les Obligations, 5ª ed., CUJAS, 1994, cit: *"Cours"*; v. MALAURIE

BARATA, Carlos
- *Sobre o Contrato de Agência*, Almedina, Coimbra, 1991, cit: *"Sobre o Contrato"*.
- *Anotações ao Novo Regime do Contrato de Agência*, Lex, Lisboa, 1994, cit: *"Anotações"*.

BECK-PECCOZ, Roberta Aluffi
- *La rappresentanza nel diritto islamico*, Rappresentanza e gestione, CEDAM, 1992, págs. 117 e segs., cit: *"La rappresentanza"*.

BETTI, Emílio
- *Teoria geral do negócio jurídico*, Coimbra, 1969-1970, cit. *"Teoria Geral"*.

BIANCA, Massimo
- *Diritto Civile*, 3, Il contratto, Giuffrè, Milano, 1990, cit: *"Diritto Civile"*.

BILLIAU,
- *Traité de Droit Civil – Les effets du contrat*, 2ᵉ ed., LGDJ, 1994, cit: *"Traité"*; v. GHESTIN – JAMIN.

BOLAND
- *De la représentation dans les contrats*, Liège, 1927, cit: *"De la représentation"*.

BONET, Arias
- *Derecho Romano*, Vol. I, 18ª ed., Revista de Derecho Privado (EDERSA), 1995, cit: *"Derecho Romano"*; v. RAMOS, Arias.

BRECCIA
- *Diritto Civile*, 1.2., Fatti e atti giuridici, UTET, 1987, cit: *"Diritto Civile"*; v. GERI-BUSNELLI-NATOLI.

BRITO, Maria Helena
- *A representação sem poderes – um caso de efeito reflexo das obrigações*, Revista Jurídica, nº 9 e 10, AAFDL, 1987, págs. 27 e segs, cit: *"A representação sem poderes"*.
- *Contrato de Concessão Comercial*, Almedina, Coimbra, 1990, cit: *"O Contrato"*.
- *A Representação nos Contratos Internacionais*, Almedina, Coimbra, 1999, cit: *"A Representação"*.

BROX, Hans
- *Handkommentar zum Bürgerlichen Gesetzbuch*, Bd. 1, 8. Neubearbeitete Auflage, 1989, cit: *"Handkommentar"*; v. ERMAN.
- *Allgemeiner Teil des BGB*, 23. Aufl., Heymanns, Köln, Berlin, Bonn, München, 1999, cit: *"Allgemeiner Teil"*.

BUSNELLI,
- *Diritto Civile*, 1.2., Fatti e atti giuridici, UTET, 1987, cit: *"Diritto Civile"*; v. GERI-BRECCIA-NATOLI.

CANARIS, Claus-Wilhelm
- *Pensamento Sistemático e Conceito de Sistema na Ciência do Direito*, Gulbenkian, Lisboa, 1989, cit: *"Pensamento Sistemático"*.
- *Handelsrecht*, 23. Aufl. Beck, München, 2000, cit: *"Handelsrecht"*.

CARPIO, Badenas
- *Apoderamiento y Representación Voluntaria*, Aranzadi, Pamplona, 1998, cit: *"Apoderamiento"*.

CARRARO
- *Contributo alla dottrina dell'autorizzazione*, Rivista Trimestrale di Diritto e Procedura Civile, Ano I, 1947, págs. 282 a 314, cit: *"Contributo"*.

CARVALHO, António Nunes de
- *Comentário às Leis do Trabalho*, Vol. I, Lex, Lisboa, 1994, cit: *"Comentário"*; v. MARTINS, Furtado – MÁRIO, PINTO.

CARVALHO, Orlando de
- *Critério e Estrutura do Estabelecimento Comercial*, Atlântida, Coimbra, 1967, cit: *"Critério e Estrutura"*.

CASTRO MENDES
- *Teoria Geral do Direito Civil*, AAFDL, Lisboa, 1978-1979, cit: *"Teoria Geral"*.
- *Direito da Família*, AAFDL, 1990/1991, cit: *"Direito da Família"*; v. SOUSA, Miguel Teixeira de.

COLLAÇO, Isabel de Magalhães
- *Da legitimidade no ato jurídico*, BMJ nº 10, 1949, págs. 20 e segs., cit: *"Da legitimidade"*

CORDEIRO, A. Barreto
- *Do Trust no Direito Civil*, Almedina, Coimbra, 2014. cit.: *"Trust"*.

CORDEIRO, António de Menezes
- *Tratado de Direito Civil*, Vol. V, 2ª ed., Almedina, Coimbra, 2015, cit.: *"Tratado – V"*.
- *Tratado de Direito Civil*, Vol. II, 4ª edição, Almedina, Coimbra, 2014, cit.: *"Tratado – II"*.
- *Tratado de Direito Civil*, Vol. I, 4ª edição, Almedina, Coimbra, 2012, cit.: *"Tratado – I"*.
- *Tratado de Direito Civil Português II, Direito das Obrigações*, Tomo II, Almedina, Coimbra, 2010, cit.: *"Obrigações II"*.
- *Direito das Obrigações*, Vol. III, AAFDL, 1991, cit: *"Mandato, Direito das Obrigações"* e *"Compra e Venda, Direito das Obrigações"*; v Gomes, Januário – Frada, Carneiro da.
- *Da Boa Fé no Direito Civil*, Almedina, Coimbra, 1997, cit: *"Da Boa Fé"*.

CORRAL, Cossio y
- *Instituciones de Derecho Civil*, Tomo I, Civitas, 1988, cit: *"Instituciones"*; v. MARTINEZ, Cossio y –ALONSO, León.

CORREIA, A. Ferrer
- *A Procuração na Teoria da Representação Voluntária*, BFD, nº XXIV, 1948, págs. 253 e segs., cit: *"A Procuração"*.

CORTE-REAL, Carlos Pamplona
- *Direito da Família e das Sucessões*, Vol. II, Lex, Lisboa, 1993, cit: *"Direito da Família"*.

COSTA, Mário Júlio de Almeida
- *Direito das Obrigações*, 8ª ed., Almedina, Coimbra, 2000, cit: *"Direito das Obrigações"*.

CRUZ, Sebastião
- *Direito Romano (Ius Romanum)*, Vol. I, Introdução – Fontes, 4ª ed. Coimbra, 1984, cit: *"Direito Romano"*.

CUNHA, Paulo
- *Direito Civil (Teoria Geral da Relação Jurídica), Apontamentos de Maria Luiza Coelho Bártholo e Joaquim Marques Martinho, Apontamentos das aulas da 2ª cadeira de Direito Civil, da Faculdade de Direito da Universidade de Lisboa no ano letivo de 1936/37*, T. I, polic., Lisboa, cit.: *"Direito Civil"*.

CUNHA, Paulo Olavo
- *Venda de Bens Alheios*, ROA, Ano 47 (1987), págs. 419 e segs., cit, *"Venda de Bens Alheios"*.

D'AVANZO,
- *Rappresentanza (Diritto Civile)*, Novissimo Digesto Italiano, XIV, UTET, págs. 801 e segs., cit: *"Rappresentanza"*.

DERNBURG, Arrigo
- *Pandette*, Vol. I, 1ª Parte, Fratelli Bocca, Torino, 1906, cit: *"Pandette"*.

DI MAJO
- *Legittimazione negli atti giuridici*, Enciclopedia del Diritto, Vol. XXIV, Giuffrè, Milano, 1958, pág. 52 e segs., cit: *"Legittimazione"*.
- *Le promesse unilaterali*, Giuffrè, Milano, 1989, cit: *"Le promesse unilaterali"*.

DÍEZ-PICAZO, Luis
- *La representación en el Derecho Privado*, Civitas, Madrid, 1992, cit: *"La representación"*.

DILCHER
- *Staudingers Kommentar zum Bürgerlichen Gesetzbuch mit Einführungsgesetz und Nebengesetzen, Allgemeiner Teil – §§ 90-240*, 12. Neubearbeitete Auflage, Schweitzer, Berlin, 1980, cit: *"Staudingers Kommentar"*; v. STAUDINGER.

DINIZ, Maria Helena
- *Curso de Direito Civil Brasileiro*, 3º Vol., 14ª ed, Saraiva, 1999, cit: *"Curso"*.

ENNECERUS
- *Tratado de Derecho Civil, Parte General*, T. I, Vol. II, Bosch, Barcelona, 1981, cit: *"Tratado"*; v. NIPPERDEY.

ERMAN
- *Handkommentar zum Bürgerlichen Gesetzbuch*, Bd. 1, 8. Neubearbeitete Auflage, 1989, cit: *"Handkommentar"*; v. BROX.

ESMEIN
- *Traité Pratique de Droit Civil Français*, Tomo VI, Paris, LGDJ, 1952, cit: *"Traité"*; v. RIPERT – PLANIOL.

ESSEN
- *Filosofia dos Valores*, Arménio Amado, Coimbra, 1944, cit: *"Filosofia dos Valores"*.

FALZEA
- *Voci di teoria generale del diritto*, Giuffrè, Milano, 1970, cit. *"Voci"*.

FERNANDES, Luís Carvalho
- *A conversão dos negócios jurídicos civis*, Quid Juris, Lisboa, 1993, cit: *"A conversão"*.
- *Lições de Direito das Sucessões*, Quid Juris, Lisboa, 1999, cit: *"Lições"*.
- *Teoria Geral do Direito Civil*, 3ª ed., Universidade Católica, Lisboa, 2001, cit: *"Teoria Geral"*.

FERRARA, Luigi Cariota
- *Il Negozio Giuridico nel Diritto Privato Italiano*, A. Morano, Napoli, cit: *"Il Negozio"*.

FERREIRA, José Dias
- *Código Civil Portuguez Annotado*, Vol. III, Lisboa, Imprensa Nacional, 1872, cit.: *"Código Civil"*.

FERRI, Giovanni B.
- *Il negozio giuridico tra libertà e norma*, 3ª ed., Maggioli, Roma, 1989, cit: *"Il negozio"*.

FIGUEIREDO, André
- *O Negócio Fiduciário Perante Terceiros*, Almedina, Coimbra, 2012, cit.: *"Negócio Fiduciário"*.

FLUME, Werner
- *El negocio jurídico – parte general del Derecho Civil*, Tomo II, 4ª ed., Fundación Cultural del Notariado, Madrid, 1998, cit: *"El negocio jurídico"*.

FRADA, Carneiro da
- *Contrato celebrado por agente de pessoa colectiva – Representação, responsabilidade e enriquecimento sem causa*, separata da Revista de Direito e Economia, 16 a 19, 1990 a 1993, cit: *"Contrato"*; v. ASCENSÃO, José de Oliveira.

- *Compra e Venda, Direito das Obrigações*, 3º Vol., *Contratos em Especial*, AAFDL, 1991, cit: " *"Compra e Venda, Direito das Obrigações"*; v. CORDEIRO, António de Menezes.

FREIRE, Pascoal de Melo
- *Institutionum*, liv. IV, tit. III, §§ X e XI, págs. 21 a 26 (há tradução para português por Miguel Pinto de Meneses, BMJ nº 161 a nº 171), cit: *"Institutionum"*.

FUCHS, Andreas
- *Zur Disponibilität gesetzlicher Widerrufsrechte im Privatrecht*, AcP, 196, Band Heft 4, 1996, pág. 314 e segs., cit: *"Zur Disponibilitäti"*.

GALGANO, Salvatore
- *Diritto Privato*, CEDAM, Padova, 1981, cit: *"Diritto Privato"*.

GERI, Lina Bigliazzi
- *Diritto Civile*, 1.2., *Fatti e atti giuridici*, UTET, 1987, cit: *"Diritto Civile"*; v. BRECCIA-BUSNELLI-NATOLI.

GHESTIN
- *Traité de Droit Civil – Les effets du contrat*, 2ᵉ ed., LGDJ, 1994, cit: *"Traité"*; v. JAMIN – BILLIAU.

GIORGIANI, Michele
- *Causa (diritto privato)*, Enciclopedia del Diritto, Vol. VI, Giuffrè, Milano, 1958, pág. 547 e segs.

GIRÃO, Irene de Seiça
- *O Mandato de Interesse Comum*, dissertação, Coimbra, 1997, cit. *"O Mandato"*.

GOMES, Manuel Januário da Costa
- *Em tema de revogação do mandato civil*, Almedina, Coimbra, 1989, cit: *"Em tema de revogação"*.
- *Direito das Obrigações*, 3º Vol., *Contratos em Especial*, AAFDL, 1991, cit. *"Mandato, Direito das Obrigações"*; v. CORDEIRO, António de Menezes.
- *Assunção fidejussória de dívida*, Almedina, Coimbra, 2000, cit: *"Assunção fidejussória"*.

GOMES, Orlando
- *Contratos*, 18ª ed., Forense, Rio de Janeiro, 1999, cit: "*Contratos*".

GONÇALVES, Luiz da Cunha
- *Tratado de Direito Civil (em comentário ao Código Civil Português)*, Coimbra Ed., Coimbra, 1933, cit.: "*Tratado*".

GRAZIANI
- *In tema di procura irrevocabile*, Studi di diritto civile e commerciale, CECEJ, Napoli, 1953, cit: "*In tema di procura irrevocabile*".
- *In tema di procura*, Studi di diritto civile e commerciale, CECEJ, Napoli, 1953, cit. "*In tema di procura*".

HEINRICHS
- *Palandt Bürgerliches Gesetzbuch*, 56. Aufl., Beck, München, 1997, cit: "*Palandt*"; v. PALANDT.

HOPT
- *Handelsgesetztbuch*, Beck, München, 1987, cit: "*Handelsgesetztbuch*".

HÖRSTER, Heinrich
- *A parte geral do Código Civil português*, Almedina, Coimbra, 1992, cit: "*A parte geral*".

HÜBNER
- *Allgemeiner Teil des BGB*, Gruyter, Berlin – New York, 1985, cit. "*Allgemeiner Teil*".

HUPKA
- *La representación voluntaria en los negocios jurídicos*, 1ª ed., Librería General de Victoriano Suárez, Madrid, 1930, cit: "*La representación*".

IGLESIAS, Juan
- *Instituciones de Derecho Romano*, Vol. II, Barcelona, 1951, cit: "*Instituciones*".

JAMIN
- *Traité de Droit Civil – Les effets du contrat*, 2ᵉ ed., LGDJ, 1994, cit: "*Traité*"; v. GHESTIN – BILLIAU.

JHERING, Rudolf von
- *Mitwirkung für fremde Rechtsgeschäfte*, Jherings Jahrbücher für die Dogmatik des bürgerlichen Rechts, Bd. I, 1857, págs. 274 segs. e Bd. II, págs. 67 e segs., cit: "*Mitwirkung*".
- *De l'intérêt dans les contrats, et de la prétendue nécessité de la valeur patrimoniale des prestations obligatoires*, 1880, Œevres Choisies, T. II, Paris, 1893, págs. 145 e segs. cit: "*De l'intérêt*".
- *O Espírito do Direito Romano nas Diversas Fases do seu Desenvolvimento*, Vol. IV, Alba, Rio de Janeiro, 1943, cit: "*O Espírito*".

JOÃO PAULO II
- *Laborenexercens*, http://www.vatican.va/holy_father/john_paul_ii/encyclicals/documents/hf_jp-i_enc_14091981_laborem-exercens_po.html, cit: "*Laboren exercens*".

JORGE, Fernando Pessoa
- *O Mandato sem Representação*, Ática, Lisboa, 1961, cit: "*O Mandato*".

JUSTO, Santos
- *As acções do Pretor (Actiones Prætoriæ)*, reimpressão, Coimbra, 1994, cit: "*As acções*".

KASER, Max
- *Direito Privado Romano*, Gulbenkian, Lisboa, 1999, cit: "*Direito Privado Romano*".

KROETZ, Maria Amaral
- *A Representação Voluntária no Direito Privado*, Revista dos Tribunais, São Paulo, 1997, cit: "*A Representação*".

LABAND, Paul
- *Die Stellvertretung bei dem Abschlub von Rechtsgeschäften nach dem allgemeinen Deutschen Handelsgesetzbuch*, Zeitschrift für das gesamte Handels und Wirtschaftsrecht, Bd. 10, 1866, págs. 183 e segs., cit: "*Die Stellvertretung*".

LARENZ, Karl
- *Richtiges Recht*, Beck, München, 1979, cit: "*Richtiges Recht*".
- *Allgemeiner Teil des deutschen Bürgerlichen Rechts*, 8. Aufl, Beck, München, 1997, cit: "*Allgemeiner Teil*"; v. WOLF.

LASSAULX
- *Bürgerliches Gesetzbuch, Allgemeiner Teil (§§1-240)*, Bd. 1, W. Kohlhammer, Stutt-

gard, Berlin, Köln, Mainz, 1978, cit: *"Bürgerliches Gesetzbuch"*; v. SCHULTZE.

LEHMANN
- *Tratado de Derecho Civil*, Vol. I, Parte General, Revista de Derecho Privado, Madrid, 1956, cit: *"Tratado"*.

LEITÃO, João Menezes
- *Da revogação do testamento e de disposições testamentárias*, dissertação, Lisboa, 1992, cit: *"Da revogação"*.

LEITÃO, Luís Menezes
- *Direito das Obrigações*, Vol. I, Almedina, 2000, cit: *"Direito das Obrigações"*.

LIMA, Pires de
- *Noções Fundamentais de Direito Civil*, vol. I, Coimbra ed. Coimbra, 1945, cit *"Noções Fundamentais"*.
- *Código Civil Anotado*, Vol. II, 3ª Ed., Coimbra, 1996, cit: *"Código Civil Anotado"*; v. VARELA, Antunes.

LOBÃO, Manuel de Almeida e Sousa de
- *Segundas Linhas sobre o Processo Civil*, Parte I, Impressão Régia, Lisboa, 1827, cit: *"Segundas Linhas"*.

LORENZI, Valeria de
- *La Rappresentanza nel Diritto Tedesco, Excursus Storico sulla Dottrina*, em *Rappresentanza e Gestione*, págs. 72-93, CEDAM, 1992, cit. *"La Rappresentanza"*.

LUMINOSO
- *Mandato, Commissione, Spedizione*, Giuffrè, Milano, 1984, cit: *"Mandato"*.

MALAURIE
- *Cours de Droit Civil*, Tome VI, Les Obligations, 5ª ed., CUJAS, 1994, cit: *"Cours"*; v. AYNÈS

MARQUES, José Dias
- *Teoria Geral do Direito Civil*, Vol. I, Coimbra ed., Coimbra, 1958, cit. *"Teoria Geral"*.
- *Noções Elementares de Direito Civil*, 7ª ed., Lisboa, 1992, cit: *"Noções"*.

MARTINEZ, Cossio y
- *Instituciones de Derecho Civil*, Tomo I, Civitas, 1988, cit: *"Instituciones"*; v. CORRAL, Cossio y – ALONSO, León.

MARTINEZ, Pedro Romano
- *Contratos em Especial*, 2ª ed., Universidade Católica, Lisboa, 1996, cit: *"Contratos em Especial"*.
- *Garantias de Cumprimento*, Almedina, Coimbra, 1997, cit: *"Garantias de Cumprimento"*; v. PONTE, Fuzeta da.
- *Direito do Trabalho*, Vol. I, Parte Geral, 3ª ed., Lisboa, 1998, cit: *"Direito do Trabalho"*.
- *Direito do Trabalho*, Vol. II, T. I e T. II, 3ª ed., Lisboa, 1999, cit: *"Direito do Trabalho"*.
- *Direito das Obrigações (Parte Especial), Contratos – Compra e Venda – Locação – Empreitada*, Almedina, Coimbra, 2000, cit: *"Direito das Obrigações"*.

MARTINS, Furtado
- *Comentário às Leis do Trabalho*, Vol. I, Lex, Lisboa, 1994, cit: *"Comentário"*; v. MÁRIO, PINTO – CARVALHO, António Nunes de.

MEDICUS, Dieter
- *Allgemeiner Teil des BGB*, Müller, Heidelberg, 1988, cit: *"Allgemeiner Teil"*.

MIRABELLI,
- *Dei contratti in generale*, UTET, Torino, 1958, cit: *"Dei contratti"*.

MONCADA, Luís Cabral de
- *Lições de Direito Civil*, Parte Geral, Vol. II, Atlântida, Coimbra, 1932, cit: *"Lições – 1932"*.
- *Lições de Direito Civil*, Parte Geral, Vol. II, 3º Edição, Atlântida, Coimbra, 1959, cit: *"Lições"*.

MONTEIRO, Pinto
- *Contrato de Agência*, 4ª ed., Almedina, Coimbra, 2000, cit: *"Contrato de Agência"*.

MONTEIRO, Washington Barros
- *Curso de Direito Civil*, 5º Vol., *Direito das Obrigações*, 2ª Parte, 31ª ed., Saraiva, 1999, cit: *"Curso"*.

MOREIRA, Guilherme
- *Instituições de Direito Civil Português*, Vol. I, Parte Geral, Imprensa da Universidade de Coimbra, Coimbra, 1907, cit. *"Instituições"*.

Mossa, Lorenzo
- *Abuso della procura*, Rivista de Diritto Commerciale, Vol. XXXIII, 1935, 2ª parte, pág. 249 e segs., cit: "*Abuso della procura*".

Natoli, Ugo
- Rappresentanza (diritto privato), Enciclopedia del Diritto, Vol. XXXVIII, Giuffrè, Milano, ano 1958, pág. 463, cit: "*Rappresentanza (diritto privato)*".
- *Diritto Civile*, 1.2., *Fatti e atti giuridici*, UTET, 1987, cit: "*Diritto Civile*"; v. Geri--Breccia-Busnelli.

Nattini
- *Il Negozio Autorizativo*, Rivista del Diritto Commerciale, Ano X, 1912, 1ª parte, págs. 485 e segs., cit: "*Il Negozio*".

Nipperdey
- *Tratado de Derecho Civil, Parte General*, T. I, Vol. II, Bosch, Barcelona, 1981, cit: "*Tratado*"; v. Ennecerus.

Ordenações Afonsinas
- Coimbra, Real Imprensa da Universidade, 1792, cit; "*Ordenações Afonsinas*".

Ordenações del-Rei. D. Duarte
- Lisboa, Fundação Calouste Gulbenkian, 1988, cit: "*Ordenações del-Rei. D. Duarte*".

Ordenações Manuelinas
- Fundação Calouste Gulbenkian, Lisboa, 1984, ed. *faccimile* da edição da Real Imprensa da Universidade de Coimbra, em 1797, cit: "*Ordenações Manuelinas*".

Ordenações Filipinas
- Real Imprensa da Universidade, Coimbra, 1806, cit: "*Ordenações Manuelinas*".

Palandt
- *Palandt Bürgerliches Gesetzbuch*, 56. Aufl., Beck, München, 1997, cit: "*Palandt*"; v. Heinrichs.

Papanti-Pelletier, Paolo
- *Rappresentanza e cooperazione rappresentativa*, Giufrè, Milano, 1984, cit. "*Rappresentanza*".

Pédamon, Michel
- *Le Contrat en Droit Allemand*, 2ª edição, L.G.D.J., Paris, 2004, cit. "*Le Contrat*".

Peña, Puig
- *Tratado de Derecho Civil Español*, Tomo I, Vol. II, Revista de Derecho Privado, Madrid, 1958, cit: "*Tratado*".

Pereira, Caio Mário Silva
- *Instituições de Direito Civil*, Vol. III, 10ª ed., Forense, Rio de Janeiro, 1999, cit: "*Instituições*".

Perelman, Chaïn
- *Lógica Jurídica: Nova Retórica*, Martins Fontes Ed., São Paulo, 1998, cit: "*Lógica Jurídica*".

Pérez, Martín
- *La Rescisión del Contrato (En torno a la lesión contractual y el fraude de acreedores)*, Bosch, Barcelona, 1995, cit: "*La Rescisión*".

Pinto, Carlos Alberto da Mota
- *Teoria Geral do Direito Civil*, 3ª edição, 10ª reimpressão, Coimbra, 1996, cit: "*Teoria Geral*".

Pinto, Mário
Comentário às Leis do Trabalho, Vol. I, Lex, Lisboa, 1994, cit: "*Comentário*"; v. Martins, Furtado –Carvalho, António Nunes de.

Planiol
- *Traité Pratique de Droit Civil Français*, Tomo VI, Paris, LGDJ, 1952, cit: "*Traité*"; v. Ripert – Esmein.
- *Traité Pratique de Droit Civil Français*, Tomo XI, Paris, LGDJ, 1954, cit: "*Traité*"; v. Ripert – Savatier.

Ponte, Fuzeta da
- *Garantias de Cumprimento*, Almedina, Coimbra, 1997, cit: "*Garantias de Cumprimento*"; v. Martinez, Pedro Romano.

Prata, Ana
- *O contrato-promessa e o seu regime civil*, Almedina, Coimbra, 1995, cit: "*O contrato-promessa*".

Proença, João Carlos Brandão
- *A Resolução do Contrato no Direito Civil*, Coimbra, 1996, cit: "*A resolução*".

PUGLIATTI, Salvatore
- *Il conflito d'interessi fra principale e rappresentante*, Studi sulla Rapprezentanza, Milano, Giuffrè, 1965, págs. 35 e segs., cit: *"Il conflito"*.
- *Idee e spunti sulla rappresentanza*, Studi sulla Rapprezentanza, Milano, Giuffrè, 1965, págs. 213 e segs., cit: *"Idee e spunti"*.

RABEL
- *Unwiderruflichkeit der Vollmacht. Generalstatut des Vollmachtrects. Objektivierter Begriff des Wirkungslands*, RabelZ, 1933, pág. 797 e segs., cit: *"Unwiderruflichkeit"*.

RAMOS, Arias,
- *Derecho Romano*, Vol. I, 18ª ed., Revista de Derecho Privado (EDERSA), 1995, cit; *"Derecho Romano"*; v. BONET, Arias.

REINHART, Thomas
- *Die unwiderrufliche Vollmacht, ihre Stellung in der allgemainen Rechtslehre und in ausgewählten positiven Rechtsordnungen*, Schultess, Zürich, 1981, cit: *"Die unwiderrufliche"*.

REIS, Pascoal José de Melo Freire dos
- *Institutionum juris civilis lusitani – cum publici, tum privati*, ed. Olisipone, ano?, cit. *Institutionum*.

RIBEIRO, Joaquim de Sousa
- *O problema do contrato – As cláusulas contratuais gerais e o princípio da liberdade contratual*, Almedina, Coimbra, 1999, cit: *"O problema do contrato"*:

Ripert
- *Traité Pratique de Droit Civil Français*, Tomo VI, Paris, LGDJ, 1952, cit: *"Traité"*; v. PLANIOL– ESMEIN.
- *Traité Pratique de Droit Civil Français*, Tomo XI, Paris, LGDJ, 1954, cit: *"Traité"*; v. PLANIOL– SAVATIER.

ROCCO
- *Diritto commerciale, Parte generale*, Milano, 1936, cit: *"Diritto commerciale"*.

ROCHA, Coelho da
- *Instituições de Direito Civil Portuguez*, T. II, 4ª ed., Imprensa da Universidade, Coimbra, 1857, cit: *"Instituições"*.

RODRIGUES, Sílvio
- *Direito Civil*, Vol. 3, 26ª ed., Saraiva, São Paulo, 1999, cit: *"Direito Civil"*.

SALOMONI
- *La rappresentanza voluntaria*, CEDAM, Padova, 1997, cit." *La rappresentanza"*.

SANTORO-PASSARELLI
- *Dottrine generali del diritto civile*, 9ª edição, Jovene, Napoli, 1989, cit: *"Dottrine generali"*.

Savatier
- *Traité Pratique de Droit Civil Français*, Tomo XI, Paris, LGDJ, 1954, cit: *"Traité"*; v. RIPERT – PLANIOL.

SAVIGNY, Friedrich Karl von
- *Le Droit des Obligations*, T. II, Auguste Durand, Paris, 1863, cit: *"Le Droit des Obligations"*.

SCHLOSSMANN
- *Die Lehre von der Stellvertretung*, T. I, Leipzig, 1900 (reedição de 1970), Scientia, cit: *"Die Lehre"*.

SCHRAMM,
- *Münchener Kommentar zum Bürgerlichen Gesetzbuch*, Bd. 1, *Allgemeiner Teil* (§§1-240), 3. Aufl., Beck, München, 1993, cit: *"Münchener Kommentar"*.

SCHULTZE
- *Bürgerliches Gesetzbuch, Allgemeiner Teil* (§§1-240), Bd. 1, W. Kohlhammer, Stuttgard, Berlin, Köln, Mainz, 1978, cit: *"Bürgerliches Gesetzbuch"*; v. LASSAULX.

SCOGNAMIGLIO
- *Contributo alla Teoria del Negozio Giuridico*, CEDAM, Napoli, 1950, cit: *"Contributo"*.

SERRA, Adriano Vaz
- *Delegação*, BMJ nº 72, págs. 97 e segs., cit: *"Delegação"*.
- *Forma dos negócios jurídicos*, BMJ nº 86, págs. 177 e segs., cit: *"Forma"*.
- *Negócios Abstractos*, BMJ nº 83, págs. 5 e segs., cit: *"Negócios Abstractos"*.
- *Obrigação de Prestação de Contas e Outras Obrigações de Informação*, in BMJ nº 79, págs. 149 segs. cit: *"Prestação de Contas"*.

STAUDINGER
- *Staudingers Kommentar zum Bürgerlichen Gesetzbuch mit Einführungsgesetz und Nebengesetzen, Allgemeiner Teil* – §§ 90-240, 12. Neubearbeitete Auflage, Schweitzer, Berlin, 1980, cit: "*Staudingers Kommentar*"; v. DILCHER.

STEFFEN
- *Das Bürgerliche Gesetzbuch, Kommentar*, Bd. 1 (§§1-240), Gruyter, Berlin, New York, 1982, cit: "*Das Bürgerliche Gesetzbuch*".

STORK, Michel
- *Essai sur le mécanisme de la représentation dans les actes juridiques*, LGDJ, Paris, 1982, cit: "*Essai*".

TALAMANCA, Mario
- *Instituzioni di Diritto Romano*, Giuffrè, 1990, cit: "*Instituzioni*".

TAVARES, José
- *Os Princípios Fundamentais do Direito Civil*, Vol. II, Coimbra ed., Coimbra, 1928, cit: "*Princípios*".

TELLES, Inocêncio Galvão
- *Dos contratos em geral*, Coimbra, 1947, cit: "*Dos contratos – 1947*".
- *Contratos Civis (Projecto de um título do futuro Código Civil Português e respetiva Exposição de Motivos)*, Revista da Faculdade de Direito, Vol. IX, 1953, págs. 210 a 144 e segs., cit. "*Contratos Civis*".
- *Dos contratos em geral*, 3ª ed. (1965), Lex, Lisboa, 1995, cit: "*Dos contratos*".
- *Direito das Obrigações*, 7ª ed., Coimbra, 1997, cit: "*Direito das Obrigações*".
- *Introdução ao Estudo do Direito*, Vol. I, 11ª ed., Coimbra ed., Coimbra, 1999, cit: "*Introdução*".
- *Introdução ao Estudo do Direito*, Vol. II, 10ª ed., Coimbra, Coimbra, 2000, cit: "*Introdução*".

TRABUCHI
- *Istituzioni di Diritto Civile*, 2º ed., CEDAM, Padova, cit. "*Istituzioni*".

TUHR, von
- *Tratado de las Obligaciones*, Reus, Madrid, 1934, tomo I, cit: "*Tratado*".

VARELA, João de Matos Antunes
- *Direito da Família*, 1º Vol., 3ª Ed., Petrony, Lisboa, 1993, cit: "*Direito da Família*".
- *Código Civil Anotado*, Vol. II, 3ª Ed., Coimbra, 1996, cit: "*Código Civil Anotado*"; v. LIMA, Pires de.
- *Das Obrigações em Geral*, Vol. I, 10ª ed., Almedina, Coimbra, 2000, cit: "*Das Obrigações*".

VASCONCELOS, Pedro Leitão Pais de
- *A Autorização*, Coimbra Editora, Coimbra, 2012, cit: "*A Autorização*".
- *Sociedades Comerciais Estrangeiras*, Almedina, Coimbra, 2015, cit: "*Sociedades*".

VASCONCELOS, Pedro Pais de
- *Em Tema de Negócio Fiduciário*, polic., Lisboa, 1985.
- *Contratos Atípicos*, Almedina, Coimbra, 1995, cit: "*Contratos Atípicos*".
- *A Natureza das Coisas*, in Estudos em Homenagem do Professor Doutor Manuel Gomes da Silva, Coimbra Editora, Coimbra, 2001, 707-764, cit. "*Natureza das Coisas*".
- *Direito Comercial*, Vol. I, Almedina, Coimbra, 2011, cit: "*Direito Comercial*".
- *Teoria Geral do Direito Civil*, 8ª ed., Almedina, Coimbra, 2015, cit: "*Teoria Geral*".

VELASCO, Martinez de
- *El poder irrevocable*, Bosh, Barcelona, cit: "*El poder*".

VENTURA, Raúl
- *O Contrato de Compra e Venda no Código Civil*, ROA, Ano 40 (1980), págs. 309 e segs., cit: "*O Contrato*".

VERA-CRUZ, Eduardo
- *O direito das obrigações em Roma*, Vol. I, AAFLD, Lisboa, 1997, cit: "*O direito das obrigações*".

VIVANTE
- *Trattato di Diritto Commerciale*, Vol. I, 4ª Ed., 1911, cit: "*Trattato*".

VOLTERRA, Eduardo
- *Instituciones de Derecho Privado Romano*, Civitas, 1991, cit: "*Instituciones*".

WINDSCHEID
- *Diritto delle Pandette*, I, 1ª parte, Unione Tipografico-Editrice, Torino, 1902, cit: "*Diritto delle Pandette*".

WITZ, Claude
- *La fiducie en droit privé français*, Económica, Paris, 1981, cit: "*La fiducie*".
- *Droit Privé Allemand*, 1. *Actes juridiques, droits subjectifs, BGB, partie générale*, LITEC, Paris, 1992, cit: "*Droit Privé*".

WOLF, Ernst
- *Allgemeiner Teil des BGB*, 3, Heymanns, Köln – Berlin – Bonn – Münchem, 1982, cit. "*Allgemeiner Teil*".

WOLF, Manfred
- *Allgemeiner Teil des deutschen Bürgerlichen Rechts*, 8. Aufl, Beck, München, 1997, cit: "*Allgemeiner Teil*"; v. LARENZ, Karl.

XAVIER, Bernardo Lobo
- *Regime Jurídico do Contrato de Trabalho Anotado*, 2ª ed., Atlântida, Coimbra, 1972, cit. "*Regime Jurídico*".

ZACCARIA, Alessandro
- *Rappresentanza*, Riv. Dir. Civ., 1985 (XXXI), nº 6, pág. 625 e segs., cit. "*Rappresentanza*".

ÍNDICE IDEOGRÁFICO

Abstração, 11, 63, **66-72**, 76, 150.
Actio de in rem verso, 26, **29**.
Actio de pecúlio, 26, **28**.
Actio exercitória, **26-29**, 54 (280), 89,
Actio institoria,**26-28**, 89
Actio quasi institória, **30**
Actio quod iusso, 26, **29**.
Actio tributoria, 26, **28**.
Actiones adiecticiæ qualitatis, **26**.
Agency, **21**.
Causa (função), 7, **62-68**, 76, 77, 97, 100, 110, 140, 142, 143, 202, 239-240, 253.
Cognitor, 31.
Conversão da procuração, 241, 251, 252, **253**, 254, 256, 257, 259, **260**, 261, 262, 263, 266, 269, 270, 271.
Critério da ação, **54**, 56, 58-62, 92, 93, 95, 111, 113, 116, 120, 125, 126, 137, **138-140**.
Dever de informação, **282-285**.
Efeitos post mortem, 207, **208**, 213.
Fidúcia, 7, 21, 78, 88, 107 (481).
Função, 7, 11, 15 (55), 21, 32, 51, 62-65, 67, 68, 70 (347), 94, 95, 100, 101, **108**, 109, 110, 117, 131, 137, 140.
Instruções, 54, 83, **95-98**, **110-113**, **124-127**, **142-143**, 197, 200.

Interesse, 54-58, 59, **99-106**, 108, 111-113, 115-117, 121, 123-127, 129, 136, 138-141, 142, 146.
Interesse comum, 99, 102, **106**, 107, **108**, 109, 110, **111**, 113, 122, 124, 137-138.
Interesse exclusivo do dominus, 6, 12, **49**, 54-56, 58, 97, 99, 102, 106, 109, 110, 123, 124, 126, 137, 146, 156-159, 165, 191, 201, 204, 205, 209, 211, 218, 240.
Interesse exclusivo do procurador **115-119**, 121-133, 141, 146, 161, 219, 220, 245-248.
Justa causa, 6, 10, 11, 39, 106, 107, 127, 132, 160, 170, 171, 173, 176, 178, 199, 200, 208, 222, **229**, 230 (700), 232-236, 244.
Legitimidade, 44, 70 (347), 71, 73, 74, 75, 85, 107, 113, 132, **146**, 147-149, 151-157, 159, 160, 163, 164, 167-170, 174, 175, 185-193, 202, 209, 210, 213, 216, 222, 223, 226, 228, 230, 232, 233, 238, 256, 257, 260, 280.
lex Aebutia de formulis, 25.
Mandatum, 31- 33.
Natureza das coisas, 55, 278.
Núncio, 34, 38, **51-54**, 98.

Obrigação de prestação de contas, 40, 131, **273-283**, 285.
Procuração, 5-9, 23, 35, 37, **47-53**, 54-62, 65, 69, 77, 145, 146, 151-155, 208, 209, 210, 243, 244.
Procuração convencionalmente irrevogável, 10, 18, **200**, 202, 203, 209, 220, 225 (694), 229, 249, 257, 258, 260, 261, 262, 270.
Procuração naturalmente irrevogável, 10, 18, 19, 108, **146**, 166, 175-180, 185, 191-197, 199, 200, 202, 206, 207, 209, 211-213, 215-226, 228, 229, 232-238, 240, 241, 243, 249, 250,
Procuração post mortem, 207, **213-217**.
Procurator, 29-32, 34.
Prokura, 6, 10, 32, 36, 37, 38, 69 (347), 71 (353), 108 (486).

Relação subjacente, 7-11, 14, 18, 19, 32, 48, **58**, 59, 60, 61, **62**, 65-69, 73-81, 83, 86, 88, 91-93, **94**, 95-98, 100-114, 121, 123-128, 130, 136-143, 145, 151, 153, 157, 161-163, 165, 190, 196-206, 208, 211-220, 225-229, 233-236, 238-242, 245, 246, 251, 253-262, 264, 266-268, 270, 271, 274, 275, 276 (765), 278-282.
Renúncia à procuração, 6, 16 (59), 55, 99, 124, 150, 152, 156, **241**, 242.
Revogação da procuração, 152-158, 196, 203-206, 222-225, 229-233.
Stipulatio, 23, 24.
Transmissão da titularidade, 14, 32, **127**, 128, 129, 130, 131, 164 (569), 186.

ÍNDICE

I.	INTRODUÇÃO	5
II.	EVOLUÇÃO HISTÓRICA DA PROCURAÇÃO	23
	1. A representação no Direito Romano	23
	2. A representação entre o Direito Romano e o Séc. XVIII	34
	3. A representação na Alemanha do Séc. XIX	35
	4. A representação no Direito Português antes de 1966	38
III.	PROCURAÇÃO E MANDATO	47
IV.	A PROCURAÇÃO NO INTERESSE EXCLUSIVO DO *DOMINUS*	49
	1. O interesse enquanto critério de ação	54
	2. A relação subjacente	58
	2.1. O negócio a realizar	60
	2.2. O negócio entre *dominus* e procurador	61
	3. A relação subjacente como causa da procuração	62
	4. Negócios que podem ser relação subjacente	78
	4.1. Contrato de mandato	78
	4.2. Contrato de agência	80
	4.3. Contrato de trabalho	81
	4.4. Autorização	83
	4.5. Preposição	88
	4.6. Gestão de negócios	91
	4.7. Outros negócios	92
	4.8. Em que consiste a relação subjacente	94
	5. O poder de dar instruções	95

V.	A PROCURAÇÃO NO INTERESSE COMUM	99
	1. O interesse	99
	2. A irrevogabilidade	106
	3. A função	108
	4. As instruções	110
	5. Casos de procuração no interesse comum	113
VI.	PROCURAÇÃO NO INTERESSE EXCLUSIVO DO PROCURADOR	115
	1. A admissibilidade perante o regime jurídico dos negócios unilaterais	117
	2. O interesse	119
	3. A irrevogabilidade	122
	4. O poder de dar instruções	124
	5. A questão da eventual transmissão indireta da titularidade da posição jurídica do *dominus*	127
	6. Casos de procuração no interesse exclusivo do procurador	132
VII.	A PROCURAÇÃO NO INTERESSE DE TERCEIRO	135
	1. O interesse	135
	1.1. O interesse comum e o interesse exclusivo	137
	2. A relação subjacente	138
	3. A irrevogabilidade	141
	4. O poder de dar instruções	142
	5. Casos de procuração no interesse de terceiro	143
VIII.	EFICÁCIA E CONSEQUÊNCIAS DA IRREVOGABILIDADE	145
	1. A irrevogabilidade natural	146
	1.1. A procuração e a autonomia privada – o problema da legitimidade	146
	1.2. O caso típico – a procuração no interesse do *dominus*	152
	1.3. A procuração no interesse de *dominus* e procurador	159
	1.4. A procuração no interesse de *dominus* e terceiro	160
	1.5. A procuração no interesse de *dominus*, procurador e terceiro	162
	1.6. A procuração no interesse do procurador	163
	1.7. A procuração no interesse de terceiro	164
	1.8. A procuração no interesse de procurador e terceiro	165
	2. As consequências da irrevogabilidade natural	166
	2.1. A nulidade como possível consequência da revogação da procuração naturalmente irrevogável	175
	2.2. A anulabilidade como possível consequência da revogação da procuração naturalmente irrevogável	177

		2.3. A nulidade relativa como possível consequência da revogação da procuração naturalmente irrevogável	178
		2.4. A mera ineficácia como possível consequência da revogação da procuração naturalmente irrevogável	180
		2.5. Caraterísticas da ineficácia da revogação da procuração naturalmente irrevogável	192
	3. Consequências da revogação da procuração naturalmente irrevogável na relação subjacente		196
	4. A questão da admissibilidade da irrevogabilidade natural face à autonomia privada		197
	5. A chamada irrevogabilidade convencional		200
		5.1. Consequências da revogação da procuração convencionalmente irrevogável	203

XIX. EFEITOS DA MORTE NA PROCURAÇÃO NATURALMENTE IRREVOGÁVEL — 207
 1. A morte do *dominus* — 208
  1.1. Os efeitos *post mortem* da procuração — 208
  1.2. A procuração *post mortem.* — 213
 2. A morte do procurador — 218

X. A EXTINÇÃO DA PROCURAÇÃO IRREVOGÁVEL — 221
 1. A revogação da procuração irrevogável — 222
  1.1. A revogação por mútuo acordo — 222
  1.2. A reserva de revogabilidade (a livre revogabilidade) — 225
 2. A revogação por justa causa (resolução) — 229
 3. Inadmissibilidade de denúncia da procuração naturalmente irrevogável — 237
 4. A extinção da relação de base (caducidade) — 239
 5. A renúncia — 241

XI. A FORMA DA PROCURAÇÃO IRREVOGÁVEL — 243
 1. Consequências da falta de forma da procuração irrevogável. — 250
 2. A indivisibilidade da procuração irrevogável e as suas consequências — 251
 3. A conversão da procuração irrevogável — 253
  3.1. Tendo sido celebrado um negócio jurídico — 256
  3.2. Não tendo sido celebrado um negócio jurídico — 260
 4. Impossibilidade de conversão da procuração — 262
  4.1. Nulidade da procuração — 263
  4.2. Efeitos quanto ao negócio a realizar — 264
  4.3. Efeitos quanto à relação subjacente — 266

XII. PRESTAÇÃO DE CONTAS *VERSUS* PRESTAÇÃO DE INFORMAÇÕES 273
   1. Obrigação de prestação de contas 273
   2. Dever de informação 282

JURISPRUDÊNCIA CITADA 287
   Supremo Tribunal de Justiça 287
   Tribunal da Relação de Évora 289
   Tribunal da Relação de Guimarães 289
   Tribunal da Relação de Lisboa 289
   Tribunal da Relação do Porto 289
BIBLIOGRAFIA 291
ÍNDICE IDEOGRÁFICO 301
ÍNDICE 303